Musik ist ein Naturgesetz

Die Klang-Demos erreichst Du auf folgender Seite:

https://www.philippsen-music.com/downloads

oder über diese URL:

https://1drv.ms/f/s!AubNO84CTswMg7RQt9t5p
gpOkDgXYA?e=CeyYeI

Lade Dir gerne alle Demos herunter...

Bernd Philippsen

Musik ist ein Naturgesetz

Die Naturtonreihe
als Bauplan des Tonsystems

Anton Bruckner gewidmet

Die Deutsche Nationalbibliothek verzeichnet diese
Publikation in der Deutschen Nationalbibliografie; detaillierte
bibliografische Daten sind im Internet über dnb.dnb.de
abrufbar.

Verlag: BoD · Books on Demand GmbH, In de Tarpen 42,
22848 Norderstedt
Druck: Libri Plureos GmbH, Friedensallee 273, 22763 Hamburg
ISBN: 978-3-7597-8763-7
© 2024 Bernd Philippsen

Inhaltsverzeichnis

Sehr kurzes Vorwort

"longe enim
aliud est nescire
atque
aliud nolle scire."

Hugo von St. Viktor

Dieses Buch wird Fragen beantworten, Rätsel lösen, Geheimnisse enthüllen. Wir werden uns hinter die Kulissen der Musik-Kultur begeben, menschliches Singen und Spielen dürfen uns nicht interessieren, Meinung und Mode auch nicht, und die Musiktheorie der vergangenen Jahrhunderte ist für uns nur ein Zeit-Zeugnis, weiter nichts. Wir wollen von vorne beginnen, wir wollen nicht denken, was andere bereits über Musik gedacht haben, wir wollen frei und neu erkennen, was das Wesen der Musik ist. Wenn wir nun von aller Kultur wegsehen, von allen Kompositionen, allen Büchern, allen Meinungen, was bleibt uns dann? Der Ton! Gemeint ist jedes Klang-Ereignis mit gleichbleibender Schwingungs-Anzahl pro Zeit-Einheit. (Klang-Ereignisse mit chaotisch unregelmäßigen Schwingungs-Verläufen nennt man dagegen „Geräusche". Eine Geräusch-Wellen-Form:)

Unsere Grundlage aber ist der „periodische," sich selbst ähnliche, regelmäßige Ton.

Töne haben eine konstante **Proportion** zwischen der Anzahl der Schwingungen und einer Zeit-Strecke. Jeder Ton hat eine ihm eigene Anzahl von Schwingungen pro Sekunde, man nennt diese Proportion (Perioden/Sekunde) „**Frequenz**". Diese Frequenz misst man in der physikalischen Einheit „Hertz", nach dem jung verstorbenen Physiker Heinrich Hertz. Wenn ein Ton 440 Hertz hat, dann hat er 440 Perioden pro Sekunde. Je höher der Ton, desto größer die Frequenz, je tiefer der Ton, desto kleiner die Frequenz. In der idealen, geheimnisvollen Geist-Welt, die wir gerade betreten haben, existieren ebenso viele Töne, wie es Frequenz-Werte gibt. Wenn man den Mathematikern glaubt, dann ist jedes Zahlen-Intervall unendlich dicht unterteilt, also gibt es unendlich viele Töne. Wir aber suchen Ordnung zwischen all diesen Tönen, und wir finden sie im Ton selbst bereits angedeutet: Es ist die **Proportion.** Der Ton ist selbst schon eine Proportion, also ein Verhältnis zwischen Schwingungs-Zahl und Zeit, und seine einzelnen Perioden verhalten sich zueinander wie die sehr einfache Proportion 1:1, denn sie sind einander gleich...Haben wir aber erst einmal 1:1 gesagt, dann gibt es kein Halten mehr: welche anderen Proportionen sind möglich? Theoretisch alle, die aus **ganzen** Zahlen bestehen. Wir aber suchen Ordnung, wir ordnen die Proportionen von ganz klein bis...ja, eigentlich bis Unendlich! Die erste Proportion, die es zwischen zwei Frequenzen geben kann, ist 1:2, weiter geht es mit 2:3, 3:4 usw.

Wir haben gerade das von Geheimnis umwitterte Gesetz der Natur-Ton-Reihe entdeckt, und zwar ohne komplizierte Experimente oder labyrinthische Rechen-Aufgaben. Hier präsentiere ich das Gesetz der Naturton-Reihe, ihre ersten 16 Proportionen:

1:2:3:4:5:6:7:8:9:10:11:12:13:14:15:16:17:.....

Ein **Gesetz**, keine Tonleiter. Ein Gesetz nimmt man nicht wahr, man bemerkt nur seine Auswirkungen. Unsere Suche war erfolgreich: Wir haben ein Gesetz gefunden, aus dem wir die Ordnung der Töne ganz neu begründen können. An dieser Stelle muss ich auf die zahlreichen Versuche der überwiegend abendländischen Musik-Theorie hinweisen, ebenfalls die Ordnung der Töne aus Zahlen-Verhältnissen zu begründen. Dies gelang nur unvollkommen, weil niemand gewagt hat, kulturelle Vorgaben **völlig** zu ignorieren. Darum ist auch ausgerechnet der **Mathematiker** Leonhard Euler mit seinem Ton-Netz (in *„De harmoniae veris principiis per speculum musicum repraesentatis"* 1773) und seinen Untersuchungen am weitesten gekommen, denn er wurde als Nicht- Musiker nicht heimlich durch Aufführungs- praktische Sachzwänge wie z.B. die Stimmung von Tasten- Instrumenten gestört. Ich aber gehe noch weiter als er, wie bereits erwähnt, ich will mir eine musikalische „Stunde null" denken und einen kulturellen Neustart wagen. Unsere Basis ist das Gesetz der Naturtonreihe. Und dieses Gesetz wollen wir nun genauer untersuchen:

Verborgene Informationen im Gesetz der Natur-Tonreihe

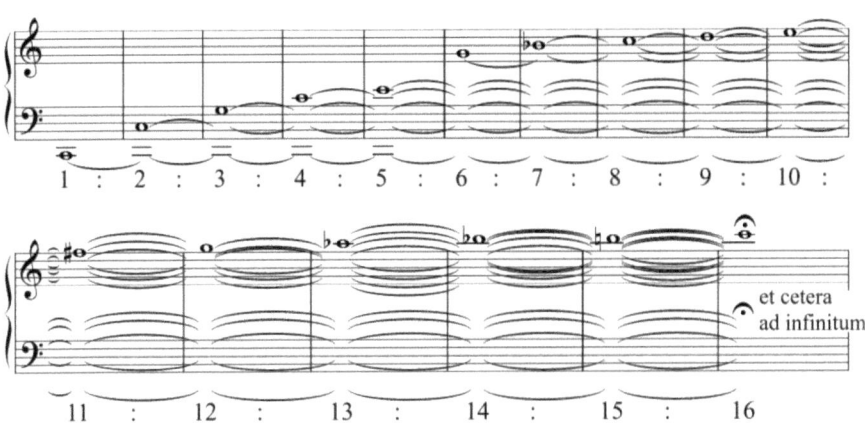

♪Demo 1

Hinter der kontinuierlich ansteigenden Zahlenreihe

$$1:2:3:4:5:6:7:8:9:10:11:12:13:14:15:16:...\infty$$

verbergen sich Informationen, Hinweise, Befehle.

Das liegt an der diskontinuierlichen Verteilung der Eigenschaften ihrer Zahlen und der Verhältnisse dieser Zahlen. Sehen wir genauer hin...

1. „Elementar-Zahlen"-Verteilung

$$\boxed{1}:\boxed{2}:\boxed{3}:4:\boxed{5}:6:\boxed{7}:8:9:10:\boxed{11}:12:\boxed{13}:14:15:16:...$$

Alle Zahlen, die nur durch sich selbst oder durch 1 teilbar sind, sind umrandet. Die „Eins" vereinigt diese beiden Eigenschaften, sie hat eine Sonderstellung und ist doppelt

4

umrandet. Ich nenne sie „Elementar- Zahlen", weil sie Elemente aller anderen Zahlen sind. Die Primzahlen sind Elemente aller teilbaren , die „Eins" ist sogar Element aller Zahlen. Primzahlen sind alle Elementar- Zahlen ohne „Eins". Elementar- Zahlen bringen **neue** Anweisungen. Nur am Anfang gibt es 3 aufeinander folgende Elementar- Zahlen.

2. Teilbare Zahlen dagegen bestehen aus kleineren Vorgängern und beziehen sich auf bereits Vorhandenes:

$4 = 2 \cdot 2, \ 6 = 2 \cdot 3, 9 = 3 \cdot 3$

1:2:3:4:5:6:7:8:9:10:11:12:13:14:15:16:.

Sie bestätigen also vorhandene Anweisungen.

3. Die gedachten Abstände zwischen den Nachbar-Zahlen der Naturton-Reihe werden immer kleiner, denn die Proportionen der Nachbar-Zahlen nähern sich der „Eins" an. Beispiele:

$1:2 = 0,5$

aber

$15:16 = 0,9375$

oder

$1000 : 1001 = 0,999000$

Theoretisch ist die Naturton-Reihe nach oben unbegrenzt, der Quotient „Eins" wird nie erreicht.

Die Naturton-Reihe hat also zwar einen Anfang (in der Zahl „Eins") , **aber kein Ende....**

4. Die gedachten Abstände zwischen Zahlen, die gleiche Proportionen zueinander haben, ist immer gleich. Der Abstand 1:2 ist gleich groß wie der Abstand 2:4 und der Abstand 4:8 und der Abstand 8:16, weil man 8:16 und 4:8 und 2:4 zu 1:2 kürzen kann.

Die „Form" der Naturton-Reihe ist also nicht

$$1:2:3:4:5:6:7:8:9:10:11:12:13:14:15:16:...\infty$$

Sondern:

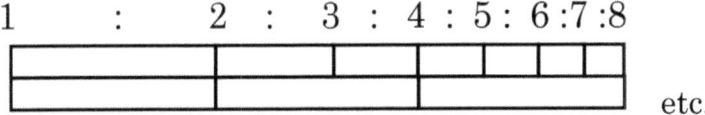

Eine „logarithmische" Skala! Der Abstand von 1 zu 2 ist genauso groß wie der Abstand von 2 zu 4 und der Abstand von 4 zu 8.

1 : 2 : 3 : 4 : 5 : 6 :7 :8

etc.

Die sehr elementare Mathematik, die wir auf unserer Reise in den Kosmos der Töne brauchen, fasziniert aus einem guten Grund: Denn unser menschliches Hören und Empfinden folgt auf wundersame Weise denselben mathematischen Gesetzen, die wir hier staunend kennenlernen. Wir hören nämlich die „Abstände" zwischen Tönen als Logarithmen zur Basis „Zwei".

Was „Logarithmen zur Basis 2 " sind, das muss ich an einem Beispiel erklären: Der Logarithmus der Zahl $\left(\frac{1}{2}\right)$ zur Basis 2 ist -1   denn $2^{-1} = \left(\frac{1}{2}\right)$. Der Logarithmus der Zahl $\left(\frac{1}{2}\right)$ zur Basis 2 ist also diejenige Zahl, mit der ich 2 (die „Basis") potenzieren muss, um $\left(\frac{1}{2}\right)$ zu erhalten. Zum Glück brauchen wir das nicht zu vertiefen, für unsere Zwecke reicht es, wenn wir die mathematische Schreibweise verstehen: Statt umständlich „Der Logarithmus der Zahl $\left(\frac{1}{2}\right)$ zur Basis 2" schreibt man in der Mathematik die elegante Abkürzung $\log_2 \left(\frac{1}{2}\right)$ .Wenn wir also die Proportionen 2:3 und 3:4 „addieren" wollen, dann addieren wir in Wirklichkeit ihre Logarithmen zur Basis 2. Das sieht dann so aus:

$\log_2 \left(\frac{2}{3}\right) = $ -0,58496250072115618145373894394782

$\log_2 \left(\frac{3}{4}\right) = $ -0,41503749927884381854626105605218

(-0,58496250072115618145373894394782) +

(-0,41503749927884381854626105605218) = -1

Wir erinnern uns: $\log_2 \left(\frac{1}{2}\right) = $ -1

Wir können also schreiben: $\log_2 \left(\frac{2}{3}\right) + \log_2 \left(\frac{3}{4}\right) = \log_2 \left(\frac{1}{2}\right)$

Die Proportion 2:3 und die Proportion 3:4 ergeben zusammen die Proportion 1:2.

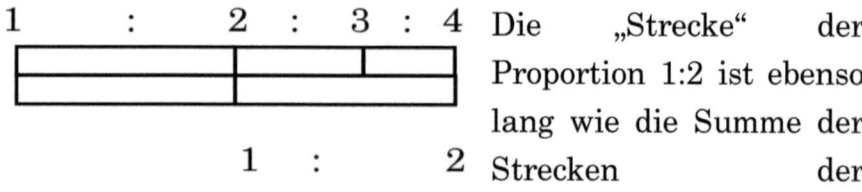

Die „Strecke" der Proportion 1:2 ist ebenso lang wie die Summe der Strecken der Proportionen 2:3 und 3:4. Das geheime Form-Gesetz der

Natur-Tonreihe ist also der Logarithmus zur Basis 2, **die Geheim-Zahl der Natur-Tonreihe ist die 2.** Unsere Musik-Tradition nennt die Proportionen „Intervalle", das kommt aus dem Lateinischen (intervallum) und bezeichnete einst den **Abstand** zwischen Militär-Zaun-Pfählen.Diese musikalischen Intervalle haben Namen, die ebenfalls aus dem Lateinischen stammen:

1:2 nennt man „Oktave"

2:3 nennt man „Quinte"

3:4 nennt man „Quarte"

Nun können wir unsere trockene Logarithmen-Addition in der schönen Sprache der Musik ausdrücken: Eine Quinte und eine Quarte ergeben zusammen eine Oktave. In der traditionellen Notenschrift sieht das zum Beispiel so aus:

♪**Demo 2**

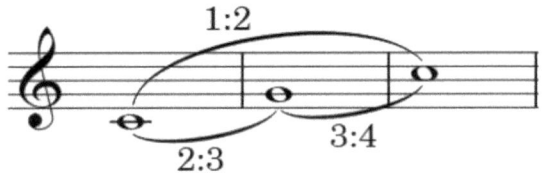

5. Ein weiteres Geheimnis: Der „arithmetische Mittelwert". Wir betrachten einen Ausschnitt aus der Natur-Tonreihe: 1:2:3. Die mittlere Zahl, nämlich die „Zwei", kann durch folgende Formel ausgerechnet werden: Erste Zahl plus dritte Zahl geteilt durch die Anzahl der Summanden. Die erste

Zahl ist die „Eins", die dritte Zahl ist die „Drei". Es gibt zwei Summanden. Also: (1+3):2= 2 Die mittlere Zahl ist 2. Oder: 2:3:4. (2+4):2 = 3 Von drei aufeinander folgenden Zahlen der Naturton-Reihe ist die mittlere immer der arithmetische Mittelwert der beiden Außen-Zahlen. Wir fassen zusammen:

1. Zahlen, die nur durch 1 oder sich selbst teilbar sind, bringen neue Informationen.

2. Teilbare Zahlen bringen keine neuen Informationen, sondern bestätigen das Vorhandene.

3. Die gehörten Intervalle der Naturtonreihe werden immer kleiner, sie folgen einer logarithmischen Skala zur Basis 2

4. Die Proportion 1:2 und alle ihre Erweiterungen wie z.B. 2:4, 4:8 usw. werden immer als „gleich groß" perzipiert.

5. Von drei beliebigen Nachbar-Zahlen der Naturton-Reihe ist die mittlere immer der arithmetische Mittelwert der beiden Außen-Zahlen. Jede einzelne dieser Erkenntnisse ist, isoliert betrachtet, nicht sehr spektakulär. Aber wenn man sie kombiniert...Beginnen wir mit der ersten Proportion,

1:2

Beide Proportions-Glieder sind nur durch „Eins" und sich selbst teilbar, das bedeutet: Die Proportion 1:2 bringt ausschließlich Neues: Die „Eins" ist die Auswahl irgendeines Start-Tones, die „Zwei" setzt den Rahmen für alles Weitere, nämlich die logarithmische Struktur zu Basis „Zwei". Weil sie den gesamten Ton-Raum begründet, weil sie der Anfang ist, hat also die Proportion 1:2 einen absoluten Sonder-Status.

Nun die zweite Proportion

2:3

Sie entsteht durch arithmetische Teilung von 1:2, das sieht man aber nicht auf den ersten Blick. Erweitert man aber 1:2 zu 2:4, dann erkennen wir nach unserer kurzen Einführung in die Zahlen-Geheimnisse der Naturton-Reihe, dass das arithmetische Mittel von 2 und 4 die „Drei" ist.

1 : 2

2:3:4

Die Proportion 2:3 hat also die „Oktave" 1:2 arithmetisch geteilt. Aber dann erkennen wir auch noch etwas höchst Erstaunliches: Ohne unsere Absicht haben wir durch die arithmetische Teilung der Oktav neben der Quinte (2:3) auch noch die Quarte (3:4) erhalten. Sie ist ein „Nebenprodukt" unserer Oktav-Teilung.

1 : 2 : **3** : 4

1 : 2

Faszinierend: die Naturton-Reihe hat die Führung übernommen und „spricht" zu uns. Sie will sagen: „Wenn Du beabsichtigst, durch die Proportion der Quinte (2:3) die Oktave (1:2) zu teilen, dann ist die Konsequenz, dass Du darüber hinaus noch die Quarte (3:4) als Neben-Produkt erhältst. Das Neben-Produkt 3:4 lege beiseite, es spielt in Zukunft keine Rolle ". Das aber bedeutet: Die Quarte (3:4) brauchen wir nicht mehr zu beachten, alle Anweisung, die sie enthalten könnte, ist durch die Vorgänger-Proportionen 1:2 und 2:3 bereits gesagt. Wir begreifen, dass die Naturton-Reihe tatsächlich ein sich selbsterklärendes Gesetz ist, und nicht etwa eine simple, etwas exotisch klingende Tonleiter. Und es ist sehr beruhigend, dass wir aus dem Kosmos der Töne klare Anleitung, Weg-Weisung, lang ersehnte Antworten und zukunftsweisende Offenbarungen erhalten werden, und das auf dem festen Fundament der Klang-Mathematik, also der Wissenschaft.

Die nächste Proportion ist 4:5 („Große Terz" genannt).

Wir sind nun schon etwas geübt in der Kunst des genauen Hinsehens, wir sehen also, dass 4:5 durch arithmetische Teilung der Proportion 2:3 entsteht. Wir müssen 2:3 erweitern, nämlich zu 4:6. Nun erkennt man es:

2 : 3

4:5:6

Neu ist, dass zum ersten Mal eine teilbare Zahl dabei ist: „Vier" ist nach dem Elementar-Zahlen-Trio (1,2,3) nun eine außerordentlich kalkulations-freudige Zahl:

$4 = 2 + 2$

$4 = 2 \cdot 2$

$4 = 2^2$

Gleich drei Rechen-Operationen bringt die „Vier" mit: Addition, Multiplikation und Potenzierung. Unser mittlerweile geübtes Auge kann sofort den innigen Bezug zur

Naturton-Reihen-Geheim-Zahl „Zwei" erkennen. Die „Zwei" ist geradezu das Baumaterial, aus dem die „Vier" konstruiert ist. Die „Vier" ist also eine ganz besondere Nicht-Primzahl, sie ist die erste ihrer Art, und sie will uns mitteilen: alles Rechnen und Kalkulieren stärken den bereits vorhandenen Oktav-Raum, der durch die Zahl „Zwei" in den musikalischen Kosmos gekommen ist. Die „Vier" vollbringt das paradoxe Wunder, einerseits wie keine Zahl zuvor stark auf eine Vorgänger-Zahl, nämlich die „Zwei" zu verweisen, und gerade dadurch bringt sie trotz ihres Nicht-Primzahl-Status etwas absolut Neues in den Kosmos der Musik, wie es sonst nur Primzahlen tun. Die nachfolgende „Fünf" ist dann sowieso Primzahl, sie bringt uns automatisch neue Information. Und schon wieder gibt es bei der arithmetischen Teilung von 2:3 in 4:5 und 5:6 ein unbeabsichtigtes „Neben-Produkt": Die Proportion **5 : 6,** die in der Sprache der Musik „Kleine Terz" genannt wird.

2 : 3 : 4 **5 : 6**

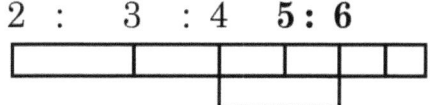

Wieder „spricht" das Gesetz: „5:6 ist Gesetzes-Ergebnis, nicht Gesetz, übergehe 5:6!" Denn 5:6 hat nicht Neues zu sagen, alles kann bereits durch die Proportionen 1:2, 2:3, und 4:5 gesagt werden. Die folgende Proportion 6:7 teilt die Proportion 3:4, die Quarte, arithmetisch. Doch halt: Das Gesetz der Naturton-Reihe hat uns die Anwendung der Proportion 3:4 ausgeredet! 3:4 ist Bau-Werk, kein Bau-Stoff,

Molekül, kein Atom, Tat und kein Gesetz. Auch die folgende Proportion 7:8 ist in 3:4 enthalten und wird daher übersprungen. Aber die Zahl 7, die Bestandteil der übersprungenen Proportionen 6:7 und 7:8 ist, ist Prim-Zahl, und sie will uns trotz Allem etwas Neues mitteilen: Zum **ersten Mal** wird eine Proportion arithmetisch geteilt, die ausgesondertes Nebenprodukt einer anderen arithmetischen Teilung war.

$3 : 4$

$6:7:8$

(6:8 ist ja nichts anderes als 3:4) Das Gesetz der Naturton-Reihe will uns sagen: „Neues beginnt! Nun beginnt die Menge der Proportionen, die nicht mehr Bau-Anleitung sind, sondern bereits Bau-Werk. Hier ist die Grenze. Und zur Bestätigung siehst Du als nächste Proportion 8:9, gebildet aus schönen Nicht-Primzahlen, diese bestätigen mit aller Kraft die bekannte Proportion 2:3, denn $8:9 = 2^3 : 3^2$ ".

Der Bauplan der Naturton-Reihe setzt sich selbst eine Grenze, sehr beruhigend, denn wir wissen, dass die Naturton-Reihe theoretisch unendlich ist: Zum Glück müssen wir nicht unendlich viele Proportionen kennenlernen. Das Naturton-Gesetz gibt uns also **3 „Elementar-Proportionen"**, aus denen wir das System der vielen Töne bauen sollen. Falls Du nun aber enttäuscht bist, weil Du von unendlich vielen Proportionen nur drei nutzen darfst, für diesen Fall also verspreche ich Dir: Es wird vielfältig...

Die Errichtung des Systems der Töne

Unsere 3 „Elementar-Proportionen" sind

1:2
2:3
4:5

Ich werde die Tonsystem-Errichtung auf drei unterschiedliche Weisen darstellen:

1: abstrakt: Als reine Mathematik

2. visuell: Durch Logarithmen-Balken

3. akustisch/grafisch in der traditionellen Notenschrift mit Klang-Demo

Die mathematische Darstellung:

Stufe1:

Wir wählen **irgendeinen** beliebigen Ton aus der möglicherweise unendlichen Anzahl von Tönen aus. Wir wählen zum Beispiel **264 Hertz,** das entspricht dem eingestrichenen „C" ungefähr in der Mitte der Klavier-Tastatur.

Stufe 2:

Anwendung der ersten Elementar-Proportion, **1:2,** nach unten und nach oben.

Die Frequenz 264 Hz, die wir in Stufe 1 ausgewählt haben, wird also mit (1:2) multipliziert und durch (1:2) dividiert.

264 Hz · (1:2) = 132 Hz

264 Hz: (1:2) = 528 Hz

264 Hz hat nun 2 Verwandte durch die Proportion 1:2, nämlich 132 Hz, 528 Hz.

Stufe 3:

Anwendung der zweiten Elementar-Proportion, **2:3** nach unten und nach oben.

Die Frequenzen 132 Hz, 264 Hz, 528 Hz,

die wir aus den Stufen 1 und 2 haben,

multiplizieren wir mit (2:3) und dividieren wir durch (2:3)

132 Hz · (2:3) = 88 Hz

132 Hz: (2:3) = 198 Hz

264 Hz · (2:3) = 176 Hz

264 Hz: (2:3) = 396 Hz

528 Hz · (2:3) = 352 Hz

528 Hz: (2:3) = 792 Hz

264 Hz hat nun 2 Verwandte durch die Proportion 1:2, nämlich

132 Hz, 528 Hz

und 6 Verwandte durch die Proportion 2:3, nämlich

88 Hz, 198 Hz, 176 Hz, 396 Hz, 352 Hz, 792 Hz,

Unsere aktuellen Töne, nach ihrer Frequenz geordnet:

88 Hz, 132 Hz, 176 Hz, 198 Hz, 264 Hz, 352 Hz, 396 Hz, 528 Hz, 792 Hz

Bereits 9 Töne!

Zwischen den Tönen unseres aktuellen Ton-Vorrates ergeben sich aber auch ohne unsere Absicht zusätzliche Proportionen:

$$
\begin{array}{ccc}
\boxed{3 \ : \ 4} & \boxed{3: \ 4} & \boxed{8 \ : \ 9} \\
\end{array}
$$

88 : 132 : 176 : 198 : 264 : 352 : 396 : 528 : 792

$$
\begin{array}{ccc}
\boxed{8 \ : \ 9} & \boxed{3 \ : \ 4} & \boxed{3 \ : \ 4} \\
\end{array}
$$

Die Proportion 3:4 ergibt sich automatisch aus der Anwendung von 1:2 und 2:3, das hatten wir schon gelernt. Aber 8:9 erscheint in der Naturton-Reihe erst viel weiter oben, das Gesetz übernimmt die Führung und wählt selbständig aus dem reichen Proportions- Vorrat 8:9 aus.

Stufe 4:

Anwendung der dritten Elementar-Proportion, **4:5** nach unten und nach oben.

Die Frequenzen 88 Hz, 132 Hz, 176 Hz, 198 Hz, 264 Hz, 352 Hz, 396 Hz, 528 Hz, 792 Hz, die wir aus den Stufen 1, 2 und 3 haben, multiplizieren wir mit (4:5) und dividieren wir durch (4:5)

88 Hz · (4:5) = 70,4 Hz

88 Hz: (4:5) = 110 Hz

132 Hz · (4:5) = 105,6 Hz

132 Hz: (4:5) = 165 Hz

176 Hz · (4:5) = 140,8 Hz

176 Hz: (4:5) = 220 Hz

198 Hz · (4:5) = 158,4 Hz

198 Hz: (4:5) = 247,5 Hz

264 Hz · (4:5) = 211,2 Hz

264 Hz: (4:5) = 330 Hz

352 Hz · (4:5) = 281,6 Hz

352 Hz: (4:5) = 440 Hz

396 Hz · (4:5) = 316,8 Hz

396 Hz: (4:5) = 495 Hz

528 Hz · (4:5) = 422,4 Hz

528 Hz: (4:5) = 660 Hz

792 Hz · (4:5) = 633,6 Hz

792 Hz: (4:5) = 990 Hz

264 Hz hat nun 2 Verwandte durch die Proportion 1:2, nämlich

132 Hz, 528 Hz

und 6 Verwandte durch die Proportion 2:3, nämlich

88 Hz, 198 Hz, 176 Hz, 396 Hz, 352 Hz, 792 Hz,

und 18 Verwandte durch die Proportion 4:5, nämlich

70,4 Hz, 110 Hz, 105,6 Hz, 165 Hz, 140,8 Hz, 220 Hz, 158,4 Hz, 247,5 Hz, 211,2 Hz, 330 Hz, 281,6 Hz, 440 Hz, 316,8 Hz, 495 Hz, 422,4 Hz, 660 Hz, 633,6 Hz, 990 Hz.

Insgesamt **27 Töne** aus einem einzigen Start-Ton und den Elementar-Proportionen 1:2, 2:3, 4:5.

Wir ordnen alle 27 Töne nach ihrer Frequenz:

70,4 Hz, 88 Hz, 105,6 Hz, 110 Hz, 132 Hz, 140,8 Hz, 158,4 Hz, 165 Hz, 176 Hz, 198 Hz, 211,2 Hz, 220 Hz, 247,5 Hz, 264 Hz, 281,6 Hz, 316,8 Hz, 330 Hz, 352 Hz, 396 Hz, 422,4 Hz, 440 Hz, 495 Hz, 528 Hz, 633,6 Hz, 660 Hz, 792 Hz, 990 Hz.

Automatisch ergeben sich zusätzliche neue Proportionen:

70,4: 88 = 4:5

88: 105,6 = <u>5:6</u>

105,6: 110 = <u>24:25</u>

110: 132 = <u>5:6</u>

132: 140,8 = 15<u>:16</u>

140,8: 158,4 = 8:9

158,4: 165 = 24<u>:25</u>

165: 176 = <u>15:16</u>

176: 198 =   8:9

198: 211,2 = 15<u>:16</u>

211,2: 220 = 24<u>:25</u>

220: 247,5 = 8:9

247,5: 264 = <u>15:16</u>

264: 281,6 = 15<u>:16</u>

281,6: 316,8 = 8:9

316,8: 330 = 24<u>:25</u>

330: 352 = 15:16

352: 396 = 8:9

396: 422,4 = 15<u>:16</u>

422,4: 440 = <u>24:25</u>

440: 495 = 8:9

495: 528 = 15:16

528:   633,6 = <u>5:6</u>

633,6: 660 = 24<u>:25</u>

660: 792 = 5:6

792: 990 = 4:5

Das Neben-Produkt 5: 6 haben wir ja schon kennengelernt, aber die beiden Proportionen 15:16 und 24:25 sind neu und entstammen wieder einmal höheren Regionen der Naturton-Reihe, aus denen das intelligente Gesetz sie wieder einmal ohne unser Zutun ausgewählt hat. Und dabei haben wir hier nur die Proportionen zwischen Nachbar-Frequenzen aufgelistet. Alle **möglichen** Proportionen möchte ich hier nicht aufschreiben, es wären nach der Binomial-Koeffizienten-Formel $\frac{n!}{k!(n-k)!}$ **351** Proportionen...

Nachdem wir von einem einzigen Start-Ton (264 Hz) nur die 3 Elementar-Proportionen 1:2, 2:3, 4:5 in die beiden möglichen Richtungen angewendet haben (denn wir befinden uns in einer eindimensionalen Welt), sind wir jetzt schon ziemlich reich: Wir haben 27 Töne und etliche neue Proportionen aus höheren Regionen der Naturton-Reihe dazugewonnen. Wenn wir denselben Prozess von anderen Tönen starten, dann ist die Fülle von Tönen und ihren Proportionen bald nicht mehr darstellbar. Wir müssen uns auf Ausschnitte beschränken.

Die logarithmisch-grafische Darstellung:

Stufe 1: Wir wählen einen beliebigen Frequenz-Ort aus der Menge aller möglichen Frequenz-Orte aus. Wir wählen 264 Hertz.

|
264

<u>Stufe 2:</u> Von dem Ort 264 Hz aus positionieren wir die logarithmische Strecke 1:2 in beide Richtungen:

132		264		528
	1:2		1:2	

<u>Stufe 3:</u> Von allen bisherigen Frequenz-Orten (132, 264, 528) aus positionieren wir die logarithmische Strecke **2:3** in beide Richtungen:

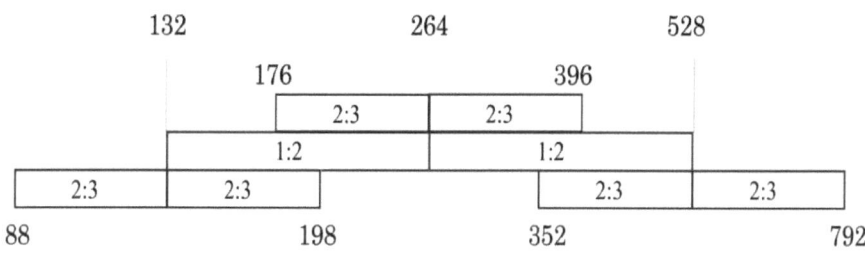

Sehr deutlich kann man jetzt die Proportionen 3:4 und 8:9 sehen, die automatisch als Differenz der Logarithmen-Strecken entstehen:

20

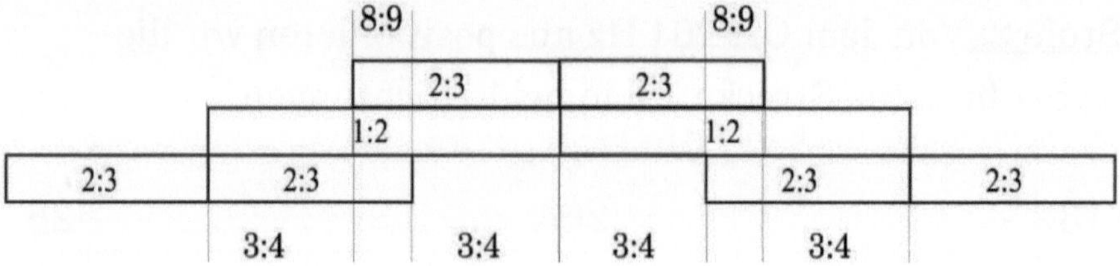

8:9   8:9

2:3   2:3

1:2   1:2

2:3   2:3   2:3   2:3

3:4   3:4   3:4   3:4

Die Proportion 8:9 nennt man in der Musik-Theorie „Großer Ganzton". Zwei Quinten ergeben eine Oktave plus einen großen Ganzton.

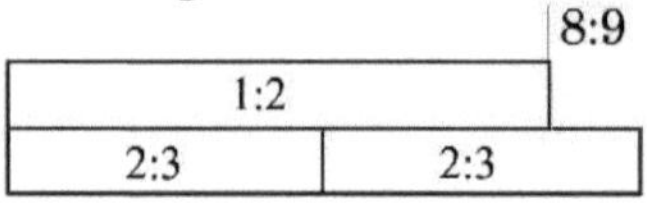

8:9

1:2

2:3   2:3

Eine Quarte plus ein großer Ganzton ergeben eine Quinte.

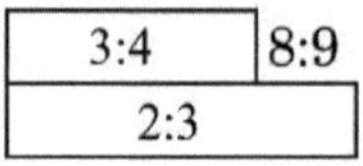

3:4   8:9

2:3

Zwei Quarten plus ein großer Ganzton ergeben eine Oktave.

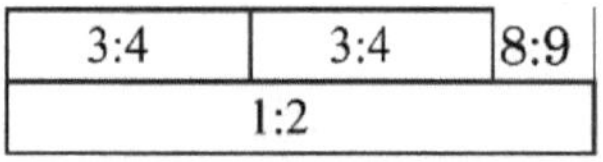

3:4   3:4   8:9

1:2

Stufe 4:

Von allen bisherigen Frequenz-Orten (88, 132, 176, 198, 264, 352, 396, 528, 792) aus positionieren wir die logarithmische Strecke **4:5** in beide Richtungen:

```
  [4:5][4:5]      [4:5][4:5]       [4:5][4:5]
     [4:5][4:5]        [4:5][4:5]
         [2:3]   [2:3]
           [1:2]      [1:2]
  [2:3][2:3]              [2:3]  [2:3]
[4:5][4:5]    [4:5][4:5]   [4:5][4:5]    [4:5][4:5]
```

Wenn wir hier nun noch die Frequenz-Werte eintragen wollten, dann wäre das optische Ergebnis ziemlich unübersichtlich, und ein unübersichtliches Schema ist ein Paradoxon. Das wollen wir uns gerne ersparen, aber wir können gut sichtbar machen, wie die Proportionen 5:6, 15:16 und 24:25 als Differenzen unserer Logarithmen-Strecken sich automatisch ergeben: Die Proportion 5:6 heißt in der Sprache der Musik „Kleine Terz". Eine große Terz plus eine kleine Terz (5:6) ergeben eine Quinte

```
| 4:5 | 5:6 |
|    2:3    |
```

Die Differenz zwischen einer großen Terz und einer kleinen Terz ist die Proportion 24:25 (der „Chromatische Halbtonschritt")

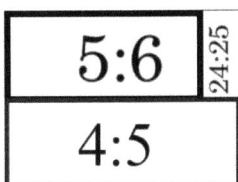

Die Differenz zwischen einer Quarte und einer großen Terz
ist die Proportion 15:16
(der „Diatonische Halbtonschritt")

4:5	15:16
3:4	

Das alles konnten wir aus nur einem Ton und nur drei
Proportionen generieren. Wie kompliziert wird es erst mit
drei zusätzlichen Tönen werden. Ich habe versprochen:
Es wird vielfältig!

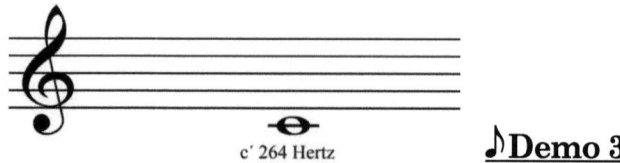

Nun die Darstellung in der traditionellen Notenschrift,
komplettiert durch angefügte Klang-Demos:
<u>Stufe 1:</u> Wir wählen c´ = 264 Hz

c´ 264 Hertz   ♪**Demo 3**

23

Wir schreiben zu c´ = 264 Hz die Oktave darunter und die Oktave darüber

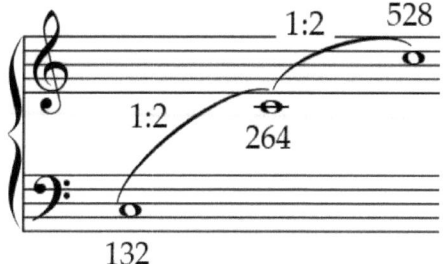

♪**Demo 4**

Stufe 3:

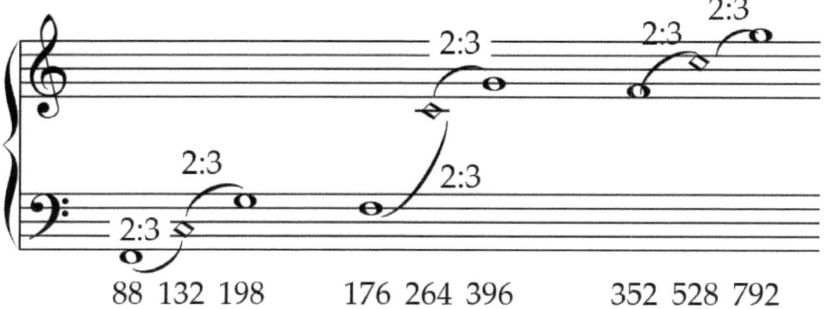

Zu jedem der Töne aus den Stufen 1 und 2 fügen wir die Quinte nach unten und nach oben hinzu: ♪**Demo 5**

Wir ordnen die Töne nach ihrer Höhe: ♪**Demo 6**

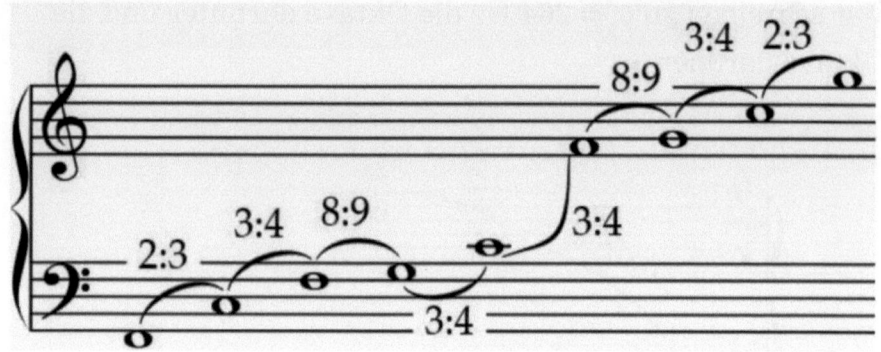

Stufe 4:

Zu jedem der Töne aus den Stufen 1, 2 und 3 fügen wir die große Terz nach unten und nach oben hinzu: ♪**Demo 7**

Wir ordnen die Töne nach ihrer Höhe: ♪**Demo 8**

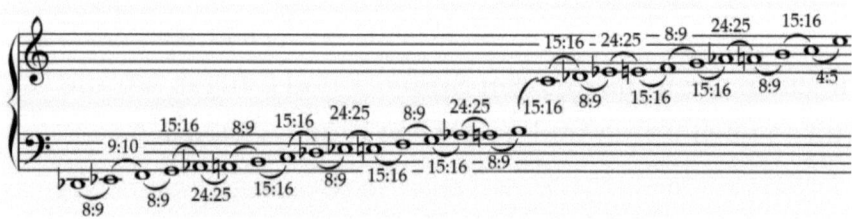

25

Nun werden auch alle Nachbar-Ton-Proportionen gut sichtbar. Wie schön, dass es nur 3 Elementar-Proportionen gibt! Es ist kaum vorstellbar, wie man nun jedem dieser 27 Töne noch einmal je 2 weitere Töne zur Seite stellen sollte... Welch ein Reichtum aus unscheinbarem Ursprung!

Die nächste Ebene

Von c´ 264 Hz aus erbrachte die Anwendung der 3 Elementar-Proportionen 27 Töne. Von jedem Ton aus erbringt die Anwendung der 3 Elementar-Proportionen ebenfalls theoretisch 27 Töne. Doch es gibt in der Praxis Schnittmengen, das reduziert unsere Ergebnisse wiederum. Ich zeige nun den Ton-Vorrat der beiden 2:3-Verwandten zu c´ 264 Hz. Es sind f 176 Hz, denn c´254 Hz · (2:3) = f 176 Hz und g´ 396 Hz, denn c´254 Hz: (2:3) = g´ 396 Hz

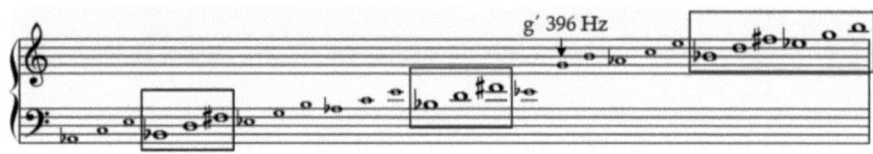

Die umrahmten Töne gibt es nur in der Klang-Familie von f 176 Hz und g´ 396 Hz. Die anderen Töne aber kommen auch in der Klang-Familie von c´264 Hz vor. Die beiden Töne f und g´, die über 2:3 mit c´ 264 verwandt sind, bringen also je **12** neue Töne mit in unsere klingende Welt. Und alle sind über Proportionen miteinander verwandt! Das Gesetz der Naturton-Reihe macht aus dem Chaos von Tönen eine Klang-**Familie**. Die 3 Klang-Familien von c´264Hz, f 176 Hz und g´

396 Hz umfassen also insgesamt 27 +12+12 = 51 Töne. Das können wir unmöglich grafisch darstellen! Aber ich kann einen Ausschnitt aus dieser Familie zeigen, und - wir werden eine Überraschung erleben, die unser musikalisches Weltbild erschüttern wird! Aus der c´ 264Hz-Familie wählen wir den Bereich der „kleinen" Oktave aus. Ebenfalls aus dem Bereich der kleinen Oktav holen wir uns aus den Klangfamilien von f 176Hz und g´396Hz, was noch fehlt:

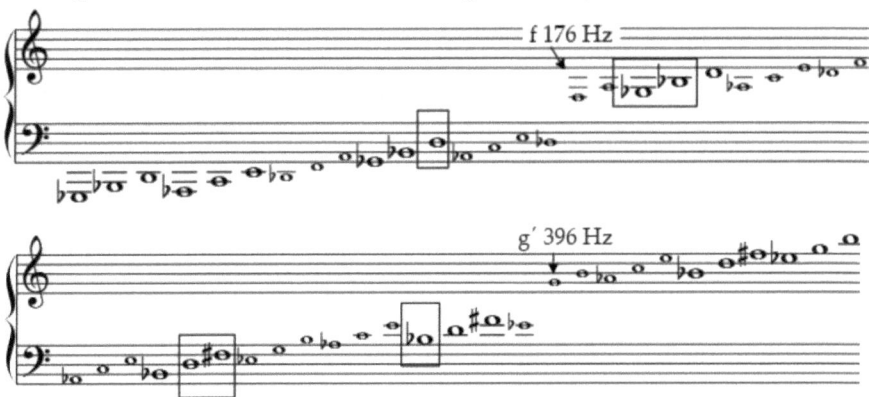

Alle umrandeten Töne ordnen wir nach ihrer Frequenz, und damit man diese Ordnung auch gut erkennt, habe ich die jeweiligen Frequenz-Werte daruntergeschrieben:

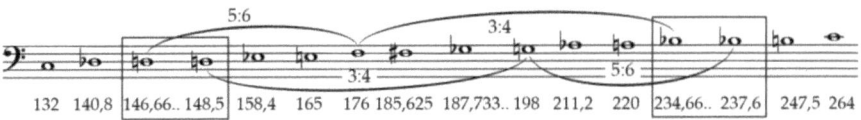

♪**Demo 9**

28

Zweimal sehen wir die Note d und zweimal die Note b♭! Das d 146,6 ist mit f 176 durch die Proportion 5:6 verwandt, das d 148,5 aber ist mit g 198 durch die Proportion 3:4 verwandt. Das b♭ 234,6 ist mit f 176 durch die Proportion 3:4 verwandt, das b♭ 237,6 aber ist mit g 198 durch die Proportion 5:6 verwandt. Unsere traditionelle Notenschrift kann die Verwandtschaftsverhältnisse unseres Ton-Systems, das wir aus dem Gesetz der Natur-Ton-Reihe gewonnen haben, nicht abbilden! Die große Überraschung hierbei ist: **Töne sind keine „Dinge" oder „Orte," sondern Bestandteile von Verwandtschafts-Verhältnissen.** Ein wenig erinnert mich das an die Elementar-Physik: ich konnte mich nur schwer an die Tatsache gewöhnen, dass die kleinsten „Teilchen" eigentlich Wellen, Formeln und Größen sind... Also werden wir uns zunächst einmal mit dem Wesen der Elementar-Proportionen beschäftigen, denn diese sind es ja schließlich, die die gesamte Tonfamilie ordnen und einem jeden Ton seine eigene Funktion zuweisen.

Die geheime innere Dramaturgie der Elementar-Proportionen
1:2, 2:3, 4:5

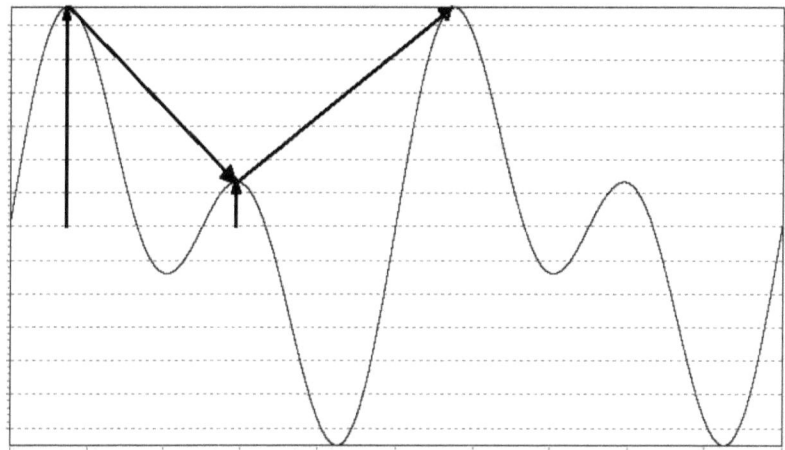

Demo 10

Das ist der Schwingungs-Graph der Elementar-Proportion 1:2. Ich habe 2 Perioden abgebildet, denn ich brauche zur vollständigen Darstellung der inneren „Dramaturgie" dieses Phänomens den vollständigen Anfang der folgenden Periode. Die inneren Richtungen dieser Dramaturgie, wie ich das zur Verdeutlichung nenne, habe ich mit Vektoren zwischen den verschieden großen Wellenbergen dargestellt. Wir sehen nun sofort die Story, die uns die Oktave hunderte von Malen in der Sekunde erzählt: Zuerst eine negative Tendenz, dann aber, zum Ausgleich, entwickelt sich die Handlung wieder positiv, aber weniger steil, daher nachhaltiger. Die „Wiedergutmachung" wird also intensiver erlebt, denn sie

30

dauert etwas länger. Die beiden Vektoren verlaufen schräg zur Zeitachse, das bedeutet: Entwicklung, Bewegung, Erlebnis. Die Raumachsen aber, die man zu jedem beliebigen Punkt der Kurven, senkrecht zur Zeitachse einzeichnen könnte, sie sind nicht erlebbar; alles senkrecht zur Zeitachse Stehende ist keine Entwicklung, keine Bewegung, kein Erlebnis. Die beiden Vektoren zwischen den Wellenbäuchen der Oktav-Kurve aber sind ein Symbol für Leid, das durch intensivere Freude mehr als aufgewogen wird, für die Harmonie zwischen Gegensätzen, Krankheit und Genesung, Zerstörung und Aufbau, ausgleichende Gerechtigkeit, alle Stirb - und Werde-Polaritäten. **1:2** ist Erlebnis einer geistigen Offenbarung mit dem Inhalt: "Höherer Sinn von Gegensätzen" Dies also ist die innere Dramaturgie der **„Oktave".**

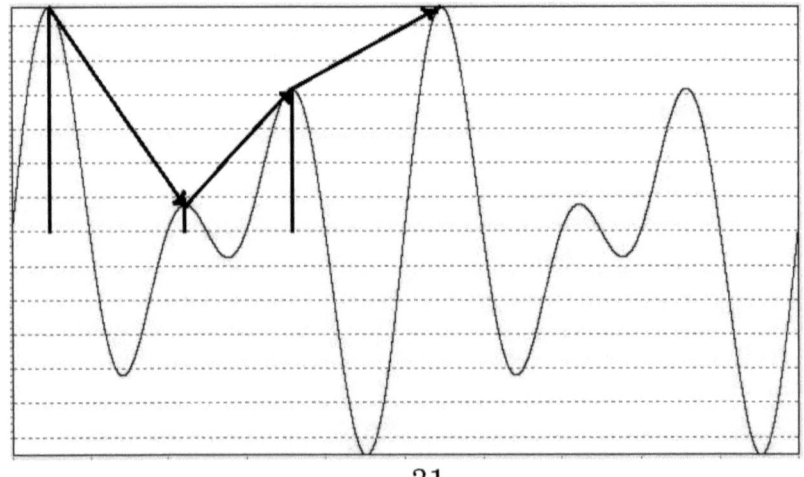

♪Demo 11

Der Schwingungs-Graph der Elementar-Proportion 2:3 zeigt einen schnellen Fall und einen langsameren, zweigeteilten Aufstieg. Die Freude des langsamen Aufstiegs ist hierbei größer als das Leid des schnelleren Falles. Da der Aufstieg deutlich zweigeteilt ist, entsteht ein positives Zweiteilungs-Erlebnis. Also verleiht die „Quinte" der „Oktav" eine positive Anmutung; der zwar reine, aber auch leere Klang einer Oktave gewinnt durch Auffüllen mit einer Quinte zum Grundton eine geradezu lebenshungrige Dynamik, ein Effekt, der immerhin für einen beträchtlichen Zeitraum der Musikgeschichte die archaische Kraft des Quint-Organums hervorbrachte. Der Aufstieg unserer Vektoren- Dramaturgie verläuft in seinem zweiten Teil der Gravitation gemäß langsamer. Das will uns symbolisieren, dass der Ausgleich des „Absturzes" auf naturgesetzliche Weise erfolgt. Das immanente Leid mit immanenter Hilfe. Dies also ist die innere Dramaturgie der **„Quinte".**

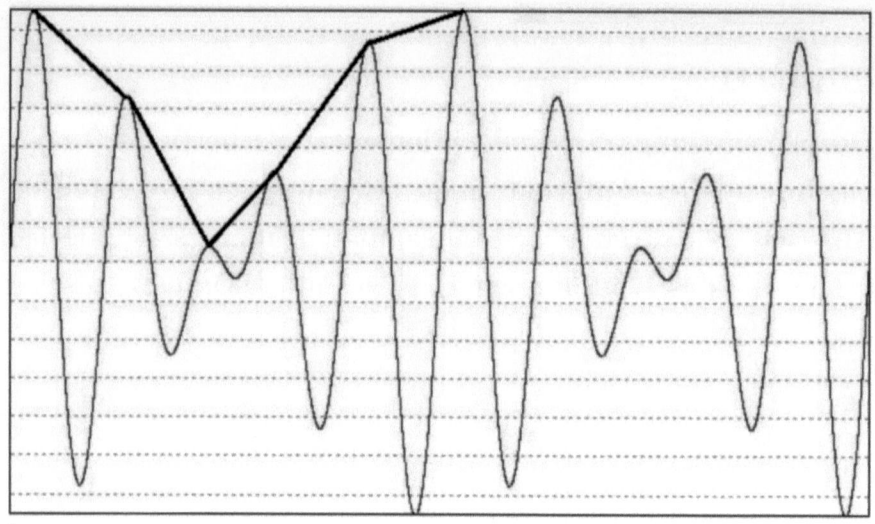

♪Demo 12

Der Schwingungs-Graph der Elementar-Proportion 4:5 zeigt
einen zweiteiligen kürzeren Fall und einen dreiteiligen,
längeren Aufstieg. Der zweite Teil des Falls beschleunigt
sich der Gravitation gemäß, das bedeutet ein
naturgesetzlich-immanentes Drama. Aber der Aufstieg wird
in seinem zweiten Teil beschleunigt, das bedeutet ein der
Gravitation widersprechendes Wunder. Etwas derartiges
gibt es erstmals bei 4:5. Der dritte Teil des Aufstiegs zeigt
dann wieder eine der Gravitation gemäße Verlangsamung,
also eine naturgesetzlich-immanente Wiedergutmachung.
Damit wird die kombinierte Wellenkurve von 4:5 zum
Symbol aller Prozesse, deren Katastrophe durch eine
Mischung aus Wunder und Naturgesetz ausgeglichen wird.
Dies also ist die innere Dramaturgie der **„Großen Terz"**

33

Das geheime innere Wesen der Elementar-Proportionen 1:2, 2:3, 4:5

Die Elementar-Proportion **1:2** hat eine Sonderstellung: als einzige Proportion ist sie nicht durch arithmetische Teilung entstanden und als einzige Proportion hat sie daher keinen Vorgänger. „Eins" symbolisiert die erzeugende Zahl der gesamten Naturton-Reihe, „Zwei" symbolisiert die Bekräftigung, Bestätigung dieser erzeugenden Zahl und ist darüber hinaus Logarithmen-Basis der gesamten Naturton-Reihe. Alle weiteren Töne, die durch Potenzen der Zahl 2 symbolisiert sind, übernehmen diese **Grund-Ton-Funktion,** die eigentlich durch die Zahl „Zwei" in das Gesamt-System gekommen ist: $2^0=1$, $2^1=2$, $2^2=4$, $2^3=8$, $2^4=16$, $2^5=32$, etc. **Das eigentliche Grund-Ton-Symbol ist die „Zwei".** Wie ich schon sagte: die „Zwei" ist die geheime Strukturzahl der Naturton-Reihe. Und die Proportion 1:2 bildet den Rahmen der gesamten Naturton-Reihe, einen Rahmen, der danach in logarithmischen Abständen allmählich aufgefüllt wird.

1 : 2 : 4 : 8 : 16 : 32 : 64

etc..

Die Elementar-Proportion **2:3** ist die erste arithmetische Teilung der Proportion 1:2 und ergibt den ersten **anderen** Ton. Sie symbolisiert die Vernetzung, den weiten Tonraum, die Familie, sie ist die eigentliche System-bildende Kraft. Durch sie wird der Grund-Ton auch noch Zentral-Ton eines Netzes, Zentrum einer Familie, Ausgangs - und End-Punkt einer Reise.

Quinten-Reihe

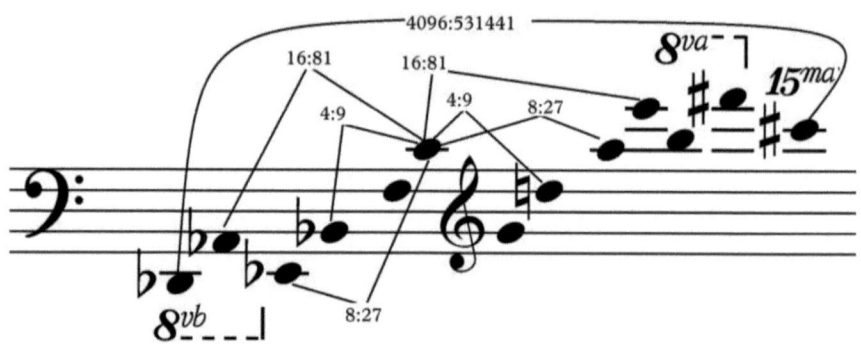

Die Elementar-Proportion **4:5** füllt durch arithmetische Teilung die Proportion 2:3 aus. Sie ist die **letzte** Elementar-Proportion, denn die arithmetische Teilung von 4:5 ergibt die aus Nicht-Primzahlen zusammengesetzte Proportion 8:9 (= $2^3 : 3^2$), diese ist also bereits Bau-Werk und nicht mehr Bau-Stoff. Die Botschaft der Zahl „Vier" ist, wie wir schon wissen

$2 + 2 = 4$

$2 \cdot 2 = 4$

$2^2 = 4$

Das bedeutet übersetzt: „Addiere, multipliziere, potenziere die Geheim-Zahl „Zwei", das Ergebnis ist gleich"! Damit leitet uns die „Vier" zu denjenigen Rechen-Operationen, die wir im Reich der Töne benötigen und die zum selben Ergebnis führen: Wir multiplizieren Brüche, das Ergebnis ist dasselbe, wie wenn wir Logarithmen addieren. Das erkläre ich genauer in dem Kapitel „Ein wenig Mathematik". Zu der arithmetisch aktiven „Vier" gesellt sich die stolze, kalkulations-averse Primzahl „Fünf", die geheime Botschaft dieses ungleichen Paares bedeutet übersetzt: „Mit 4:5 endet die Rechen-Formel". 4:5 komplettiert also das Netz, das durch die Proportion 2:3 gewoben wurde. Gesellt sich zu einem beliebigen 2:3-Reihen-Ton die Proportion 4:5, dann wird dieser vorübergehend zum Zentralton.

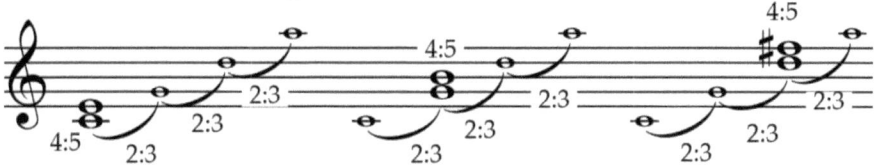

♪Demo 13

Zusammengefasst: Die Proportion 1:2 steht für Universalität und Ruhe allen Seins, die „Zwei" aus 1:2 ist Zahl des Grundtons. Die Proportion 2:3 steht für naturgesetzliche Balance, die „Drei" aus 2:3 ist die Zahl der Familie, der Gemeinschaft, des Netzes, 2:3 hat zentrifugale Kraft und will den Grundton in ein Netz einbinden. Die Proportion 4:5 steht für überirdisch-transzendente Balance, die „Fünf" aus 4:5 ist die Zahl der Vollendung, Erfüllung des Familien-Netzes (2:3) im Universum (1:2), 4:5 stärkt und beruhigt jeden Netz-Knoten, aber auch den Grund-Ton. Diese sehr elementaren Aussagen könnten wieder zu dem voreiligen Schluss führen, Musik sei doch eine recht einsilbige Sache. Doch wieder kann ich versprechen: es wird sehr kompliziert....

Die Funktionen der Einzel-Töne im musikalischen Gewebe

Durch das ordnende Gesetz der Natur- Tonreihe hat jeder Ton irgendwelche Beziehungen, Relationen, Zusammenhänge zu und mit anderen Tönen. Es gibt genau zwei Dimensionen, in denen diese Beziehungen, Relationen, Zusammenhänge mit anderen Tönen stattfinden können: Töne können **nacheinander** angeordnet werden, dann spricht die Musik-Lehre von einer **Melodie**. Töne können **aufeinander** angeordnet werden, dann spricht die Musik-Lehre von einem Intervall (2 Töne), einem Akkord (3 oder mehr Töne) oder auch einer **Harmonie**. Jeder Ton, der Bestandteil einer Melodie ist, hat in dieser Melodie eine bestimmte „Funktion" (von lat.: fungi = verrichten, verwalten, ausüben). Jeder Ton, der Bestandteil einer Harmonie ist, hat in dieser Harmonie eine bestimmte „Funktion". Jeder Ton, der Bestandteil einer Melodie und einer Harmonie ist, hat sowohl eine melodische als auch eine harmonische Funktion. Diese Funktionen werden wir präzise messen. Zum ersten Mal in der Musikgeschichte kann die Funktion eines Einzel-Tones im Gewebe der Musik präzise bestimmt werden. Damit können wir auf objektiver Grundlage Aussagen über emotionale Wirkungen und Symbolgehalt machen.

Was nun folgt, ist historisch absolut neu:

Die harmonische Funktion
des einzelnen Tones
im musikalischen Gewebe

Ein isolierter Ton steht in keiner Proportion zu einem anderen Ton, man kann nicht wissen, wozu er geschrieben wurde, wohin er will, ob er Anfang oder Ende ist.

396

Das ändert sich sofort, wenn dieser Ton Bestandteil eines Zusammenklanges wird:

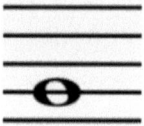

♪**Demo 14**

Durch d˝ 594 Hz wird g´ 396 zum Grundton einer Proportion 2:3. G erhält durch diese Konstellation eine „Harmonische Grund-Ton-Funktion", abgekürzt h2. (2 ist die geheime

Ordnungs-Zahl der gesamten Naturton-Reihe; wir hören und empfinden alles als Logarithmus zur Basis 2. Alle Oktaven, dazu auch 2 selbst und auch die 1 können überdies als Potenzen zur Basis 2 geschrieben werden:

$$1 = 2^0, 2 = 2^1, \quad 4 = 2^2, \quad 8 = 2^3, \quad 16 = 2^4$$

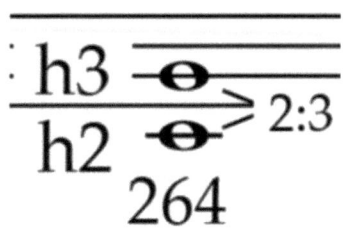

♪**Demo 15**

Hier aber ist c´ 264 hinzugekommen, in der Proportion 2:3 ist g´ 396 nicht mehr Grund-Ton, sondern Quinte. Jetzt hat g´ „Harmonische Quint-Funktion", abgekürzt h3. Die **5** oder ihre Potenzen symbolisiert die „Harmonische Terz-Funktion" abgekürzt „h5".

Ein Beispiel:

♪**Demo 16**

40

E´ hat durch die Proportion 4:5 harmonische Terz-Funktion (h5), c´ aber hat hier harmonische Grundton-Funktion (h2). Die Grund-Ton-Funktion (h2) kann man sofort sehen, wenn man 4 in seine Primfaktoren zerlegt: $4 = 2 \cdot 2$
Der letzte Primfaktor **ist** die harmonische Funktion.
3 Beispiele:

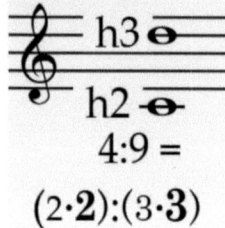

Die letzten Primfaktoren **sind** die harmonischen Funktionen: c´ hat durch die Proportion 4:9 den letzten Primfaktor 2, also Grundton-Funktion (h2). D´´ hat durch die Proportion 4:9 den letzten Primfaktor 3, also Quint-Funktion (h3).

♪Demo 17

Der letzte Primfaktor von
A♭´ ist 3, darum harmonische Quint-Funktion (h3). F ´erhält durch die Proportion harmonische Terz-Funktion (h5). ♪**Demo 18**

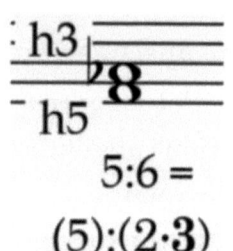

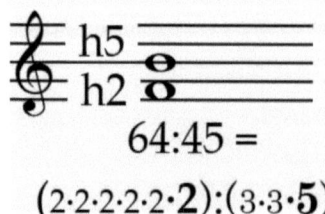

F´ hat in der Proportion 64:45 den letzten Primfaktor 2, erhält also h2. H´ hat in der Proportion 64:45 den letzten Primfaktor 5, erhält also h5. ♪**Demo 19**

41

In drei - oder mehrstimmigen Akkorden wird es selbstverständlich komplizierter, die harmonischen Funktionen zu bestimmen. <u>3 Beispiele:</u> Jeder Ton in diesem C-Dur- Dreiklang ist Teil von **2** Proportionen: c′ ist Teil von **2**:3 und von 4:5 ((2·**2**):5), von beiden Proportionen erhält c eine harmonische Grundton-Funktion, also **h2 h2**. E ist Bestandteil

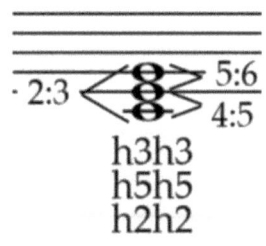

von 4:**5** und von **5**:6, das ergibt **h5 h5**. Und G erhält von 2:**3** und von **5**:6 (= (5:2·**3**)) **h3 h3**. ♪**Demo 20**

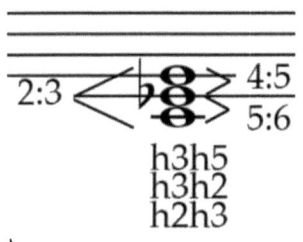

♪**Demo 21**

Im Moll-Dreiklang sehen wir nun etwas schockierend Neues: Jeder Ton hat 2 verschiedene harmonische Funktionen! Das ergibt sich zwingend aus der Anordnung der Proportionen.

Töne mit mehreren verschiedenen harmonischen Funktionen werden selbstverständlich eine mehrdeutige, zwielichtige Anmutung ausstrahlen. Das werde ich später noch genauer erklären. Hier merken wir uns nur: In einem **n**-stimmigen Akkord ist jeder Ton Teil von **n-1** Proportionen und hat somit **n-1** harmonische Funktionen, diese können gleich oder verschieden sein.

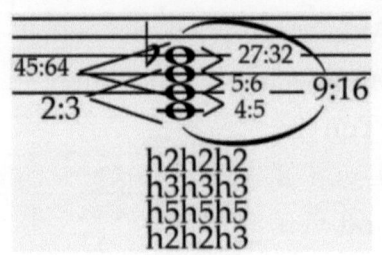

Dieser Akkord ist ein 4-Klang, darum muss jeder Ton auch 3 harmonische Funktionen haben. In der Musik nennt man ihn „Sept-Akkord". ♪**Demo 22**

Er besteht aus dem C-Dur-Dreiklang mit den Tönen c´, e´, g´, und dazu kommt noch ein b´. Während aber im C-Dur-Dreiklang das c´ nur harmonische Grund-Ton-Funktionen (h2h2) hatte, kommt hier noch eine harmonische Quint-Funktion (h2h2**h3**) hinzu. Dadurch wird der Grund-Ton c´ geschwächt. Aber das hinzugefügte b´ hat **3** harmonische Grund-Ton-Funktionen (h2h2h2) und tritt zu c´ somit in schärfste Konkurrenz. Dieser Akkord ist ein dramatischer Kampfplatz um den Königs-Thron! Ich sagte ja, es würde kompliziert werden. Auch zum Septakkord und ähnlich komplizierten Harmonien werde ich später noch vieles erklären, was die Musik-Theorie bisher übersehen hatte. **Zusammenfassung:** Harmonische Funktionen eines Tones sind die letzten Primfaktoren der vertikalen Proportionen, in der sich der betreffende Ton befindet. Sie zeigen an, ob dieser Ton ein Zentrum bilden will (Grundton-Funktion h2), oder aus einem Zentrum ein Netz bilden will (Quint-Funktion h3) oder einen anderen Ton zum Zentrum machen will (Terz-Funktion h5).

Die melodische Funktion
des einzelnen Tones
im musikalischen Gewebe

Ein isolierter Ton steht in keiner Proportion zu einem anderen Ton, man kann nicht wissen, wozu er geschrieben wurde, wohin er will, ob er Anfang oder Ende ist.

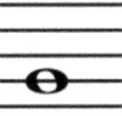

396

Das ändert sich sofort, wenn dieser Ton Bestandteil einer Melodie wird: ♪**Demo 23**

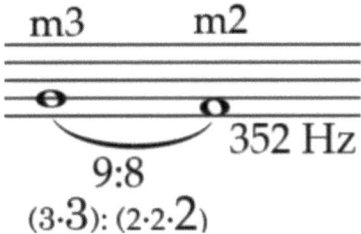

Die Proportion 9:8 gibt dem g´ eine melodische Quint-Funktion, dem f´ aber eine melodische Grund-Ton-Funktion. Die Prim-Faktoren-Zerlegung funktioniert hierbei wie auch bei den harmonischen Funktionen: die letzte Primzahl ist der Funktions-Wert. Ändern wir die Ton-Folge ein klein wenig:

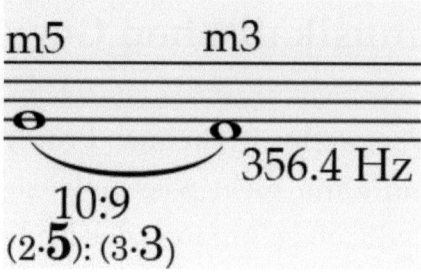

♪Demo 24

Unsere traditionelle Notenschrift kann leider nicht den Unterschied zwischen F 352 Hz und F 356,4 Hz darstellen. In diesem Beispiel hat weder g′ noch f′ eine Grund-Ton-Funktion, der Grund-Ton dieser kleinen Melodie liegt außerhalb. Weil die Terz-Funktion eher dazu geeignet ist, Grund-Töne zu ernennen, deutet g′ mit seiner melodischen Terz-Funktion auf ein e♭′ als virtuellen Grund-Ton hin. Also:

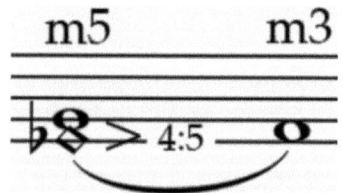

♪Demo 25

Die melodische Proportion 10:9 gibt also dem g′ eine melodische Terz-Funktion, und diese Terz-Funktion macht den Ton, zu dem g′ die Terz ist, zum virtuellen Grund-Ton!

45

3 weitere Beispiele:

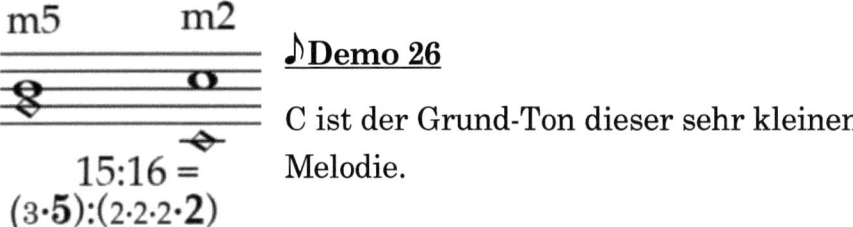

♪Demo 26

C ist der Grund-Ton dieser sehr kleinen Melodie.

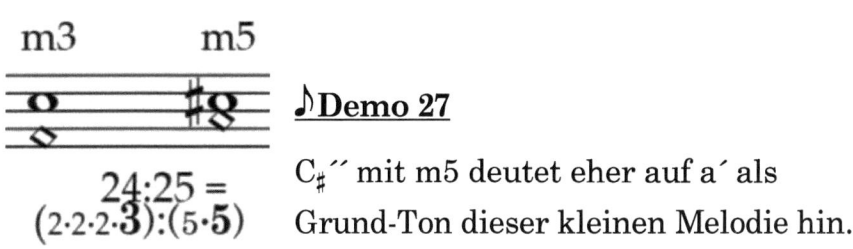

♪Demo 27

C♯´´ mit m5 deutet eher auf a´ als Grund-Ton dieser kleinen Melodie hin.

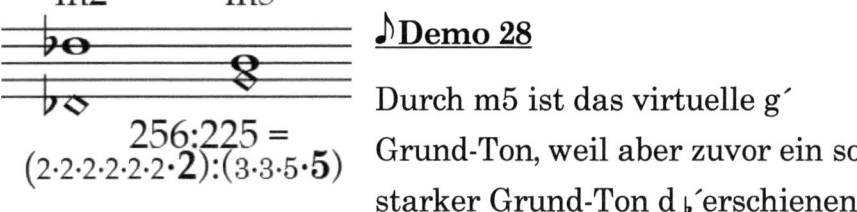

♪Demo 28

Durch m5 ist das virtuelle g´ Grund-Ton, weil aber zuvor ein so starker Grund-Ton d♭´ erschienen ist, wird dadurch g´ als Grund-Ton in Frage gestellt, sodass der Grund-Ton nicht eindeutig feststeht oder auch außerhalb liegt.

Zusammenfassung: Melodische Funktion eines Tones ist der letzte Primfaktor der horizontalen Proportion, in der sich der betreffende Ton befindet. Sie zeigt an, ob dieser Ton ein Zentrum bilden will (Grundton-Funktion h2), oder aus einem Zentrum ein Netz bilden will (Quint-Funktion h3) oder einen anderen Ton zum Zentrum machen will (Terz-Funktion h5). Auf dem komplizierten Mit - und Gegen-Einander aller Funktionen gründet die emotionale Tiefe der Musik!

Was wollen die Töne?

Die Stellung in horizontalen und vertikalen Elementar-Proportionen weist jedem Ton melodische und harmonische Funktionen zu. Jeder Ton „will" vertikale und horizontale Zusammenhänge, in denen seine melodische Funktion und seine harmonischen Funktionen identisch sind.

Ein Beispiel: ♪**Demo 29**

Sehen wir die Details:

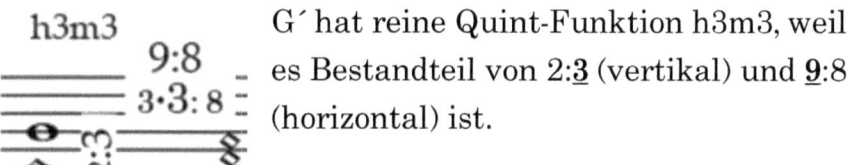

G´ hat reine Quint-Funktion h3m3, weil es Bestandteil von 2:**3** (vertikal) und **9**:8 (horizontal) ist.

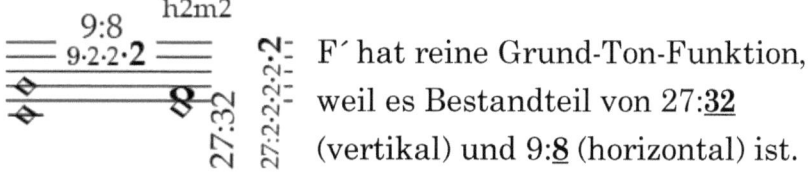

F´ hat reine Grund-Ton-Funktion, weil es Bestandteil von 27:**32** (vertikal) und 9:**8** (horizontal) ist.

48

 C´ hat reine Grund-Ton-Funktion, weil es Bestandteil von **2**:3 (vertikal) und **8**:9 (horizontal) ist.

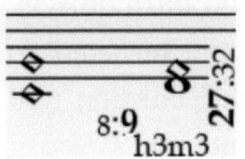 D´ hat reine Quint-Funktion h3m3, weil es Bestandteil von **27**:32 (vertikal) und 8:**9** (horizontal) ist.

Nachdem wir so viele Weisungen aus der Bau-Anleitung der Natur-Ton-Reihe erhalten haben, erscheint es mir logisch, dass auch die Töne selbst in bestimmten Zusammenhängen einen bestimmten Willen zeigen. Diesen Willen können sie selbstverständlich nicht immer bekommen: Ein reiches Spiel aus Erwartung, Bestätigung und auch Überraschung wird nun möglich, das unendliche Spiel der Musik. Aus dem „Willen" von Melodie-Tönen nach Identität von melodischen und harmonischen Funktionen ergibt sich ohne menschliches Zutun gemäß dem Bauplan der Natur-Ton Reihe ein „virtueller Bass". Beispiele:

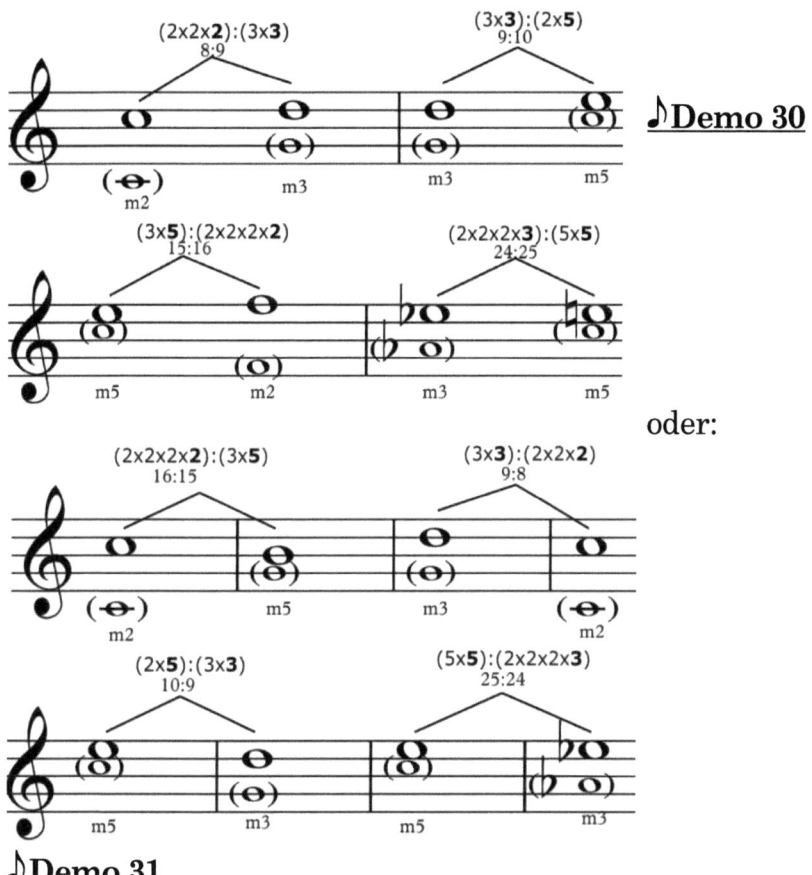

♪Demo 30

oder:

♪Demo 31

In den bisher gesehenen Beispielen hatte jeder Melodie-Ton nur **eine** melodische Funktion und nur **einen** verborgenen Grundton. Dadurch ist jeder Melodie-Ton stabil und eindeutig. Die letzte Ziffer der zweiten Primfaktoren-Reihe einer Proportion ist in diesen Beispielen identisch mit der letzten Ziffer der ersten Primfaktoren-Reihe der folgenden

Proportion, wie ich es hier nochmals schematisch verdeutliche:

$$8:9 \Rightarrow 9:10$$

$$(2 \cdot 2 \cdot 2):(3 \times 3) \Rightarrow (3 \cdot 3):(2 \cdot 5)$$

Identisch

Nun ein etwas längeres Beispiel:

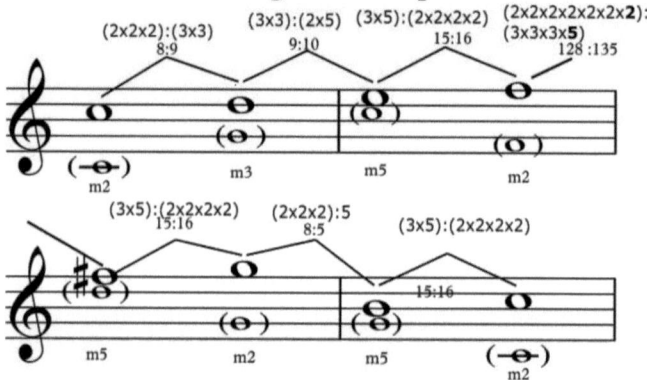

♪Demo 32

Der virtuelle Bass, der sich ganz selbstverständlich aus der Primfaktoren-Reihe der Melodie-Proportionen ergibt, klingt erstaunlich „klassisch". Manchmal aber hat ein Melodie-Ton **zwei** verborgene Grundtöne. Nämlich dann, wenn sich seine melodische Funktion verändert, wenn die letzte Ziffer der zweiten Primfaktoren-Reihe einer Proportion nicht identisch ist mit der letzten Ziffer der ersten Primfaktoren-Reihe der folgenden Proportion.

Hier ein Beispiel:

$$15{:}16 \quad \Rightarrow \quad 9{:}10$$
$$(3{\cdot}5) : (2{\cdot}2{\cdot}2{\cdot}2) \Rightarrow (3{\cdot}3) : (2{\cdot}5)$$

nicht identisch!

In der klassischen Notenschrift sieht das **so** aus:

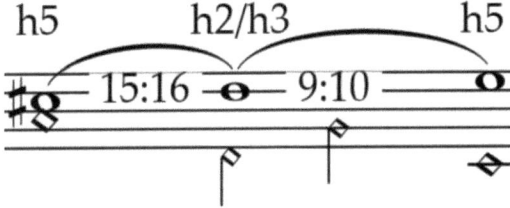

♪**Demo 33**

Dieses kleine Beispiel macht uns neugierig auf die Funktions-Analyse typischer Chromatik, wie sie Jahrhunderte lang die europäische Kunst-Musik mit Geheimnis und Spannung bereicherte:

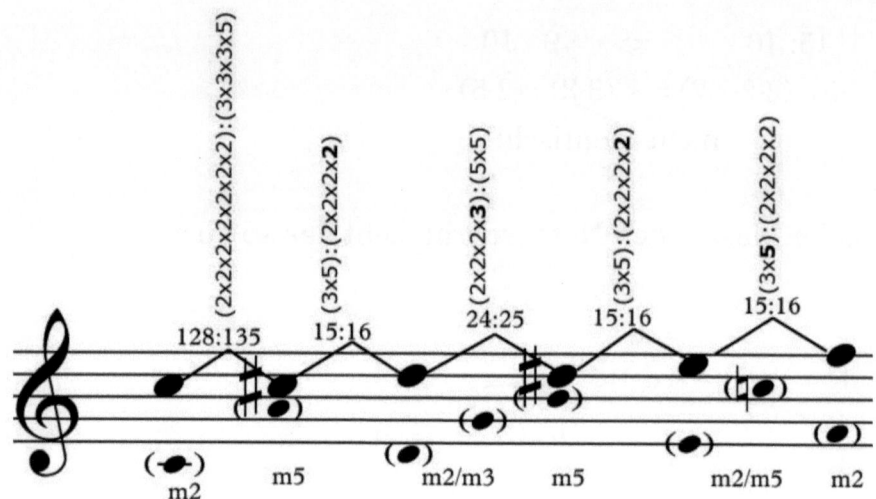

♪Demo 34

Melodie-Töne mit nur **einer** melodischen Funktion haben eine stabile, statische Wirkung. Melodie-Töne mit **zwei** melodischen Funktionen haben eine instabile, dynamische Wirkung. Die zweite Funktion eines Melodie-Tones entsteht rückwirkend durch Wahrnehmung des folgenden Tones.
Die zweite melodische Funktion entsteht in der Erinnerung. Diese kurze Rück-Orientierung spannt das Bewusstsein wie eine Bogensehne und erzeugt, wenn die Bogensehne losgelassen wird, plötzlich kinetische Energie, die als melodische Energie erlebt wird. Immer mehr verborgene Informationen, Weisungen, Geheimnisse treten zu Tage...

Die Natur-Ton-Reihe wählt höhere Proportionen aus

Aus den drei Elementar-Proportionen entstehen zahlreiche höhere, kompliziertere, neue Proportionen. Wir lernen sie in diesem Kapitel kennen, später werden sie uns in den Untersuchungen zu Harmonielehre und Kontrapunkt wieder begegnen. Ich stelle sie wieder auf drei Weisen dar: 1. als reine Kalkulation, 2. mit Logarithmen-Balken, 3. in der traditionellen Notenschrift.

1.Die arithmetische Darstellung:

Von der Zahl „Vier" haben wir gelernt, wie wir in der Welt der Natur-Ton-Reihe rechnen müssen:

$4 = 2+2$

$4 = 2 \cdot 2$

$4 = 2^2$

Das will uns sagen: Addition, Multiplikation, Potenz-Rechnung haben dasselbe Ergebnis: Wir **addieren** in unserem Hörsinn musikalische Intervalle, indem wir die **Logarithmen** (zur Basis „Zwei") addieren, was aber auch als **Multiplikation** (bzw. deren Umkehrung, der Division) von Proportions-Brüchen geschrieben werden kann.

Quarte:

3:4 $\quad \frac{3}{4} = \frac{1}{2} : \frac{2}{3} \qquad \log_2\left(\frac{3}{4}\right) = \log_2\left(\frac{1}{2}\right) - \log_2\left(\frac{2}{3}\right)$

Großer Ganztonschritt:

8:9 $\quad \dfrac{8}{9} = \dfrac{2}{3} \cdot \dfrac{2}{3} : \dfrac{1}{2} \quad \log_2\!\left(\dfrac{8}{9}\right) = \log_2\!\left(\dfrac{2}{3}\right) + \log_2\!\left(\dfrac{2}{3}\right) - \log_2\!\left(\dfrac{1}{2}\right)$

None:

4:9 $\quad \dfrac{4}{9} = \dfrac{2}{3} \cdot \dfrac{2}{3} \quad \log_2\left(\dfrac{4}{9}\right) = \log_2\!\left(\dfrac{2}{3}\right) + \log_2\!\left(\dfrac{2}{3}\right)$

Pythagoräische kleine Terz:

27:32 $\quad \dfrac{27}{32} = \dfrac{1}{2} \cdot \dfrac{1}{2} : \dfrac{2}{3} : \dfrac{2}{3} : \dfrac{2}{3}$

$\log_2\!\left(\dfrac{27}{32}\right) = \log_2\!\left(\dfrac{1}{2}\right) + \log_2\!\left(\dfrac{1}{2}\right) - \log_2\!\left(\dfrac{2}{3}\right) - \log_2\!\left(\dfrac{2}{3}\right) - \log_2\!\left(\dfrac{2}{3}\right)$

Pythagoräische große Terz:

64:81 $\quad \dfrac{64}{81} = \dfrac{2}{3} \cdot \dfrac{2}{3} \cdot \dfrac{2}{3} \cdot \dfrac{2}{3} : \dfrac{1}{2} : \dfrac{1}{2}$

$\log_2\!\left(\dfrac{64}{81}\right) = \log_2\!\left(\dfrac{2}{3}\right) + \log_2\!\left(\dfrac{2}{3}\right) + \log_2\!\left(\dfrac{2}{3}\right) + \log_2\!\left(\dfrac{2}{3}\right) - \log_2\!\left(\dfrac{1}{2}\right) - \log_2\!\left(\dfrac{1}{2}\right)$

Kleine Terz:

5:6 $\quad \dfrac{5}{6} = \dfrac{2}{3} : \dfrac{4}{5} \quad \log_2\left(\dfrac{5}{6}\right) = \log_2\!\left(\dfrac{2}{3}\right) - \log_2\!\left(\dfrac{4}{5}\right)$

Diatonischer Halbtonschritt:

15:16 $\quad \dfrac{15}{16} = \dfrac{1}{2} : \dfrac{2}{3} : \dfrac{4}{5} \quad \log_2\left(\dfrac{15}{16}\right) = \log_2\left(\dfrac{1}{2}\right) - \log_2\left(\dfrac{2}{3}\right) - \log_2\!\left(\dfrac{4}{5}\right)$

Kleiner chromatischer Halbtonschritt:

24:25 $\quad \dfrac{24}{25} = \dfrac{4}{5} \cdot \dfrac{4}{5} : \dfrac{2}{3} \quad \log_2\!\left(\dfrac{24}{25}\right) = \log_2\!\left(\dfrac{4}{5}\right) + \log_2\!\left(\dfrac{4}{5}\right) - \log_2\left(\dfrac{2}{3}\right)$

Kleiner Ganztonschritt:

9:10 $\quad \frac{9}{10} = \frac{1}{2} : \frac{2}{3} : \frac{2}{3} \cdot \frac{4}{5}$

$\log_2\left(\frac{9}{10}\right) = \log_2\left(\frac{1}{2}\right) - \log_2\left(\frac{2}{3}\right) - \log_2\left(\frac{2}{3}\right) + \log_2\left(\frac{4}{5}\right)$

Übermäßige Quinte:

16:25 $\frac{16}{25} = \frac{4}{5} \cdot \frac{4}{5} \quad \log_2\left(\frac{16}{25}\right) = \log_2\left(\frac{4}{5}\right) + \log_2\left(\frac{4}{5}\right)$

Verminderte Quarte:

25:32 $\frac{25}{32} = \frac{1}{2} : \frac{4}{5} : \frac{4}{5} \quad \log_2\left(\frac{25}{32}\right) = \log_2\left(\frac{1}{2}\right) - \log_2\left(\frac{4}{5}\right) - \log_2\left(\frac{4}{5}\right)$

Kleine Sexte:

5:8 $\frac{5}{8} = \frac{1}{2} : \frac{4}{5} \quad \log_2\left(\frac{5}{8}\right) = \log_2\left(\frac{1}{2}\right) - \log_2\left(\frac{4}{5}\right)$

Große Sexte:

3:5 $\quad \frac{3}{5} = \frac{1}{2} : \frac{2}{3} \cdot \frac{4}{5} \quad \log_2\left(\frac{3}{5}\right) = \log_2\left(\frac{1}{2}\right) - \log_2\left(\frac{2}{3}\right) + \log_2\left(\frac{4}{5}\right)$

Übermäßige Quarte:

32:45 $\frac{32}{45} = \frac{2}{3} \cdot \frac{2}{3} \cdot \frac{4}{5} : \frac{1}{2}$

$\log_2\left(\frac{32}{45}\right) = \log_2\left(\frac{2}{3}\right) + \log_2\left(\frac{2}{3}\right) + \log_2\left(\frac{4}{5}\right) - \log_2\left(\frac{1}{2}\right)$

Verminderte Quinte:

45:64 $\frac{45}{64} = \frac{1}{2} \cdot \frac{1}{2} : \frac{2}{3} : \frac{2}{3} : \frac{4}{5}$

$\log_2\left(\frac{45}{32}\right) = \log_2\left(\frac{1}{2}\right) + \log_2\left(\frac{1}{2}\right) - \log_2\left(\frac{2}{3}\right) - \log_2\left(\frac{2}{3}\right) - \log_2\left(\frac{4}{5}\right)$

Großer chromatischer Halbtonschritt:

128:135 $\dfrac{128}{135} = \dfrac{2}{3} \cdot \dfrac{2}{3} \cdot \dfrac{2}{3} \cdot \dfrac{4}{5} : \dfrac{1}{2} : \dfrac{1}{2}$

$$\log_2\left(\tfrac{128}{135}\right) = \log_2\left(\tfrac{2}{3}\right) + \log_2\left(\tfrac{2}{3}\right) + \log_2\left(\tfrac{2}{3}\right) + \log_2\left(\tfrac{4}{5}\right) - \log_2\left(\tfrac{1}{2}\right) - \log_2\left(\tfrac{1}{2}\right)$$

Syntonisches Komma:

80:81 $\dfrac{80}{81} = \dfrac{2}{3} \cdot \dfrac{2}{3} \cdot \dfrac{2}{3} \cdot \dfrac{2}{3} \cdot \dfrac{4}{5} : \dfrac{1}{2} : \dfrac{1}{2}$

$$\log_2\left(\tfrac{80}{81}\right) = \log_2\left(\tfrac{2}{3}\right) + \log_2\left(\tfrac{2}{3}\right) + \log_2\left(\tfrac{2}{3}\right) + \log_2\left(\tfrac{2}{3}\right) - \log_2\left(\tfrac{4}{5}\right) - \log_2\left(\tfrac{1}{2}\right) - \log_2\left(\tfrac{1}{2}\right)$$

Übermäßiger großer Ganztonschritt:

64:75 $\dfrac{64}{75} = \dfrac{2}{3} \cdot \dfrac{4}{5} \cdot \dfrac{4}{5} : \dfrac{1}{2}$

$$\log_2\left(\tfrac{64}{75}\right) = \log_2\left(\tfrac{2}{3}\right) + \log_2\left(\tfrac{4}{5}\right) + \log_2\left(\tfrac{4}{5}\right) - \log_2\left(\tfrac{1}{2}\right)$$

Kleine Diësis:

125:128 $\dfrac{125}{128} = \dfrac{1}{2} : \dfrac{4}{5} : \dfrac{4}{5} : \dfrac{4}{5}$

$$\log_2\left(\tfrac{125}{128}\right) = \log_2\left(\tfrac{1}{2}\right) - \log_2\left(\tfrac{4}{5}\right) - \log_2\left(\tfrac{4}{5}\right) - \log_2\left(\tfrac{4}{5}\right)$$

Große Diësis:

625:648 $\dfrac{625}{648} = \dfrac{2}{3} \cdot \dfrac{2}{3} \cdot \dfrac{2}{3} \cdot \dfrac{2}{3} : \dfrac{4}{5} : \dfrac{4}{5} : \dfrac{4}{5} : \dfrac{4}{5} : \dfrac{1}{2}$

$$\log_2\left(\tfrac{625}{648}\right) = \log_2\left(\tfrac{2}{3}\right) + \log_2\left(\tfrac{2}{3}\right) + \log_2\left(\tfrac{2}{3}\right) + \log_2\left(\tfrac{2}{3}\right) - \log_2\left(\tfrac{4}{5}\right) - \log_2\left(\tfrac{4}{5}\right) - \log_2\left(\tfrac{4}{5}\right) - \log_2\left(\tfrac{1}{2}\right)$$

Limma:

243:256 $\frac{243}{256} = \frac{1}{2}\cdot\frac{1}{2}\cdot\frac{1}{2}:\frac{2}{3}:\frac{2}{3}:\frac{2}{3}:\frac{2}{3}:\frac{2}{3}$

$\log_2\left(\frac{243}{256}\right)=\log_2\left(\frac{1}{2}\right)+\log_2\left(\frac{1}{2}\right)+\log_2\left(\frac{1}{2}\right)-\log_2\left(\frac{2}{3}\right)-\log_2\left(\frac{2}{3}\right)-\log_2\left(\frac{2}{3}\right)-\log_2\left(\frac{2}{3}\right)$

Apotome:

2048:2187 $= \left(\frac{2}{3}\right)^7:\left(\frac{1}{2}\right)^4$

$\log_2\left(\frac{2048}{2187}\right)=\log_2\left(\frac{2}{3}\right)^7-\log_2\left(\frac{1}{2}\right)^4$

Pythagoräisches Komma:

524288: 531441 $= \left(\frac{2}{3}\right)^{12}:\left(\frac{1}{2}\right)^7$

$\log_2\left(\frac{524288}{531441}\right)=\log_2\left(\frac{2}{3}\right)^{12}-\log_2\left(\frac{1}{2}\right)^7$

Nun die Darstellung als Logarithmen-Balken:

Die Logarithmen der Elementar-Proportionen zur Basis Zwei sind negativ, ich müsste also eigentlich die Logarithmen-Balken nach links zeichnen. Doch die **Beträge** der Logarithmen sind identisch, es ist gleich, ob ich $\log_2$ (2:3) oder $\log_2$ (3:2) schreibe:

$\log_2$ (2:3) = **–**0,58496250072115618145373894394782

$\log_2$ (3:2) = 0,58496250072115618145373894394782

Die Beträge sind identisch, sie können also durch identische Balken symbolisiert werden.

58

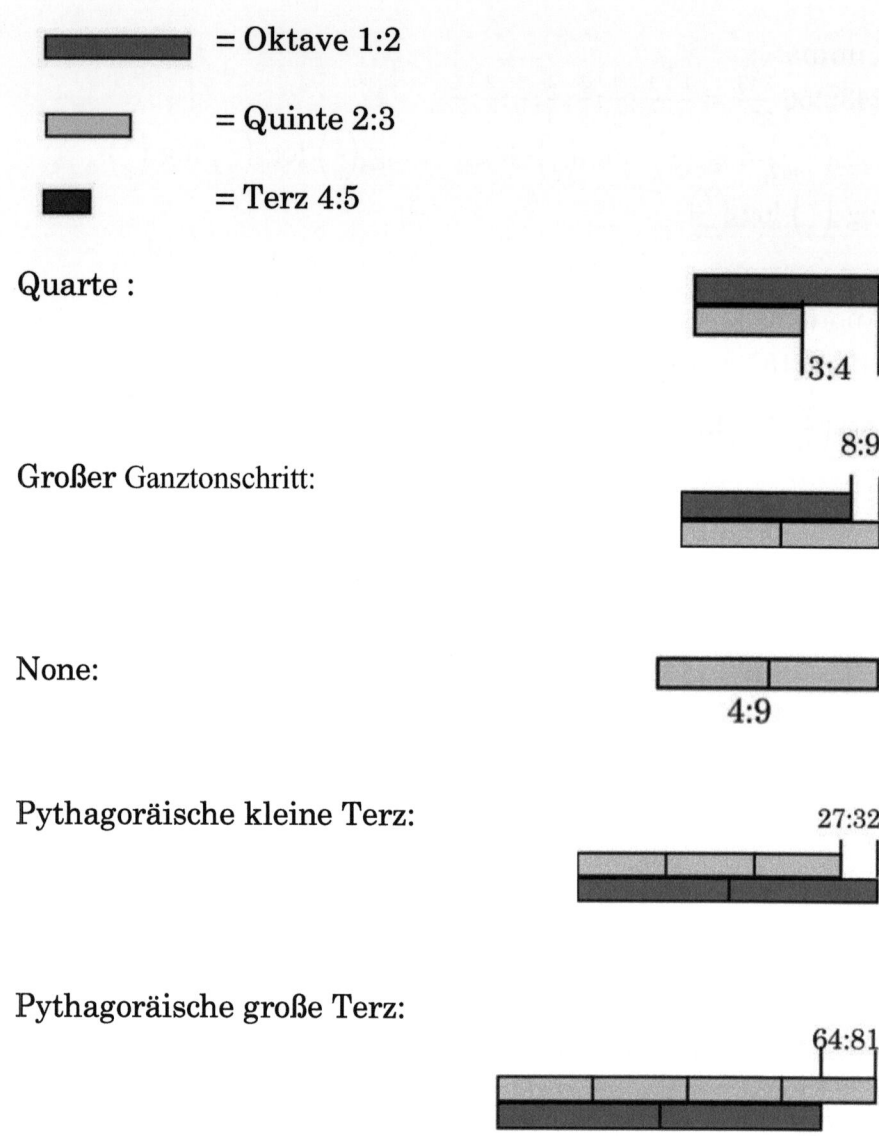

= Oktave 1:2

= Quinte 2:3

= Terz 4:5

Quarte :

3:4

8:9

Großer Ganztonschritt:

None:

4:9

Pythagoräische kleine Terz:

27:32

Pythagoräische große Terz:

64:81

59

Kleine Terz: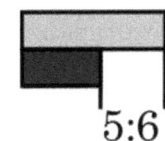

5:6

Diatonischer Halbtonschritt: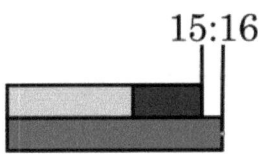

15:16

Kleiner chromatischer Halbtonschritt: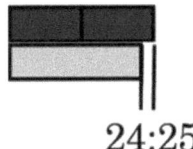

24:25

9:10

Kleiner Ganztonschritt: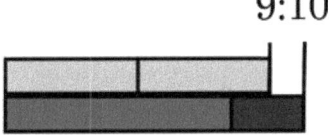

Übermäßige Quinte:

16:25

Verminderte Quarte:

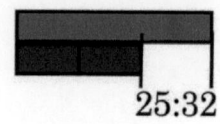

25:32

Kleine Sexte:

5:8

Große Sexte:

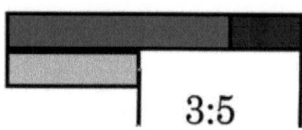

3:5

Übermäßige Quarte:

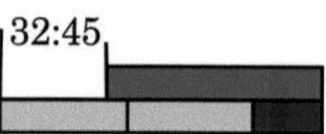

32:45

Verminderte Quinte:

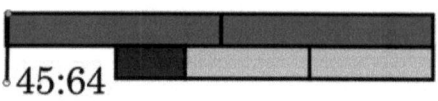

45:64

Großer chromatischer Halbtonschritt:

128:135

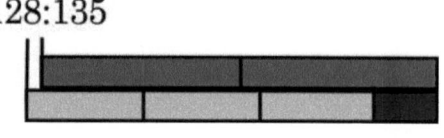

Syntonisches Komma:

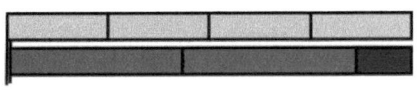

80:81

Übermäßiger großer Ganztonschritt:

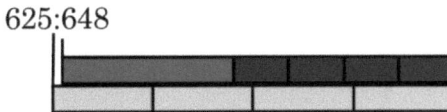

64:75

Kleine Diësis:

125:128

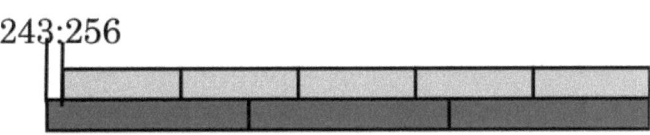

Große Diësis:

625:648

Limma:

243:256

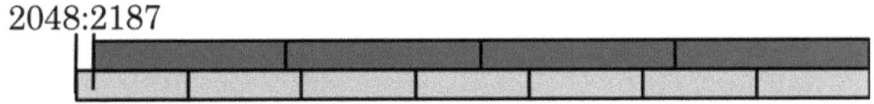

Apotome:

2048:2187

Das Pythagoräische Komma 524288: 531441 kann ich aus Platz-Gründen nicht darstellen. An seiner monströsen Proportion kann man das verwirrende Ergebnis einer falschen Prämisse erkennen: Wieso sollten 7 Oktaven dasselbe Intervall darstellen wie 12 Quinten? Die Elementar-Proportionen 1:2 und 2:3 **sollen** ja völlig unterschiedliche Aufgaben im Kosmos der Töne haben, 1:2 schafft Identität, 2:3 schafft Fremdheit. Selbstverständlich passt all das nicht auf eine Klavier-Tastatur.

Nun noch die Darstellung unserer synthetischen Proportionen in der traditionellen Notenschrift:

Quarte	Großer Ganzton
3:4 ♪**Demo 35**	8:9 ♪**Demo 36**

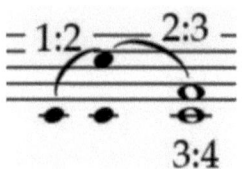

Große None	Pythagoräische kleine Terz
4:9 ♪**Demo 37**	27:32 ♪**Demo 38**

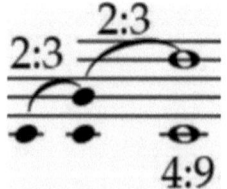

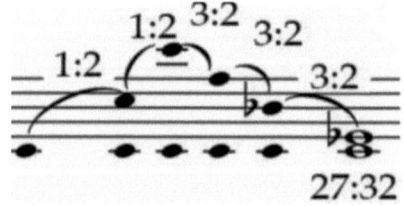

Pythagoräische große Terz
64:81 ♪Demo 39

kleine Terz
5:6 ♪Demo 40

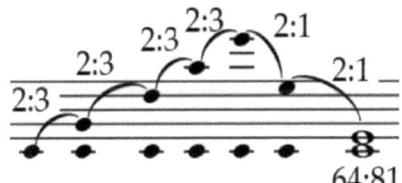

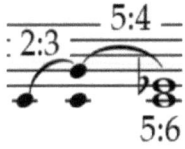

Diatonischer Halbtonschritt
Halbton
15:16 ♪Demo 41

Kleiner chromatischer

24:25 ♪Demo 42

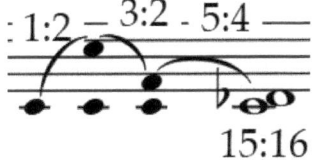

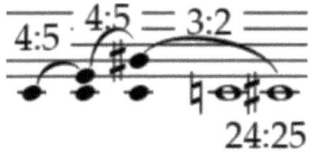

Kleiner Ganzton
9:10 ♪Demo 43

Übermäßige Quinte
16:25 ♪Demo 44

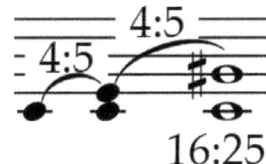

Verminderte Quarte
25:32 ♪**Demo 45**

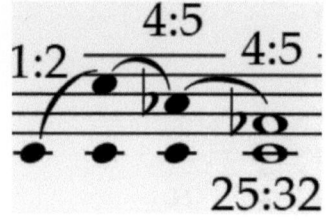

Kleine Sexte
5:8 ♪**Demo 46**

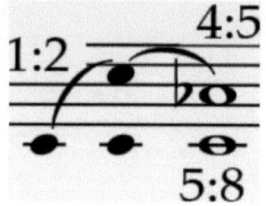

Große Sexte
3:5 ♪**Demo 47**

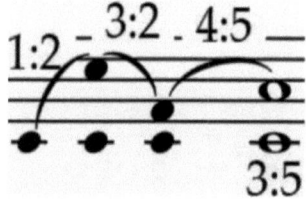

Übermäßige Quarte
32:45 ♪**Demo 48**

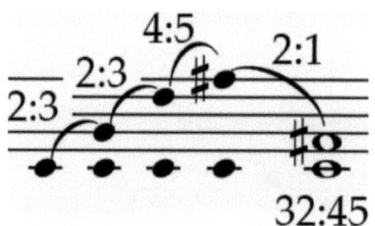

Verminderte Quinte
45:64 ♪**Demo 49**

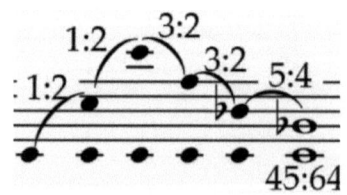

Großer chromatischer Halbton
128:135 ♪**Demo 50**

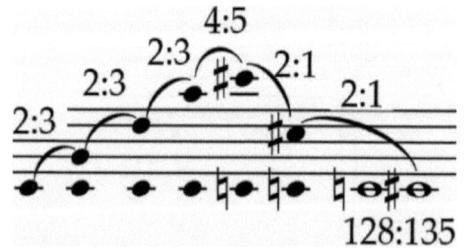

Syntonisches Komma
80:81 ♪**Demo 51**

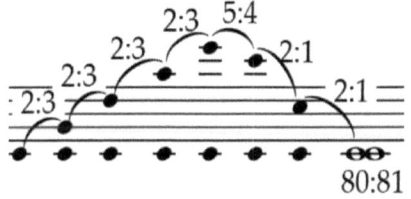

Übermäßiger großer Ganzton
64:75 ♪**Demo 52**

Kleine Diësis
125:128 ♪**Demo 53**

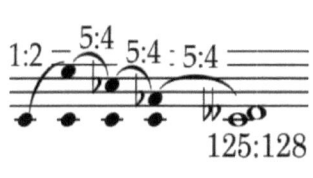

Große Diësis
625:648 ♪**Demo 54**

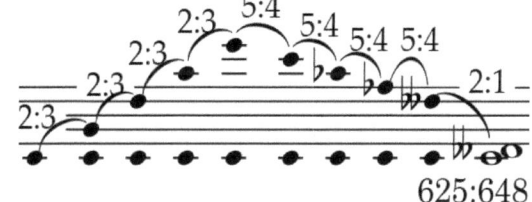

Limma
243:256 ♪**Demo 55**

Apotome: **2048:2187** ♪**Demo 56**

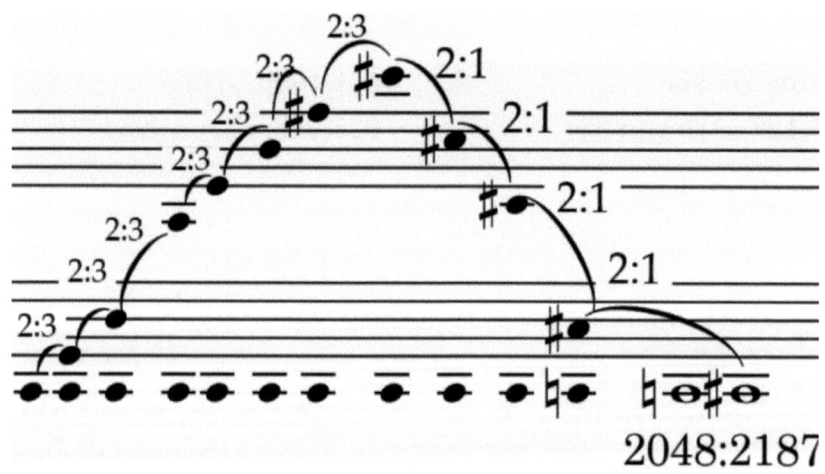

Wiederum lasse ich die musikalisch sinnlose Proportion des pythagoräischen Kommas weg. Viel wichtiger ist folgende Erkenntnis: Die Naturton-Reihe wählt aus einer theoretisch unendlichen Menge von Proportionen verhältnismäßig wenige Proportionen aus. Und aus den auserwählten Proportionen besteht das Tonsystem. Wir werden den auserwählten Proportionen in weiteren unseren Untersuchungen immer wieder begegnen...

Wohin „wollen" die Funktionen?

Den Richtungs-Willen des reinen Funktions-Willens erkennen wir an Situationen, in denen Töne reine, identische harmonische und melodische Funktionen haben.

1. Wohin will die reine Grund-Ton-Funktion (h2m2)?

♪**Demo 57**

Diese beiden Beispiele bleiben in der Klangfamilie des Zentraltons C.

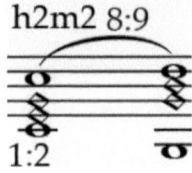 Dieses Beispiel geht in der Quinten-Reihe eine Stufe **aufwärts,** also zum Zentralton G.

♪**Demo 58**

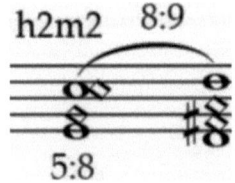 Dieses Beispiel geht in der Quinten-Reihe zwei Stufen **aufwärts,** also zum Zentralton D.

♪**Demo 59**

69

Die reine Oktav-Funktion „will" in der Quinten-Reihe **aufwärts** klettern.

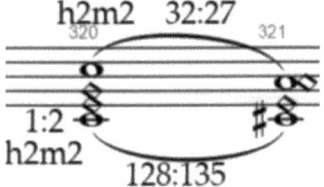

Dieses Beispiel geht in der Quinten-Reihe drei Stufen **aufwärts,** also zum Zentralton A. ♪**Demo 60**

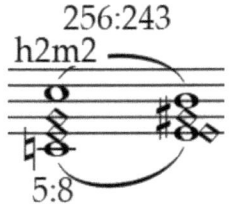

Dieses Beispiel geht in der Quinten-Reihe vier Stufen **aufwärts,** also zum Zentralton E. ♪**Demo 61**

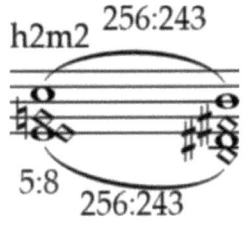

Dieses Beispiel geht in der Quinten-Reihe fünf Stufen **aufwärts,** also zum Zentralton H. ♪**Demo 62**

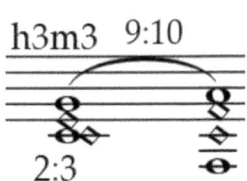

Wohin will die reine Quint-Funktion (h3m3)? Dieses Beispiel geht in der Quinten-Reihe eine Stufe hinunter, also zum Zentralton F. ♪**Demo 63**

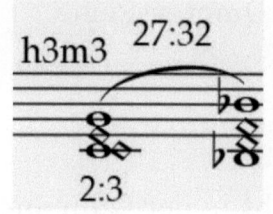

Dieses Beispiel geht in der Quinten-Reihe zwei Stufen hinunter, also zum Zentralton B♭. ♪**Demo 64**

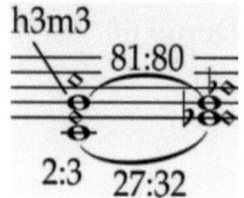

Dieses Beispiel geht in der Quinten-Reihe drei Stufen hinunter, also zum Zentralton E♭. (81 = 3·3·3·3) ♪**Demo 65**

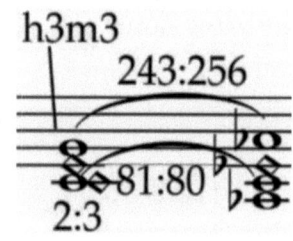

Dieses Beispiel geht in der Quinten-Reihe vier Stufen hinunter, also zum Zentralton A♭. (243 = 3·3·3·3·3) ♪**Demo 66**

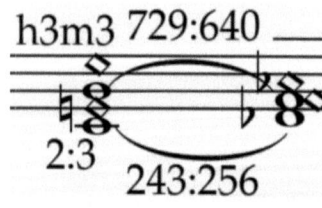

Dieses Beispiel geht in der Quinten-Reihe fünf Stufen hinunter, also zum Zentralton D♭. (729 = 3·3·3·3·3·3) ♪**Demo 67**

Die reine Quint-Funktion „will" in der Quinten-Reihe **abwärts** klettern.

Wohin will die reine Terz-Funktion (h5m5)?

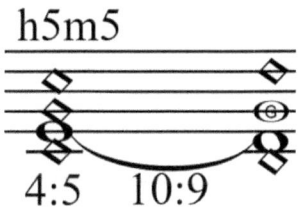

Dieses Beispiel geht in der Quinten-Reihe eine Stufe hinauf, also zum Zentralton **G.** (10 = 2·**5**)
♪**Demo 68**

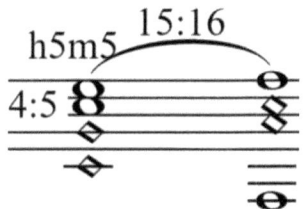

Dieses Beispiel geht in der Quinten-Reihe eine Stufe hinunter,
also zum Zentralton **F.**
(15 = 3·**5**) ♪**Demo 69**

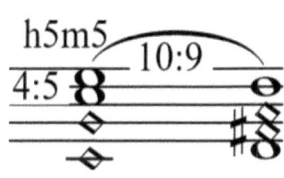

Dieses Beispiel geht in der Quinten-Reihe zwei Stufen hinauf,
also zum Zentralton **D.**
(10 = 2·**5**) ♪**Demo 70**

Dieses Beispiel geht in der Quinten-Reihe zwei Stufen hinunter, also
zum Zentralton **B** ♭**.** (15 = 3·**5**)
♪**Demo 71**

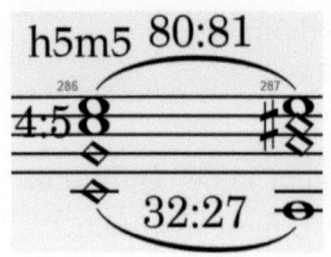

Dieses Beispiel geht in der Quinten-Reihe drei Stufen hinauf, also zum Zentralton **A.** (80 = 2·2·2·2·5) ♪**Demo 72**

Dieses Beispiel geht in der Quinten-Reihe drei Stufen hinunter, also zum Zentralton **E ♭.** (135 = 3·3·3·5) ♪**Demo 73**

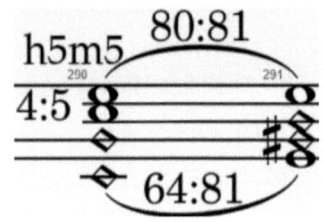

Dieses Beispiel geht in der Quinten-Reihe vier Stufen hinauf, also zum Zentralton **E.** (80 = 2·2·2·2·5) ♪**Demo 74**

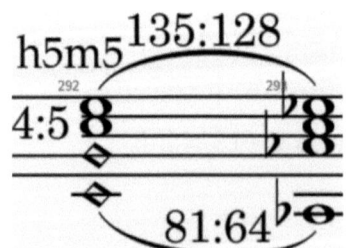

Dieses Beispiel geht in der Quinten-Reihe vier Stufen hinunter, also zum Zentralton **A ♭.** (135 = 3·3·3·5) ♪**Demo 75**

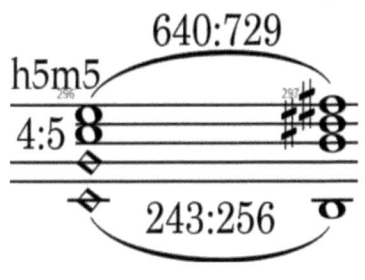

Dieses Beispiel geht in der Quinten-Reihe fünf Stufen hinauf, also zum Zentralton **H.**

(640 = 2·2·2·2·2·2·2·**5**)

♪**Demo 76**

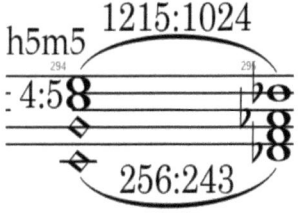

Dieses Beispiel geht in der Quinten-Reihe fünf Stufen hinunter, also zum Zentralton **D** ♭. (1215 = 3·3·3·3·3·**5**)

♪**Demo 77**

Die reine Terz-Funktion will in **beide** Richtungen der Quinten-Reihe, man könnte auch sagen, sie hat keinen Richtungs-Willen, sie will Ruhe. Aber das haben wir ja auch schon an anderer Stelle und in anderem Zusammenhang beobachtet.

Zusammenfassung
der bisherigen Beobachtungen

1. Der periodisch schwingende, selbst-ähnliche Ton ist kleinstes Element der Musik.

2. Jeder Ton hat eine messbare Frequenz, die als Zahlenwert darstellbar ist.

3. Die Reihe der Ganzzahl-Proportionen (Naturton - Reihe) stellt ausgewählte Beziehungen zwischen den Tönen her.

4. Dadurch ist die Natur- Ton-Reihe
der <u>Bauplan des Ton-Systems</u>.

5. Primzahlen bringen neue Informationen in den Bauplan, teilbare Zahlen bestätigen bekannte Informationen.

6. Die Natur-Ton-Reihe unterscheidet zwischen Proportionen, die Primzahlen enthalten (diese bringen neue Informationen), und Proportionen, die aus teilbaren Zahlen bestehen (diese bestätigen Bekanntes).

7. Die Natur-Ton-Reihe unterscheidet zwischen Proportionen, die andere Proportionen arithmetisch teilen (diese bringen neue Informationen), und Proportionen, die durch arithmetische Teilung entstanden sind (diese sind vernachlässigbares Neben-Produkt).

8. Die Naturtonreihe bildet durch 6. und 7. eine deutliche innere Grenze bei 6:7 und wählt dadurch nur 3 Proportionen als Baumaterial des Tonsystems aus:

die 3 Elementar-Proportionen (1: 2), (2: 3), (4: 5).

9. Die Natur-Ton-Reihe wählt aus den theoretisch unendlich vielen Proportionen nur solche Proportionen aus, die aus den 3 Elementar-Proportionen (1: 2), (2: 3), (4: 5) errechnet werden können.

10. Jeder Ton, der im Ton-System in irgendeiner dieser Proportionen zu einem anderen Ton steht, erhält durch diese Proportion eine Mischung von melodischen und harmonischen Funktionen.

11. Diese melodischen und harmonischen Funktionen besitzen unterschiedlichen Richtungs-Willen.

12. Dieser gigantische Richtungs-Willen- Reichtum ist geeignet, den gigantischen Gefühls- und Gedanken-Reichtum zu symbolisieren, zu dem Menschen fähig sind.

Es ist unmöglich, das System in seiner Ganzheit grafisch darzustellen. Nur unser Vorstellungsvermögen kann uns eine Ahnung vermitteln, welch riesigen Kosmos wir hier eröffnet haben. Den leichtfertigen Verächtern der Tonalität sei gesagt: „Ihr habt die Tonalität gewaltig unterschätzt"! Wir sind nun so weit, die musikalischen Möglichkeiten des Tonsystems zu erforschen, und nach dem eben Gesagten ist klar: das kann nur ein Anfang sein, dieses Buch muss unvollendet bleiben.

Die Natur-Ton-Reihe erzeugt durch die Elementar-Proportionen und die melodischen Funktionen eine Tonleiter und viele Möglichkeiten

Wieder gehen wir von einem Zentral-Ton aus, wieder wählen wir c´ = 264 Hz. Welche Nachbar-Proportionen erlauben dem Zentral-Ton, seine melodische Grund-Ton-Funktion zu behalten? Und welche Nachbar- Proportionen erlauben es den hinzukommenden Tönen, ihre melodischen Funktionen zu behalten? Welche Tonleiter „will" der Bauplan der Natur-Ton-Reihe erzeugen? Es dürfen selbstverständlich nur solche Proportionen Anwendung finden, die durch die Elementar-Proportionen errechnet werden können (siehe Kapitel „Die Natur-Ton-Reihe wählt höhere Proportionen aus").

Zunächst das Ergebnis der möglichst einfachen Nachbar-Proportionen:

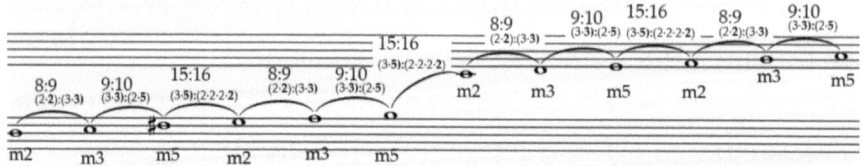

Leider keine konventionelle Tonleiter: Wir sehen vielmehr eine Iteration der Folge m2 m3 m5 und der Proportionen 8:9, 9:10, 15:16. Genauere Untersuchungen der sonstigen Proportionen, die hier zunächst noch nicht gezeigt wurden, zeigen wieder einmal Erstaunliches:

77

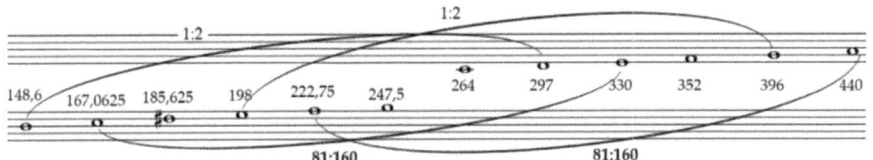

Nichts ist, wie es scheint: Echte Oktaven (1:2) zwischen d 148,6 und d´ 287 sowie zwischen g 198 und g´ 396. Aber: Schein-Oktaven (81:160) zwischen e 167,0625 und e´330 sowie zwischen a 222,75 und a 440. 81:160 ist ganz einfach der Quotient des syntonischen Kommas 80:81 und der Oktave 1:2.

$$\frac{1}{2} : \frac{80}{81} = \frac{81}{160}$$

81:160 ist also um das syntonische Komma kleiner als eine Oktav. Die traditionelle Notenschrift kann den Unterschied zwischen 1:2 und 81:160 nicht darstellen. Hier noch einmal die falsche und die echte Oktave als Produkt der Nachbar-Proportionen:

$$\frac{(9 \cdot 15 \cdot 8 \cdot 9 \cdot 15 \cdot 8 \cdot 9)}{(10 \cdot 16 \cdot 9 \cdot 10 \cdot 16 \cdot 9 \cdot 10)} = \frac{81}{160}$$

$$\frac{(8 \cdot 9 \cdot 15 \cdot 8 \cdot 9 \cdot 15 \cdot 8)}{(9 \cdot 10 \cdot 16 \cdot 9 \cdot 10 \cdot 16 \cdot 9)} = \frac{1}{2}$$

Aber noch mehr Überraschungen warten auf uns:

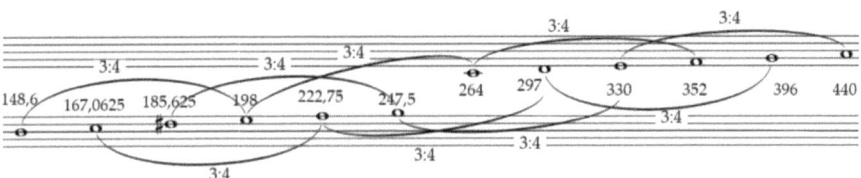

Alle Quarten, die uns die traditionelle Notenschrift anzeigt, sind echt (3:4). Aber nicht alle Quinten, die uns die traditionelle Notenschrift zeigt, sind echt:

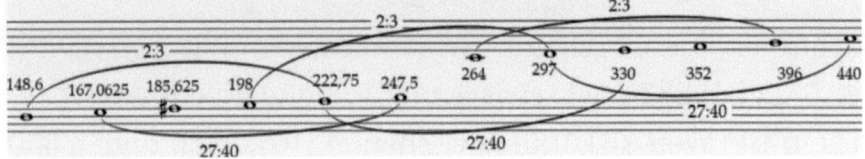

Zwischen e 167,0625 und h 247,5 sowie zwischen a 222,75 und e´ 330 haben wir die Schein-Quinte 27:40. Sie ist der Quotient von 2:3 und dem syntonischen Komma 80:81:

$$\frac{2}{3} : \frac{80}{81} = \frac{27}{40}$$

27:40 ist also um das syntonische Komma 80:81 kleiner als die echte Quinte 2:3. Auch hier dürfen wir der traditionellen Notenschrift nicht trauen! Auch nicht bei den Terzen:

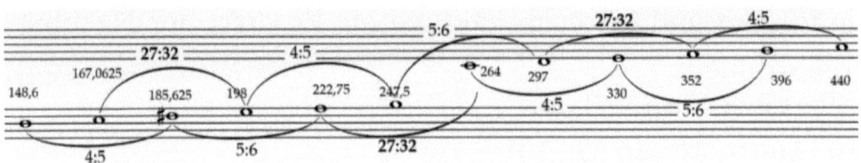

Nicht alles, was uns die traditionelle Notenschrift als „Terz" präsentiert, ist auch entweder eine echte große Terz (4:5) oder eine echte kleine Terz (5:6). Wir sehen zusätzlich die unechte „pythagoräische kleine Terz" 27:32. Sie ist der Quotient der echten kleinen Terz 5:6 und dem syntonischen Komma 80:81:

$$\frac{5}{6} : \frac{80}{81} = \frac{27}{32}$$

Die Ton-Reihe, die sich aus dem Willen der melodischen Funktionen ergibt, ist ganz einfach eine Folge von Drei-Ton-Gruppen:

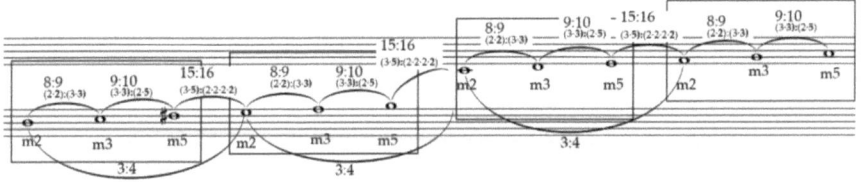

Ihre Start-Töne (d, g c´ f´ ...) stehen zueinander in der Proportion 3:4. Weil aber 3:4 das Neben-Produkt der arithmetischen Teilung von 1:2 durch 2:3 ist, kann man auch sagen: die Start-Töne sind durch die Quinten-Reihe miteinander verwandt, und zwar entgegen der Richtung der melodischen Tonreihe:

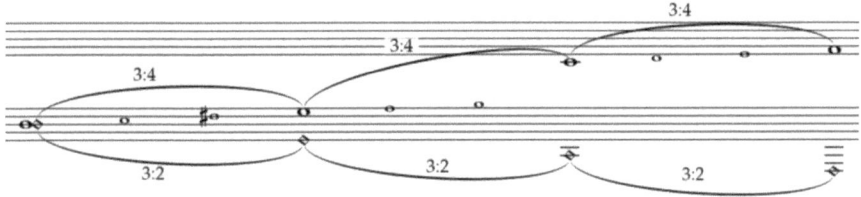

Je weiter also die Melodie hinaufsteigt, desto tiefer steigen die Grund-Töne in der Quinten-Reihe hinab. Folgende Töne aus unserer Tonreihe wählt der Zentral-Ton C 264 durch die einfachsten Proportionen als melodische Umgebung aus:

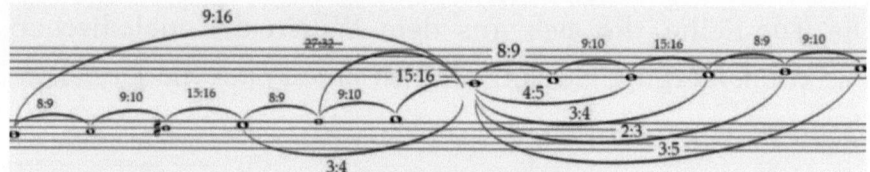

Wir zeigen nur die ausgewählten Töne:

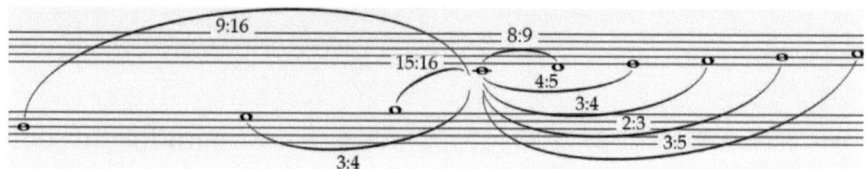

d und g treten durch die Elementar-Proportion 1:2 doppelt auf. Wir lassen sie weg. Das bleibt übrig:

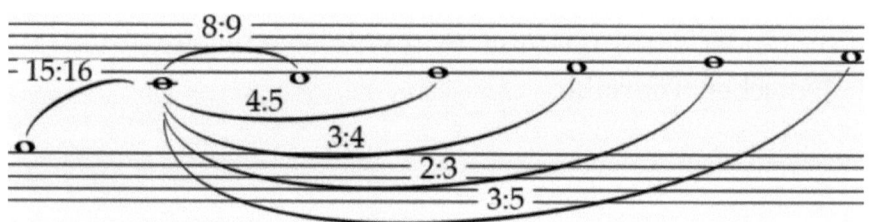

Durch Anwendung der Elementar-Proportion 1:2 auf diese 7-Ton-Reihe (in beide Richtungen) ergibt sich eine ununterbrochene Tonleiter:

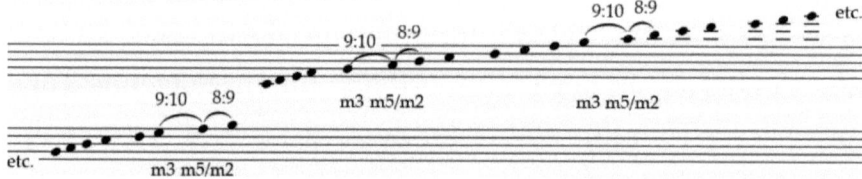

Zwischen a und h ergibt sich eine Bruchstelle, denn a hat 2 melodische Funktionen: von 9:10 resultiert m 5, aber aus 8:9 resultiert m2. Betrachten wir einen Oktav-Ausschnitt:

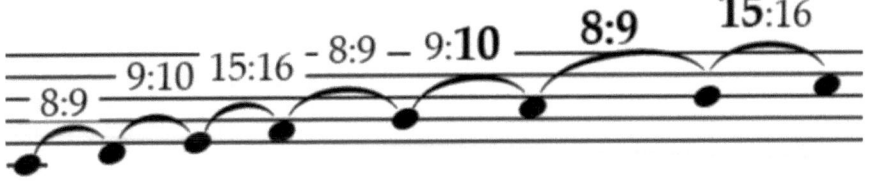

m2 m3 m5 m2   m3 **m5/m2 m3/m5** m2

♪**Demo 78**

Fünf Töne dieser Tonleiter haben eine eindeutige melodische Funktion, die sechste und siebte Stufe aber sind durch je zwei melodische Funktionen zweideutig. Die scheinbar harmlose Dur-Tonleiter hat dadurch zwischen dem sechsten und dem achten Ton eine Bruchstelle. Auch die Natur-Ton-Reihe hat zwischen dem sechsten und dem achten Ton eine Bruchstelle (siehe Seiten 12+13). Wieder einer jener Staunen erregenden Zusammenhänge. Der Bereich unserer Dur-Tonleiter, in dem doppelte melodische Funktionen auftreten, hat sich jedoch automatisch ergeben: wir haben ja den Willen der melodischen Funktionen zu erfüllen gesucht, und wir bekamen als Ergebnis eine Tonleiter mit doppeldeutigen Ton-Funktionen: Das kann nur heißen, dass wir in der Musik, die wir aus unserem automatisch entstandenen Ton-System gestalten wollen, solche multi-perspektivischen Strukturen verwenden dürfen und sollen. Wir wollen nun auch den

Willen der melodischen Funktionen durch noch kleinere Intervalle erfüllen. Dies ist ein Ergebnis:

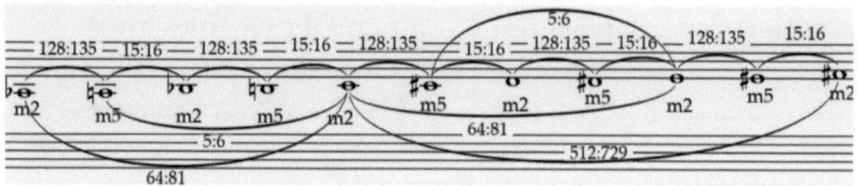

♪Demo 79

Abwechselnd verwenden wir den großen chromatischen Halbtonschritt (128:135) und den diatonischen Halbtonschritt (15:16). Zusammen ergeben diese beiden Proportionen den großen Ganztonschritt 8:9, denn

$$\frac{128}{135} \cdot \frac{15}{16} = \frac{8}{9}$$

Auch das ist keine traditionelle Tonleiter, auch nicht eine sogenannte chromatische Skala, sondern eine Folge von Zwei-Ton-Gruppen, die jeweils zwei Stufen in der Quinten-Reihe voneinander entfernt sind. Hier kann man es sehen:

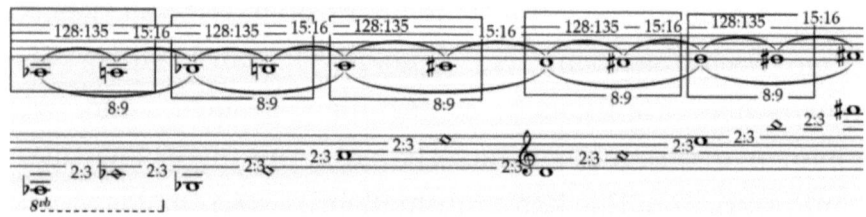

Auch das folgende Beispiel respektiert den Willen der melodischen Funktionen: ♪**Demo 80**

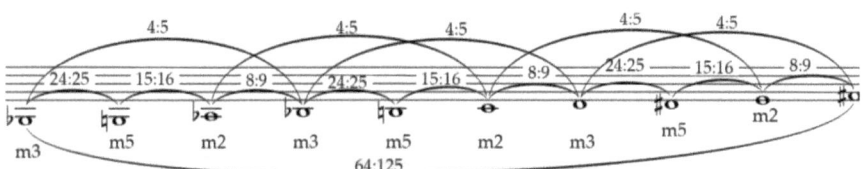

Auch dieses Beispiel sprengt unsere schlichte Vorstellung traditioneller Tonalität, denn wir erhalten die falsche Oktave 64:125, die sich als logarithmische Differenz der kleinen Diësis 125:128 von der Oktave 1:2 und ergibt:

$$\frac{1}{2} : \frac{125}{128} = \frac{64}{125}$$

Wenn wir also Melodien erschaffen wollen, dann sind bereits die Tonleitern, die wir verwenden, eine Auswahl. Wenn selbst die endgültig einfache Dur-Tonleiter funktionale Ambivalenzen aufweist, obwohl wir sie doch in völliger Übereinstimmung mit dem Willen der melodischen Funktionen gebildet haben, dann **darf** und **soll** offenbar Musik nicht auf einem statischen „Tonleiter-Material", sondern auf einem fortwährenden, lebendigen, fließenden Auswahl-Prozess beruhen.

Die Natur-Ton-Reihe erzeugt durch die Elementar-Proportionen und die harmonischen Funktionen einen Dreiklang und viele Möglichkeiten

Die Berücksichtigung des Willens der melodischen Funktionen ergab iterative Tongruppen entlang der Quinten -oder Terzen-Reihe. Nun wollen wir den Willen der harmonischen Funktionen berücksichtigen, um zu sehen, welche Akkorde und Akkord-Folgen sich aus den harmonischen und den melodischen Funktionen ergeben.

Wir fügen zu dem ausgewählten Grund-Ton c′ 264Hz nacheinander die drei Elementar-Proportionen 1:2, 2:3, 4:5 hinzu. Jede Elementar-Proportion gibt dem c′ eine harmonische Grund-Ton-Funktion h2. Ganz automatisch entsteht das, was die traditionelle Harmonielehre einen Dur-Dreiklang mit verdoppeltem Grund-Ton nennt. Aus einem gewählten Grund-Ton und den drei Elementar-Proportionen kann man **nichts anderes als einen Dur-Dreiklang** mit verdoppeltem Grund-Ton erzeugen. Die Anordnung der vier

Töne kann auch permutiert werden, ohne dass sich die harmonischen Funktionen ändern:

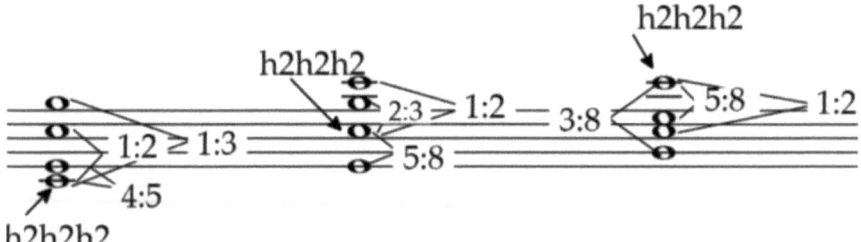

In jedem Fall erhält der Grundton c, wo auch immer er im Akkord positioniert ist, drei harmonische Grund-Ton-Funktionen. Nun wollen wir untersuchen, welche Akkord-**Folgen** sich aus den harmonischen und den melodischen Funktionen ergeben. Mit unserem ausgewählten Grund-Ton c´ sind die Töne g´ und f über die Elementar-Proportion **2:3** verwandt; es gibt keine näheren Verwandtschafts-Verhältnisse von anderen Tönen als die Proportion 2:3. Also untersuchen wir, welche harmonischen und melodischen Funktionen auftreten, wenn wir die Akkord-Folgen
C-Dur-Dreiklang -- G-Dur-Dreiklang und
C-Dur-Dreiklang – F-Dur-Dreiklang bilden.
Wir beginnen mit der Folge G-Dur – C-Dur. In Zukunft wenden wir die Jazz-Schreibweise an: der C-Dur-Dreiklang wird mit einem großen „C" abgekürzt, der G-Dur-Dreiklang wird somit durch ein „G" symbolisiert. Wir untersuchen also die Folge „C-G". Die harmonischen und melodischen Funktionen stehen neben jedem Akkord-Ton, die

86

melodischen Proportionen zwischen den Akkord-Tönen, die harmonischen Proportionen als Tabelle unter dem Akkord.

♪**Demo 81**

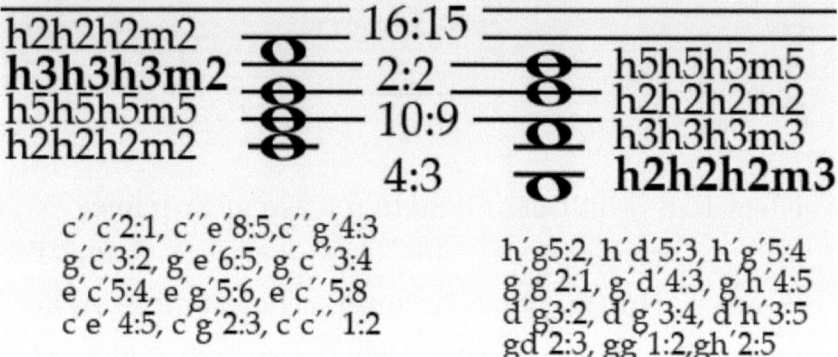

Ich habe durch Fett-Druck hervorgehoben, wo die harmonischen Funktionen und die melodische Funktion **nicht** übereinstimmen. Obwohl wir wieder den Funktions-Willen respektieren wollten, ergab sich trotzdem keine vollständige Deckung der Funktionen. Das kann nur bedeuten, dass der Funktions-Wille zu einem spielerischen Dilemma führen **soll**, mit der freundlichen Aufforderung, das Spiel zu beginnen und in Bewegung zu geraten. Noch größer wird unser Erstaunen, wenn wir exakt in unsere Sprache übersetzen, was uns die Zeilen mit den nicht-identischen Funktionen sagen wollen: Die Aussage „h3h3h3h2" des g′ in C bedeutet: „Ich *bin jetzt Quinte, aber ich* **werde** *Grund-Ton.*" Und die Aussage „h2h2h2h3" des g in G bedeutet: „Ich *bin jetzt Grund-Ton, aber ich* **war** *Quinte.*" (Die Temporal-

Flexion des Verbs „werden" resultiert hierbei aus der harmonischen Chronologie). Die harmonische Funktion zeigt das So-Sein oder auch die potentielle Energie eines Tones an, die melodische Funktion aber zeigt den zeitlichen Zusammenhang oder die kinetische Energie eines Tones. Erstaunlich ist vor allem, dass der Ton g´ in C genau zu wissen scheint, dass er Grund-Ton des nächsten Akkordes werden wird. Dies allerdings erst, nachdem der nächste Akkord schon bekannt ist. Das erinnert ein wenig an Kausal-Paradoxa der Quanten-Mechanik, denn auch dort ändert sich scheinbar die Ursache, nachdem man die Wirkung gemessen hat...Dies sind die funktionalen Hintergründe der Folge C-F:

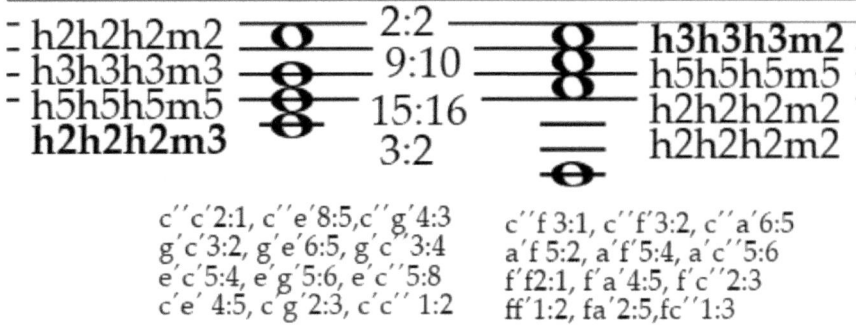

♪Demo 82

Ein ähnliches Bild: c´ aus C „weiß" schon, dass es Quinte sein wird, c´´ aus F erinnert sich, dass es Grundton gewesen ist. Die Musik hörende Seele kann diese Zusammenhänge erst a posteriori apperzipieren, aber die „olympische Perspektive" des Theoretikers oder des Komponisten kann den Zeitverlauf als über-zeitliche Ewigkeit erleben. Gehen wir noch einen Schritt weiter und untersuchen die Folge F-G, (ein Verwandtschafts-Grad von zwei Stufen in der Quinten-Reihe):

♪**Demo 83**

h3h3h3m2		16:15		h5h5h5m5
h5h5h5m5		10:9		h2h2h2m3
h2h2h2m2		32:27		h3h3h3m3
h2h2h2m2		8:9		h2h2h2m3

Wieder habe ich die Zeilen mit nicht-identischen Zonen fett gedruckt. Wir übersetzen, was die obere Zeile des F-Dur-Akkords uns mitteilen will: *„C ist jetzt Quinte, wird aber Grundton sein"*. Das ist wahrhaft merkwürdig, denn im darauffolgenden G-Dur-Dreiklang kommt c gar nicht vor! Doch es wird noch merkwürdiger: Denn die zweite und die vierte Zeile des G-Dur-Dreiklangs sagen uns: *„g und g´´ sind jetzt Grundton, werden aber Quinte sein"*. Quinte in einem C-Dur-Dreiklang, selbstverständlich! Das heißt: Die Folge F-G lässt uns durch Nicht-Übereinstimmungen zwischen den harmonischen und den melodischen Funktionen wissen, dass c bald Grund-Ton sein wird, und dass ein C-Dur-Dreiklang erscheinen sollte, in dem c Grundton und g Quinte sein können! Die Akkord-Folge F-G-C ist bekannt als traditionelle Schluss-Formel, als die Folge Sub-Dominante-Dominante-Tonika, oder als die Stufen-Folge IV- V-I. Wir können nun erstmals und endgültig erklären, woher die Schluss-Kraft dieser prominenten Akkord-Folge kommt! Noch bedeutend wichtiger aber ist die Information, die uns die Funktionen durch die vorangegangenen, möglichst einfachen Beispiele zukommen lassen: *„Auch wenn Du den Funktions-Willen möglichst respektieren möchtest, auch wenn Du die ideale Übereinstimmung der harmonischen und der melodischen Funktionen anstrebst- es wird immer ein spielerisches Dilemma geben, das Du nur durch die Komposition eines möglichst reichhaltigen Musik-Werkes lösen kannst. Es gibt keine Statik, sondern ewige Dynamik, denn Du darfst und sollst durch die Quinten-Reihe und die Terzen-Reihe reisen, das haben Dir die iterierenden Ton-Gruppen gezeigt, die ebenfalls durch Quinten-Reihe und die Terzen-Reihe reisen."* Diese Botschaft öffnet einen gewaltigen Raum von Möglichkeiten, denn wir wissen nun, dass es der Wille der Natur-Ton-Reihe, der Elementar-Proportionen und der Funktionen ist, dass ihre Regeln nicht einschränken, sondern **ermöglichen sollen.**

Was ist „Moll"?

Nun sind wir so weit, unsere Erkenntnisse mit der traditionellen Tonsatz-Lehre zu konfrontieren. In diesem Kapitel fragen wir: Sind Dur und Moll Gegensätze? Sind Dur und Moll Spiegelbilder? Wenn es irgendeine Beziehung zwischen Dur und Moll gibt, welche ist es und wie kann man sie in geeignete Worte fassen? Hier sehen wir die Proportionen der beiden Dreiklänge, wenn sie in der sogenannten Grundstellung auftreten: ♪**Demo 84**

Die Proportionen des Moll-Dreiklanges sind augenscheinlich komplizierter als die des Dur-Dreiklanges, denn ihre Zahlen sind größer, außerdem sind sie keine Nachbar-Zahlen. Moll ist also schlichtweg komplizierter als Dur, das ist zwar ein gradueller, aber kein grundsätzlicher oder gar ein diametraler Unterschied. Aber: Beide Dreiklänge entstehen, nachdem im Bauplan der Naturton-Reihe zuerst „2:3" danach „4:5" angewendet wurden. Das können wir in folgender Grafik zusammengefasst sehen:

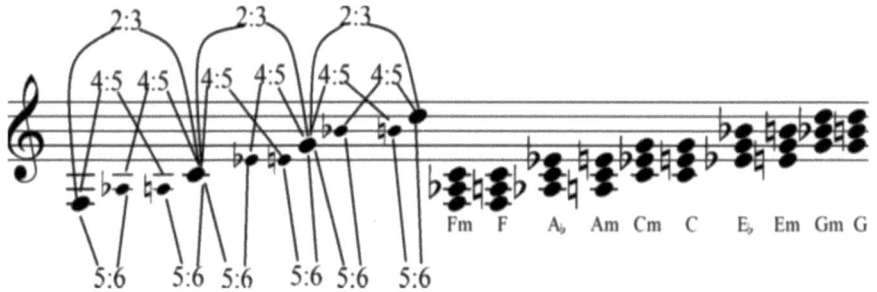

5:6, die „Moll-Terz", entsteht, wie wir wissen, als Ergebnis der arithmetischen Teilung von 2:3. „Moll" entsteht somit als Konsequenz von „Dur". Dur ist zuerst da, Moll ergibt sich daraus, was auch sehr gut daraus ersehen werden kann, dass die Naturtonreihe mit einem Dur-Dreiklang beginnt. Ein Moll-Dreiklang verbirgt sich zwar ebenfalls in der Naturton-Reihe, aber viel weiter oben, er besteht, wie bereits gesagt, nicht aus Nachbar-Zahlen, und er ist kein Dreiklang zum Grundton der Naturtonreihe, sondern zu deren Oberterz-Verwandtschaft. In der Natur-Ton-Reihe auf einem C wäre das also ein E-Moll-Dreiklang, wie man hier sehen kann:

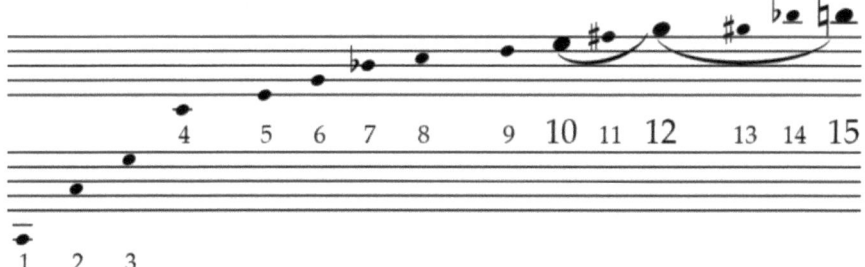

Auch die unterschiedliche Stellung der beiden Dreiklänge innerhalb der Naturton-Reihe deutet auf einen graduellen

Unterschied zwischen den beiden hin, auf eine Rangordnung, aber nicht auf ein symmetrisch-polares Zwillings-Phänomen. Moll ist ganz gewiss **kein** Spiegelbild von Dur. Eine musikalische Proportion kann nicht "gespiegelt" werden! 4:5 gibt immer dem unteren Ton harmonische Grundton-Funktion, dem oberen Ton harmonische Terz-Funktion. 5:6 gibt immer dem oberen Ton harmonische Quint-Funktion, dem unteren Ton harmonische Terzfunktion, „Moll" ist **nicht** **Spiegelung** der Grundgestalt „Dur", sondern die einzig mögliche **Permutation.** Den grundsätzlichen Unterschied zwischen einer Spiegelung und einer Permutation veranschaulicht folgendes Schema:

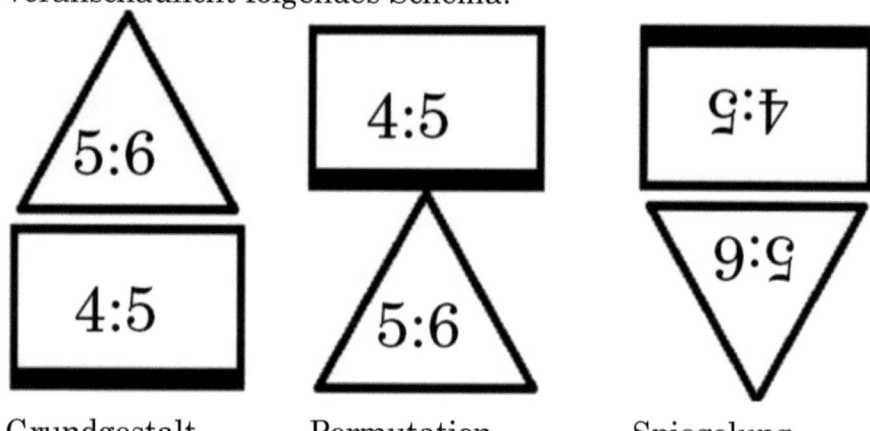

Grundgestalt   Permutation   Spiegelung

Wenn der Moll-Dreiklang eine Spiegelung des Dur-Dreiklanges wäre, dann müsste es auch kleine Terzen geben, die irgendwie „auf dem Kopf stehen", man begreift leicht, dass dies eine völlig unsinnige Vorstellung ist.

9:5

Der Moll-Dreiklang ist also die einzige Permutation des Dur-Dreiklanges. Wir untersuchen die harmonischen Funktionen des Moll-Dreiklanges, denn er ist, wie wir bereits festgestellt hatten, ein kompliziertes Gebilde.

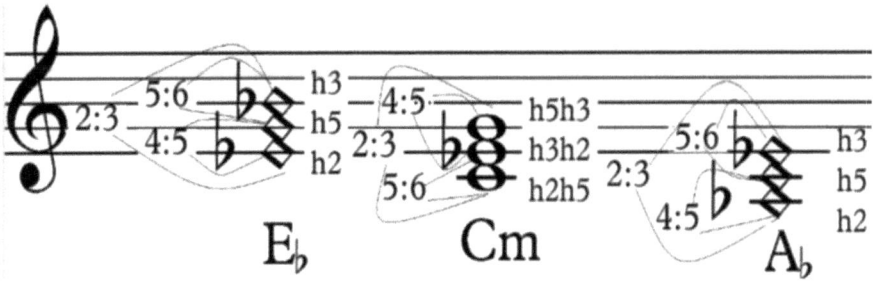

Die harmonischen Funktionen von e´♭ (**h3** h2) und c´ (h2 **h5**) des C-Moll-Akkordes verweisen auf einen Ton (a♭), der im C-Moll-Akkord nicht **enthalten** ist. Denn e´♭ ist durch seine partielle Quint-Funktion auch Quint zu a♭. Und c´ ist durch seine partielle Terz-Funktion auch Terz zu a♭. A♭ ist ein "imaginärer Grund-Ton". Und: Die harmonischen Funktionen von e´♭(h3 **h2**) und g´ (**h5** h3) des C-Moll-Akkordes zeigen auf einen Ton (b ♭), der im C-Moll-Akkord **nicht enthalten** ist. Denn e´♭ ist durch seine partielle Grundton-Funktion auch Grundton von E♭-Dur. Und g´ ist durch seine partielle Terz-Funktion auch Terz von "E♭-Dur ". "E♭" ist ein "**versteckter Grund-Ton**"!! "B♭" ist „**imaginäre Quinte**"!! Der Moll-Dreiklang enthält also imaginäre

94

Elemente, er ist dadurch Ausdrucksmittel für Imaginäres, für Utopie, für Sehnsucht....Die „Traurigkeit" des Moll-Dreiklangs ist ein Gefühls- Urteil, das eine Ebene über der Primär-Bedeutung „Imaginäres, Utopie, Sehnsucht" liegt. Unsere Empfindung mit dem Inhalt: „Moll klingt trauriger als Dur" hat gleichwohl reale, mathematische, physikalische Grundlagen! Keine „kulturelle Erziehung" hat die heranwachsenden Menschen konditioniert, dass Moll-Perzeption Trauer-Reaktionen auslöst. Denn die große, historische Frage wäre dann: Wer hat die Erzieher erzogen? Aber nun kommen wir auch noch zu einem weiteren, geradezu skandalös leichtsinnigen Missverständnis: Der Vergleich von Frequenz-Wert-Beträgen mit den Beträgen von Saitenlängen. Wie wir wissen, bilden die Frequenzwerte, des Dur-Dreiklanges miteinander die Proportion **4:5:6**. Nun bilden aber die Werte der **Saitenlängen** eines Molldreiklanges, (vorausgesetzt, die Saiten bestehen aus demselben Material, sind genau gleich stark gespannt, haben exakt dieselbe Temperatur etc.), ebenfalls miteinander die Proportion **4:5:6**. Ohne weiteres Nach-Denken würden wir entzückt jene fast schon kosmisch anmutende Koinzidenz ins Herz schließen! Doch halt! Frequenzen mit Saitenlängen vergleichen? Geist mit Materie vergleichen? Das wäre nicht logisch, sondern eher ideologisch. Ich meine damit im weitesten Sinne jene Ideologie-Familie, die man dem „Dualismus" zurechnen kann. Für den Dualismus muss es zu jeder These eine Antithese geben, denn sonst bleibt für den Dualismus die Welt stehen. Ein einfacher Blick auf unsere Umgebung lehrt uns aber etwas anderes: Die allermeisten Menschen sind **entweder** Rechts - **oder** Linkshänder, aber nicht beides, unser Körper-Eiweiß besteht ausschließlich aus linksdrehenden Aminosäuren, wie dies auch bei allen anderen Lebewesen der Fall ist, und unser schöner Sternenhimmel sowie jedes einzelne Elementarteilchen darin besteht aus Materie und nicht aus Antimaterie, weil sonst alles explodieren würde! Wir leben in einem radikal asymmetrischen Universum, nichts ist hier mit einem dualistischen Ringkampf antagonistischer Gewalten zu erklären, und auch die Natur-Ton-Reihe ist absolut kein dualistisches Phänomen. Also kurz und sachlich: Es ist für unsere Untersuchungen völlig belanglos, ob die Proportion 4:5:6 sowohl das Verhältnis der Frequenz-Werte des Dur-Dreiklanges und das Verhältnis der Saitenlängen des Moll-Dreiklanges abbildet! Wer vergleichen will, muss die Frequenz-Proportionen von 4:5:6 (Dur) und 10:12:15 (Moll) vergleichen! 4:5:6 besteht nur aus Nachbarzahlen, dazu noch aus dem äußerst wichtigen „Bauplan- Bereich" der Naturton-Reihe. „4" ist der oktavierte Naturton-Reihen-Grundton, er ist mit diesem funktions-identisch. Demgegenüber Moll: 10:12:15 sind keine Nachbarzahlen. Eingeschlossene Zahlen sind „11", „13", sogenannte Primzahlenzwillinge, und „14" ist die Oktavierung und damit Bestätigung der „7", die wir als Bauplan-Grenze erkannt hatten. 10:12:15 ist bereits in demjenigen Bereich der Naturton-Reihe angesiedelt, der nicht mehr Baustein, sondern Bauwerk ist. Und: „10" als Grundton des Moll-Dreiklanges ist **nicht** der oktavierte Naturton-Reihen-Grundton. Dies alles sind Phänomene einer Rangfolge, aber nicht von Symmetrie! Wenn Dur als Frequenz-Proportion 4:5:6, Moll aber als Saitenlängen-Proportion 4:5:6 perzipiert würde, dann müsste das Gehirn, je nach Dur oder Moll, zwischen Frequenz-Proportions-Perzeption und Saitenlängen-Proportions-Perzeption **umschalten.** Eine Dur-Moll-getriggerte zerebrale Polymodalität? Nein! Das Gehirn perzipiert **immer** Frequenz-Proportionen. Es erkennt Dur als einfach und stabil, Moll aber als kompliziert und labil. Dazu assoziiert das Gehirn passende Emotionen. Wir sehen uns nun die Wellen-Kurven des Dur-und des Moll-Dreiklanges an. Wir wollen sie als Erlebnis-Graph lesen:

Dur: Hüllkurven-Dramaturgie **4:5:6**

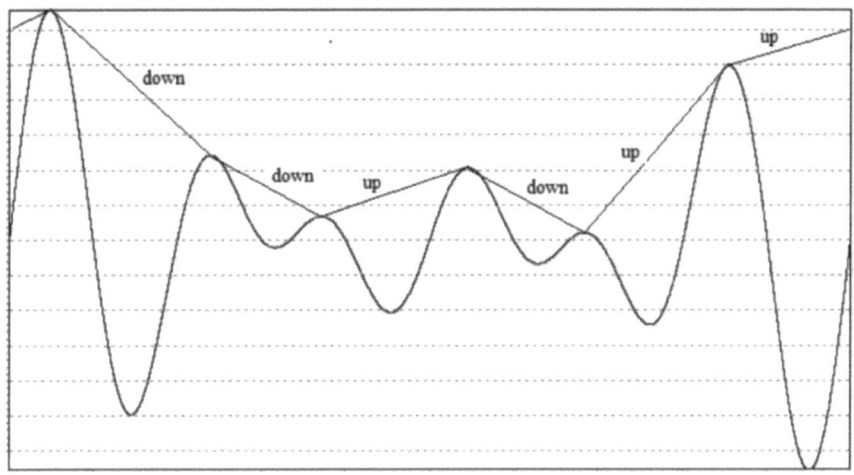

einfach, fast symmetrisch, leichte Unsicherheit in der Tiefe, maßvoller Fall, maßvoller Aufstieg, spielerisch.

Moll: Hüllkurven-Dramaturgie **10:12:25**

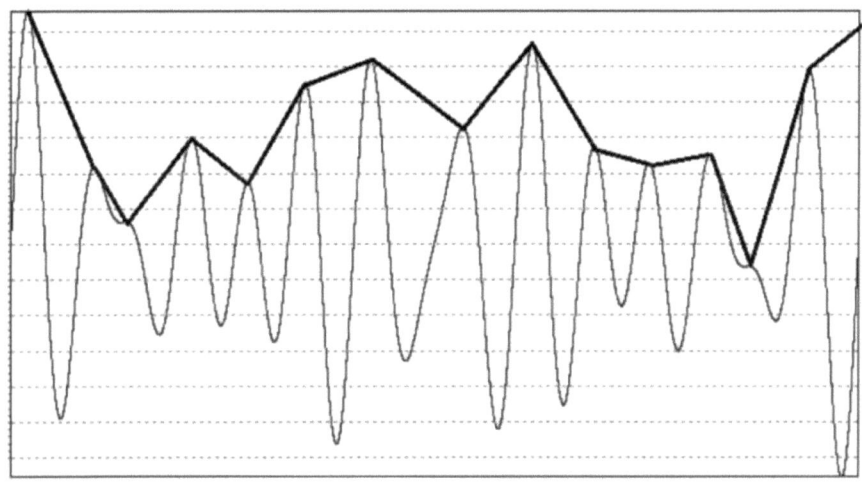

Kompliziert, asymmetrisch, nach Sturz: zitternder Aufstieg,

dann jähe Enttäuschung, dann steiler endgültiger Aufstieg, ernste Krisen-Bewältigung, viel dramatischer als Dur!
Der kleine Unterschied zwischen Dur und Moll ist der "kleine chromatische Halbton-Schritt" 24:25 zwischen e´♭ und e´.

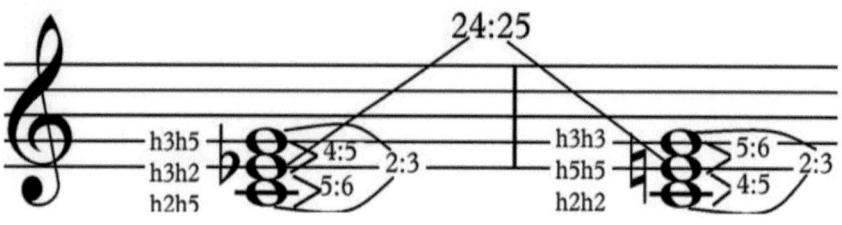

Der C-moll- Dreiklang ist in der Naturtonreihe von A♭.

Dennoch empfinde ich C und nicht A♭ als Grundton. Denn 2:3 von „C" ist die konsonanteste und stärkste Proportion im C-moll- Dreiklang, stärker als 5:6 von C und 4:5 von E♭.

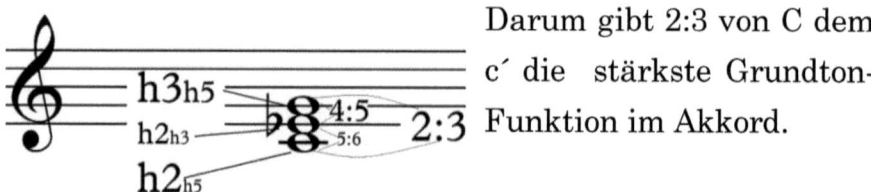

Darum gibt 2:3 von C dem c´ die stärkste Grundton-Funktion im Akkord.

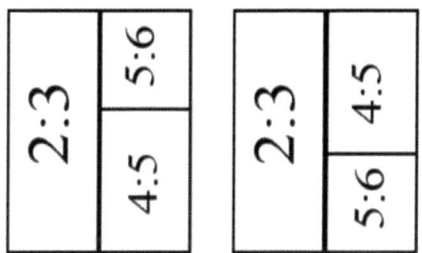

Und: Das Gehirn perzipiert Dur **und** Moll als Addition von 4:5 und 5:6 zu 2:3. Aber als **Permutation,** nicht als Spiegelung! Das Gehirn erkennt den Moll-Dreiklang als permutierten Dur- Dreiklang und transferiert dessen Grundton. Eine „abgeleitete" Grundton-Empfindung!

Dies zum Thema „Dur und Moll".

Ist das Tonsystem,
das durch die Natur-Ton-Reihe errichtet wurde,
dualistisch und symmetrisch?

Ein beliebiger Ton kann in einer Proportion (x: y) „x" oder "y" sein und kann durch die Proportion (x:y) 2 Beziehungen zu 2 anderen Tönen haben. Beispiel: c˝ kann in der Proportion (2:3) „2" oder "3" sein und kann durch 2:3 Beziehungen zu f´ und/oder g˝ haben.

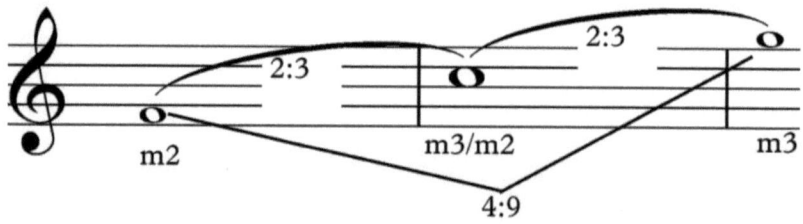

Aber: Keine Proportion kann "gespiegelt" oder "nach unten geklappt" werden. In f´-c˝ ist f´ Grundton und c˝ Quint, in c˝-g˝ aber ist c˝ Grundton. Die Proportion "2:3" gibt immer dem Ton, der "2" ist, eine Grundton-Funktion. Die Proportion "2:3" gibt immer dem Ton, der "3" ist, eine Quint-Funktion. Die Funktion des Einzel-Tons innerhalb einer Proportion ist konstant. Und: Die kleinere Zahl ist natürlich immer der tiefere Ton. Tatsachen, die Du nicht verdrängen solltest.

f´ (2): c´´(3), aber c´´(2) :g´´(3) , oder ausführlicher:

In der Beziehung zu f´ entspricht c´´ = 3,

aber in der Beziehung zu g´´ entspricht c´´= 2.

Falsch ist außerdem die Behauptung: "Das menschliche Bewusstsein hört den Moll-Dreiklang (Saitenlängen-Proportion 4:5:6) als Spiegelbild des Dur-Dreiklangs (Frequenz-Proportion 4:5:6)". Dann müsste das menschliche Bewusstsein beim Hören einer Komposition, die Dur-und Moll-Akkorde enthält, fortwährend den "Betriebsmodus" ändern: Dur-Akkorde schalten das Gehirn in den Frequenz-Analyse-Modus, Moll-Akkorde schalten das Gehirn in den Saitenlängen-Analyse-Modus.

Im Gehirn ergäbe sich dieses absurde Szenario:

Moll:
Saitenlängen-
verhältnis 4:5:6
abwärts hören!

Moll-Terz:
Saitenlängen-
verhältnis
5:6 abwärts hören!

Moll-Terz in C-
Dur: Sofort 4:5:6
von aufwärts
hören!!

So würde Musik-Hören zum Gehirn-Stress! Genauso unsinnig ist die Behauptung: "Moll (unten Klein-Terz, oben Groß-Terz) wird als Spiegelbild von Dur (unten Groß-Terz, oben Klein-Terz) wahrgenommen, weil die Anordnung der Terzen spiegelbildlich ist". Denn die beiden einzig möglichen Anordnungen einer großen und einer kleinen Terz können ja nur deswegen voneinander unterschieden werden, weil immer jede der beiden Terzen von unten her wahrgenommen wird. Könnte das Gehirn Intervalle bidirektional perzipieren, dann wäre ein Dreiklangs-Deutungs-Paradox die Folge!

Proportionen machen keinen Kopfstand...

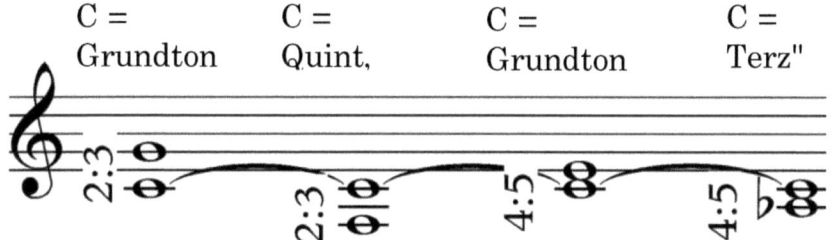

Als wir das Ton-System aus der Natur-Ton-Reihe errichteten, haben wir in der Tat die Proportion 2:3 (die wir als abstrakte Beziehung verstanden haben) auf den ausgewählten Ton c´ 264 in 2 mögliche konkrete Beziehungen gestellt:

1. Welcher Ton steht zu C in der Beziehung 2: 3?

2. Zu welchem Ton steht C in der Beziehung 2:3?

Die abstrakte Beziehung 2:3 ist hierbei konstant, die konkreten Funktionen von C aber sind variabel. Oder: Die vollständige Anwendung der Proportion 4:5 (=abstrakte Beziehung) auf den ausgewählten Ton C stellt den ausgewählten Ton C in 2 mögliche konkrete Beziehungen:

1. Welcher Ton steht zu C in der Beziehung 4:5?

2. Zu welchem Ton steht C in der Beziehung 4:5?

Die abstrakte Beziehung 4:5 ist konstant, die konkreten Funktionen von C sind variabel. Dies alles ist aber absolut keine Spiegel-Symmetrie, denn das würde ja bedeuten,

dass die Grundton-Funktion von C konstant wäre und die abstrakte Beziehung in C eine Punkt-Spiegelung erführe.

Sondern es entsteht eher ein **Stammbaum**:

B♭ ist Grundton von B♭-F, F ist Grundton von F-C, C ist Grundton von C-G. Wie ein echter Stammbaum, z.B.: "Abraham zeugte Isaak, Isaak zeugte Jakob, Jakob zeugte Juda" etc... Das ist unumkehrbar, es ist die reine Asymmetrie. Auch das Tonsystem, das durch Anwendung des Bauplanes der Naturtonreihe entsteht, ist asymmetrisch, unumkehrbar, von unten nach oben, gleich einem Familien-Stammbaum.

Gibt es eine Unter-Ton-Reihe?

Zu diesem Kapitel wurde ich angeregt, weil ich einst im Kompositions-Studium einen Hochschul-Lehrer hatte, der an die "Unterton-Reihe" glaubte, sie auch zum Thema seines Unterrichtes machte, und, als ich Zweifel äußerte, beleidigt reagierte und mir sogar die Prüfung verweigern wollte, sodass ich gezwungen war, die Hochschul-Leitung um eine alternative Prüfungs-Kommission zu bitten. (Das gelang mir ...) Dieses einschneidende Erlebnis zeigte mir vor allem, wie heftig ein Mensch reagieren kann, wenn er aus einer Ideologie aufgeschreckt wird. Hier nun also eine nüchterne Untersuchung des Phantoms "Untertonreihe". Es ist ein dualistischer Wunsch-Traum, den Moll-Dreiklang ebenso unmittelbar aus einem Naturphänomen ableiten zu können, so, wie ich in meinen Untersuchungen den Dur-Dreiklang aus der Naturton-Reihe ableiten konnte. Es gibt ein solches Naturphänomen, aus dem man den Moll-Dreiklang direkt (und ebenso schlüssig wie den Dur-Dreiklang aus der Natur-Ton-Reihe) ableiten könnte, **nicht**! Daraus folgt zwingend, dass der musikalische Dualismus eine Schein-Wirklichkeit beschreibt, dass er ganz einfach falsch ist.

Hier die Argumentation:

1. der historische Aspekt:

<u>Zuerst</u> ist die Natur-Ton-Reihe an Saiten des Monochordes und an Luftsäulen von Blechblas-Instrumenten beobachtet worden. Flageolett-Töne und Überblas-Technik sind objektive und valide Phänomene des Gesetzes der Naturton-Reihe. <u>Erst später</u> ist die Natur-Ton-Reihe willkürlich und imaginär zu einer "Untertonreihe" gespiegelt worden. Die Natur-Ton-Reihe war das faktische Urbild. Die "Untertonreihe" war das fiktionale Abbild. Es ist falsch, eine Musiktheorie und damit ein Tonsystem auf einer Fiktion aufzubauen.

2. der existenzielle Aspekt:

Die Natur-Ton-Reihe ist Natur-Gesetz, das der Mensch an Materie exakt wahrnimmt.

Beispiel:

An einer einzigen Saite werden die Grundfrequenz 100 Hz und die genauen Teil-Frequenzen

$100 \cdot 2 = 200$ Hz, $100 \cdot 3 = 300$ Hz, $100 \cdot 4 = 400$ Hz etc.

gemessen. In Bezug zur Naturton-Reihe ist der Mensch **exakt Wahrnehmender.** Die "Untertonreihe" aber ist eine **Handlungs-Anweisung** mit dem Inhalt: Nimm die Zahlenfolge der Naturton-Reihe und wende sie auf die materielle Welt an. Beispiel: Spanne mehrere Saiten, so genau es Dir möglich ist, in den Längenverhältnissen 1:2:3:4: etc., und Du erhältst bei möglichst gleichen Saitenspannungen die Frequenzen z.B.:

107

ca. 100 Hz, ca. 50 Hz, ca. 33,3... Hz; ca. 25 Hz etc.,
so genau es eben möglich ist.

Der Mensch ist inexakt Handelnder. Salopp gesagt: Die Wahrnehmung der Naturton-Reihe macht Dich zu einem Wissenschaftler, die Anwendung der "Unterton-Reihe" zu einem Heimwerker...

3. der physikalische Aspekt:

Die Natur-Ton-Reihe ist **Teiler-Menge** des Betrages der Masse, z.B.: Eine Saite der Masse 10 Gramm und der Frequenz 100 Hz kann auch ohne menschliche Zerstörung (z.B.: Zerschneiden der Saite) in Teilmassen zu

10:2 = 5 Gramm → 200 Hz,

10:3 = 3,33...Gramm → 300 Hz,

10:4 = 2,5 Gramm → 400 Hz etc.

schwingen.

(Sie schwingt in diesen Teilschwingungen auch bereits ohne menschliche Berührung, durch zarte Berührung an den Knotenpunkten der Saite können aber die sogenannten Flageolett-Töne erzeugt werden.) Die Masse der Saite aber ist Teil der realen Welt. Man darf die Saite mit der Masse 10 Gramm und der Frequenz 100 Hz sozusagen bejahen.

Das heißt: Die Natur-Ton-Reihe teilt exakt und ohne menschliche Zerstörung ganze schwingende Massen. Die Natur-Ton-Reihe ist also das Ganze und die Teile des Ganzen und die Summe des Ganzen und der genauen Teile und das Verhältnis der genauen Teile zueinander und zum Ganzen.

108

Diese Idee der vielfach geteilten Ganzheit offenbart sich an materiellen Dingen, wie zum Beispiel unserer Saite...Die Natur-Ton-Reihe ist ein Symbol der unzerstört geteilten Ganzheit. Aber:

Die "Untertonreihe" ist **Vielfachen-Menge** des Betrages der Masse, zum Beispiel muss eine Saite der Masse 10 Gramm und der Frequenz 100Hz mit Draht der Masse 10 Gramm umwickelt werden, um die Masse 10*2 = 20 Gramm und die Frequenz 100: 2=50 Hz zu erreichen. Ich muss also zu der ehemaligen Saite der Masse 10 Gramm und der Frequenz 100 Hz „Nein" sagen, um die Frequenz 50 Hz zu erhalten.

Oder anders gesagt: Es gibt eine Saite der Masse 10 Gramm und der Frequenz 100 Hz. Ich spanne eine zweite Saite der Masse 200 Gramm und der Frequenz 50 Hz. Ich muss auch jetzt zu der ehemaligen Saite der Masse 10 Gramm und der Frequenz 100 Hz „Nein" sagen, um die Frequenz 50 Hz zu erhalten. Das bedeutet: Die "Untertonreihe" assoziiert ungenau und durch menschliche Manipulation Teile der realen Welt. Die "Untertonreihe" ist vom Menschen gruppierte, künstliche Vielheit ohne materielle Ganzheit.

Denn: Wann ist eine Gruppe von Saiten, deren Massen der "Untertonreihe" folgt, eine Ganzheit? Wo ist ein Ende des Gruppierens? Die "Untertonreihe" ist ein willkürlich auf den Kopf gestelltes Naturgesetz.

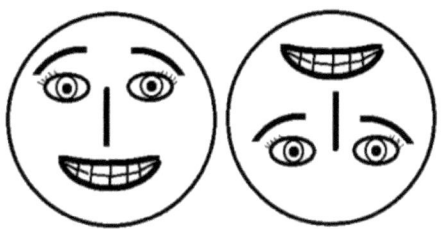

Bitte wenden...

4. Der geometrische Aspekt:

Die "Unterton-Reihe" ist das Spiegelbild der Natur-Ton-Reihe. Spiegelung ist artifiziell, virtuell, imaginär. Spiegelsymmetrie existiert nirgends in der realen Welt. Es gibt keine zwei spiegelsymmetrischen Körperhälften, keine Antimaterie im selben Umfang wie Materie, und weit überwiegend "linksdrehende" Aminosäuren...

- Spiegelung ist Widerspruch: Jeder Vektor hat einen Gegen-Vektor, jede Kraft eine Gegenkraft, Ergebnis ist: Nichts. Spiegelung ist ein Symbol der Vernichtung! Wenn also Natur-Ton-Reihe UND "Unterton-Reihe" Natur-Gesetze von gleicher Stärke, aber gegensätzlicher Wirkung wären, dann würden sie einander vernichten.

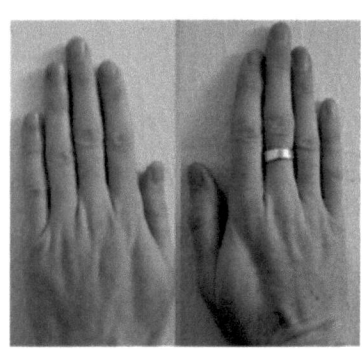

Nirgends perfekte Symmetrie! Die linke Hand hat deutlich längeren Ringfinger und kleinen Finger als die rechte Hand; der Mittelfinger der rechten Hand aber ist proportional länger als der Mittelfinger der linken Hand.

110

5. Der proportionale Aspekt:

Naturton-Reihe   "Unterton"-Reihe

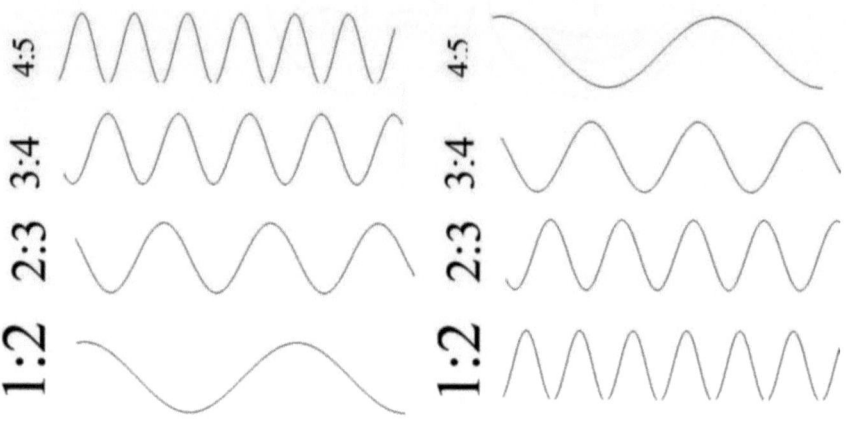

Naturton-Reihe: Mit höherer Frequenz werden die Wellenlängen kleiner **und** die Intervalle kleiner. Eine Parallele! "Unterton-Reihe": Mit tieferer Frequenz werden die Wellenlängen größer, **aber** die Intervalle kleiner. Ein Widerspruch! Die "Unterton"-Reihe ist also gar nicht, wie postuliert, das exakte Spiegelbild der Naturton-Reihe, sondern deren willkürliche Permutation!

6. Der strukturelle Aspekt

Die Natur-Ton-Reihe als Frequenz-Reihe ist die Menge der ganzzahligen Vielfachen einer "Erzeuger-Frequenz", z.B.

100 Hz $\cdot 2$ = **200 Hz**

100 Hz $\cdot 3$ = **300 Hz**

100 Hz $\cdot 4$ = **400 Hz**

100 Hz ·5 = **500** Hz
100 Hz ·6 = **600** Hz
100 Hz ·7 = **700** Hz
100 Hz ·8 = **800** Hz
etc.
Und:100 Hz
+ 100 = 200 Hz
+ 100 = 300 Hz
+ 100 = 400 Hz
+ 100 = 500 Hz
+ 100 = 600 Hz
+ 100 = 700 Hz
+ 100 = 800 Hz
etc.

Der Betrag der Erzeuger-Ton-Frequenz, in diesem Fall 100 ist hierbei auch die Betrags-Differenz zwischen allen Frequenzen. Das Erkennungs-Merkmal der Natur-Ton-Reihe ist die Identität der Erzeuger-Frequenz und dem Differenz-Betrag zwischen den erzeugten Frequenzen. Der Bauplan der Natur-Ton-Reihe ist die Wiederholung der Addition des Erzeuger-Frequenz-Betrages zu dem Betrag einer jeden erzeugten Frequenz. Dies erzeugt Ordnung und Zusammengehörigkeit zwischen der Erzeuger-Frequenz und den erzeugten Frequenzen. Alle Differenz-Beträge (in unsrem Fall: (100) bilden die Proportion 1:1:1:1:1......
Denn 100 = 100 = 100 = 100 ....

Natur-Ton-Reihe auf der Frequenz z.B. **100 Hz**
ist die Reihe aller Frequenzen größer als **100 Hz**,
die durch den Differenz-Betrag **100** miteinander verknüpft
sind.

Und:

100 Hz pro Sekunde = 1Hz pro $^1/_{100}$ Sekunde

200 Hz pro Sekunde = 1Hz pro $^1/_{200}$ Sekunde

300 Hz pro Sekunde = 1Hz pro $^1/_{300}$ Sekunde

400 Hz pro Sekunde = 1Hz pro $^1/_{400}$ Sekunde

500 Hz pro Sekunde = 1Hz pro $^1/_{500}$ Sekunde

600 Hz pro Sekunde = 1Hz pro $^1/_{600}$ Sekunde

700 Hz pro Sekunde = 1Hz pro $^1/_{700}$ Sekunde

800 Hz pro Sekunde = 1Hz pro $^1/_{800}$ Sekunde

Ganzzahlige Teile der Zeit-Strecke $^1/_{100}$ Sekunde. Die Natur-Ton-Reihe ist Multiplikation von Frequenz-Werten, Addition von Frequenz-Beträgen, Beträge werden größer, Division von Massen schwingender Körper, Subtraktion von Masse-Beträgen, Division von Zeit-Strecken, Subtraktion von Zeit-Strecken-Beträgen, Zeit und Masse werden geteilt. Wie aber verhält es sich in der "Unterton-Reihe"? Wählen wir als Ausgangsfrequenz wiederum **100 Hz.** Diesen Betrag müssen wir nun durch die Ordnungszahlen 1,2,3,4,5... dividieren:

100 Hz :2 = **50 Hz**

100 Hz: 3 = **33,3...Hz**

100 Hz: 4 = **25 Hz**

100 Hz: 5 = **20 Hz**

100 Hz: 6 = **16,6...Hz**

100 Hz: 7 = **14,285714...Hz**

Nun bilden wir die Differenzen zwischen den Quotienten:

100 Hz-**50** = 50 Hz -**16,6...** = 33,3...Hz - **8,3...** = 25 Hz - **5** = 20 Hz- **3,3....** =16,6...Hz -**2,380952380952380286** =14,285714...Hz

Die (fett gedruckten) Frequenz-Betrags-Differenzen sind die teilweise aberwitzigen Werte:

50, 16,6...; 8,3...; 5; 3,3...; 2,380952380952380286, ...

Im Gegensatz zu dem konstanten Frequenz-Betrags-Differenzen der Natur-Ton-Reihe nehmen die Frequenz-Betrags-Differenzen der "Untertonreihe" ab. Hier gibt es keinen Erzeuger-Ton-Frequenz-Betrag, der gleichzeitig die Differenz zwischen allen Frequenzen ist. Die "Unterton-Reihe" hat damit auch kein eigenes Erkennungsmerkmal wie die Naturtonreihe und auch keinen eigenen Bauplan, keine Ordnung, keinen Zusammenhang. Damit ist endgültig dargelegt, dass die "Unterton-Reihe" nicht existiert. Man kann und darf objektive Phänomene nicht willkürlich spiegeln, nur weil man sich eine universelle Spiegel-Symmetrie herbeisehnt. Wir wollen also bei der Betrachtung der uns gegebenen Phänomene bleiben, denen wir eine von unserer Erkenntnis unabhängige **Existenz** zuschreiben können.

Wozu gibt es Dissonanzen?

Bisweilen findet man in der traditionellen Harmonielehre dualistisch-polare, ja geradezu antagonistische Deutungsansätze des Begriffspaares Konsonanz-Dissonanz. Bereits die Namensgebung ist ein Vorurteil: Selbst die schärfsten „Dissonanzen" der klassischen Lehre sind relativ einfache Proportionen, nur ein wenig komplizierter als die sogenannten Konsonanzen. Ich kann hier keinen Gegensatz, keine Polarität, keinen Dualismus finden, es gibt sie nicht, es handelt sich eher um eine Distanz als um eine Dichotomie.

Ich werde zeigen, dass die klassischen Dissonanzen Teil eines harmonisch gefügten Netzwerkes sind, mit dem Ziel, Melodien eine Bewegungsfreiheit zu gewähren und gleichzeitig einen großen Reichtum an einzigartigen akkordischen Situationen zu schaffen.

Hier sehen wir, dass es für jede Dissonanz, deren Proportion sich aus den drei Basis-Proportionen herleiten lässt, eine Ideal-Auflösung gibt: ♪**Demo 85**

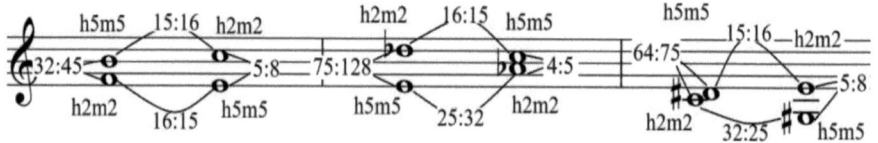

Ideal, weil die melodischen und die harmonischen Funktionen identisch sind.

Das erste Beispiel entspricht unseren traditionellen Stimmführungs-Erwartungen, aber die Beispiele 2 und 3 mit ihren verminderten Quart-Sprüngen (25:32 und 32:25) keineswegs. Und trotzdem geben gerade diese Dissonanz-Auflösungen ihren Tönen, und zwar auch denen der springenden Unterstimme, identische Funktionen, als wollten die Töne sagen: „So gefällt es uns". Die traditionelle Harmonielehre behandelt zwar eine stufenweise Auflösung in alle Stimmen als Norm und abspringende Dissonanzen als Sonderfall, wir erkennen aber, dass in den oben notierten Fällen (75:128 und 64:75) der Idealfall der Auflösung die abspringende Dissonanz in der Unterstimme ist. Doch wir sind abgeschweift, denn klassische Vorhalte sind diese Beispiele nicht. Der klassische Vorhalt ist die diatonische oder chromatische Neben-Note zu einer der traditionellen Konsonanzen, als da wären Oktav, Quint, Terzen, Sexten... Vorhalt-Auflösungs-Paare mit überwiegend identischen harmonischen und melodischen Funktionen folgen dem „Willen der Töne", sie haben eine objektive, universelle Wirkung. Vorhalt-Auflösungs-Paare mit überwiegend unterschiedlichen harmonischen und melodischen Funktionen widersprechen spielerisch dem „Willen der Töne", sie haben eine subjektive, spezielle Wirkung. Wir sehen uns etliche Beispiele genauer an:

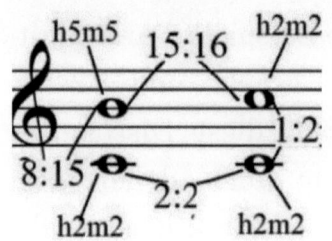

Nur eindeutige Funktionen.
Ideal-Auflösung.
♪**Demo 86**

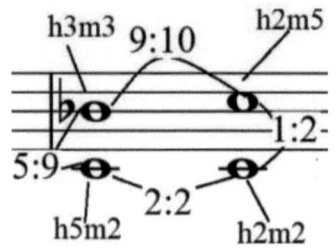

Teilweise ideal. Spiegelbild:
diagonal h5m2 – h2m5.
♪**Demo 87**

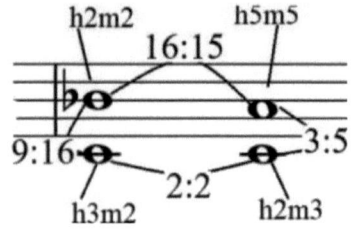

Sehr gut. Sopran ideal.
Bass stabil. ♪**Demo 88**

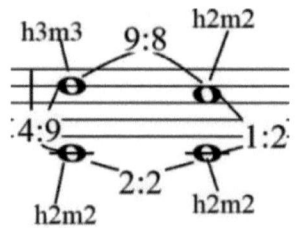

Ideal, alles eindeutig.
♪**Demo 89**

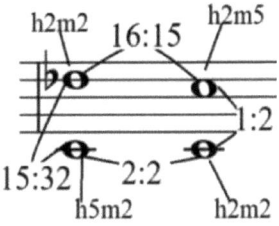

Diagonal gespiegelt,
2 eindeutige Grundtöne (h2m2)
C´ ist zweideutig.
Nicht ideal. ♪**Demo 90**

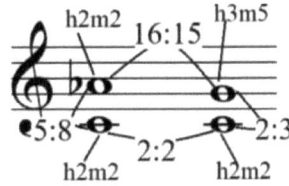

Teilweise ideal
C´ ist eindeutig,
Auflösung g´ zweideutig.
♪**Demo 91**

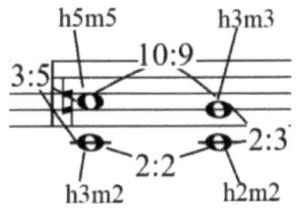

Teilweise ideal
Happy end.
C´ und g´ eindeutig.
♪**Demo 92**

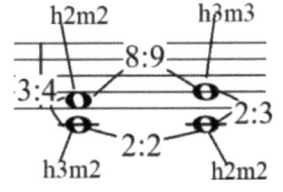

Teilweise ideal.
Happy end.
C´ und g´ eindeutig.
♪**Demo 93**

118

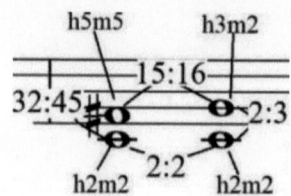

Nicht ideal.

Auflösungston g′ ist zweideutig.

♪**Demo 94**

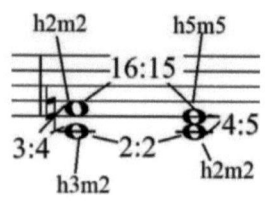

Fast ideal.

Auflösung eindeutig.

♪**Demo 95**

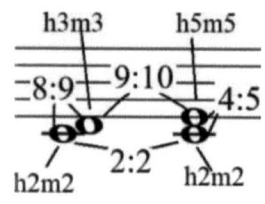

Ideal.

Alles eindeutig.

♪**Demo 96**

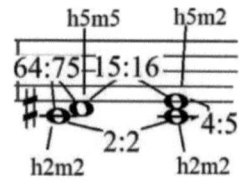

Nicht ideal.

Auflösungston e′ ist zweideutig.

♪**Demo 97**

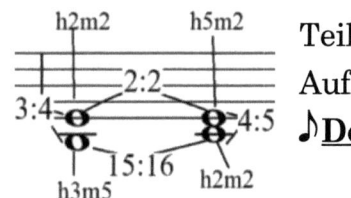

Teilweise ideal.

Auflösungston c´ eindeutig.

♪**Demo 98**

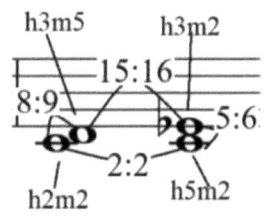

Nicht ideal.

Fast alles zweideutig.

♪**Demo 99**

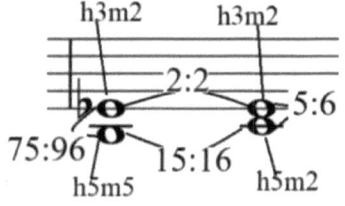

Nicht ideal; nur der Vorhalt h ist eindeutig, alles andere, auch die Auflösung, zweideutig.

♪**Demo 100**

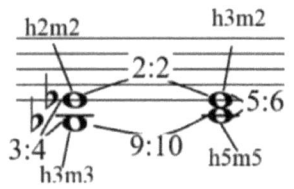

Fast ideal. Vorhalt (h3m3) und Auflösung (h5m5) eindeutig.

♪**Demo 101**

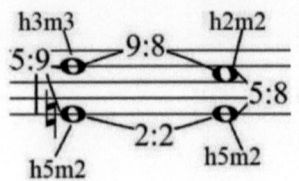

Fast ideal.
Vorhalt (h3m3) und Auflösung
(h2m2) stark. ♪**Demo 102**

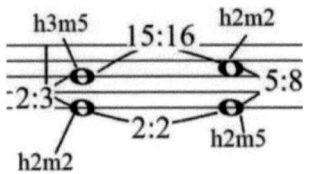

Teilweise ideal.
Auflösungston c´ eindeutig.
♪**Demo 103**

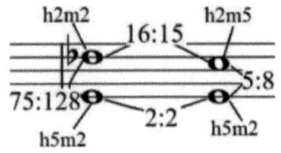

Nicht ideal;
alles zweideutig außer dem Vorhalt.
♪**Demo 104**

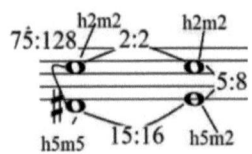

Teilweise ideal, alles eindeutig, nur der
Auflösungston nicht. ♪**Demo 105**

121

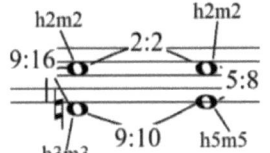

Ideal, alles eindeutig.
♪**Demo 106**

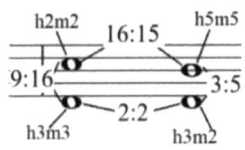

Fast ideal, Vorhalt und Auflösung eindeutig.
♪**Demo 107**

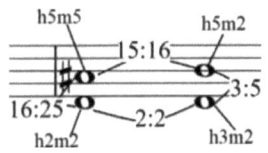

Nicht ideal, Auflösung zweideutig.
♪**Demo 108**

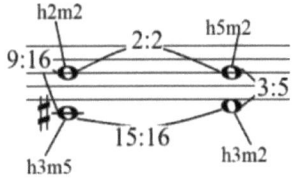

Nicht ideal, Vorhalt und Auflösung zweideutig.
♪**Demo 109**

122

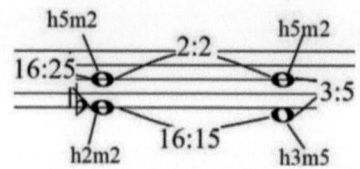 Nicht ideal, nur der Vorhalt ist eindeutig. ♪**Demo 110**

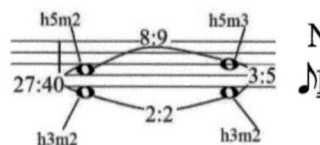 Nicht ideal, alles zweideutig ♪**Demo 111**

All das und noch mehr darf in einer Komposition verwendet werden. Ideale Vorhalt-Auflösungs-Paare symbolisieren Gewissheit, endgültige Lösung, auch Erlösung. Nicht ideale Vorhalt-Auflösungs-Paare symbolisieren Fragen, vorläufige Lösungen, Ungewissheit. Wir verstehen die Vorhalte und ihre Auflösungen genauer, wenn wir sie in der Umgebung eines mindestens 3-stimmigen Satzes, besser aber eines 4-stimmigen Satzes betrachten. Dann erst können sie ihr wahres Gesicht zeigen, wenn man sie nämlich erkennt als Symbol der Hoffnung auf einen Dreiklang.

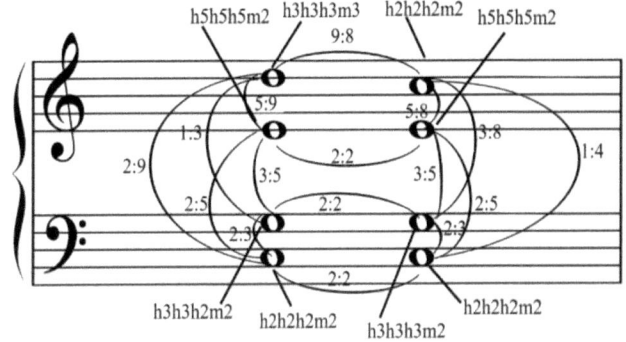

♪Demo 112

Der „Non-Vorhalt" ist bekannt aus dem Welt-Hit „Yesterday" von Paul McCartney, das d´´ des Soprans gibt dem g eine etwas stärkere Oktav-Funktion, die dann im C-Dur-Dreiklang verschwunden ist. Dadurch erhält der Non-Vorhalt-Akkord ein harmonisches Zwielicht, einerseits ist er als „Tonika" mit einem Harmonie-fremden Ton erkennbar, aber er trägt auch „Dominant-Eigenschaften, weil das g, der Grundton von G-Dur, (der Dominante von C-Dur), durch die stärkere Oktav-Funktion so betont ist. Starke Schlusswirkung.

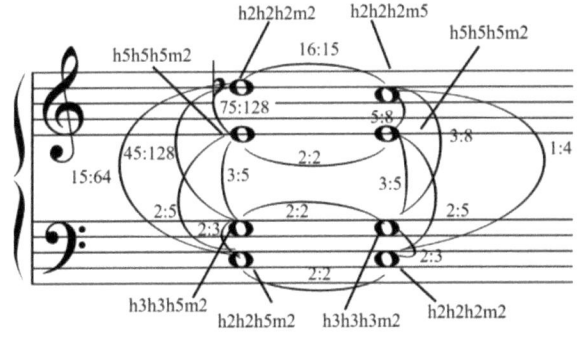

♪Demo 113

Ganz anders der Vorhalt der „kleinen None". Er hat nicht nur eine sehr komplizierte Innenstruktur durch komplizierte vertikale Proportionen, er destabilisiert auch den Grundton c nicht nur in sich selbst,

124

sondern auch noch in der „Auflösung", dem folgenden C-Dur-Dreiklang. In beiden Akkorden haben das c oder c˝ durch eine hinzutretende Terz-Funktion geschwächte Grundton-Eigenschaften, Ruhe findet der harmonische Verlauf mit dem C-Dur-Dreiklang noch nicht. Außerdem hat d˝ɩ vollständige Oktav-Funktion und erzeugt damit eine weitere Verschiebung des harmonischen Zentrums. Schwache Schlusswirkung.

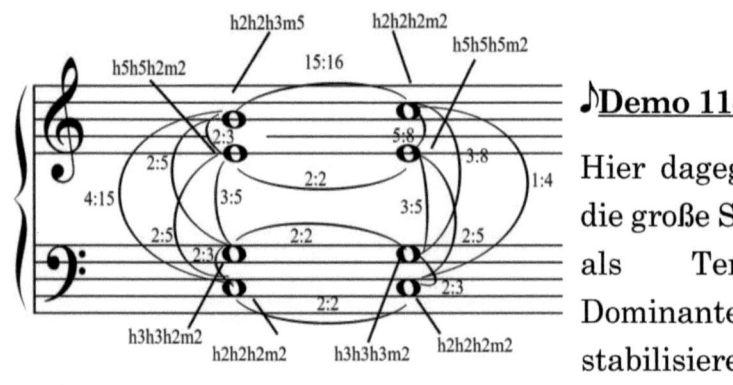

♪**Demo 114**

Hier dagegen wirkt die große Septime h´ als Terz der Dominante G-Dur stabilisierend, g erhält eine Oktav-Funktion, die in C-Dur verschwindet. Wie auch beim Vorhalt der großen None d˝ ein Zwielicht Tonika/Dominante, aber ein starker Grundton c in der Auflösung. Starke Schlusswirkung.

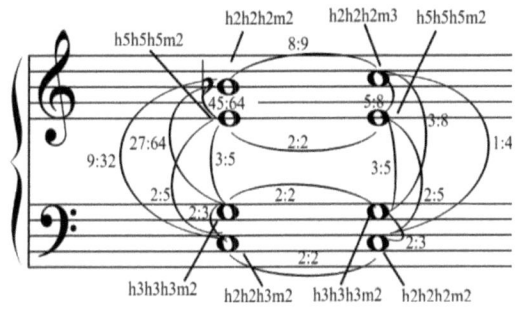

♪**Demo   115** Der Vorhalt der kleinen Septime dagegen zeigt ungleich   größere Komplikationen: eine komplizierte vertikale Struktur   des Septimen-Akkordes,   ein   starker   „Grundton" b´♭, ein geschwächter Grundton c in beiden Akkorden. Schwache Schlusswirkung.

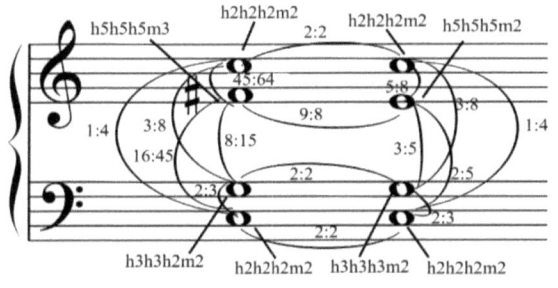

♪**Demo   116** Ein starker   Kontrast zwischen   der komplizierten vertikalen   Struktur des Vorhalts-Akkordes mit der übermäßigen Quarte und der optimalen vertikalen Struktur des Auflösungs-Dreiklanges C-Dur. Der Grundton c ist überall stark, das tonale Zentrum C nur ein wenig herausgefordert im Vorhalts-Akkord durch die leichte Oktav-Funktion des G-
Einigermaßen starke Schlusswirkung.

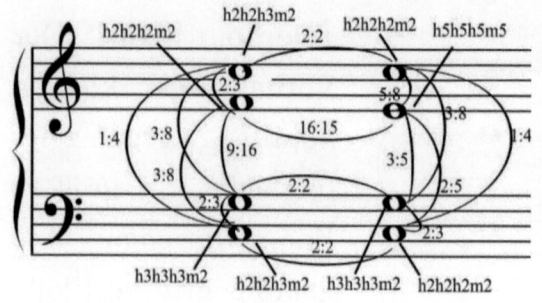

♪Demo 117

Der berühmte „Quart-Vorhalt". Seine besondere Kraft beruht auf der starken Terz e´ des Auflösungs-Dreiklanges. Vierfache Terz-Funktion, das gab es bisher noch nie. Außerdem lässt er dem g des Vorhalts-Dreiklanges die starke Quint-Funktion und vermeidet dadurch harmonisches Zwielicht. Nur das C des Vorhalts-Dreiklanges ist etwas destabilisiert durch die hinzutretende Quint-Funktion. Dennoch sehr starke Schlusswirkung.

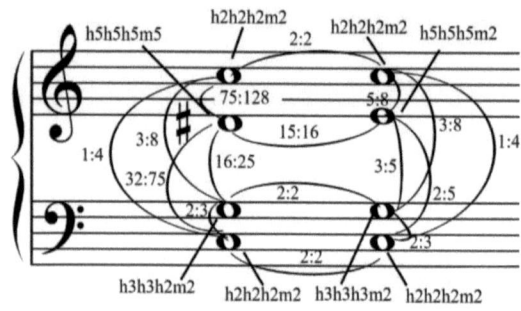

♪Demo 118

Auch hier ein großer Kontrast zwischen den komplizierten vertikalen Proportionen des Vorhalts-Dreiklanges und der problemlosen Auflösung. Grundton c ist überall stark, g im Vorhalts-Dreiklang hat etwas konkurrierende Oktav-Funktion, doch ungefährlich, aber die Dissonanz d´♯ ist gegenüber ihrer Auflösung e´ die stärkere Terz. Dadurch entsteht mehr als nur Zwielicht: Das

127

starke g macht den Vorhalts-Dreiklang ein wenig zur Dominante, die starke Terz d´$_\sharp$ erzeugt eine damit konkurrierende Dominant-Wirkung, aber nicht zu C-Dur, sondern zu einer subtil erwarteten Tonika E. Farbenreiche, interessante Schlusswirkung.

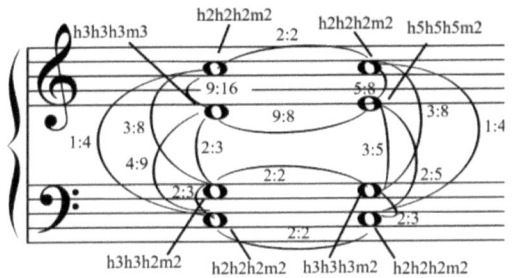

♪**Demo 119**

g erhält ein wenig Grundton-Funktion, ein Misch-Akkord entsteht, Fragmente eines starken Tonika-Dreiklangs C und einer etwas schwächeren Dominante G sind gemischt. Der Vorhalt d´ gehört fast zur Familie. Eine sehr freundliche Auflösung in einen C-Dur-Dreiklang mit reinen harmonischen Funktionen beweist es.

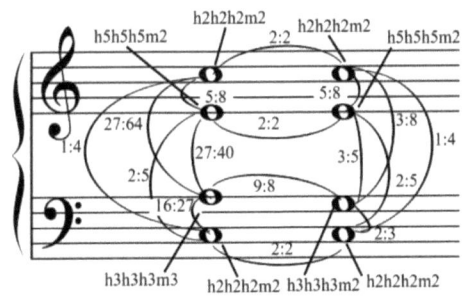

♪**Demo 120**

Vorhalt der großen Sexte. Sie hat die komplizierte Proportion 16:27. Aber sie stärkt den Grundton c, der nur Grundton-Funktionen hat. Auch die Auflösung erzeugt einen stabilen C-Dur-Dreiklang, dessen Funktionen fast eindeutig sind. Ist das nun eine Dissonanz im Sinne eines Fremdkörpers? Oder nicht vielmehr eine sinnvolle und sinnstiftende Spannung? Das traditionelle Dissonanz-Verständnis ist ungenau.

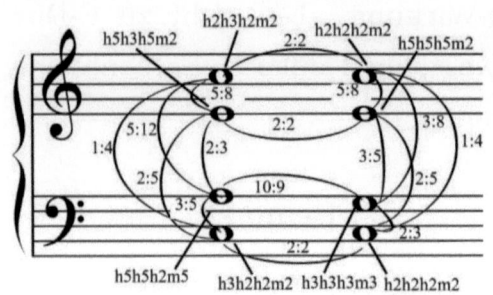

♪**Demo 121**

Ja, ungenau ist die traditionelle Dissonanzenlehre; hier sehen wir die viel konsonantere, echte große Sexte 3:5, aber welchen Schaden richtet sie an: Der Grundton c ist destabilisiert durch eine hinzutretende Quint-Funktion, die Terz e´ wird ebenfalls durch eine Quint-Funktion destabilisiert, der Vorhalts-Ton a maßt sich starke Terz-Funktion an, aber dennoch ist die Auflösung perfekt, denn ein stabiler C-Dur-Dreiklang ist das Ergebnis.

Die konsonante echte große Sexte 3:5 erzeugt mehr Chaos und damit auch mehr Kontrast zwischen Chaos und Ordnung als die dissonante falsche große Sexte 16:27!

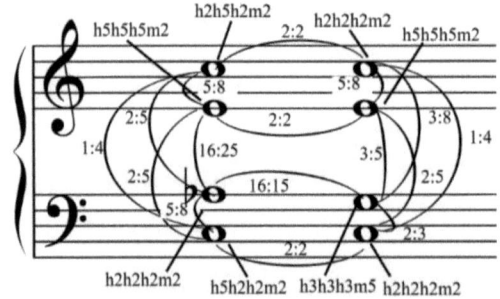

♪**Demo 122**

Großen Kontrast zwischen Vorhalt und Auflösung erwartet man auch hier, die eigentümliche Wirkung der kleinen Sexte als Vorhalt hat jedoch andere Ursachen: a♭ hat nur Grundton-Funktionen und stellt dadurch den C-Dur-Dreiklang in ein Zwielicht, das auch in der Auflösung noch nachleuchtet. Denn auch im Auflösungs-Dreiklang ist g noch mit einer Terzfunktion behaftet, die seine Quint-Wirkung vermindert und dadurch auch den Auflösungs-Akkord destabilisiert.

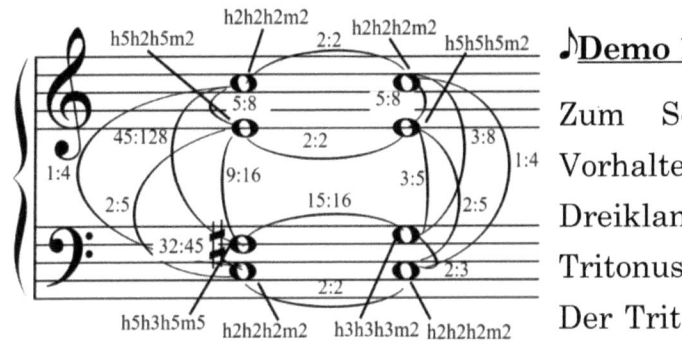

♪**Demo 123**

Zum Schluss der Vorhalte des Dur-Dreiklangs noch den Tritonus als Vorhalt. Der Tritonus ist ein künstliches Intervall, er kommt in mehreren proportionalen Versionen vor, hier als 32:45. Seine starke Wirkung stammt nicht nur aus dem Kontrast zwischen den komplizierten Proportionen 32:45 und 45:128 einerseits und dem perfekten Auflösungs-Akkord andererseits, sondern auch aus dem Kontrast zwischen destabilisierter Terz e´, konkurrierender Möchtegern-Terz f♯ einerseits und dem stabilen Grundton c andererseits.

Nun die Vorhalte des Moll-Dreiklangs:

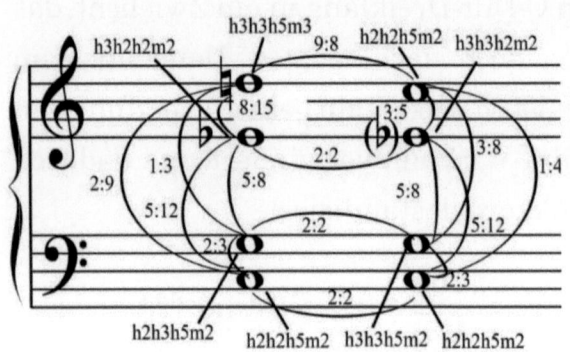

♪Demo 124

Die None d″ gibt der Moll-Terz e′♭ stärkere Grundton-Funktion, die damit verbundene Hoffnung auf eine mögliche Tonika E♭-Dur wird aber mit dem „Auflösungs-Akkord" wieder zunichte, denn e′♭ muss eine Grundton-Funktion wieder abgeben. Die Auflösung ist hier also eine Enttäuschung! Die unerfüllte Sehnsucht, die dieses Vorhalt-Auflösungs-Paar ausstrahlt, hat hier ihren Grund. Logik trifft Gefühl!

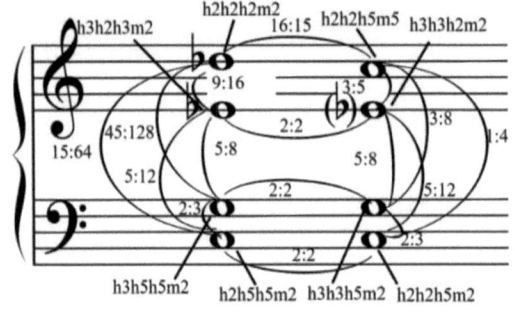

♪Demo 125 Selten findet man in der tonalen Musik diese Akkord-Folge. Sie hat einen dissonanten Vorhalts-Akkord, einen Möchtegern-Grundton d″♭, und sie erzeugt zusätzliche, destabilisierende Terz-Funktionen bei c und g, die im Auflösungs-Akkord aber nur teilweise zurückgenommen werden, denn der Moll-Dreiklang hat, wie wir wissen, keinen reinen Grundton. Zwielichtiger Akkord, zwielichtige Auflösung.

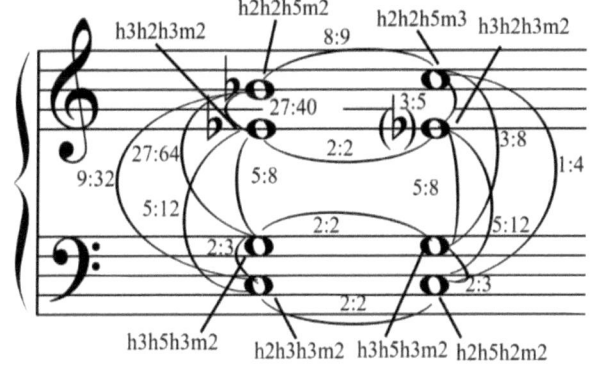

♪**Demo 126**

In der reinen Stimmung haben wir zwei kleine Septimen, hier die kleinere von ihnen mit der Proportion 9:32 zum Bass-Ton c, der eine zusätzliche Quint-Funktion erhält und somit gerne Dominante eines imaginären F wäre. Die Septime b♭ hat die stärksten Grundton-Funktionen, der Auflösungs-Akkord ist ein normaler Moll-Dreiklang mit fast normaler Funktions-Verteilung, nur der Sopran c´´ trägt als Erinnerung noch eine schwache Quint-Funktion. Ziemlich dissonanter Vorhalts-Akkord, leicht belasteter Auflösungs-Akkord.

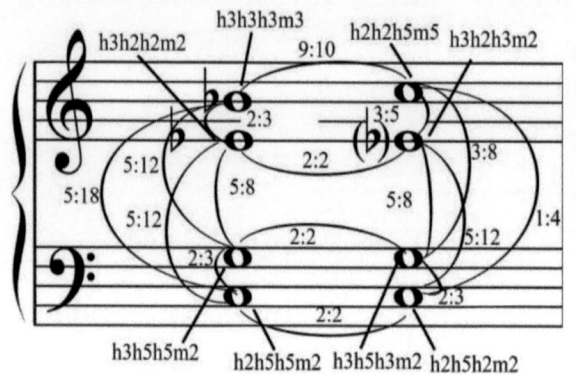

♪Demo 127

Hier die größere kleine Septime, die aber die etwas kompliziertere melodische Auflösungs-Proportion hat (9:10). Der Vorhalts-Akkord ist relativ konsonant, aber dennoch instabil, denn was ist hier der Grundton? Ein geschwächtes Bass-c oder ein ziemlich stabiles e′♭, das außerdem noch als „Hofstaat" eine sehr stabile Quint b′♭ hat? Der Moll-Septakkord trägt daher im Jazz ein seltsames Doppel-Gesicht, denn man könnte ihn auch als E♭-Dur mit hinzugefügter Sexte deuten. Die Auflösung aber ist erfreulich: ein perfekter Moll-Dreiklang ohne Trauma.

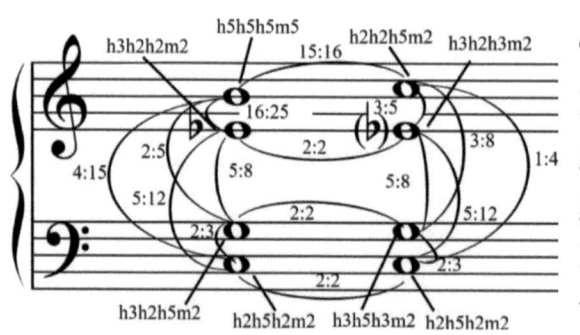

♪Demo 128

Der Vorhalt der großen Septime gibt g eine Grundton-Funktion, dadurch wird ein dominantisches Fragment erzeugt, aber auch e′♭ erhält eine

133

Grundton-Funktion, dadurch entsteht ein seltsames Zwielicht. Der Auflösungs-Akkord aber wird dadurch als **weniger** zwielichtig und instabil erlebt, obwohl Moll eigentlich instabil und zwielichtig ist. Dieses Vorhalt-Auflösungs-Paar nützt dem Auflösungs-Akkord.

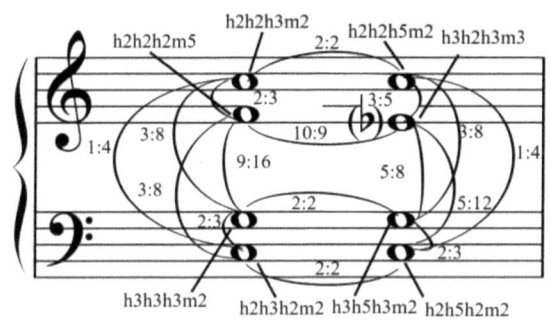

♪**Demo 129**

Der Quart-Vorhalt ist in Moll nicht so ideal wie in Dur. Dennoch steht der Auflösungs - Akkord

in Moll etwas besser da als der Vorhalts-Akkord, denn der Vorhalt f′ destabilisiert den Grundton durch **seine** Grundton-Anmaßung, außerdem erhält die C-Mollterz e′♭ ausschließlich Quint-Funktionen, keine Grundton-Funktion mehr, wie es sonst im Moll-Dreiklang der Fall ist.

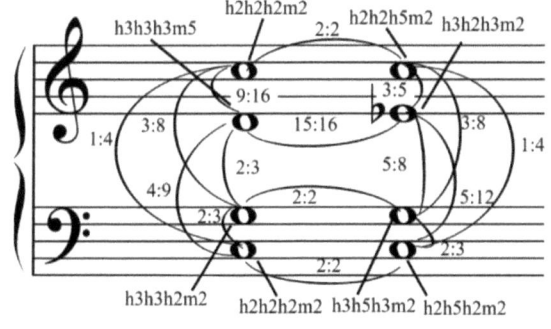

♪**Demo 130**

Hier ist der Vorhalts-Akkord stabiler als der Auflösungs-Akkord. Ein eindeutiger Grundton und ein stabiler Vorhalt lassen den folgenden Moll-Dreiklang eher als Enttäuschung wirken, denn als Auflösung.

Ein Symbol für enttäuschte Hoffnungen...

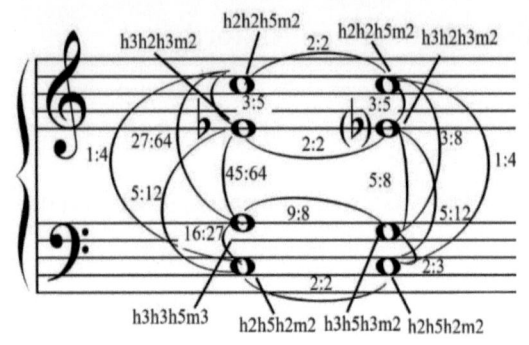

♪**Demo 131**

Es gibt zwei Sext-Vorhalte, dieser hier entspricht der „sixte ajoutée", der hinzu-gefügten schein-konsonanten, weil leiter-fremden 2.Stufe der Dominant-Tonart G. Entsprechend kompliziert sind die Proportionen, 16:27 oder 45:64 machen diesen Vorhalts-Akkord zu einem dissonanten Ereignis, das den folgenden Moll-Dreiklang friedlich erscheinen lässt. Die Funktionen des Vorhalts-Akkords sind aber nicht instabiler als die des Auflösungs-Akkords. Es bleiben im Auflösungs-Akkord keine „Nachwirkungen", seine Funktionen sind optimal.

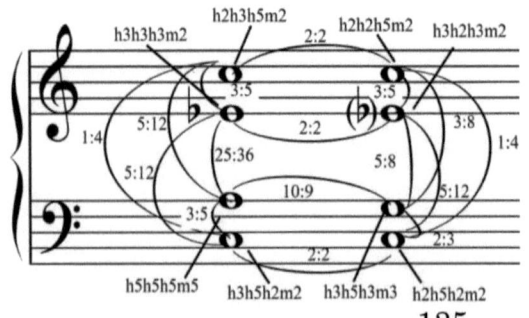

♪**Demo 132**

Ganz anders hier: Die konsonante Sexte a entspricht der großen Terz der Subdominant-

135

Tonart F, die Proportionen des Vorhalts-Akkords sind also viel einfacher als im obenstehenden Beispiel. Die Funktionen des Vorhalts-Akkords aber zeigen eine erschreckende Destabilisierung: Der „Grundton" c ist völlig verwirrt (alle drei Funktionen), a ist eine perfekte Terz, (4 Terz-Funktionen), ist aber mit einer fast ebenso starken Schein-Quinte e´♭ konfrontiert, die aber leider ein virtuelles, nicht vorhandenes A♭ zum Grundton erklären möchte. Gegenüber dieser Verwirrtheit ist der nachfolgende Moll-Dreiklang eine Erlösung.

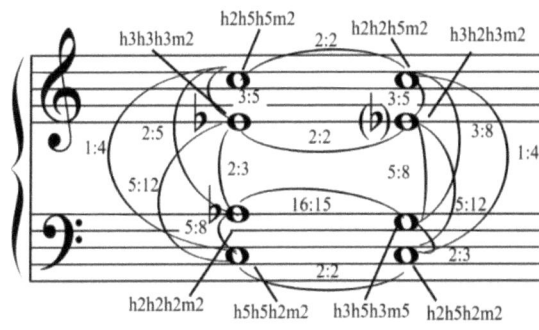

♪**Demo 133**

Ist das noch ein Vorhalt-Auflösungs-Paar? Denn der Vorhalts- Akkord hat einen starken Grundton a♭, eine dazu passende starke Quinte e´♭, der „Grundton" c ist nur durch seine Verdopplung noch zu einem Drittel Grundton, ansonsten Terz: Der „Vorhalts-Akkord" ist eigentlich A♭ - Dur mit verdoppelter Terz, (was man, wie wir schon wissen, nicht tun sollte, weil dann die Terz auch noch Grundton-Eigenschaften erhält). Selbst die „Auflösung" gestaltet sich zum Nachteil des Auflösungs-

136

Akkords: g bekommt durch die Proportion 16:15 eine destabilisierende Terz-Funktion.

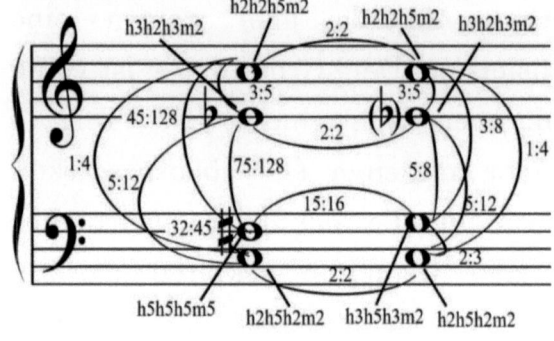

♪Demo 134

Dieser Vorhalts-Akkord wirkt durch seine sehr komplizierten Proportionen weit dissonanter als der Auflösungs-Akkord, betrachtet man aber die Funktionen, dann sieht man viel Stabilität: Eine sehr starke Terz f ♯, und sonst unverändert typische Funktionsverhältnisse des typischen Moll-Dreiklangs. So kompliziert die Proportionen auch sind, die Funktionen wollen sagen: Diese Dissonanz bestätigt das System, sie ist eine gesetzeskonforme Gesetzesübertretung.

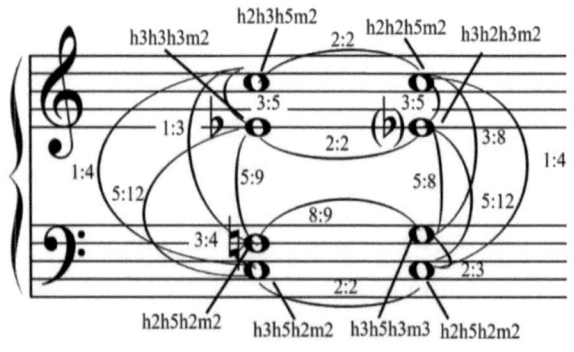

♪Demo 135

Auch die Auflösung der Quarte nach oben ist möglich. Die Auflösungs-Wirkung entsteht aber nicht so sehr durch ein Dissonanz-Konsonanz-Gefälle, sondern eher durch die weit stabileren Grundton-Eigenschaften von c im Auflösungs-Akkord. Denn im Vorhalts-Akkord ist F der effektive „Grundton", auch wenn die Tradition das verdoppelte C als nominellen Grundton missversteht. Im Auflösungs-Akkord aber ist c wirklich der stärkste Grundton, der auch noch dadurch gestärkt wird, dass seine Quinte g eine zusätzliche melodische Quint-Funktion erhält.

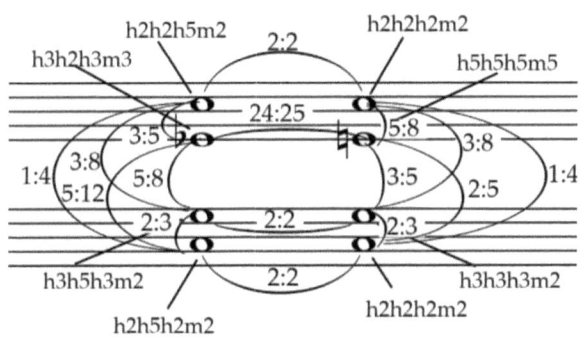

♪Demo 136

Zum Schluss noch die Gegen-überstellung von Moll und Dur, in dieser Reihenfolge, weil Moll, wie wir wissen, viel instabiler als Dur ist, und nur in der Reihenfolge Moll-Dur ein Vorhalt-Auflösungs-Paar entsteht. Der Auflösungs-Akkord ist fast vollkommen stabil, nur die Quinte hat, weil sie „liegen blieb", eine Oktav-Funktion, die sie wie ein „Bordun-Ton" klingen lässt. Dem stehen aber zwei perfekte Grundtöne und eine perfekte Terz gegenüber, dieses Vorhalt-Auflösungs-Paar nützt dem Dur-Dreiklangs sehr. Was lehrt uns nun der Blick hinter die Kulisse der Dissonanz-Auflösungen?

1. Dissonanzen sind **nicht Gesetzes-Übertretung, sondern Gesetzes-Anwendung.**

2. Dissonanzen haben zwar kompliziertere Proportionen als Konsonanzen, aber diese sind einfach nur weitere, manchmal sehr weite Verwandtschaften. Das kann man sehen, wenn man die Proportions-Glieder in ihre Primfaktoren zerlegt- ein Beispiel: $75: 128 = (3 \cdot 5 \cdot 5): (2 \cdot 2 \cdot 2 \cdot 2 \cdot 2 \cdot 2 \cdot 2)$

$75: 128$ ist die Beziehung zwischen der Terz der Terz der Quint eines Tones der Frequenz x Hz zu der Oktave der Oktave der Oktave der Oktave der Oktave der Oktave der Oktave eben desselben Tones x Hz. Trotz vieler Prim-Faktoren ein Verwandtschafts-Verhältnis! Zwischen Konsonanz und Dissonanz besteht also kein qualitativer, sondern ein quantitativer Unterschied. Dissonanzen sind nur weit entfernte Konsonanzen.

3. Die Meinung, Dissonanzen seien einfach nur dadurch dissonant, dass ihre Proportionen in höheren Bereichen der Naturton-Reihe auftreten und sie somit einfach nur **geringeren Verschmelzungsgrad** besitzen, ist unvollkommen richtig und damit vollkommen falsch.

Zwar befinden sich die Proportionen unserer Dissonanzen tatsächlich in höheren Bereichen der Naturton-Reihe und haben dadurch tatsächlich geringeren Verschmelzungsgrad als Konsonanzen, aber diejenigen Dissonanzen, die wir in diesem Kapitel kennengelernt haben, haben als wesentliches Merkmal außerdem, dass sie „addierte Logarithmen" sind.

Vergleichen wir zum Beispiel unser 75 :128 mit der unmittelbar danebenliegenden Proportion 74:127.

So sieht 75: 128 als Summe der logarithmischen Darstellung unserer bekannten Basis-Proportionen

1:2, 1:3, 1:5 aus:

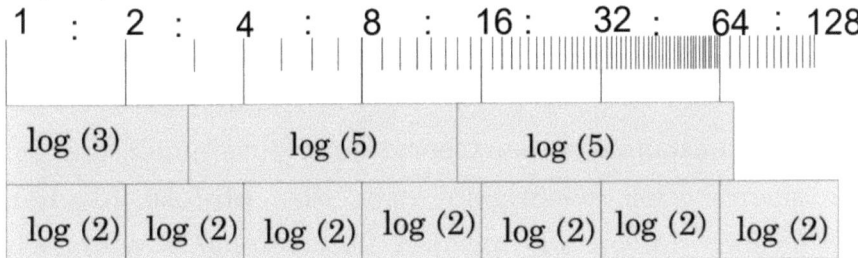

Und weil wir unser ganzes Tonsystem aus diesen 3 Basis-Proportionen aufgebaut haben, ist auch 75:128 Teil unseres Systems Aber 74:127? Das müsste doch besser konsonieren? 74 ist 2 · 37 (37 ist eine Primzahl). 127 ist selbst eine Primzahl. Die Proportion 74:127, obwohl ein klein wenig weiter unten in der Naturton-Reihe, steht doch völlig außerhalb des Tonsystems. System-immanente Dissonanzen aber, die sich aus den drei Basis-Proportionen ableiten lassen, wirken hauptsächlich deswegen Auflösungs-bedürftig, weil sie das Vokabular, aus dem die Auflösung bestehen wird, schon in sich tragen. Die Folge **„Dissonanz** → **Konsonanz"** ist also nicht parallel zu der Folge **„Unsinn** → **Sinn"**, sondern eher zu der Folge **„Rätsel** → **Lösung"**...

140

Ein wenig Mathematik

„Der seelige war, wie ich u. alle eigentlichen Musici, kein Liebhaber, von trocknem mathematischem Zeuge." C.Ph.E.Bach über seinen Vater J.S.Bach.

Wir wollen uns also nur so weit mit der Zahlen-Wissenschaft einlassen, wie es nötig ist. In diesem Kapitel fasse ich die wenigen mathematischen Operationen zusammen, die wir benötigen. Viel wichtiger sind die **philosophischen** Schlussfolgerungen aus unseren Berechnungen. Wenn wir staunen können über den Reichtum an Sinn, Aussage und Zusammenhang in der verborgenen Welt der Ton-Familien, dann haben wir genug erreicht, dann habe ich genug erreicht. Denn der geheime Feind der Musik und ihrer Theorie ist der **Reduktionismus** einer materialistisch-immanenten Blick-Verengung, der behauptet, Musik sei „nur" soziologisch bedingtes Menschen-Werk und der Dur-Drei-Klang „nur" ein Inbegriff des Trivialen... Was müssen wir also ausrechnen können? Um musikalische Intervalle zu addieren oder voneinander zu subtrahieren, müssen wir ihre Proportionen multiplizieren oder durcheinander dividieren.

Beispiele: Wir addieren 2 Quinten, indem wir ihre Proportionen, die wir hier als Brüche darstellen, multiplizieren. Zähler mal Zähler, Nenner mal Nenner:

$$\frac{2}{3} \cdot \frac{2}{3} = \frac{4}{9}$$

Oder:

Wir subtrahieren einen großen Ganz-Ton-Schritt von einer Oktave, indem wir 1:2 (Oktave) durch 8:9 (großer Ganz-Ton) dividieren. Wie früher in der Schule: wir multiplizieren dazu 1:2 mit dem Kehrwert von 8:9, also:

$$\frac{1}{2}:\frac{8}{9} = \frac{1}{2}\cdot\frac{9}{8} = \frac{9}{16}$$

Anstatt Brüche zu multiplizieren oder zu dividieren, könnte man auch die Logarithmen zur Basis 2 der Brüche addieren oder subtrahieren, das ist zwar komplizierter, aber die Logarithmen-Addition oder Subtraktion entspricht unserem Hör-Verhalten: Niemand denkt bei dieser Ton-Folge an Multiplikation von 2:3 mit 3:4

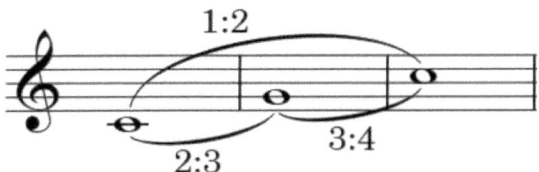

Vielmehr „stapeln" wir die beiden Intervalle Quinte und Quarte und erleben die entstehende Oktave 1:2 als „Summe". Und das entspricht der Logarithmen-Addition: $\log_2 (2:3) + \log_2 (3:4) = \log_2 (1:2)$.

Wie wunderbar unser Hör-Sinn doch ist!

Damit ist, im Prinzip, schon alles erklärt, was wir an mathematischer Ausrüstung dringend brauchen. Wir haben

142

das von der ersten Nicht-Prim-Zahl „vier" gelernt, denn sie stellt in einzigartig kompakter Weise die Addition (und ihre Umkehrung, die Subtraktion), die Multiplikation (und ihre Umkehrung, die Division) und die Potenz-Rechnung (und ihre „Derivate", das Wurzel-Ziehen und Logarithmen-Rechnung) in Beziehung zueinander. Wir erinnern uns:

$$4 = 2 + 2, \text{ aber auch } 4-2=2$$
$$4 = 2 \cdot 2, \text{ aber auch } 4:2=2$$
$$4 = 2^2, \text{ aber auch } \sqrt[2]{4} = 2 \text{ und } \log_2(4) = 2$$

Wenn komplizierte Intervalle ausgerechnet werden müssen, dann wird die Bruchrechnung zwar auch etwas komplizierter, aber die Regeln bleiben ebenso einfach, wie wir sie soeben kennen gelernt haben.

Ein Beispiel:

Wir wollen wissen, welche Proportion gleich zwei diatonische Halbtonschritte (15:16) minus ein kleiner Ganztonschritt (9:10) ist. Die Rechnung lautet:

$$\left(\frac{15}{16} \cdot \frac{15}{16}\right) : \frac{9}{10} = \frac{15}{16} \cdot \frac{15}{16} \cdot \frac{10}{9} = \frac{15 \cdot 15 \cdot 10}{16 \cdot 16 \cdot 9} = \frac{2250}{2304} = \frac{125}{128}$$

Als Ergebnis erhalten wir die Proportion **125:128,**

die „Kleine Diësis".

Reine „Schul-Mathematik" …

Was ist „Harmonische Spannung"?

Die Metapher von der „harmonischen Spannung" hat vermutlich jeder Musiker in seiner Ausbildung schon gehört. Selten fragt sich ein wacher Hörer, **was** denn da eigentlich gespannt wird. Eine gespannte Saite kann sich ein Musiker vorstellen, aber diese Spannung ist erwünscht und dauerhaft; falls sie nachgibt, ist das Instrument verstimmt. Die „harmonische Spannung" aber ist temporär und wird nach den Regeln der Tonkunst „aufgelöst". Ein Rätsel kann man auflösen, aber Spannung kann man eigentlich nur vermindern, mehr oder weniger kontinuierlich. Wir bemerken bereits: Die Metapher von der „harmonischen Spannung" ist ungenau und verlangt nach einer genaueren Untersuchung. Einer Dissonanz wird traditionell eine höhere Spannung zugeschrieben, einer Konsonanz eine niedrige, das führt dann im Umkehrschluss zu der falschen Unterstellung, Konsonanz sei spannungsarm, im Sinne von „langweilig." Begeben wir uns nun in den Mikro-Kosmos der Proportionen, um zu verstehen, welche Phänomene tatsächlich auf die menschliche Seele treffen, wenn eine Dissonanz „aufgelöst" wird. Dissonanzen sind in unserer Betrachtung alle Intervalle, die aus den Basis-Proportionen 1:2, 2:3, 4:5 zusammengesetzt sind. Willkürlich gewählte Proportionen wie z.B. 79:87 stehen natürlich außerhalb des Systems, die Zahl der System-eigenen Dissonanzen ist daher

144

überschaubar. Damit man nun auf den ersten Blick sehen kann, wie kompliziert und daher „spannungsreich" eine System-eigene Dissonanz ist, stelle ich sie als Bruch dar, deren Zähler und Nenner in Primfaktoren (2,3,5) zerlegt sind.

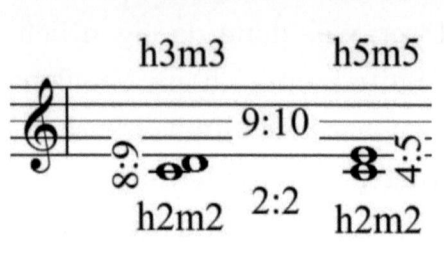

♪**Demo 137**

8:9 ist (2·2) : (3·3), durch Multiplikation mit 9:10 = (3·3):(2·5) löst sich diese Sekund- Dissonanz

stufenweise aufwärts in die Dur-Terz c´-e´ auf. So sieht das als Term aus:

$$\frac{8}{9} \cdot \frac{9}{10} = \frac{(2 \cdot 2 \cdot \cancel{2})}{(\cancel{3} \cdot \cancel{3})} \cdot \frac{(\cancel{3} \cdot \cancel{3})}{(\cancel{2} \cdot 5)} = \frac{4}{5}$$

Die Brüche werden „gekürzt",

6 von 9 Faktoren werden gelöscht. 6:9 = 0,6

Der mathematische Ausdruck wird dadurch viel einfacher! Das bedeutet weniger Arbeit für das Gehirn, weniger Hirn-Strom muss fließen: ein geeignetes Symbol für ein musikalisches „Spannungs-Gefälle". 8:9 wurde durch einen melodischen 9:10 Schritt zu 4:5 **erweitert**, daher musste ich 8:9 mit 9:10 **multiplizieren.**

Wir drehen den Verlauf um:

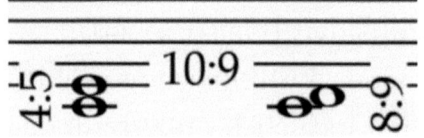

♪**Demo 138**

So sieht das als Term aus:

$$\frac{4}{5} : \frac{9}{10} = \frac{(2 \cdot 2)}{5} \cdot \frac{(2 \cdot 5)}{(3 \cdot 3)} = \frac{8}{9}$$

Nur 2 von 7 Faktoren werden gelöscht. 2:7=0,285714
Daraus lernen wir: Die Primfaktoren-Löschung ist
asymmetrisch, typisch für ein „Spannungs-Gefälle".

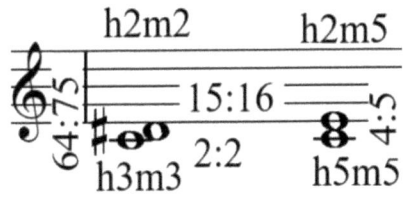

Hier ein drastischeres Beispiel,
die Auflösung der übermäßigen
Sekunde 64:75. ♪Demo 139
In der Sprache der Zahlen:

$$\frac{64}{75} \cdot \frac{15}{16} = \frac{(2 \cdot 2 \cdot 2 \cdot 2 \cdot 2 \cdot 2)}{(3 \cdot 5 \cdot 5)} \cdot \frac{(3 \cdot 5)}{(2 \cdot 2 \cdot 2 \cdot 2)} = \frac{4}{5}$$

12 von 15 Faktoren werden gelöscht. 12:15=0,8

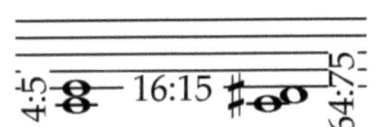

Auch diesen Verlauf
kehren wir um:
♪Demo 140

In der Sprache der Zahlen:
$$\frac{4}{5} : \frac{15}{16} = \frac{(2 \cdot 2)}{(5)} \cdot \frac{(2 \cdot 2 \cdot 2)}{(3 \cdot 5)} = \frac{64}{75}$$

Keiner von 9 Faktoren wird gelöscht! 0:9=0
Keine Primfaktoren-Löschung bedeutet für das Gehirn
einen plötzlichen Rechen-Aufwand ohne anschließende
Vereinfachung, ein Symbol für einen plötzliches
musikalisches Problem.

Wir verstehen nun, was sich „auflöst":

Die Primfaktoren! Sie lösen sich in Nichts auf, wenn eine komplizierte harmonische Proportion, die aus vielen Primfaktoren besteht, mit einer anderen komplizierten, melodischen Proportion (Sekundschritte 8:9, 9:10 15:16, 24:25 oder auch 128:135) „reagiert"; die vielen Primfaktoren neutralisieren einander, und am Ende kommt eine einfache Proportion heraus, die aus wenigen oder nur einem Primfaktor (-en) im Zähler oder im Nenner besteht. Wie in der Chemie; man könnte diesen Auflösungsvorgang fast mit einer exothermen Reaktion vergleichen....

Die beiden vorangegangenen Beispiele lösten ihre Dissonanzen durch die Bewegung **einer** Stimme (des Soprans) auf. Wenn die Dissonanz aber in zwei Stimmen **gleichzeitig** aufgelöst wird, dann müssen wir diese **Gleichzeitigkeit** in der Schreibweise der Primfaktor-Auslöschungs-Rechnung darstellen. Ein Beispiel:

$$45{:}64 \quad \begin{array}{c} 16{:}15 \\ 15{:}16 \end{array} \quad 4{:}5$$

♪**Demo 141** Weil 45:64 **gleichzeitig** in beiden Stimmen um 16:15

vermindert wird, sollten wir eine Schreibweise erfinden, die diese Gleichzeitigkeit abbildet. Also nicht:

$$\frac{45}{64} \cdot \left(\frac{16}{15}\right) \cdot \left(\frac{16}{15}\right) = \frac{4}{5}$$

Sondern:

147

$$\frac{45}{64} \cdot \left(\frac{\frac{16}{15}}{\frac{16}{15}}\right) = \frac{4}{5}$$

In Primfaktoren zerlegt:

$$\frac{(3 \cdot 3 \cdot 5)}{(2 \cdot 2 \cdot 2 \cdot 2 \cdot 2 \cdot 2)} \cdot \left(\frac{\frac{(2 \cdot 2 \cdot 2 \cdot 2)}{(3 \cdot 5)}}{\frac{(2 \cdot 2 \cdot 2 \cdot 2)}{(3 \cdot 5)}}\right) = \frac{4}{5}$$

18 von 21 Faktoren werden gelöscht. 18:21=0,857142

Auch diesen Verlauf wollen wir umkehren: ♪**Demo 142**

$$\frac{4}{5} \cdot \left(\frac{\frac{15}{16}}{\frac{15}{16}}\right) = \frac{45}{64}$$

In Primfaktoren zerlegt:

$$\frac{(2 \cdot 2)}{5} \cdot \left(\frac{\frac{(3 \cdot 5)}{(2 \cdot 2 \cdot 2 \cdot 2)}}{\frac{(3 \cdot 5)}{(2 \cdot 2 \cdot 2 \cdot 2)}}\right) = \frac{45}{64}$$

Nur 4 von 15 Faktoren werden gelöscht. 4:15=0,266

In der Praxis finden wir nur selten rein zweistimmige Musik, Dissonanzen treten fast immer in mindestens dreistimmigen Akkorden auf. Um alle Dissonanz-Auflösungen, die eine Akkordfolge enthält, zu erfassen, müssen wir die Akkordfolge als Summe aller ihrer zweistimmigen Ereignisse verstehen.

148

Diese müssen wir einzeln betrachten, wenn wir die ganze Akkordfolge verstehen und deuten wollen.

Ein klassisches Beispiel: ♪Demo 143

Wir müssen also 6 zweistimmige Ereignisse berechnen:

Ereignis 1

$$\frac{45}{64} \cdot \frac{16}{15} \cdot \frac{16}{15} = \frac{4}{5}$$

In Primfaktoren zerlegt:

$$\frac{(3 \cdot 3 \cdot 5)}{(2 \cdot 2 \cdot 2 \cdot 2 \cdot 2 \cdot 2)} \cdot \left(\frac{\frac{(2 \cdot 2 \cdot 2 \cdot 2)}{(3 \cdot 5)}}{\frac{(2 \cdot 2 \cdot 2 \cdot 2)}{(3 \cdot 5)}} \right) = \frac{4}{5}$$

18 von 21 Faktoren werden gelöscht. 18:21= 0,857142

Ereignis 2

$$\frac{75}{128} \cdot \frac{16}{15} \cdot \frac{16}{15} = \frac{2}{3}$$

In Primfaktoren zerlegt:

$$\frac{(3 \cdot 5 \cdot 5)}{(2 \cdot 2 \cdot 2 \cdot 2 \cdot 2 \cdot 2 \cdot 2)} \cdot \left(\frac{\frac{(2 \cdot 2 \cdot 2 \cdot 2)}{(3 \cdot 5)}}{\frac{(2 \cdot 2 \cdot 2 \cdot 2)}{(3 \cdot 5)}} \right) = \frac{2}{3}$$

20 von 22 Faktoren werden gelöscht. 20:22=0,90

149

Ereignis 3

$$\frac{5}{12} \cdot \frac{9}{8} \cdot \frac{16}{15} = \frac{1}{2}$$

In Primfaktoren zerlegt:

$$\frac{(\cancel{5})}{(\cancel{2} \cdot \cancel{2} \cdot 3)} \cdot \left(\frac{\dfrac{(\cancel{3} \cdot \cancel{3})}{(\cancel{2} \cdot \cancel{2} \cdot 2)}}{\dfrac{(\cancel{2} \cdot \cancel{2} \cdot \cancel{2} \cdot \cancel{2})}{(\cancel{3} \cdot \cancel{5})}} \right) = \frac{1}{2}$$

14 von 15 Faktoren werden gelöscht. 14:15=0,93

Ereignis 4

$$\frac{5}{6} \cdot \frac{16}{15} \cdot \frac{15}{16} = \frac{5}{6}$$

In Primfaktoren zerlegt:

$$\frac{(5)}{(2 \cdot 3)} \cdot \left(\frac{\dfrac{(\cancel{2} \cdot \cancel{2} \cdot \cancel{2} \cdot \cancel{2})}{(\cancel{5} \cdot \cancel{3})}}{\dfrac{(\cancel{5} \cdot \cancel{3})}{(\cancel{2} \cdot \cancel{2} \cdot \cancel{2} \cdot \cancel{2})}} \right) = \frac{5}{(2 \cdot 3)}$$

12 von 15 Faktoren werden gelöscht. 12:15 = 0,8

Wieso werden bei einer schlichten Parallel-Bewegung zweier kleiner Terzen so viele Primfaktoren gelöscht?
Wir betrachten im Kapitel „Warum sind parallele Quinten und Oktaven verboten?" alle möglichen Parallel-Bewegungen, um eine Antwort zu erhalten.

Ereignis 5

$$\frac{16}{27} \cdot \frac{9}{8} \cdot \frac{15}{16} = \frac{5}{8}$$

In Primfaktoren zerlegt:

$$\frac{(2 \cdot 2 \cdot 2 \cdot 2)}{(3 \cdot 3 \cdot 3)} \cdot \left(\frac{\dfrac{(3 \cdot 3)}{(2 \cdot 2 \cdot 2)}}{\dfrac{(3 \cdot 5)}{(2 \cdot 2 \cdot 2 \cdot 2)}} \right) = \frac{5}{8}$$

14 von 18 Faktoren werden gelöscht. $14 : 18 = 0{,}7$

Die Notenschrift täuscht 2 Sexten vor, in Wirklichkeit aber löst sich die Dissonanz 16:27 in die Konsonanz 5:8 auf, daher die vielen weggekürzten Primfaktoren.

Ereignis 6

$$\frac{32}{45} \cdot \frac{9}{8} \cdot \frac{15}{16} = \frac{3}{4}$$

In Primfaktoren zerlegt:

$$\frac{(2 \cdot 2 \cdot 2 \cdot 2 \cdot 2)}{(3 \cdot 3 \cdot 5)} \cdot \left(\frac{\dfrac{(3 \cdot 3)}{(2 \cdot 2 \cdot 2)}}{\dfrac{(3 \cdot 5)}{(2 \cdot 2 \cdot 2 \cdot 2)}} \right) = \frac{3}{4}$$

16 von 19 Faktoren werden gelöscht.

$16 : 19 = 0{,}842105263157894736$

Die niedrigste „Auslöschungsszahl" hatte die chromatische Rückung der zwei kleinen Terzen f´-a♭ → e´-g´, die höchste „Auslöschungsszahl" die Folge h-a♭ → c´-g´.

Insgesamt gab es 94 von 110 gelöschte Primfaktoren.

$94 : 110 = 0{,}854$

Zusammenfassung: In fast jeder Folge von Zusammenklängen werden Primfaktoren gelöscht.

Aber: In Folgen der Gestalt
„(Komplizierte Proportion)→ (einfache Proportion)"
ist das Verhältnis
„(gelöschte Primfaktoren) / (alle Primfaktoren)"
größer als 0,5.
In Folgen der Gestalt
„(Einfache Proportion)→ (komplizierte Proportion)"
ist das Verhältnis
„(gelöschte Primfaktoren) / (alle Primfaktoren)"
kleiner als 0,5.
Wir lernen:
1. Der Vorgang, den die traditionelle Musik-Theorie „Auflösung von harmonischer Spannung" nennt, ist nachweisbar asymmetrisch.
2. Die „Auflösung von harmonischer Spannung"
steht **nicht** in qualitativem **Gegensatz** zu „spannungsfreien" harmonischen Folgen,
sondern in quantitativer **Distanz**.

Warum ist „Fis" nicht „Ges"?
Die Wahrheit der Enharmonik

Nicht nur Laien neigen zu der groben Vereinfachung, dass z.B. Fis und Ges eigentlich derselbe Ton seien, nur anders benannt und notiert. Die Wahrheit aber ist: Töne als absolute Fixpunkte existieren nicht, sie existieren nur als Knoten in einem Netz. Die Knoten dieses Netzes liegen manchmal sehr dicht beieinander und sind dann nur durch Mikro-Intervalle voneinander gut zu unterscheiden. Wenn wir professionelle Musik-Theorie betreiben wollen, dann müssen wir auch diese kleinsten Unterschiede respektieren, dann darf es nur zwei Aussagen geben:

1. Die beiden Frequenz-Werte x und y sind ungleich.

2. Die beiden Frequenz-Werte x und x sind gleich.

Verabschieden wollen wir uns von:

3. Die beiden Frequenz-Werte x und y sind annähernd gleich, heute sind wir gut gelaunt und darum achten wir x und y als gleich. Derlei phänomenologischen Übermut wollen wir grundsätzlich verwerfen.

Esse aut non esse, tertium non datur...

Wir wollen in diesem Kapitel einige Beispiele von nahestehenden, jedoch durch Mikro-Intervalle unterschiedenen Tönen anhören und betrachten.

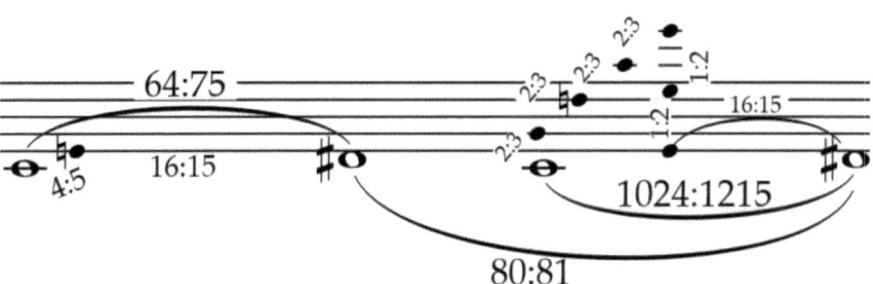

264 Hz   309,375 Hz   264 Hz   313,2421875Hz

♪Demo 144

Von C 264 Hz aus gibt es bereits zweimal den „Ton" e′♭,
zum einen als reine kleine Terz 5: 6, zum anderen als
pythagoräische kleine Terz mit der komplizierteren
Proportion 27: 32. Die beiden unterscheiden sich durch die
Proportion 81: 80, die wir als das „syntonische
Komma" kennengelernt haben. Unsere traditionelle
Notenschrift unterscheidet nicht zwischen den beiden
e′♭. Das heißt: nicht einmal dann, wenn 2 Töne durch das
gleiche Notensymbol dargestellt werden, können wir davon
ausgehen, dass es auch die gleichen Töne sind. Nun sind wir
bereit, zu verstehen und zu akzeptieren, dass e♭ und d♯
niemals die gleichen Töne sein können. Und wir ahnen
schon, dass es nicht nur ein d♯ geben wird. Sehen und hören
wir selbst: ♪**Demo 145**

154

264 Hz   309,375 Hz   264 Hz   313,2421875Hz

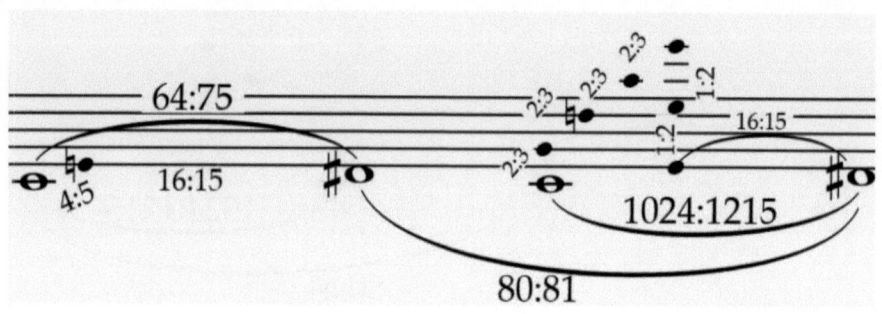

Wir bekommen nun auch noch zwei Mal den „Ton" d♯!
Zum einen als diatonischen Halbtonschritt 15:16 zu der
reinen großen Terz 4:5 zu c´, zum anderen als diatonischen
Halbtonschritt 15:16 zu der „pythagoräischen" großen Terz
64:81 zu c´. Auch dieses Mal ist die Differenz zwischen den
beiden Netz-Knoten 80:81, unser syntonisches Komma.

Und noch ein d♯ ist möglich: Um es zu erreichen, müssen wir

16384:19683

nur in der Quinten-Reihe um 9
Stufen hinaufsteigen. Dieses
d´♯ hat den Frequenz-Wert
317,15771484375 Hz, sein
Verhältnis zu dem obigen
d´♯ 313,2421875 Hz beträgt
wieder 81:80, schon wieder das

syntonische Komma, und das Verhältnis zu dem d´♯ 309,375
Hz beträgt logischerweise $(80:81)^2$.
♪**Demo 146**

155

Hier nun die Verhältnisse zwischen den verschiedenen e′♭
und den verschiedenen d′♯:

e′♭ 316,8 Hz: d′♯ 309,375 Hz = 125:128, die „kleine Diësis"

e′♭ 312,8 Hz: d′♯ 309,375 Hz = 2025: 2048,

das sogenannte „Dia-Schisma"

e′♭ 316,8 Hz: d′♯ 313,2421875 Hz = 2025: 2048, Dia-Schisma

e′♭ 312,8 Hz Hz: d′♯ 313,2421875 = 32805: 32768,

das sogenannte „Schisma"

e′♭ 316,8 Hz: d′♯ 317,15771484375 = 32805: 32768, Schisma

e′♭ 312,8 Hz: d′♯ 317,15771484375 = 531441:524288,

das pythagoräische Komma.

Alle „fast gleichen" Töne, die mit dieser Klavier-Taste

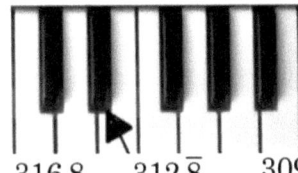 erzeugt werden,
hier nacheinander zum Sehen und
Hören:

316,8   312,8̄   309,375   313,2421875   317,15771484375

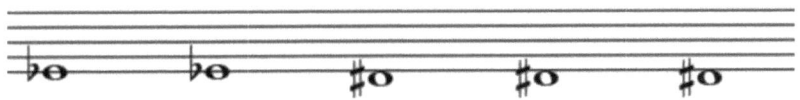

♪Demo 147

Ich hoffe, dass niemand nach dem Lesen dieses Kapitels
noch behauptet, e′♭ und d′♯ seien nur unterschiedliche
Schreibweisen ein und desselben Tones...

Was bedeuten die Namen der Intervalle?

Ein kleiner Exkurs in die Alt-Philologie ist nötig, um die Fachbegriffe zu verstehen, die wir in der Musik-Theorie fortwährend verwenden. Es fängt mit dem Wort „Musik" an: Der altgriechische Terminus μουσικη τέχνη bedeutet: „Die Kunst der Musen". Die „Musen" waren nach dem altgriechischen Dichter und Farmer Ἡσίοδος Göttinnen von Kunst und Wissenschaft. Sie waren Töchter des notorisch fremdgehenden Götterbosses Ζεύς und der Μνημοσύνη, der Göttin der Erinnerung (!), sie waren also Schwestern. Ihre speziellen Kompetenzen hat Hesiod allerdings noch nicht genau definiert, doch Mythologie lebt im Volk. Und so stellte man sich das vor:

Klio betrieb Geschichtsschreibung,

Melpomene schrieb Tragödien,

Terpsichore verfasste Chorlyrik und konnte tanzen,

Thalia war die Komödiantin,

Euterpe war gut in Lyrik und Flötenspiel,

Erato konnte Liebesgedichte schreiben,

Urania verstand sich auf Astronomie,

Polyhymnia sang mit Lyra-Begleitung,

Kalliope schließlich war für epische Dichtung, Rhetorik, Philosophie zuständig. 5 von 9 dieser talentierten Schwestern spielten Instrumente und/oder sangen:

Melpomene, Euterpe, Polyhymnia, Erato, Kalliope.
Nun der Begriff „Theorie": ἡ θεωρία bedeutet im Alt-
Griechischen: das Schauspiel, das Anschauen, Betrachten.
Diese ursprüngliche Bedeutung meine ich, wenn ich
„Theorie" sage. Wer unter „Theorie" eine unbewiesene
Behauptung versteht, meint eigentlich „Hypothese". Da
Musik aber eine Ohren-Kunst ist, ergibt sich für das
Betrachten dieser Ohren-Kunst nur die schmerzhafte
Konsequenz, als Musik-Theoretiker den Hör-Sinn
vorübergehend zu beurlauben. Der Komponist ist ganz Ohr,
der Musik-Theoretiker ist ganz Auge. Und ebenso oft, wie der
Komponist ein imaginärer Hörer ist, ist der Musik-
Theoretiker ein imaginär Schauender. Ich deutete bereits an:
die gigantischen Familienbande der Töne übersteigen die
Möglichkeiten der realen grafischen Darstellung, es bedarf
zwingend der optischen Imagination. Nun der in diesem
Buch ständig auftretende Begriff „Proportion": Aus dem
Lateinischen stammt die Vokabel portio = Anteil, Ration.
„Pro" (mit Ablativ) kann „für", aber auch „gemäß" bedeuten,
also bedeutet die Redewendung „pro portione" so viel wie
„gemäß dem Anteil". Nun der Begriff „Harmonie", der allzu
oft mit „friedlich", „nett", „unkompliziert" assoziiert wird, der
aber ursprünglich eine genaue Passform zwischen zwei
Steinen, also eine Fuge, oder eine genaue Holzverbindung
benannte. Ἁρμονία (nach W. Pape, griechisch-deutsches
Handwörterbuch, 1957): Fügung, Verhältnis der Teile zum

158

Ganzen, Übereinstimmung, aber auch (in der Rhetorik) wohlklingende Syntax. Für des Altgriechischen Unkundige: Man sieht kein „H", mit dem das Wort „Harmonia" beginnt, es gibt im Altgriechischen auch keines, aber das kleine, entgegen der Leserichtung gewölbte Häkchen über dem „A" erfüllt die Funktion der Darstellung des Hauchlautes, man nennt es darum „spiritus asper", der „raue Hauch".

Also ist „Harmonie" im musikalischen Kontext zunächst nichts anderes als die Idee und das Phänomen von Tönen, die „zusammenpassen". Nun aber **„Enharmonik"**: Hier gibt es kein antikes Substantiv, das wir einfach übersetzen könnten, aber ein Verb: Es lautet ἐνάρμόζω und meint ein offenbar noch genaueres „ein-fügen". Was heißt das in der realen Welt? Nun, stellen wir uns vor, in einer Holzverbindung klafft ein kleiner Spalt, dann wird ein Holzspan eingeleimt, und der Spalt ist weg. So etwas meint ἐνάρμόζω. „Enharmonik" kann also nur heißen, dass wir mit kleinsten Intervallen umgehen können, sie anwenden können, anstatt sie zu ignorieren. Im Sinne der vorliegenden Schrift, in meinem Sinne, im echten Sinne des Wortes „Enharmonik" müssen wir also darunter die genaue Beachtung auch kleinster Intervalle verstehen! Nun der Begriff **„Intervall"**: Der kommt aus der römischen Militärsprache und setzt sich zusammen aus dem Nomen „vallus" (Pfahl, Palisade) und der Präposition „inter" ((mit Akkusativ) = zwischen). „Inter vallum" heißt also einfach „Zwischen dem Pfahl/ den Pfählen". Nun die **Namen der**

Intervalle: Die Standard-Intervalle sind einfach nur nach lateinischen Ordnungs-Zahlen benannt: **Prime:** primus = der erste, **Sekunde:** secundus = der folgende, der zweite, **Terz:** tertius = der dritte, **Quarte:** quartus = der vierte, **Quinte:** quintus = der fünfte, **Sexte:** sextus = der sechste, **Septime:** septimus = der siebte, **Oktave:** octavus = der achte, **None:** nonus = der neunte, **Dezime:** decimus = der zehnte. Nun die Mikro-Intervalle: Zuerst der häufige Begriff „Komma". Das stammt aus dem Altgriechischen, κόμμα bedeutet „gehauene Kerbe". „Diësis": stammt aus dem Altgriechischen, δίεσις heißt in der Grundbedeutung etwa „das Durchlassen", oder auch „Auflösung in Flüssigem" und wurde schon in der antiken Musiktheorie als Bezeichnung für diverse kleinste Intervalle verwendet. „Syntonisch", aus dem Altgriechischen, von σύν = zusammen, mit", und τόνος = "gespanntes Seil, Saite, Anhebung der Stimme". „Schisma" aus dem Altgriechischen, σχίσμα = Spaltung, Trennung. „Diaschisma" aus dem Altgriechischen, σχίσμα = „Spaltung, Trennung", διά = „durch". „Apotome" aus dem Altgriechischen, ἀποτομή = „Abschnitt" gebildet aus ἀπό = von ...an, von...aus, und dem Verb τέμνειν = „schneiden". „Limma" aus dem Altgriechischen, λεῖμμα = „Rest". Das sei genug der Etymologie.

Was ist ein Grundton?

Die Naturtonreihe hat einen Grundton, das ist der erzeugende Ton, zu dem es keinen Vorgänger gibt. Ich erkenne darin ein Prinzip, also einen Leit-Gedanken, der auch in demjenigen Tonsystem wirken muss, das ich aus der Naturtonreihe ableite. Wir können also schon jetzt sagen, dass der Grundton irgendeines Akkordes der Grundton derjenigen Naturtonreihe sein muss, in der eben dieser Akkord vorkommt, und zwar so tief wie möglich. Was bedeutet das in der Praxis? Fangen wir an: ♪**Demo 148**

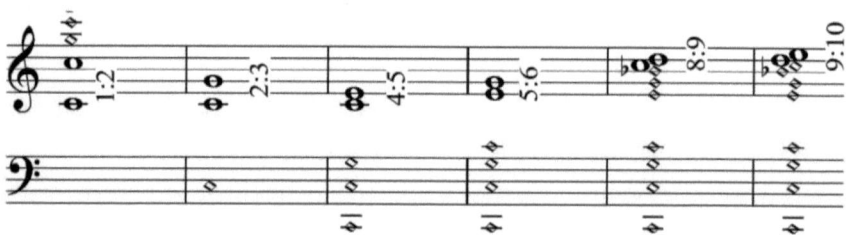

Alle diese Intervalle kommen so tief wie möglich in der Naturtonreihe mit dem Grundton C vor, sie stehen so nahe wie möglich bei dem Grundton C. Das Intervall C-G kommt ja z.B. auch in der Naturtonreihe mit dem Grundton F vor, dort aber weiter weg vom Grundton, also höher. Es heißt dann auch nicht mehr 2:3, sondern 6:9. Das Intervall 5:6 enthält zwar keine Oktav des Grundtons, also kein C, aber dennoch ist es in der Naturtonreihe mit dem Grundton C möglichst tief und nahe beim Grundton, den es selbst nicht enthält. Der Grundton muss also nicht in einem Intervall enthalten sein, vielmehr muss das betreffende Intervall in der Naturtonreihe des Grundtons enthalten sein. Das gilt in unserem Beispiel auch für 9:10, auch dort sehen wir kein C, aber 9:10 kommt möglichst tief und nahe beim Grundton in der Naturtonreihe mit dem Grundton C vor. Der Grundton eines beliebigen **Intervalls** kann also leicht gefunden werden, aber ist der Grundton eines beliebigen **Akkordes** auch so eindeutig? Fangen wir mit den beiden berühmtesten Akkorden an, Dur und Moll:

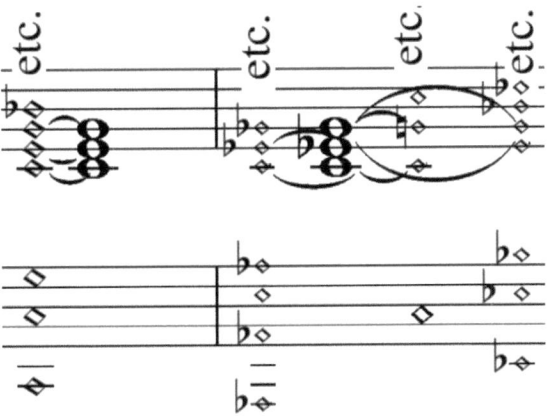

Der Dur-Dreiklang stammt vollständig aus der Naturtonreihe mit dem Grundton C, der Grundton des C-Dur-Dreiklanges ist eindeutig „C". Der Moll-Dreiklang aber entstammt aus drei verschiedenen Naturtonreihen: 1. mit dem Grundton A♭, 2. mit dem Grundton C, 3. mit dem Grundton E♭. Dennoch ist der Grundton des C-Moll-

Dreiklanges „C": Denn sein einfachstes Intervall (2:3) entstammt aus der Naturtonreihe mit dem Grundton C, außerdem steht 2:3 näher an dem Grundton C als die anderen Intervalle ihren Grundtönen stehen; A♭ und E♭. sind viel weiter vom C-Moll-Dreiklang entfernt als „C". Moll hat also einen Haupt-Grundton, dieser aber ist angefochten und umstritten, der ganze Dreiklang wird dadurch mehrdeutig und instabil. Wir lernen: der Grundton jedes Akkordes außer dem Dur-Dreiklang ist nicht der **einzige**, sondern nur der **stärkste**, und das wiederum bedeutet, dass in jedem Akkord außer dem Dur-Dreiklang eine Konkurrenz stattfindet, eine Spannung waltet, ein Kampf tobt. Mit dieser Erkenntnis ausgestattet können wir nun einige weitere Akkorde untersuchen:

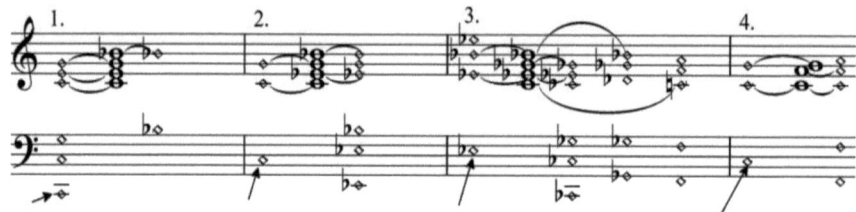

Die Haupt-Grundtöne sind mit einem Pfeil markiert. In Beispiel 1 steht zwar b♭ viel näher an dem Sept-Akkord als C, aber 3 von 4 Tönen entstammen der Naturtonreihe mit dem Grundton c′, daher ist c′ der Haupt-Grundton, wenngleich stark angefochten. In allen anderen Fällen sieht man sehr gut, wie der Haupt-Grundton dem Akkord am nächsten steht. Die Ausnahme in Beispiel 1., also der „Dominant-Septakkord" veranlasst uns, unseren Grundton-Findungs-Algorithmus zu präzisieren: **Grundton eines Akkordes ist der Grundton derjenigen Naturtonreihe, aus der das tiefste und/oder beste Intervall des Akkordes entstammt.** Nun endlich sind wir bereit, auch Grundtöne sehr komplizierter Akkorde zu finden. Einige Beispiele:

♪**Demo 149**

1.Die Quarte c-´f´ ist das tiefste Intervall, es entstammt der Naturtonreihe mit dem Grundton F, F ist der Haupt-Grundton dieses Quarten-Akkordes.

2.Die große Terz c-´e´ ist das tiefste Intervall, es entstammt der Naturtonreihe mit dem Grundton C, C ist der Haupt-Grundton dieses „übermäßigen" Akkordes.

3. Die große Terz c´-e´ ist das tiefste Intervall, es entstammt der Naturtonreihe mit dem Grundton C, C ist der Haupt-Grundton dieses „french sixth" Akkordes.

4. Die kleine Terz c´-e´♭ ist das tiefste Intervall, es entstammt der Naturtonreihe mit dem Grundton A♭, A♭ ist der Haupt-Grundton dieses „verminderten" Akkordes.

5. Die kleine Terz f´♯-a´ ist das tiefste Intervall, es entstammt der Naturtonreihe mit dem Grundton D, D ist der Haupt-Grundton dieses „verminderten" Akkordes. Unsere Ergebnisse decken sich nicht immer mit den Erklärungsversuchen der traditionellen Harmonielehre; z.B. würde Akkord 4 dem Grundton D zugeordnet werden, so wie Akkord 5, es sind ja, oberflächlich und reduktionistisch betrachtet, auch die gleichen Töne, nur permutiert.

Man müsste den Akkord Nr. 4 also folgendermaßen auflösen:

♪**Demo 150**

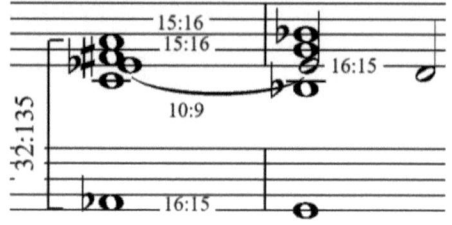

Doch in der Praxis wählte man meist **nicht** die tief-alterierte Dominant-Quinte A♭, sondern den Dominant-Grundton d, man sieht im Vergleich leicht, warum: Es entsteht keine Quint-Parallelen-Gefahr, die man durch nachträglichen

Vorhalt umgehen müsste, und es entsteht kein ziemlich kompliziertes Intervall zwischen A♭ und a´, nämlich 32:135. So sieht die einfachere Lösung aus: ♪Demo 151

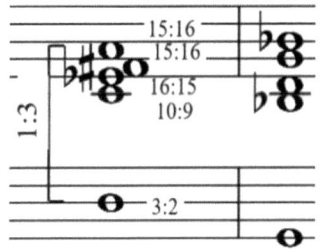

Der **Zusammenhang**, in dem dieser „verminderte" Akkord sich am einfachsten auflösen kann, ist also bei der Suche nach dem Grundton ebenfalls wichtig, das wundert mich nicht, denn wir haben ja das gesamte Tonsystem als gewaltiges Netz von Zusammenhängen kennengelernt, und ich finde es eher beruhigend, dass es nicht immer eine einzige Lösung gibt, sondern dass Raum bleibt für feinfühliges Suchen.

Was ist eine Tonart?

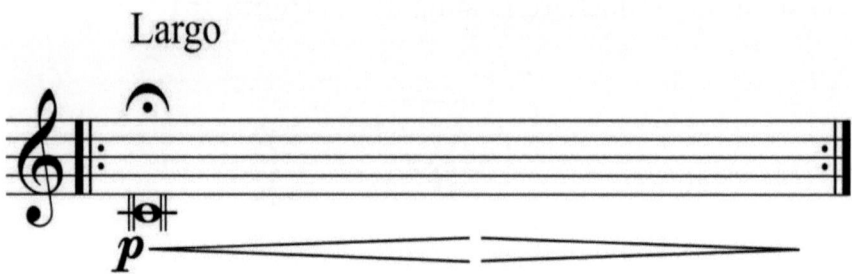

♪Demo 152

Diese etwas Fantasie-arme Komposition steht in C-Dur.
c´ ist der wichtigste, weil einzige Ton. Und die meisten Klang-
Erzeuger lassen zu der notierten Grund-Schwingung auch
das Natur-Ton-Spektrum leise mitklingen, und das, so haben
wir gelernt, besteht in seinen ersten 5 Obertönen aus dem C-
Dur-Dreiklang; also C-Dur! Doch derart minimalistisch
können wir nicht weiter komponieren, wir müssen das C mit
anderen Tönen zusammenbringen. Wie macht man das,
damit wiederum das Urteil „Tonart C-Dur" passt?

♪Demo 153

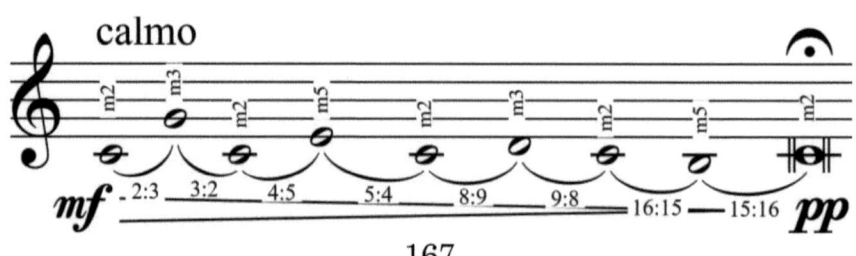

Ich habe c′ mit verwandten Tönen konfrontiert, die Verwandtschafts-Proportionen sind 2:3, 4:5, 8:9, 16:15. Diese Proportionen geben allesamt dem C eine melodische Grundton-Funktion m2, denn sie stehen alle zu C in einer Proportion der Form $2^n : x$. C ist also immer nur als Grundton erklungen, die sehr kurze Komposition hat den Grundton C, und weil ich die „Dur"-Terz e′ verwendet habe, steht das Stückchen in C-Dur. Ich habe dies so angeordnet, es war meine Entscheidung. Ton-Art ist also das Werk des Komponisten, es ist Sache des Komponisten, einen gewünschten Grund-Ton mit denjenigen anderen Tönen zu assoziieren, die dem gewünschten Ton die Grundton-Funktion geben. Eine Grundton-bestätigende Komposition ist, wie wenn der gütige und gerechte König ohne Probleme ein Volk regiert, das ihn liebt. Doch so einfach ist es in dieser Welt nicht! Vielleicht muss der König durch böse Intrigen und üble Mordanschläge hindurch und kann erst nach langem Exil seinen Thron besitzen. Wenn Musik auch das Drama abbilden will, dann darf sie es dem Grundton nicht zu leicht machen. Das bedeutet noch lange nicht, dass die dramatische Komposition besonders dissonant sein müsste. Es reicht bereits aus, dass eine Komposition überwiegend in Moll steht, denn Moll, das haben wir gelernt, hat eine zwielichtige Grundton-Situation. Doch zunächst will ich den C-Dur-Eindruck erschweren **und** zugleich stärken:

♪Demo 154

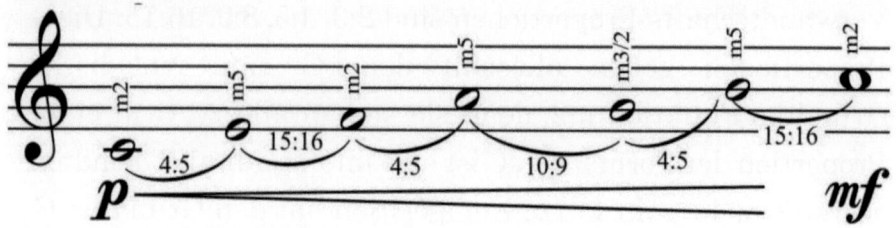

Nun habe ich meine Proportionen so angeordnet, dass auch f´ ein vorübergehender Grundton ist, und g´ immerhin ein halber Grundton. Dennoch wollte ich, dass c´´ der stärkste Grundton sein sollte, darum kommt er am häufigsten vor, und darum ist er der erste und, vor allem, der **letzte** Grundton. Auch dies war meine Entscheidung. Ich wusste, welche Intervall-Proportionen ich setzen musste, um den gewünschten Effekt zu erhalten. Und ich wusste, dass der letzte Ton am stärksten im Gedächtnis nachklingt und somit gute Chancen hat, als Zentralton wahrgenommen zu werden. Und ich habe trotz oder gerade wegen der Konkurrenz F den Grundton C auch noch gestärkt, denn er musste kämpfen und hat gesiegt; dies habe ich auch noch durch den Aufwärts-Trend der Melodie deutlich gemacht. Ich gehe weiter und komponiere eine zweistimmige Miniatur:

♪Demo 155

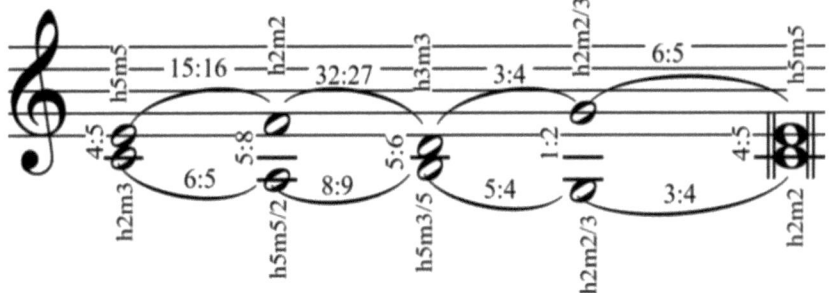

C ist beim ersten Auftritt ein schwacher Grundton, das im Sopran folgende F ist stärker, doch am Schluss haben die Ereignisse C gestärkt, nun ist es mit 2 Grundton-Funktionen ausgestattet. Weil es auch noch im Bass liegt und Schlusston ist, ist es auch Urheber des Urteils „C-Dur". Es wird Zeit, neben der Analyse der melodischen und harmonischen Funktionen auch noch einen anderen Zusammenhang zu bemerken: Die Klang-Familien, aus der meine Töne entstammen. Das zweistimmige Beispiel bestand nur aus Tönen, die wir bei der Errichtung des Tonsystems vom Zentralton C aus durch die 3 Basis-Proportionen 1:2, 2:3, 4:5 gewonnen hatten. Oktavversetzt erklangen 7 Tonstufen der Familie des Zentraltones C, er ist darum auch Urheber des Urteils „C-Dur". Aber auch die Wahl der Klangfamilie ist kein Naturgesetz, sondern die Wahl des Komponisten. **Ton-Art ist Auswahl.** Damit stellt sich die Frage, ob ich auch **keine** Ton-Art wählen kann. Diese Frage ist gleich der Frage, ob ich Ton-Art verhindern kann. Und daran schließt sich die Frage an, ob ein verhinderndes Komponieren gelingen kann,

170

weil sich Kreativität (also Hervorbringen) und „Verhindern" ausschließen. Ich will nun aus Neugier vieles „falsch" machen: ♪Demo 156

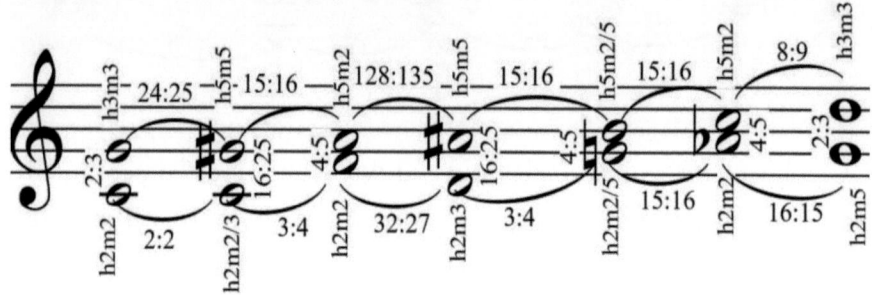

C´ ist nicht Schlusston, ich habe Töne verwendet, die in der engeren Klangfamilie von C nicht vorkommen (g´♯, a´♯), ich habe den Ton e´, der das Urteil „C-Dur" bewirkt, ausgelassen. Und dennoch ist c´ der **beste** Grundton, weil er nicht nur totale Grundton-Funktion hat, sondern auch noch von einer totalen Quinte g´ begleitet wird. Alle anderen Grundtöne, nämlich f´, g´, a´♭ haben unvollkommene Begleiter (mit gemischten Funktionen). Und weil auch andererseits kein e´♭ erscheint, das auf C-Moll hinweist, bleibt der Gesamteindruck C-Dur erhalten, obwohl das Stück noch nicht fertig sein kann, weil ja das starke c´ nicht der Schlusston ist...Es ist mir trotz aller Komplikationen nicht gelungen, **keine** Tonart zu komponieren.

Ich darf zwar wählen, aber ich **muss** auch wählen.

171

Was ist eine Modulation?

Zunächst die kurze Antwort: Modulation ist das Verlassen einer gewählten Tonart und das Erreichen einer anderen, ebenfalls gewählten Tonart. Wir wissen, dass es feste Positionen in unserem grundsätzlich relativen Tonsystem nicht gibt, alles ist Beziehung. Das aber bedeutet, dass man eine einmal gewählte Tonart (innerhalb eines in sich abgeschlossenen Werkes) nicht endgültig verlassen **kann**, denn jede andere, neue Tonart wird dem hörenden Gedächtnis als sekundär, als auf eine Primär-Tonart bezogen in Erinnerung bleiben. Also ist Modulation, genauer gesagt, ein **vorübergehendes** Verlassen einer gewählten Tonart. Diese Einsicht birgt eine ungeheure Erleichterung: denn nun müssen wir nicht krampfhaft die neue Tonart „befestigen", wie es gelegentlich in der traditionellen Harmonielehre gefordert wird, denn diese Befestigung hätte sowieso keinen Zweck. Die Begriffe Modulation und Ausweichung werden synonym. Wir wollen uns einige Beispiele genauer ansehen und anhören, zunächst das, was die traditionelle Musiktheorie oberflächlich und ungenau "diatonische Modulation" nennt. Die hier zunächst gezeigte Folge C-Dur - G-Dur ist jedenfalls noch kein Verlassen von C-Dur, die melodische Quint-Funktion des Grundtones G zeigt, dass G-Dur sich noch allzu sehr als auf C-Dur bezogen versteht.

♪**Demo 157**

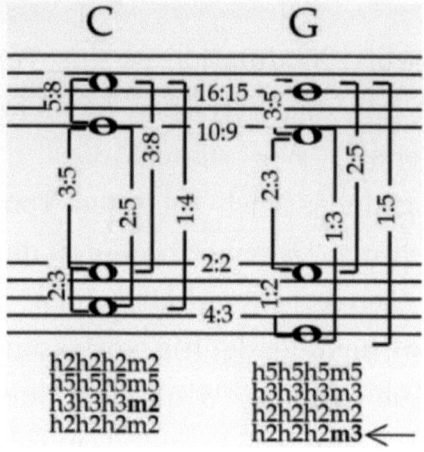

Es bedarf eines weiteren Akkordes, der nur in der Klang-Familie von G vorkommt, aber nicht in der Klang-Familie von C, erst dann versteht das hörende Hirn, dass die Klang-Familie von C verlassen werden soll. ♪**Demo 158**

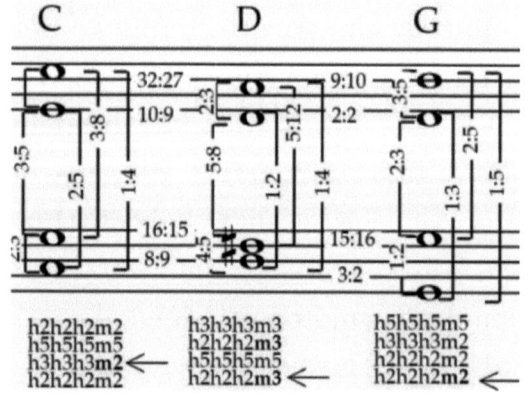

Nun sind im G-Dur-Akkord zwei vollkommene Grund-töne, G und g, vorhanden. D-Dur gibt es nur in der Klangfamilie von G, durch das Auftreten

173

von D-Dur wird auch das anfängliche C-Dur **rückwirkend** als Familienmitglied des neuen Zentraltones G verstanden. Der Begriff „Diatonische Modulation" ist oberflächlich und ungenau: Er täuscht eine „diatonische" Tonleiter vor, aus deren „Material" dann die Modulations-Ziele und Modulations-Schritte ausgewählt werden. In Wahrheit aber sind Modulations-Ziele und Modulations-Schritte zuerst da, die „Tonleitern" entstehen nachträglich.

Dies zeige ich an folgendem Doppel-Beispiel: ♪**Demo 159**

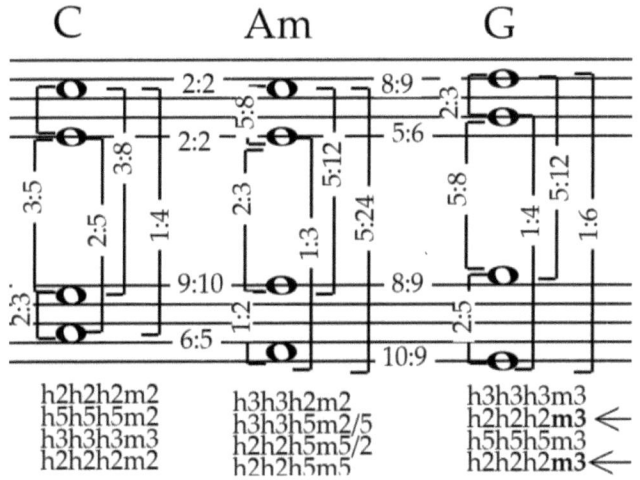

Der A-Moll-Akkord ist über 5:6 Familienmitglied des Zentraltones C, das Ergebnis ist: Im darauffolgenden G-Dur-Akkord sind G und g′ durch je eine melodische Quint-Funktion als quint-verwandtes Familienmitglied des ursprünglichen Zentraltones C erkennbar. C-Dur ist in

dieser Akkord-Folge niemals verlassen worden. Aber:
♪Demo 160

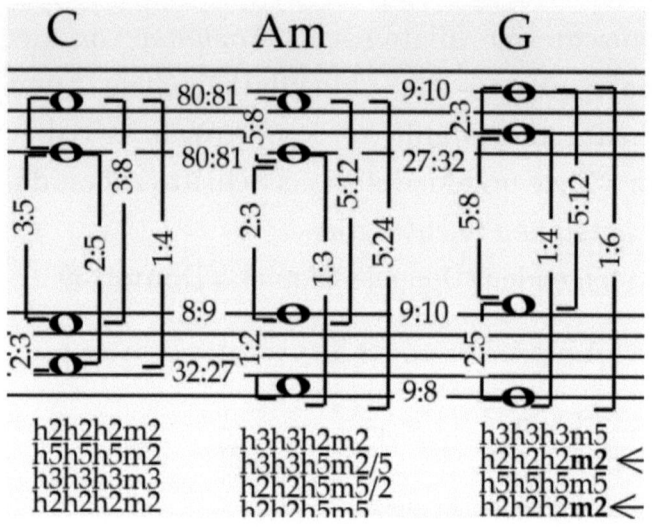

Dieses A-Moll ist die pythagoräische Klein-Terz 32:27 von C abwärts, ein bedeutend schlechteres Verwandtschafts-Verhältnis als 5:6. Außerdem sind die beiden c″ und die beiden e″ nicht identisch: sie bilden zueinander das syntonische Komma 80:81. Dafür aber ist das jetzige A-Moll über 9:8 mit G verwandt, und das ist ein besseres Verwandtschafts-Verhältnis als 10:9 im Demo 159. Das Ergebnis: Diesmal haben G und g′ im G-Dur-Akkord **vollkommene** Grundton-Funktion, also ist das Erreichen des neuen Zentraltones G gelungen! Die traditionelle Notenschrift kann die beiden A-Moll-Akkorde nicht

175

unterscheiden. Wir aber können es. Das erste A-Moll hat einen Grundton von c132 · (5:6) = 110 Hz, das zweite A-Moll aber einen Grundton c132 · (27:32) = 111,375 Hz. Und diese beiden unterschiedlichen A können nicht in derselben „Tonleiter" auftreten. A=110 Hz entstammt der „Dur-Tonleiter" des Zentraltones C, A=111,375 Hz aber entstammt der „Dur-Tonleiter" des Zentraltones G. Damit wäre Beispiel 160 im eigentlichen Wort-Sinne eine „enharmonische Modulation", weil ja hier das Mikro-Intervall 80:81 auftritt, aber die traditionelle Musik-Theorie würde vom oberflächlichen Noten-Bild ausgehen und eine „diatonische Modulation" diagnostizieren. Wir haben gelernt: **Das Verlassen eines alten Zentraltones und das Erreichen eines neuen Zentraltones, eine Modulation also, kann es nur und ausschließlich nur durch das plötzliche und unvermittelte Auftreten eines eindeutigen Familien-Mitgliedes des neuen Zentraltones geben.** Modulation ist daher immer ein mehr oder weniger disruptiver Akt. Auch diese klare Erkenntnis birgt wiederum eine beruhigende Konsequenz: Dann müssen wir auch nicht künstliche Grenzen zwischen scheinbar verschiedenen Arten der Modulation ziehen, denn es gibt nur eine einzige, und wir begreifen hierbei auch, aus welch einfacher Wurzel die alten Meister ihre vielfältigen Modulations-Blüten züchteten.

♪Demo 161

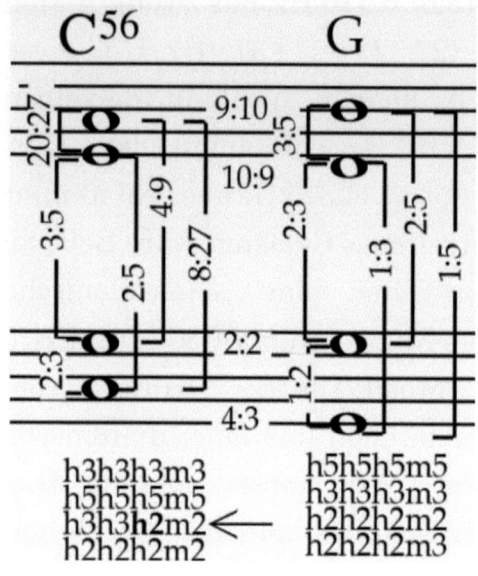

C$^{5/6}$ erhält hier als Zusatz die dissonante Schein-Sexte a´ = 445,5 Hz. Sie gehört nicht zur Klangfamilie von C, sondern zur Klangfamilie von G. Neben einem hohen harmonischen Gefälle (siehe Kapitel „Was ist harmonische Spannung?") bewirkt diese hinzugefügte Sexte (französisch „sixte ajoutée") eine harmonische Grundton-Funktion des g aus dem C$^{5/6}$-Akkord (siehe Pfeil und Fettdruck). Dadurch wird dem g „prophezeit", dass es Grundton sein wird. Das dissonante a´ = 445,5 Hz zeigt also an, dass der Zentralton C verlassen und der Zentralton G erreicht werden soll. Diese Wirkung tritt nicht ein, wenn die „hinzugefügte Sexte" ein konsonantes a 440 Hz ist. Es fehlt nicht nur eine harmonische Spannung, die den folgenden G-Dur-Akkord als erstrebenswerte Auflösung erscheinen lassen könnte, sondern auch jede Motivation, den Zentralton C verlassen zu wollen, denn g aus dem C-Dur-

177

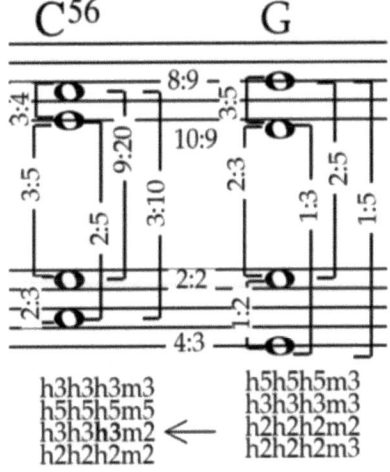

h3h3h3m3
h5h5h5m5
h3h3h3m2 ←
h2h2h2m2

h5h5h5m3
h3h3h3m3
h2h2h2m2
h2h2h2m3

Akkord hat nach wie vor seine drei harmonischen Quint-Funktionen (siehe Pfeil und Fettdruck). ♪**Demo 162**

Diese Akkord-Folge klingt zwar harmonischer, aber sie ist auch ereignisloser. Der echte C-Dur-Akkord mit sixte ajoutée aber ist zwar in sich dissonant, aber er hat die Kraft, einen Zentralton zu ersetzen. Wir können durch unsere Einzelton-Funktions-Analyse nun endgültig präzise diejenigen Elementarkräfte nachweisen, aus denen heraus die Musik-Praxis die „Sub-Dominante mit sixte ajoutée" erfunden und recht häufig eingesetzt hat. Ein weiteres, sehr prominentes Beispiel mit einer hinzugefügten Dissonanz aus der neuen Klangfamilie des neuen Zentraltones, der „Dominant-Sept-Akkord": ♪**Demo 163**

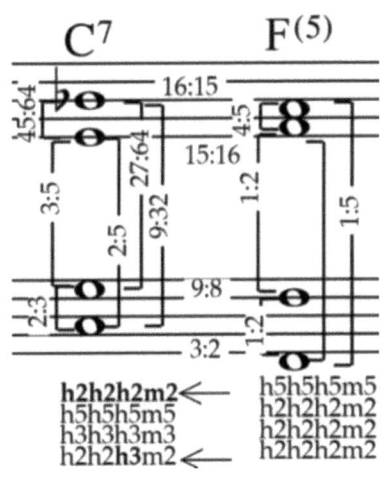

h2h2h2m2 ←
h5h5h5m5
h3h3h3m3
h2h2h3m2 ←

h5h5h5m5
h2h2h2m2
h2h2h2m2
h2h2h2m2

b♭´ stammt aus der Klangfamilie von F, im C-Dur-Akkord ist es ein dissonierender Fremdkörper,

178

der durch seine vollkommene Grundton-Funktion den Grundton C in Frage stellt und schwächt. Außerdem erhält c auch noch eine harmonische Quint-Funktion, die verheißt, dass c die Quinte von F sein wird. Das Ergebnis ist aber außerordentlich erstaunlich: Der folgende Akkord ist kein richtiger Dreiklang, sondern besteht aus drei absolut vollkommenen Grundtönen F, f, f′ (jeweils h2h2h2m2) und einer vollkommenen Terz a′(h5h5h5m5). Die Quinte, die sich doch in C7 schon profiliert hatte, sie fehlt! Aber dennoch ist das Verlassen des Zentraltones C und das Erreichen des

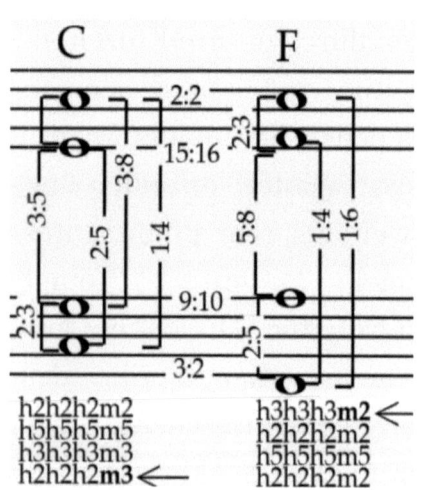

neuen Zentraltones F glänzend gelungen! Zum Vergleich die Folge C-F, also ohne die hinzugefügte Septime b♭′.

♪Demo 164

Eine sehr elegante Akkord-Folge, aber das c″ aus F im Sopran vermeldet: „Ich bin immer noch Grundton!" Diese Akkordfolge **könnte** ein Zentralton-Wechsel sein, aber man weiß es nicht genau. Im Falle des Dominant-Sept-Akkordes aber ist der Wille, F als neuen Zentralton zu etablieren, ohne Zweifel erkennbar. Dissonant, aber energiereich!

Unser Modulations-Algorithmus: „Konfrontiere den aktuellen Zentralton mit einem beliebigen Element aus der Klang-Familie des gewünschten neuen Zentraltones" regt uns zu Experimenten an. Wir wollen nun vom Zentralton C zum Zentralton D gelangen. Wir wissen schon: es gibt zwei D, eines im Verhältnis 8:9, das andere im Verhältnis 9:10. Zuerst das einfachere, nämlich 8:9. Die Proportion 8:9 zerfällt hier in zwei unterschiedlich große Halbtonschritte, in den großen chromatischen Halbtonschritt 128:135 und in den diatonischen Halbtonschritt 15:16

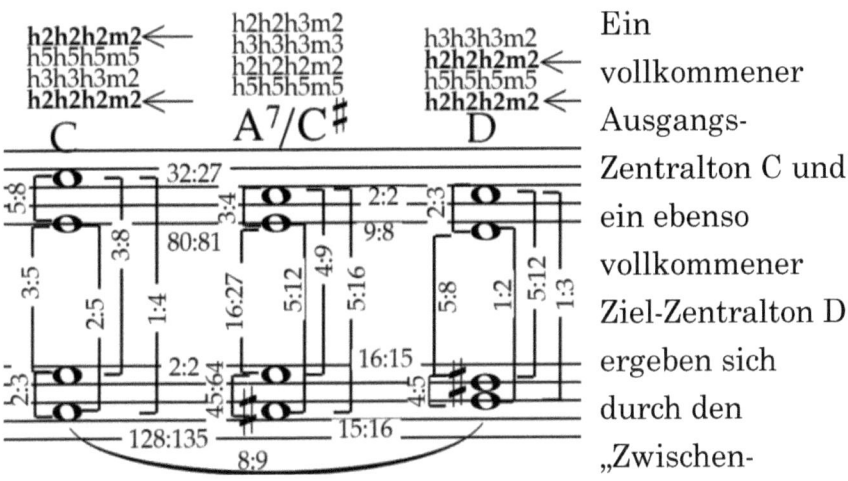

Ein vollkommener Ausgangs-Zentralton C und ein ebenso vollkommener Ziel-Zentralton D ergeben sich durch den „Zwischen-Dominant-Sept-Akkord" A⁷/C♯. (Siehe Pfeile und Fettdruck). Der Zentralton-Wechsel ist hervorragend gelungen.

♪**Demo 165**

180

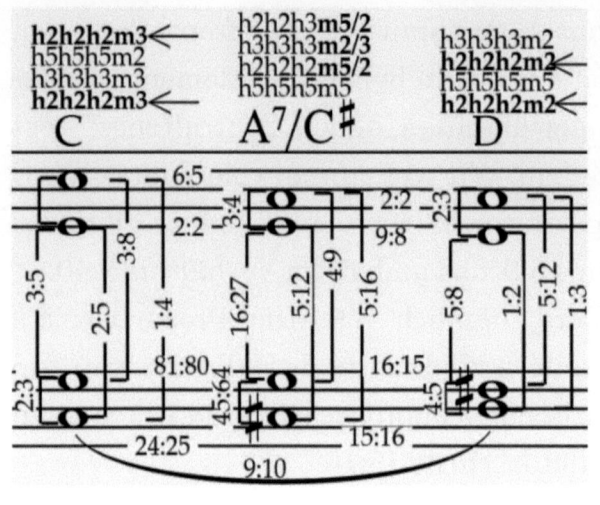

Nun das kompliziertere Verhältnis C:D, nämlich die Proportion 9:10; diese zerfällt in den kleinen chromatischen Halbtonschritt 24:25 und in den diatonischen

Halbtonschritt 15:16. ♪Demo 166

Die beiden c in C-Dur erhalten je eine melodische Quint-Funktion und verweisen dadurch auf F, zu welchem c die Quinte wäre. Damit ist sofort klar, dass es in der Quinten-Reihe abwärts (in Richtung F) geht. Dieser Hinweis wird verstärkt durch die beiden zusätzlichen melodischen Terz-Funktionen, die a´ und g in A⁷/C♯ erhalten. a´ wäre Terz zu einem F, womit die Abwärts-Tendenz in der Quinten-Reihe verstärkt wird, und g wäre sogar Terz eines imaginären E♭, das in der Quinten-Reihe noch zwei Stufen unter dem F steht. Damit ist überaus deutlich aufgezeigt, dass das nun folgende D-Moll mit demjenigen B♭ Dur verwandt ist, das in der Quinten-Reihe zwischen E♭ und F steht, die durch die

181

melodischen Funktions-Änderungen in C-Dur und $A^7/C_\sharp$ zart angedeutet wurden. Welche Subtilität, welche Logik!

Auf jeder Ebene unseres Tonsystems erhalten wir klare Anweisungen und Erklärungen, aber leise und höflich.

Unsere traditionelle Notenschrift hingegen bereitet uns abermals Kopfzerbrechen: Hätte ich nicht die Proportionen und die Funktionen hinzugefügt, dann könnte man die beiden grundverschiedenen Akkord-Folgen niemals begründet unterscheiden. Aber unser Denk-Ansatz war ja auch: ein musiktheoretischer „reset"! Da darf es nicht wundern, wenn die Tradition transzendiert wird. Ein Bilderstürmer bin ich gleichwohl nicht, das werde ich im letzten Kapitel deutlich machen. Sehen und hören wir uns noch einige interessante Beispiele an: ♪**Demo 167**

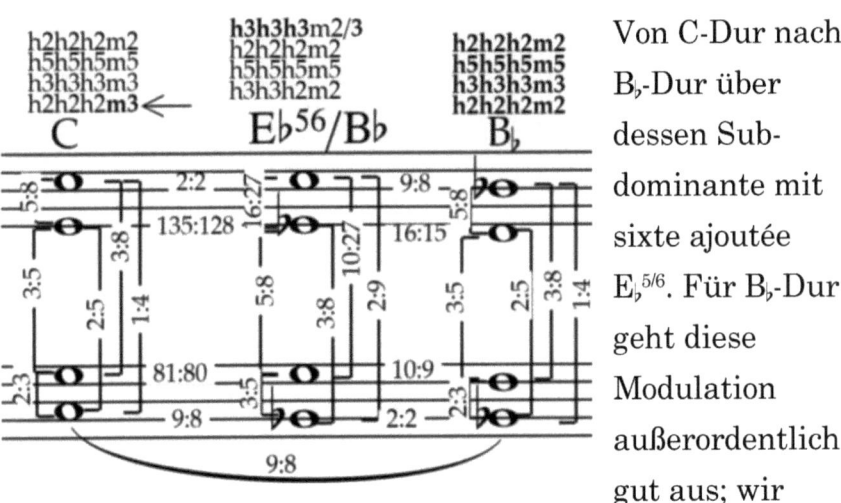

Von C-Dur nach B♭-Dur über dessen Sub-dominante mit sixte ajoutée $E_\flat^{5/6}$. Für B♭-Dur geht diese Modulation außerordentlich gut aus; wir sehen hier ausschließlich vollkommene Funktionen.

182

Welches B♭-Dur? Es ist hier die „Doppel-Subdominante",
also 2 Stufen in der Quintenreihe abwärts. ...E♭-B♭-F-C-G-
D...Dieses B♭ bildet also mit C die Proportion 8:9.
Interessant in dieser Akkord-Folge: Das c in C-Dur hat schon,
(quasi als eine Ahnung, dass es vom Grundton zur Quinte
werden muss,) eine melodische Quint-Funktion; das c″ in
E♭$^{5/6}$ aber hat bereits fast **nur** noch Quint-Funktionen. Man
kann die Stationen des Umdeutungs-Prozesses klar
erkennen.
Es gibt aber noch ein weiteres B♭-Dur, und das bildet mit C
die Proportion 9:10 ♪**Demo 169**

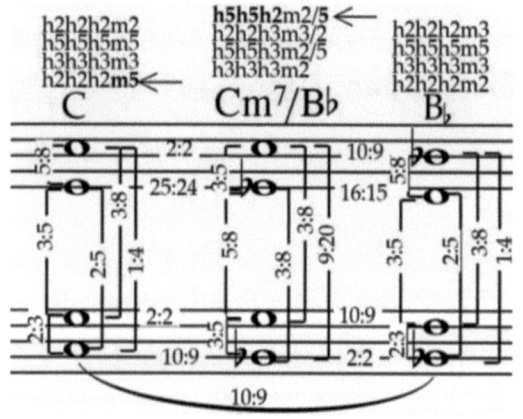

Auch dieser
Zentralton-Wechsel
gelingt sehr gut, aber
nicht so gut wie mit
dem B♭ 8:9. Der
Sopran von B♭-Dur hat
noch eine melodische
Quint-Funktion, die
daran erinnert, das

B♭ die Quinte von E♭ ist, und zwar von demjenigen E♭, das
mit dem ehemaligen Zentralton C die Proportion 5:6 bildet.
Aber auch die Bezeichnung des mittleren Akkordes musste
ich ändern: Ich fasse ihn auf als einen Moll-Sept-Akkord

Cm$_7$ in der dritten Umkehrung auf der zweiten Stufe der Ziel-Klang-Familie von B♭. Im ersten Beispiel habe ich aber den mittleren Akkord als Subdominante mit sixte ajoutée E♭$^{5/6}$ von B♭ aufgefasst. Die beiden Akkorde sind jedoch nur in der traditionellen Notenschrift identisch; zur Verdeutlichung stelle ich sie mit ihrer Proportions-Struktur nebeneinander:

♪Demo 170

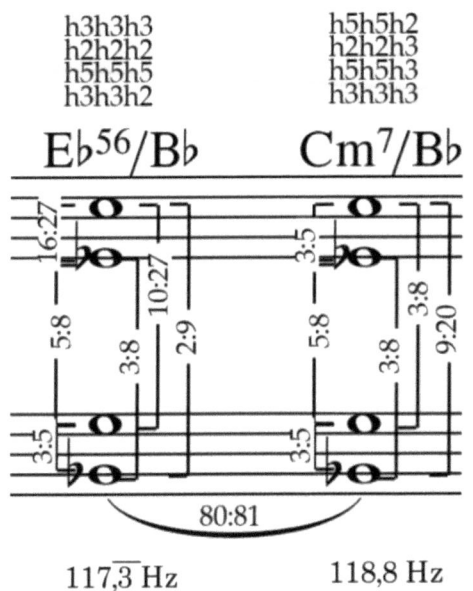

Die beiden Schein-Zwillinge haben ganz unterschiedliche Dissonanz-Grade: E♭$^{5/6}$ hat zwischen e♭´ und c´´ eine echte Dissonanz, die pythagoräische große Sexte 16:27, Cm$_7$ aber zwischen e♭´ und c´´ die reine große Sexte 3:5.

Ein weiteres Doppel- Beispiel: Von C-Dur nach E♭-Dur.

♪Demo 171

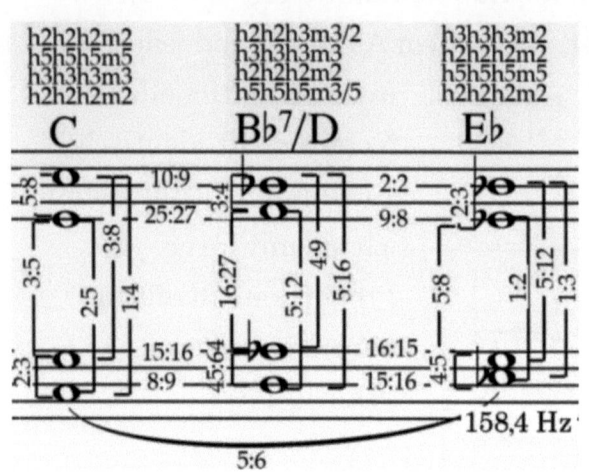

Dieses E♭-Dur gehört zur Klang-Familie von C, sein Grundton wäre die reine Moll-Terz zu C, und das über 5:6 verwandte E♭-Dur ist in traditioneller Sprache die „Dur-Parallele" von C-Moll. Eigentlich haben wir den Zentralton C nicht wirklich verlassen. Wir haben nur innerhalb der Klang-Familie von C ein wenig den Schwerpunkt verschoben. Zwar ist das f′ aus B♭⁷ ein Fremdkörper in der Klang-Familie von C, es kommt nur in der Klang-Familie von E♭ vor, die sonstigen melodischen Proportionen zwischen C und B♭⁷ aber sind eher einfach. B♭⁷ selbst aber hat zwei melodische Doppel-Funktionen, das macht diese Akkordfolge trotz einfacher melodischer Proportionen etwas zwielichtig.

Nun der Weg zu dem „anderen" E♭-Dur, das in der Quinten-Reihe drei Stufen unter C steht und mit C die „pythagoräische Klein-Terz" 27:32 bildet:

185

♪Demo 172

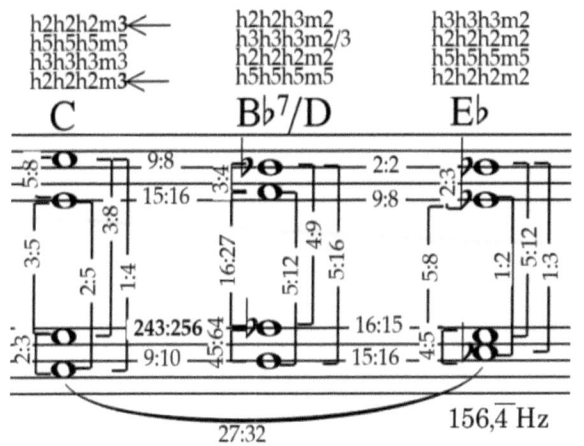

Obwohl zwischen C und B♭⁷ die komplizierte Proportion 243:256 („Limma") besteht, ist dennoch B♭⁷ stabiler als im vorigen Beispiel, es hat hier nur eine melodische Doppel-Funktion. Der Weg zum entfernten E♭-Dur ist zwar komplizierter, aber stabiler als der Weg zur 5:6-verwandten Moll-Tonika-Parallele E♭-Dur im vorigen Beispiel, weil der weitere Weg und die komplizierten Innen-Proportionen von B♭⁷ äquivalent sind, während wir zum Erreichen des 5:6-verwandten E♭-Dur eigentlich kein B♭⁷ gebraucht hätten; offenbar ist der Versuch des Klang-Familien-Mitgliedes E♭-Dur, selbst Zentralton zu werden, ein größerer „Frevel" als das Erreichen des wahrhaft weit entfernten Quinten-Reihen-E♭-Dur. Wie zu erwarten, stehen die beiden E♭ im Verhältnis 80:81, dem syntonischen Komma, zueinander. Wieder täuscht uns die traditionelle Notenschrift, sie kennt nur ein E♭-Dur. Es würde den Rahmen dieses Buches sprengen, wenn ich **alle** möglichen Zentralton-Wechsel darstellen und ausführlich kommentieren wollte. Die Vorgehensweise dürfte inzwischen nachvollziehbar sein. Einige Beispiele aber will ich zwar unkommentiert, jedoch mit Klang-Demo hier noch aufführen.

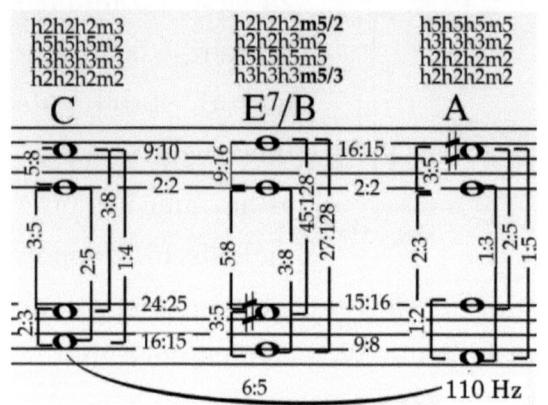

C-Dur (6:5) A-Dur
♪Demo 173

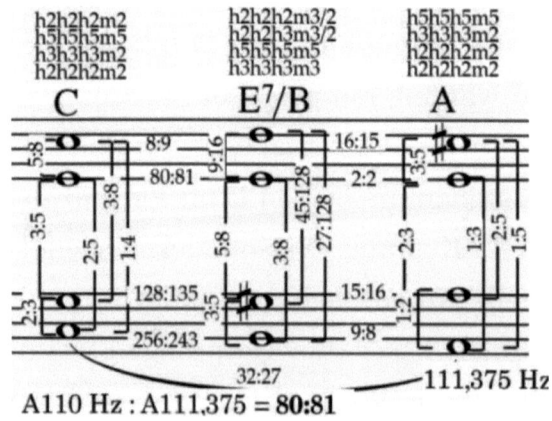

C-Dur (32:27) A-Dur
♪Demo 174

187

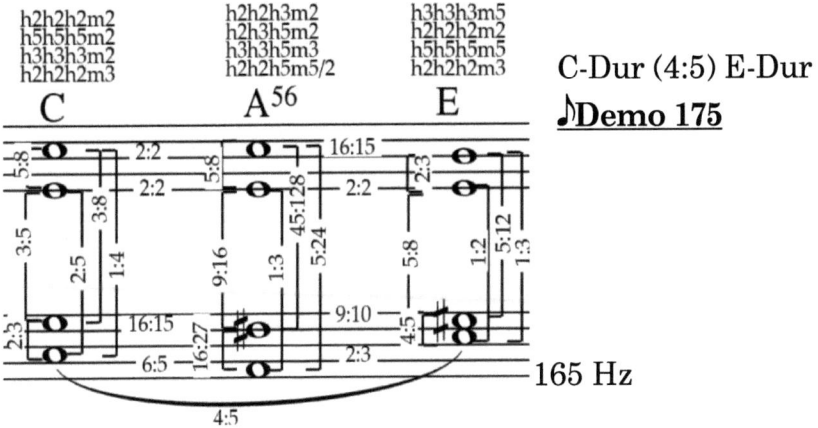

C-Dur (4:5) E-Dur
♪Demo 175

165 Hz

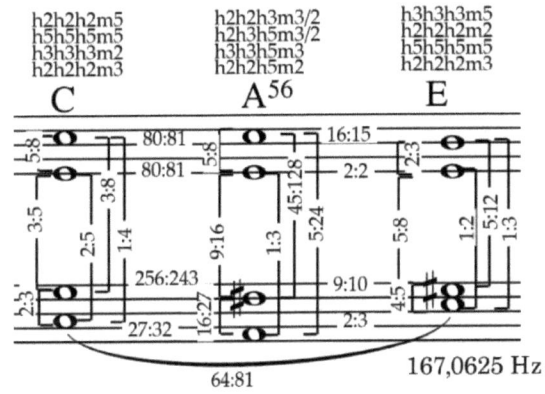

C-Dur (63:81) E-Dur
♪Demo 176

167,0625 Hz

e 165 Hz: e 167, 0625 Hz = **80:81**

188

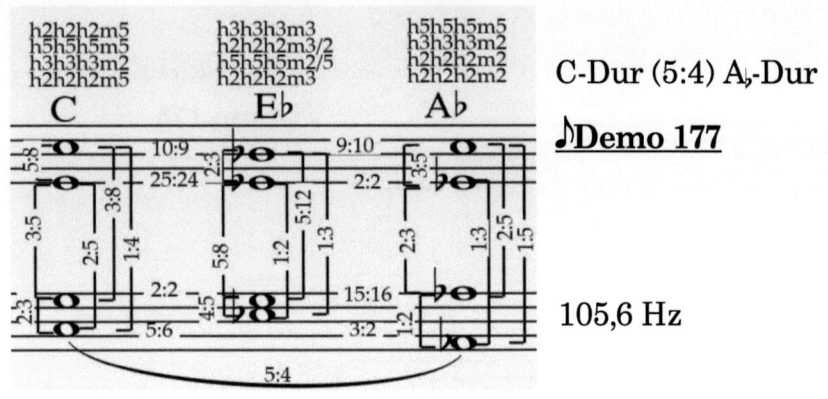

C-Dur (5:4) A♭-Dur

♪Demo 177

105,6 Hz

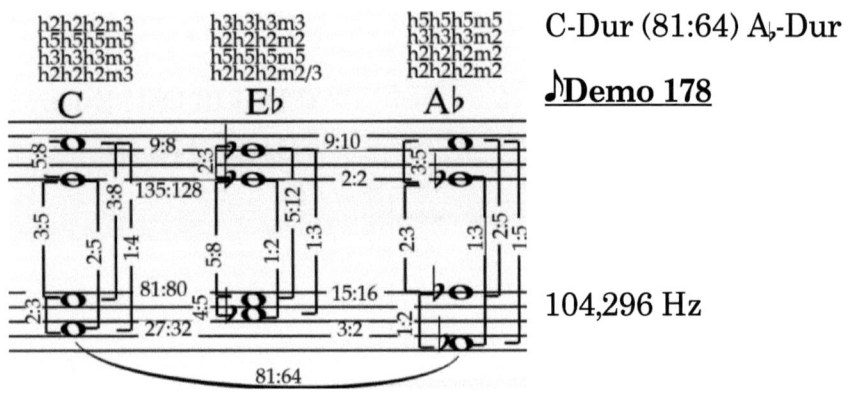

C-Dur (81:64) A♭-Dur

♪Demo 178

104,296 Hz

A♭ 105,6 Hz: A♭ 104, 296 Hz = **81:80**

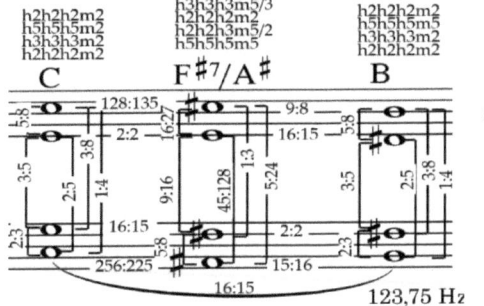

C-Dur (16:15) H-Dur
♪**Demo 179**

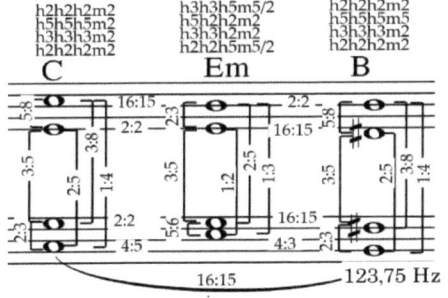

C-Dur (16:15) H-Dur
♪**Demo 180**

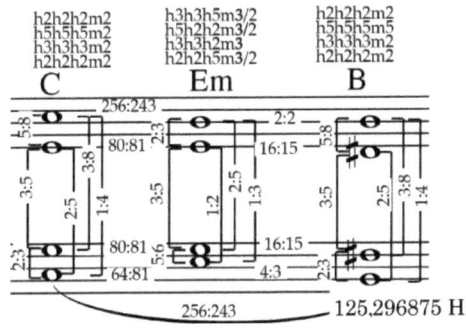

C-Dur (243:256) H-Dur
♪**Demo 181**

190

Was ist Kontrapunkt?

Kontrapunkt ist eine Technik, eine Vorgehensweise, eine Handlung. Der historische Denk-Fehler war, nach einer Handlungs-Anweisung zu suchen. Die Folge waren unnötige Dichotomien zwischen stylus gravis und stylus luxurians, zwischen Harmonielehre und Kontrapunkt, zwischen Riemann und Schenker, Kurth und Fux.... Es wäre klüger gewesen, Möglichkeiten aufzuzeigen, anstatt Grenzen zu ziehen. Der Botschaft: „Such´ Dir Dein Fleckchen Erde aus, das Du bearbeiten willst!" kann doch jeder angehende Komponist herzlich zustimmen. Ich will Möglichkeiten aufzeigen, ich werde die Eigenschaften der Klang-Familie aufzeigen in Bezug auf folgende Frage: Wie kann ich Melodien schichten, so dass drei Ergebnisse eintreten:

1.Die Energie-Verläufe der geschichteten Melodien ergänzen einander zu einer erlebbaren höheren Einheit.

2.Die entstehenden Zusammenklangs-Kraft-Felder ergänzen einander zu einer erlebbaren höheren Einheit.

3. Die höheren Einheiten der geschichteten Melodien und der entstehenden Zusammenklangs-Kraft-Felder ergänzen einander zu einer erlebbaren höheren Einheit. Die praktisch-künstlerische Bewältigung dieser Aufgabenstellung ist nichts für Theoretiker, das können nur Komponisten, deren Talent zugleich ihr Schicksal geworden ist. Absichtsvoll formulierte ich diese dreifache Aufgabe ungenau und

unscharf, denn nicht die „ratio", sondern allein das Talent, oder besser noch das Genie eines Komponisten kann diese „höhere Einheit" erleben und sogar hervorbringen. Der Unbegabte aber wird nur allzu oft zum aggressiven Besserwisser, wie zum Beispiel der nur mäßig talentierte J.A.Scheibe, der dem genialen Eskapisten J.S.Bach dessen angeblich verwirrende Mehrstimmigkeit vorwarf, taktloserweise auch noch öffentlich. Ich darf also als Theoretiker keinesfalls Dir sagen wollen, was Dir verboten ist, ich habe aber die schöne Aufgabe, zu beschreiben, was Du alles machen darfst und kannst. Die Zusammenklänge, die beim Aufeinander-Schichten von Melodien entstehen, müssen direkt aus den 3 Elementar--Proportionen 1:2, 2:3, 4:5 ableitbar sein, es sollten sich also an wichtigen Treffpunkten der Melodien „Konsonanzen" ergeben, denn andernfalls könnten die aufeinandergeschichteten Melodien wie ein Zufallsergebnis ohne künstlerische Absicht erscheinen; auch hier drücke ich mich absichtlich ungenau aus, denn **welche** Konsonanzen, **welche** Akkorde Verwendung finden, das ist in erster Linie eine künstlerische Entscheidung und keine wissenschaftliche. Trotz aller Liebe zu konsonanten Zusammenklängen werden freie Melodien auch miteinander dissonante Situationen erzeugen müssen, Dissonanzen lassen die einzelnen Melodien selbständig erscheinen. Damit dieses Wechselspiel von Konsonanzen und Dissonanzen auch funktioniert, müssen Konsonanzen und Dissonanzen gut voneinander unterscheidbar sein, und genau da beginnt ein geheimes Problem, dessen Bewältigung die gesamte Unsicherheit, wie der „strenge" Satz in den freien Kontrapunkt übergehen kann, und ob vertikale Harmonielehre oder horizontaler Kontrapunkt den Vorrang haben usw. verschwinden lassen wird. Ich werde zeigen, dass diese Fragen durch eine **oberflächliche** Beschäftigung mit den Proportionen und den Funktionen der einzelnen Töne im Tonsatz-Gewebe entstanden sind. Nicht, dass meine Vorgänger oberflächlich gearbeitet hätten- manche, wie zum Beispiel Moritz Hauptmann, legen sogar eine regelrecht hegelianische Pedanterie an den Tag, doch an der falschen Stelle: Es soll der Musik-Theoretiker sich nicht an Philosophie, Philologie, Psychologie, Soziologie usw. anlehnen und anbiedern! Die Musiktheorie, einst stolzes Mitglied der „septem artes liberales", der „sieben freien Künste", war als Teil des „quadriviums, bestehend aus Algebra, Geometrie, Astronomie und...Musik eine eigene Wissenschaft, sie ist es wert, studiert und ernst genommen zu werden, sie braucht keine ungebetenen Anleihen aus den Geistes-Wissenschaften, weil sie selbst eine Geistes - und Seelen-Wissenschaft ist. Wenn Musiktheorie mit den fachfremden Werkzeugen der Sprachwissenschaften oder der Soziologie durchgeführt wird, wen wundert´s, wenn dabei fach-fremde Ergebnisse herauskommen? Konsonanzen im Sinne der meisten Kontrapunkt-Lehren sind Oktav, Quinte,

193

manchmal auch Quarte, große Terz, kleine Terz, dazu die „Komplementär-Intervalle" große Sexte, kleine Sexte. Dissonanzen sind große und kleine Sekunden, große und kleine Septimen, alle verminderten und übermäßigen Intervalle. Das klingt alles so wunderbar einfach. Aber es werden sich bei genauer Betrachtung Abgründe auftun. Denn die Notenschrift macht die komplizierte Enharmonik (=Kleinst-Intervall-Struktur) hinter den einfachen Zusammenklang-Regeln nicht vollständig sichtbar. Beginnen wir mit einem einfachen Beispiel. Scheinbar einfache kontrapunktische Situationen sind in der exakten Stimmung kompliziert.

3 parallele Terzen, so scheint es.

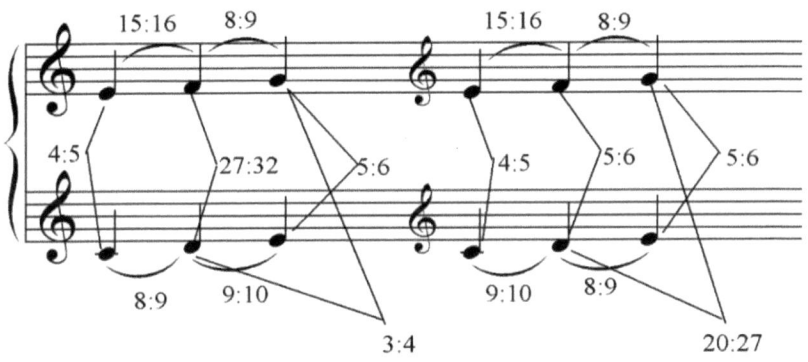

♪Demo 182

194

Aber drei konsonante Terzen sind es nur im zweiten Beispiel. In der ersten Variante ist die vermeintliche Terz d´-f´ eine reibende Dissonanz, d´ und f´ bilden hier die Proportion 27:32, die pythagoräische kleine Terz, und diese ist viel dissonanter als 4:5 oder 5:6. Dafür ist in der zweiten Variante d´ nicht so konsonant zu c´ oder zu g´. D´ gehört im zweiten Beispiel nicht zur engeren Familie von c´. Die Notenschrift verheimlicht uns dieses Dilemma. Welche Variante ist "richtig"? Das hängt von der Absicht des Komponisten ab. Wenn er den **Wohlklang** der drei konsonanten Terzen will, dann muss er auf dasjenige d´ verzichten, das durch die Proportion 8:9 zur Familie des Zentraltones C gehört; das d´ 9:10 stammt nämlich aus dem Netz mit dem Knoten B♭, also der "Doppel-Subdominante". Der Komponist verliert damit etwas von der Kraft des tonalen Zentrums C. Wenn er aber auf die **Kraft des tonalen Zentrums C** nicht verzichten will, dann muss er die dissonante Terz 27:32 hinnehmen. Variante 1 klingt dissonanter, aber die Kraft des tonalen Zentrums C ist größer. Variante 2 klingt konsonanter, aber die Kraft des tonalen Zentrums C ist kleiner. Tonalität und Wohlklang sind hier in milder Opposition! Als nächste zwei einfache gleichzeitige Melodien und ein scheinbar einfacher Harmonie-Verlauf mit einfachen Proportionen. Aber am Ende der ersten Zeile steht

195

ein anderes c′ (260,740)   als am Anfang (264)! Der Unterschied: das syntonische Komma (80:81)! Wer jetzt allzu schnell einwenden möchte: „Die beiden c′ sind doch **fast** gleich, lassen wir sie als gleich gelten!" dem empfehle ich, eine solch grobe Vereinfachung einmal einem Physiker, Chemiker oder Mathematiker vorzuschlagen, während dieser sich mit irgendwelchen Nach-Komma-Stellen-Differenzen beschäftigt. Liebe zum Detail kennzeichnet jede Profession, die grobe Schätzung aber verrät den Stümper. Wem das syntonische Komma gleichgültig ist, der kann niemals in der Musiktheorie mitreden, Ignoranz schließt jede Erkenntnis-Fähigkeit aus. Wenn das Anfangs-c′ nicht exakt die gleiche Frequenz wie das (vorläufige) Schluss-c′ hat, dann sind es zwei verschiedene Töne, auch wenn Menschen mit ungenauem Gehörs-Sinn hier keinen Unterschied hören. Und wenn es sich bei c′ 264 Hz und c′ 260,740 Hz um zwei unterschiedliche Töne handelt, dann wurde in diesem Kontrapunkt-Beispiel der Grundton c′ 264 Hz verlassen, damit wurde auch die Tonalität verlassen, wenn c′ 260,740 Hz der Schlusston sein sollte, dann ist das Beispiel wahrhaft „atonal", obwohl es konsonant klingt! (Ich muss hier an jene allzu selbstbewussten Laien-Chöre denken, die ohne Theorie-Wissen a cappella singen wollen und bei derartigen „Komma-Fallen" automatisch und verhängnisvoll meistens „sinken"!)

Hier nun das Beispiel: ♪Demo 183

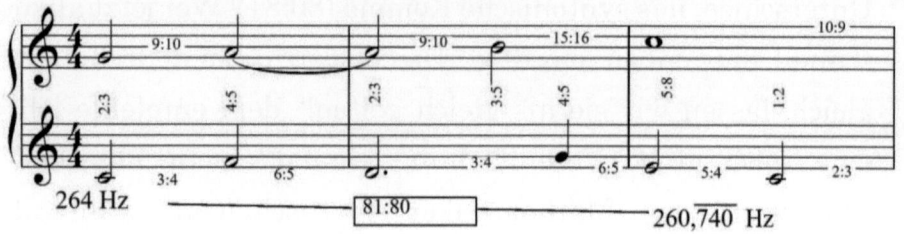

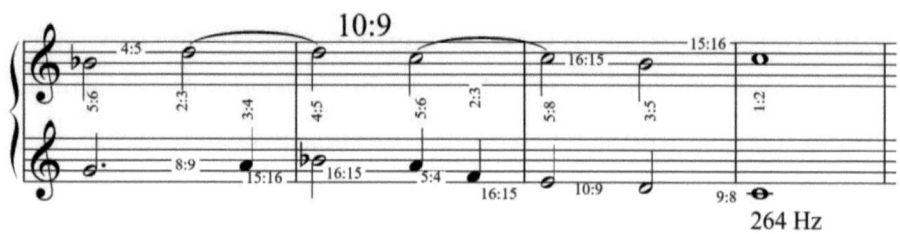

Aber wir können auch wieder zurückfinden zum Anfangs-c′ = 264 Hz, wie die zweite Zeile zeigt. Wenn alle simultanen und sukzessiven Intervalle durch möglichst einfache Proportionen dargestellt werden, sind manche identisch notierten Töne in der akustischen Wirklichkeit **Syntonische-Komma-Varianten,** wie in unserem Beispiel c′ 264 und c′ 260,740). Der Proportions- Hintergrund des Kontrapunktes ist viel komplizierter als es der konventionelle Lehrbuch-Kontrapunkt zeigt. Ein weiteres Beispiel: Wenn wir vermeiden wollen, dass sich zwei tonale Zentren (durch das syntonische Komma getrennt) bilden, dann müssen wir das syntonische Komma irgendwo anders unterbringen. Wir wissen bereits von den beiden d′: Wir haben 2 zweite Stufen in unserer reinen Dur-Tonleiter:

d´ 293, $\bar{3}$ Hz und d´ 297 Hz, Proportion 80:81.

d´ 293, $\bar{3}$ ist die traditionelle "Subdominant-Parallele,

d´ 297 die "Doppel-Dominante". Diese beiden Töne sollen nicht identisch sein, sie sind auf völlig unterschiedliche Weise mit dem Zentralton C verwandt. ♪**Demo 184**

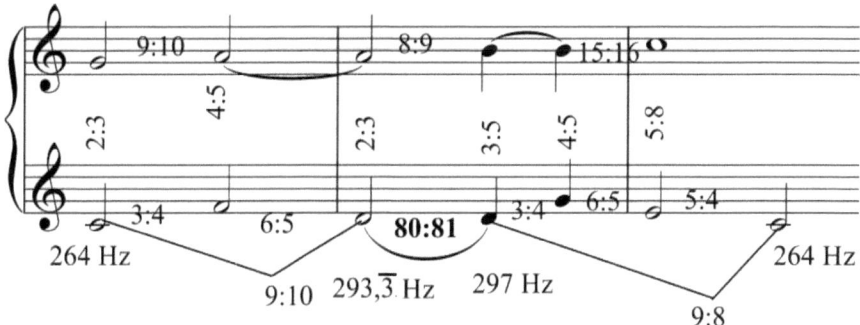

d´ 293, $\bar{3}$ wird zu ´d´ 297, das klingt, als wenn der Ton d´ „hell" würde; man hört nicht zwei verschiedene Tonleiterstufen, sondern 2 Varianten derselben Stufe.

Ein weiteres Beispiel: ♪**Demo 185**

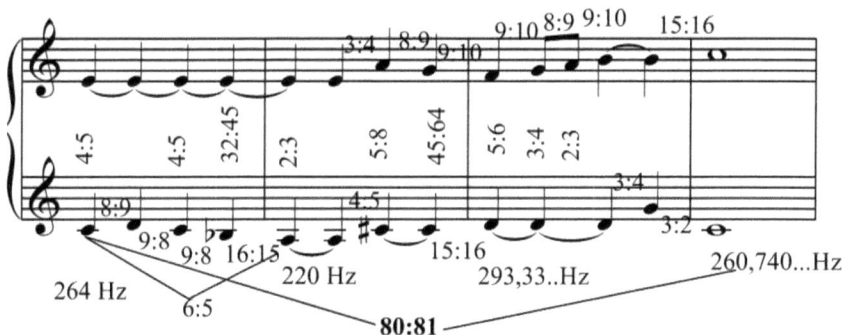

Auch hier sind Anfangs - und Ziel-Tonart nicht identisch. Der Unterschied zwischen c´ 264 und c´ 260,740 ist wieder das

198

syntonische Komma 81:80. Auch hier können wir wieder das syntonische Komma verstecken, damit wir von Anfang bis Ende denselben Zentralton erhalten. Zum Beispiel so:
♪Demo 186

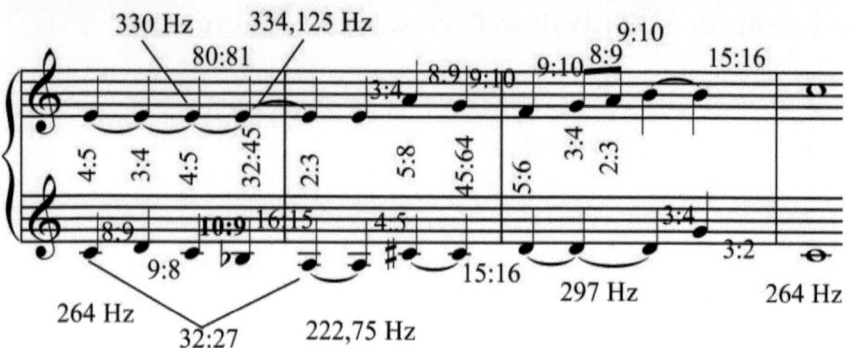

Jetzt sind Anfangs - und Ziel-Tonart identisch, der Zentralton c´264 Hz ist bestätigt, die Tonalität ist gewahrt.

Das syntonische Komma ist nun versteckt im Sopran zwischen e´ 330 und e´ 334,125. Der Eindruck ist auch hier wieder: der Ton e´ wird „hell"! Am Notenbild kann man das aber nicht sehen. Ohne das Geheim-Wissen von den Proportions- Beziehungen in der Klangfamilie hätten wir eine völlig falsche Tonalitäts-Erkenntnis! Scheinbar Einfaches ist in der akustischen Realität manchmal sehr kompliziert, aber andererseits ist auch scheinbar Kompliziertes manchmal eigentlich einfach.

Zum Beispiel diese kompliziert anmutende Chromatik zuerst der Unterstimme, dann des Soprans:
♪Demo 187

Die Töne, die der Dur-Skala angehören (außer dem Leitton H) werden durch 15:16 (16:15) erreicht und durch 24:25 (25:24) oder 128:135 (135:128) verlassen.

15:16 = diatonischer Leit-Ton.

24:25 = kleiner chromatischer Leitton

128:135 = großer chromatischer Leitton

Diese Chromatik erscheint zwar komplizierter als das Idyll der gleichstufig temperierten „Halbtonschritte" mit seinen genormten, jedoch akustisch völlig irrealen Proportionen, aber sie folgt einem System. Wir beginnen bereits nach diesen wenigen Beispielen zu begreifen, dass die ganze Kontrapunkt-Lehre Europas auf Ungenauigkeit gegründet war. Die Autoren waren zwar nicht ungenau im Kern ihrer Lehre, aber an deren Rändern. Man hätte zuerst einmal das

200

einzig mögliche, widerspruchsfreie Tonsystem definieren müssen, dazu hätte man sich aus kulturellen Zwängen befreien müssen, man hätte das Risiko eingehen müssen, zunächst eine unverwirklichbare Lehre zu schaffen, eine Utopie, ein System, das von keinem Instrument, keiner Stimme ausgeführt werden kann, und erst danach hätte man die gewonnenen Erkenntnisse in die Welt der Musik-Praxis übertragen dürfen. Mancher Parteien-Streit wäre gar nicht entstanden, zum Beispiel sind mathematische Proportions-Analyse von Melodien und das melodische Energie-Erlebnis kein Gegensatz, sondern Ergänzung...

Die unmittelbare Konsequenz der Erkenntnis, dass der „strenge Satz" den Unterschied zwischen Konsonanzen und Schein-Konsonanzen nicht darstellen kann, im tiefsten Wesen harmonische Gesetze ignoriert und damit eigentlich trotz aller Pedanterie der Dissonanz-Behandlung atonal sein muss, diese unmittelbare Konsequenz ist der Kontrapunkt J.S. Bachs. Er zeichnet mit freiem Linienspiel harmonische Kräfte nach, wie wir zum Beispiel mit Eisenspänen das Kraftfeld eines Magneten sichtbar machen. Bachs eigentliche Leistung ist die gleichwertende Beachtung von harmonischen Feldern und melodischer Dynamik. Nur ein "schwieriger" Mensch wie Bach, der aus scheinbar unpassenden Persönlichkeitsanteilen eine Einheit gestalten musste, konnte die Geduld aufbringen, auch aus scheinbar disparaten Kompositions-Techniken eine Einheit zu gestalten. Wir können uns nach Bach nicht mehr dumm stellen und bei Kontrapunkt-Übungen so tun, als hätten wir noch nie etwas von Kadenzen gehört. Eine Kontrapunkt-Lehre, die nur auf dem Intervall aufbaut, ist eben nur ein unvollkommener historischer Zwischenschritt. Die großen Meister des Renaissance-Kontrapunktes schufen ihre Meisterwerke nicht wegen und durch, sondern trotz der noch unvollkommenen Lehre, in der sie unterwiesen worden waren. Wir müssen, wenn wir zwei oder mehr Melodien schichten, überlegen, welche harmonische Bedeutung jeder Melodieton haben soll und welches harmonische Kraftfeld jede Melodie umschreiben soll. Ohne Kenntnis des harmonischen Kraftfeldes keine melodische Paraphrase. Das sehen wir gut an folgendem Beispiel: D-Moll, G-Dur als Sextakkord, C-Dur, so sieht es zunächst aus. Aber d´ kann mit c´ die Proportion 9:8 oder 10:9 haben, es gibt 2 verschiedene d´, sie unterscheiden sich durch 80:81.

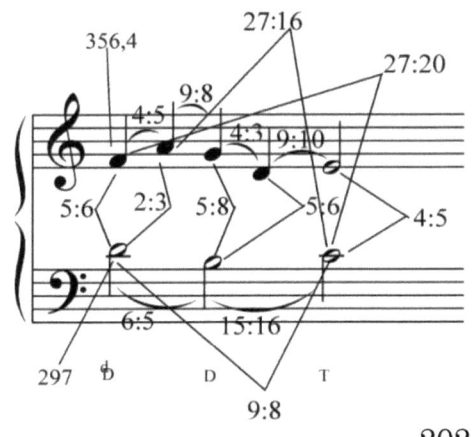

♪Demo 188

Erste Variante: d´ 297 ist Grundton der Doppel-dominante 8:9. (Dominante = 2:3. Doppeldominante =

(2:3) · (2:3) = 4:9. Nach unten oktaviert: (4:9) : (1:2) = **8:9).**
Über d´ sind in der Oberstimme f´ 5:6 und a´ 2:3.

Das ist ein reiner Molldreiklang (10:12:15), die "Moll-Doppeldominante". F´ und a´ der Moll-Doppeldominante haben zum Tonika-Grundton c´ nur die komplexen Proportionen 27:16 (die pythagoräische große Sexte) und 27:20 (die pythagoräische Quart). Die Moll-Doppeldominante ist in sich konsonant, aber ihre Terz und ihre Quint sind dissonant zum Tonika-Grundton c´.

Der vertikale Zusammenhang ist stark, der horizontale Zusammenhang schwach, der Wohlklang ist stark, die Tonalität schwach.

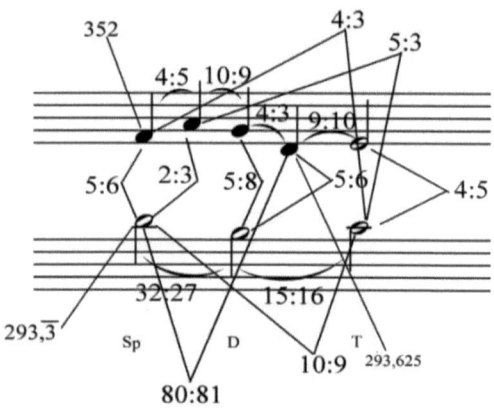

♪**Demo 189**

Zweite Variante: d´ 293,3 ist Grundton der "Subdominantparallele" mit der Proportion 9:10 zum zentralen c´ 264. Subdominante = 3:4.

Subdominantparallele = (3:4) · (6:5) = **9:10.**

Über d´ sind in der Oberstimme f´ 5:6 und a´ 2:3. Das ist ein reiner Molldreiklang (10:12:15), die "Subdominantparallele". F´ und a´ der Subdominantparallele haben zum Tonika-Grundton c´ die Proportionen 4:3 (reine Quart) und 5:3 (reine große Sexte), also einfache und konsonante Intervalle. Die Subdominantparallele ist konsonant, und ihre Terz und ihre Quint sind konsonant zum Tonika-Grundton c´. Aber das d´ der Subdominantparallele unterscheidet sich um 80:81 von dem d´ der Dominante, das später in der Oberstimme erscheint. Dieser Unterschied mindert den horizontalen Zusammenhang. Es entsteht ein mikrotonaler Querstand. Wir hören zwar reine Zusammenklänge, aber komplizierte Zusammenklangs-Folgen. Der vertikale Zusammenhang ist stark, der horizontale Zusammenhang schwach; der Wohlklang stark, die Tonalität schwach.

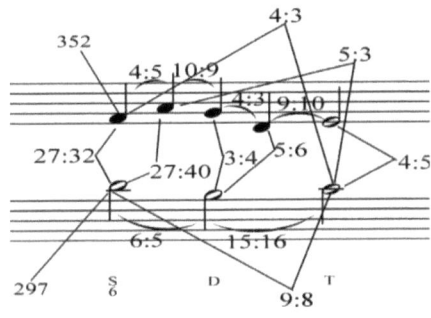

♪Demo 190

Dritte Variante: d´ 297 ist Grundton der Doppel-dominante 8:9, aber f´ und a´ sind Grundton und Terz der Subdominante. Aus Komponenten der Doppeldominante und der Subdominante kann kein reiner Molldreiklang entstehen. Statt der reinen Moll-Terz 5:6 ist hier die komplexe und dissonante Proportion

204

27:32 (= 5: 5,$\overline{925}$), statt der reinen Quinte 2:3 ist hier die komplexe und dissonante Proportion 27 :40 (= 2 : 2,$\overline{962}$) Aber d´ 8:9 ist auch später in der Oberstimme, und f´ und a´ haben einfache und konsonante Proportionen zu c´.

Es entsteht kein Querstand. Der vertikale Zusammenhang ist hier schwach, der horizontale Zusammenhang aber dafür stark, der Wohlklang ist schwach, aber die Tonalität stark. Ein Kontrapunkt, der Proportionen wie 27:32 und 27:40 als "Konsonanzen" verwendet, weil sie auf dem Papier wie Konsonanzen aussehen, ist reine Augen-Musik und entspricht absolut nicht einer idealen Kontrapunkt-Lehre, die streng zwischen Konsonanzen (Oktav, Quint, Terzen Sexten) und Dissonanzen (Sekunden, Quart, Tritonus, Septimen) unterscheidet und daher keinen schein-konsonanten Zwischenzustand kennt.

Nächstes Beispiel ♪**Demo 191**

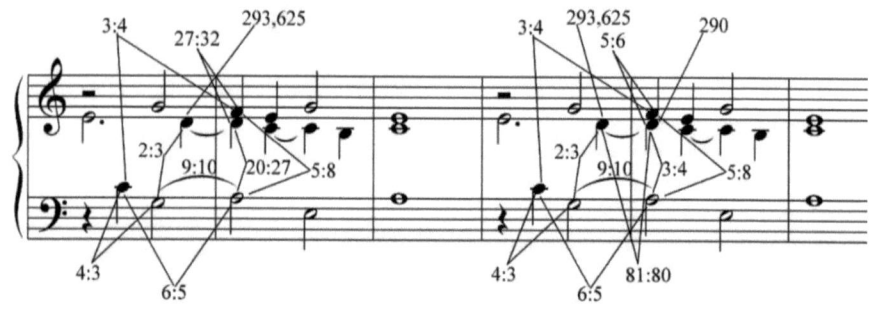

1. Variante: d´ 293,625 in der Mittelstimme bleibt einfach

liegen und hat zu a´ die unschöne Proportion 20:27, also eine falsche Quart.

2. Variante: d´ 293,625 in der Mittelstimme wird zu d´ 290 erniedrigt und hat zu a´ eine reine Quart, ein reiner D-Moll Quartsextakkord entsteht, also die Subdominante von A-Moll. Wiederum ändert sich die Tonhöhe von d´ um 81:80, damit zu a´ eine reine Quarte 3:4 möglich ist.

Sind mikrotonale Varianten so sonderbar? In außereuropäischen Musikkulturen bewundert man sie. Ich freue mich, dass mikrotonale Varianten aus dem Naturtonreihen-Bauplan zur Errichtung eines Tonsystems entstehen. Der grundlegende Gedanke des Kontrapunktes: Kontrapunkt verbindet gleichzeitige Melodien zu einer Einheit. Das Bindemittel der gleichzeitigen Melodien sind konsonante Zusammenklänge. Die Freiheit der einzelnen Melodien erzeugt aber auch dissonante Zusammenklänge. Es muss ein wahrnehmbarer Unterschied zwischen Konsonanz und Dissonanz existieren. Scheinkonsonanzen wie 20:27 (falsche Quart), 27:40 (falsche Quint) oder 27:32 (falsche kleine Terz) sind weder konsonant noch wirklich dissonant, sie werden als tragisch verstimmte Konsonanzen wahrgenommen und zurechtgehört. Sie verwischen den Unterschied zwischen Konsonanz und Dissonanz und sind daher für den Kontrapunkt unbrauchbar.

Warum sind parallele Quinten und Oktaven verboten?

Warum verbietet die klassische Tonsatz-Lehre die Stimmführung in parallelen Oktaven und in parallelen Quinten? Selbst parallele große Terzen sind bisweilen nicht gern gesehen. Es gibt Ausnahmen, die „Mozart´schen-Quinten" zum Beispiel. Aber das Verbot besteht, und ich habe den Eindruck, dass es nur auf Tradition beruht. Die endgültige Analyse der harmonischen und melodischen Funktionen der Töne, die an Oktav-, Quint - und Terz-Parallelen beteiligt sind, wird folgende Fragen beantworten: Gibt es grundsätzliche oder nur graduelle Unterschiede zwischen Parallelen und beliebigen anderen zweistimmigen Situationen? Wenn ja: rechtfertigen diese Unterschiede ein Verbot? Sind Parallelen zerstörende Fremdkörper im Tonsystem? Hier einige Stimmführungs-Situationen mit parallelen Quinten:

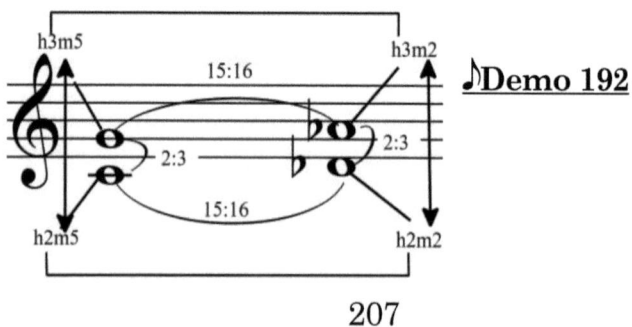

207

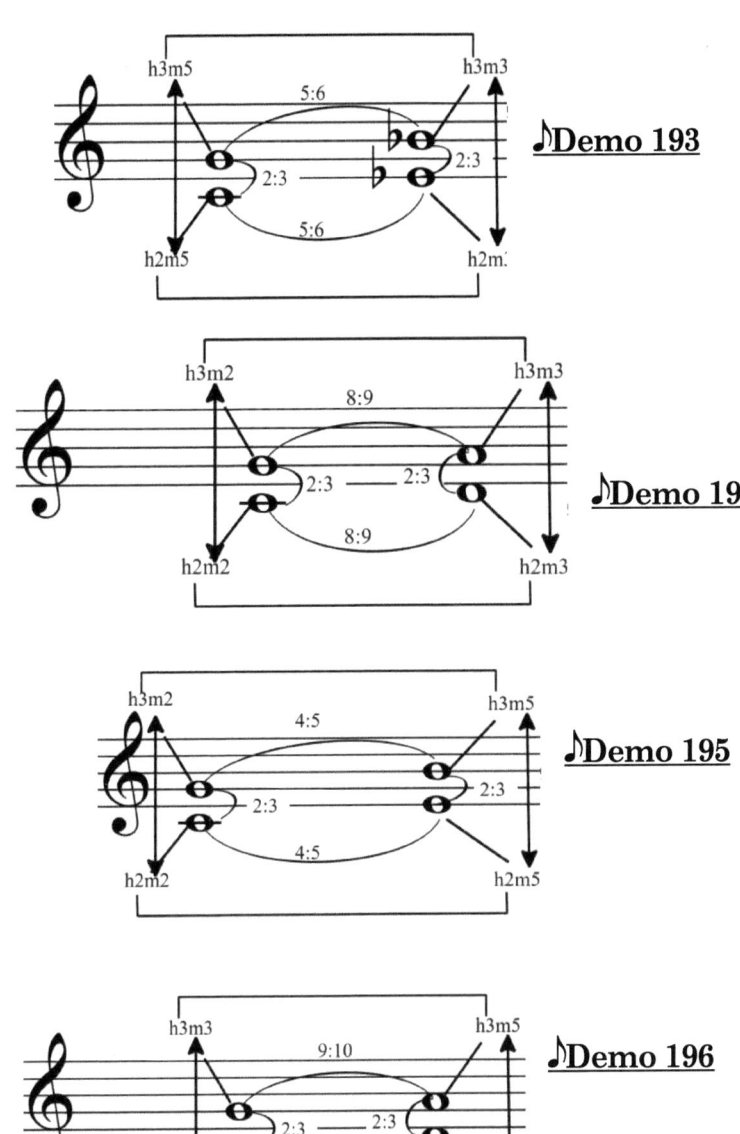

♪Demo 193

♪Demo 194

♪Demo 195

♪Demo 196

208

Diese Auswahl ist zwar unvollständig, aber ausreichend, um die große Gemeinsamkeit zu erkennen, und damit auch bereits einen Teil unserer Antwort zu erhalten. Allen zweistimmigen Situationen mit parallelen Quinten ist gemeinsam: **In jeder Stimme sind die harmonischen Funktionen identisch. In jedem Zusammenklang sind die melodischen Funktionen identisch.** Dies erzeugt einen funktionalen Antagonismus: Die Progression der melodischen Funktionen einer jeden Stimme symbolisiert Veränderung, die identischen harmonischen Funktionen symbolisieren dagegen Stillstand. Und: Die identischen harmonischen Funktionen eines jeden Zusammenklanges symbolisieren identische Zusammenklänge, die unterschiedlichen melodischen Funktionen eines jeden Zusammenklanges suggerieren dagegen, dass es sich scheinbar um unterschiedliche Zusammenklänge handelt. Das hörende Gehirn erlebt also Bewegung und Stillstand zur selben Zeit- ein wahrlich verwirrendes **Paradoxon**! Diese Verwirrung ist die zentrale musik-psychologische Ursache der Ablehnung von parallelen Quinten in den traditionellen Tonsatzlehren, ungeachtet der mannigfaltigen tangentialen Erklärungs-Versuche. (Auf diese gehe ich hier nicht ein, den Grund hierfür nannte ich bereits in Kapitel 1...) Ein Blick auf die ideale Zweistimmigkeit zeigt, wie sehr die Zwei-stimmigkeit in parallelen Quinten dem Willen der Töne zuwiderläuft:

209

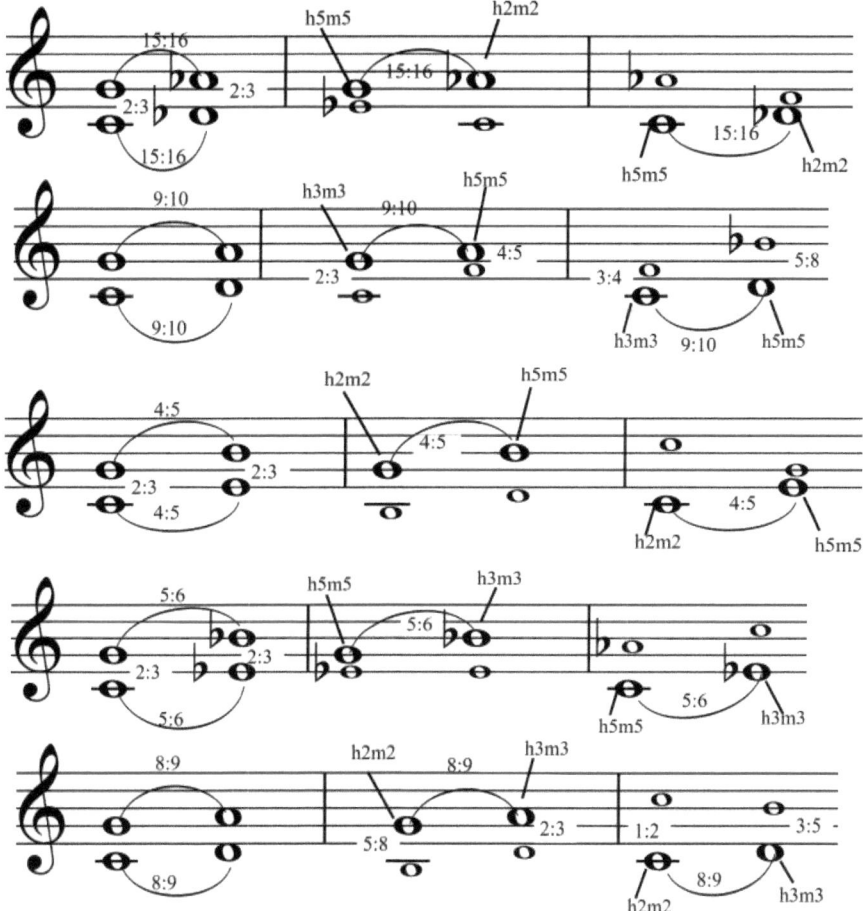

Wir sehen, welche Partner-Töne jede Einzel-Melodie wählen würde, wenn die melodische Funktion jedes Tones dieser Melodie eine identische harmonische Funktion wählen dürfte. Dann verändern sich beide Funktionen parallel, das Paradoxon kann nicht entstehen, der Eindruck ist: Abwechslung und – Leben! Das Korsett der parallelen

Quinten tötet die ideale und lebendige Stimmführung, die sich aus unserem Tonsystem ergibt. Ein zweistimmiger Tonsatz in parallelen Quinten ist also eine tote Antithese zu unserem Tonsystem mit seinem dynamisch-lebendigen Funktionswechsel-Kaleidoskop. Aber wenn nun der Komponist genau dies zum Ausdruck bringen will? Wenn er Starre, gewaltsames Bezwingen, Rauheit, den kalten Herbstwind besingen möchte? Wer will ihm dann verbieten, sich passender Mittel zu bedienen? Ich sicherlich nicht! Die Theorie soll zwar Eigenschaften und Konsequenzen der „klingenden Materie" kategorisieren, rubrifizieren, systematisieren, aber oktroyieren sollte sie nicht. Die Folgen wären peinlich: Der künstlerisch unfähige Besserwisser berät und belehrt den begabten Traumwandler- das geht gar nicht! Nicht einmal dann, wenn die beiden ein und dieselbe Person sein sollten, wenn also der begabte und phantasievolle Komponist auch noch ein strenger Theoretiker ist: dann sei er als Komponist frei von aller Schuld gegenüber seinem pedantischen alter ego!

Nein: Die Musik-Theorie soll Möglichkeiten eröffnen und nicht Grenzen markieren. Doch dies nur am Rande...

Wie wirken nun aber parallele Quinten, wenn sie in einem 3- oder 4-stimmigen Satz versteckt sind?

Sehen und hören wir:

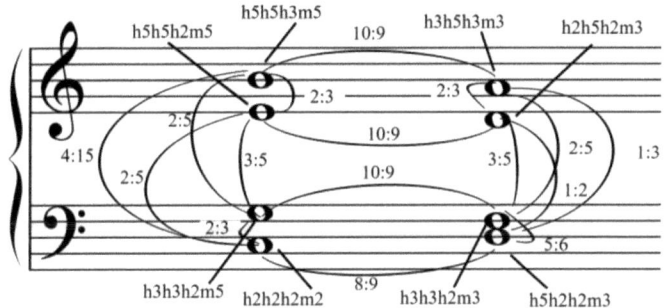

Das in der Zweistimmigkeit beobachtete Phänomen des funktionalen Paradoxons ist durch den Beziehungsreichtum, in dem die beiden Quinten e´-h´ und d´-a´ jeweils stehen, so gut wie verschwunden. Wieso soll man dann einen derartigen Satz verbieten? Es mag nicht die eleganteste Stimmführung sein, aber nicht ohne klanglichen Reiz. Auch wenn wir das „andere" d verwenden, das zum Zentralton in der Proportion 9:10 steht, ein ähnliches Ergebnis:

♪Demo 198

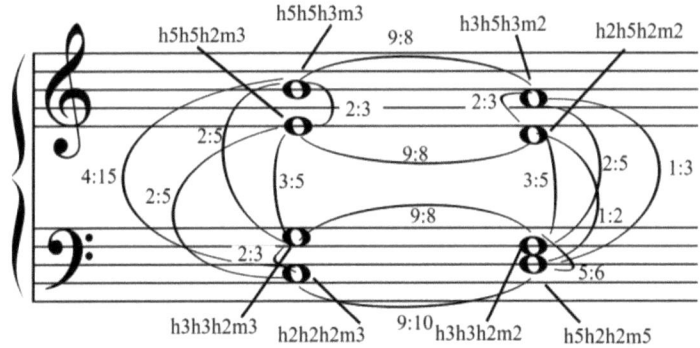

Zum Vergleich eine Parallelen-Vermeidungs-Stimmführung: ♪Demo 199

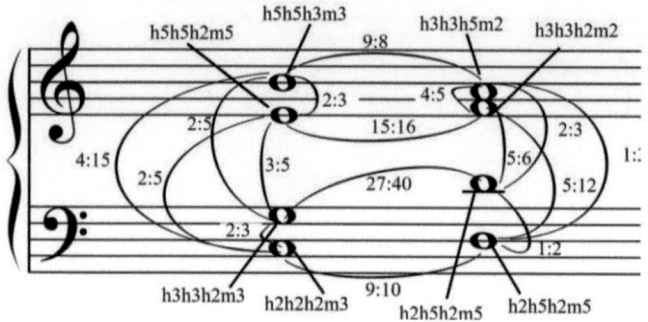

Der Sopran blieb gleich, aber die Mittelstimmen haben die Rollen getauscht, und siehe da: an der funktionalen Situation ändert sich nur wenig. In dem Quint-Parallelen-freien Beispiel ist der Grundton d sogar ein wenig schwächer, weil er durch die falsche Quint 27:40 eine melodische Terz-Funktion erhält. Dadurch kann der gesamte D-Moll-Klang nicht so stark mit C-Dur in Konkurrenz treten, was die Tonalität stärkt. Im Quint-Parallelen-Beispiel dagegen ist D-Moll ein wenig stärker, das erhöht die Farbigkeit der Folge C-Dur – D-Moll. Selbst, wenn wir gleich zwei „Ungeschicklichkeiten" miteinander kombinieren, nämlich 1. die parallelen Quinten, und das auch noch in den Unterstimmen, und 2. die Verdopplung der Quint A im D-Moll-Klang, selbst dann bleiben die Funktionen abwechslungsreich und lebendig.

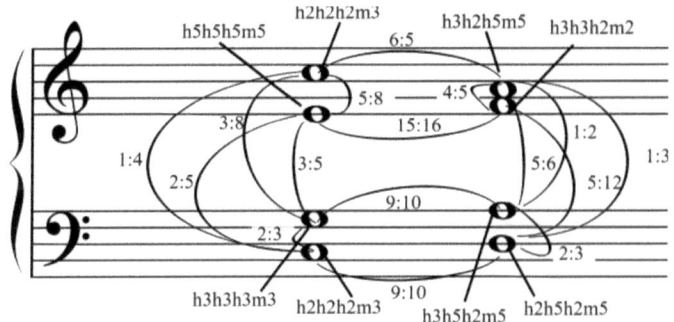

Untersuchen wir nun einmal eine zweistimmige Kette von parallelen Quinten, ein „Parallel-Organum": In unverhüllter Gestalt zeigt sich das Paradoxon: ♪Demo 201

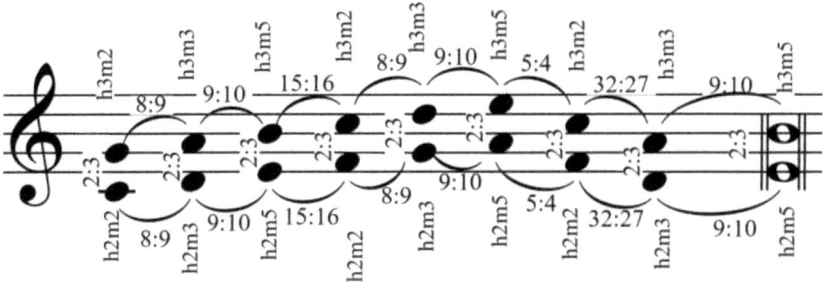

Zwar melden (neben den selbstverständlichen Tonhöhenänderungen) die wechselnden melodischen Funktionen: „Bewegung!", während die identischen harmonischen Funktionen, aber auch der identische Wechsel der melodischen Funktionen melden: „Unbeweglichkeit"! Aber durch diese Antagonismen hat das Parallel-Organum eine starke Aussage: „Die Mobilität des Immobilen", das ist vergleichbar mit dem Umherziehen des mittelalterlichen Kaiserhofes, oder mit einer genialen Idee, die in unterschiedlichsten Umgebungen immerzu ihre universale Wirkung entfaltet. Ein Verbot ist daraus jedenfalls nicht abzuleiten, wohl aber der Appell: „Wähle sorgfältig deine Stilmittel!" Um mehr über parallele Intervalle zu erfahren, untersuchen wir auch parallele Oktaven und große Terzen. Zuerst Oktaven:

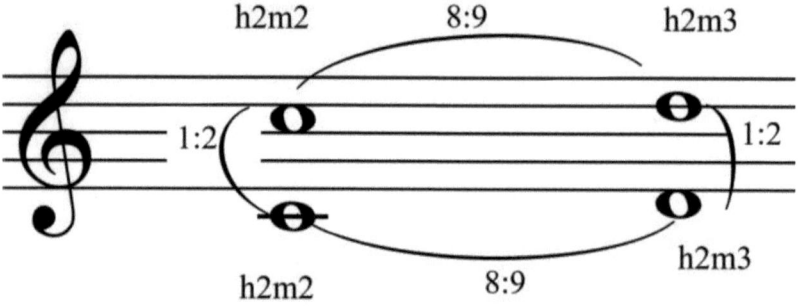

Die Funktionen zeigen, dass der eigentliche Sonderfall im Tonsatz die Oktav-Parallelen sind. Die identische harmonische Grundton-Funktion beider Töne verhindert die Wahrnehmung zweier Melodien viel mehr als Quint-oder Terz-Parallelen. Oktav-Parallelen werden als verstärkte Melodie wahrgenommen, deswegen hat vermutlich das virtuose Klavierspiel der Bewältigung von „Oktaven" einen so hohen Stellenwert zuerkannt...
Und hier Terz-Parallelen:

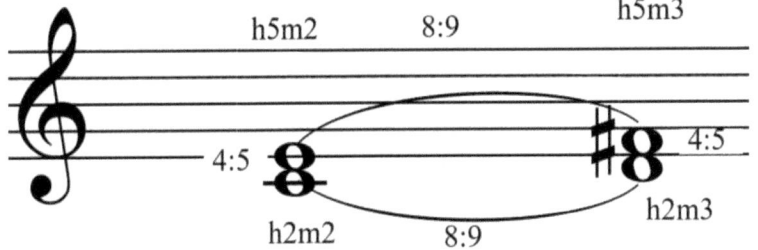

Terz-Parallelen werden von der traditionellen Harmonielehre zwar nicht geliebt, aber andererseits auch nicht verboten. Was ich über die Quint-Parallelen gesagt habe, das gilt auch hier: Paradoxon zwischen Selbstähnlichkeit und Abwechslung. Wenn wir aber aus reiner Neugier einmal längere Ketten von parallelen Groß-Terzen bilden, dann gelangen wir auf eine viel aufschlussreichere Spur.

Sehen und hören wir selbst: ♪**Demo 202**

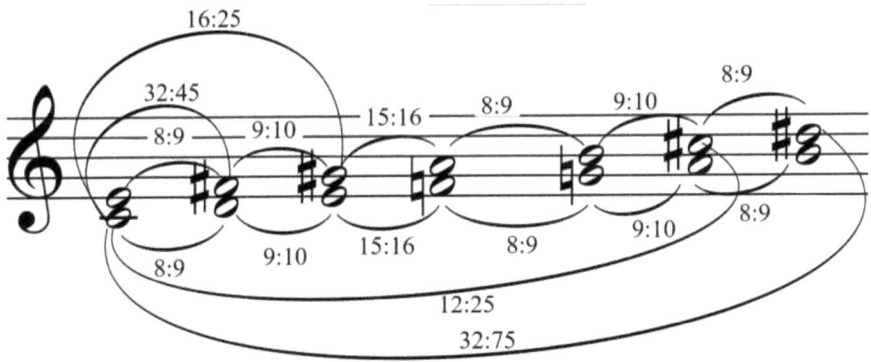

Nicht die harmonischen und melodischen Funktionen wollen wir diesmal beachten, sondern die komplizierten Proportionen, in denen manche Töne der Oberstimme zu dem

216

Zentralton C stehen. Parallele Großterzen sprengen nämlich die Tonalität. Aber auch parallele Quinten bringen uns in ein tonales Dilemma: ♪**Demo 203**

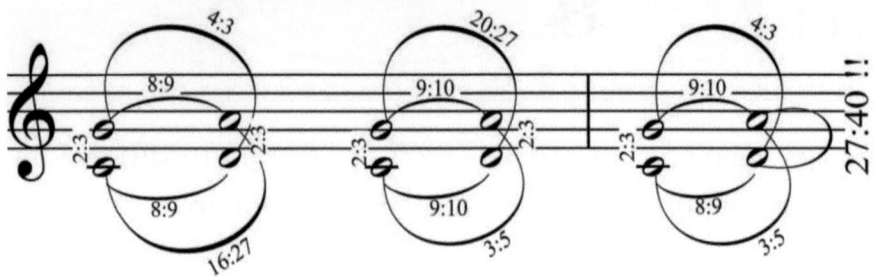

Wenn d´ (8:9)
dann falsche
Sexte a´ (16:27)

Wenn a´ (3:5),
dann falsche Quart
d´ -g´ (20:27)

d´ (8:9) - a´ (3:5),
falsche Quinte
(27:40)

In der tonalen Sprengkraft liegt das eigentliche Problem der parallelen Quinten und Groß-Terzen. Dies scheint eine Hypothese zu sein, denn zu Beginn des Parallelen-Verbotes gab es noch keine „Tonalität". Aber es gab begabte Menschen, die die Tonalität allmählich gefunden haben. Vor der wissenschaftlichen Bestandsaufnahme liegt immer eine Epoche chaotisch-intuitiven Suchens, und auf diesem dunklen Weg gab es nur das Kerzenlicht der visionären Emotion und die Genialität unserer kulturellen Ahnen. Nun aber wollen wir zwischendurch alles auf einmal „falsch" machen und eine primitive diatonische Rückung präsentieren, wie sie in der Unterhaltungs-Musik stilbildend geworden ist: ♪Demo 204

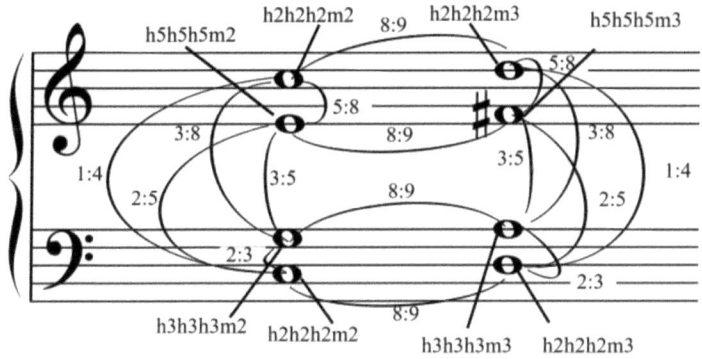

Hier haben wir wieder in voller Pracht das „Bewegung - versus Starre"-Paradoxon: In jeder Stimme bleiben die harmonischen Funktionen identisch und melden: Nichts passiert! Und: Jeder Ton eines Akkordes hat identische melodische Funktion und meldet: Alles identisch! Und trotz dieser „Keine Bewegung!" und „nur identische Töne!" - Botschaft der Funktionen erlebt man ja dennoch eine kraftvolle Bewegung aufwärts, nicht eine Bewegung **im System**, nein, **das ganze System wird erschüttert**. Eine derartig erschütternde Wirkung sollte in der Komposition nur selten und an ausgewählten Stellen vorkommen. Nun ist aber die Harmonik der Unterhaltungsmusik mit derartigen Rückungen inflationär übersät - die System-Erschütterung wird zum Normalfall, das System grundsätzlich negiert, die

Seele des Hörenden fahrlässig oder, man mag es kaum zu Ende denken, vorsätzlich entwurzelt. Nun, zum Schluss, noch eine klassische Kuriosität: die so genannten Mozart´schen-Quinten *(„Mozart hat mehr als einmal den übermässigen Quint-Sexten-Accord direct aufgelöst und also – Quinten gemacht; er hat das so oft gethan, dass man von „Mozart'schen Quinten" reden darf."* WILHELM TAPPERT: *Leipziger Allgemeine musikalische Zeitung.* 3.Jg. Leipzig und Winterthur 1868, S.275").

Hier sind sie: ♪Demo 205

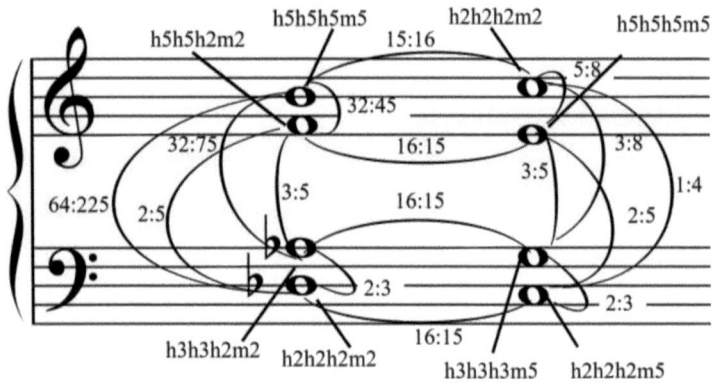

Das sind nicht nur parallele Quinten, weil ja auch noch die Terz d♭-f parallel zu c-e geführt wird, sondern eine System-erschütternde Rückung. Nur der Leit-Ton-Schritt h´-c´´ bleibt dann noch übrig, um das System zu retten. Das gelingt ihm aus zwei Gründen: 1. bildet d♭-h´ die besonders komplizierte Proportion 64:225, die sich in die optimale Proportion 1:4 auflöst, ein gewaltiges Spannungs-Gefälle!

219

2. hat im ersten Akkord h´ 100% Terz-Funktion und wird perfekt nach c´´ aufgelöst, das ebenfalls eine 100% (Oktav)-Funktion hat. Die verbotene Rückung betont den perfekten Leitton-Schritt h´-c´ in seiner „Helden-Rolle". Mozarts humorvoller Charakter wird sichtbar an dieser gewagten Aktion, wie er lächelnd eine inszenierte Gefahr in letzter Sekunde elegant abwendet. Conclusio: Die Ablehnung paralleler Oktaven, Quinten, großer Terzen hat nach endgültiger Analyse unterschiedliche, historisch unbemerkte musik-psychologische Gründe: 1. Das „Bewegungs-Starre"-Paradoxon, das seine Wirkung aber nur im zweistimmigen Satz voll entfaltet, im mehrstimmigen Satz aber nur als „Gewürz" auffällt. 2. Oktav-Parallelen haben eine Sonderstellung: Parallele Oktaven wirken nur als Verstärkung einer Melodie, nicht aber als zwei Melodien in gleicher Richtung. 3. Quint - und Großterz-Parallelen erzeugen ein tonales Dilemma: die Töne der parallelen Oberstimmen überschreiten die Zentral-Ton-Familien-Grenzen. Dies alles rechtfertigt zwar eine dringende Warnung vor oben beschriebenen Wirkungen und Konsequenzen, aber kein Verbot. Musik-Theorie soll ermöglichen und nicht verbieten.

Was verbirgt sich hinter Tonika, Dominante, Sub-Dominante?

Als wir das Tonsystem errichteten, wählten wir zuerst einen Zentral-Ton. Danach wendeten wir der Reihe nach die 3 Basis-Proportionen 1:2, 2:3, 4:5 an. Es gab immer nur zwei Möglichkeiten: 1. Zu welchem anderen Ton bildet unser Zentral-Ton die Proportion y:x? 2. Von welchem anderen Ton aus bildet der Zentral-Ton die Proportion y:x? Unser Verfahren ist nicht symmetrisch oder kommutativ. Denn: Die Basis-Proportionen stammen aus der Naturton-Reihe, und für Naturton-Reihen gilt: Die tiefere Naturton-Reihe enthält zwar die höhere, aber nicht umgekehrt. Somit gilt:

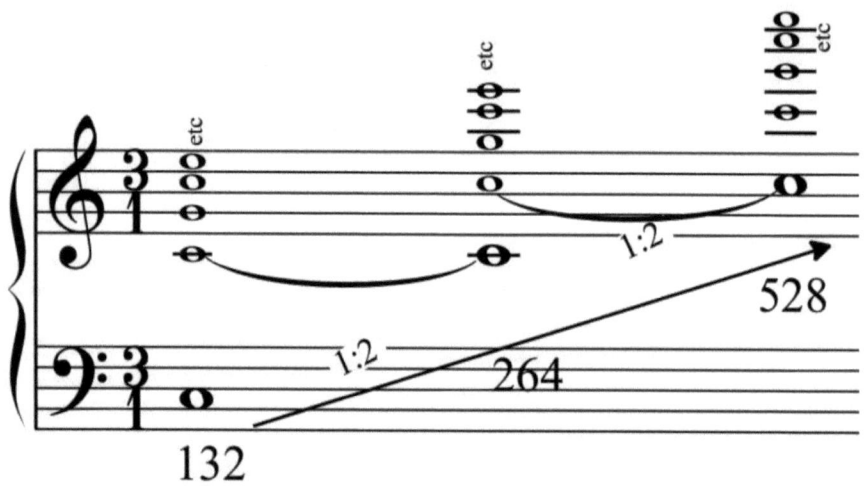

Der ausgewählte Ton C 264 Hz ist der erste Oberton aus der Naturton-Reihe seines tieferen 1:2-Vorgängers. Der höhere 1:2-Nachbar ist der erste Oberton aus der Naturton-Reihe des ausgewählten Tones (hier C 264 Hz). Jeder Ton entstammt aus der Naturton-Reihe des tieferen 1:2-Vorgängers, und aus der Naturton-Reihe jedes Tones entspringt der 1:2-Nachfolger. Metaphorisch: Jeder Ton ist „Kind" des 1:2- Vorgängers und „Elter" des 1:2- Nachfolgers. Dies ist ebenso unumkehrbar wie reale Familien-verhältnisse. Ich kann nicht Vater meines Vaters sein. Es überrascht nicht, dass 2:3 und 4:5 ebenso asymmetrische Verhältnisse ergeben:

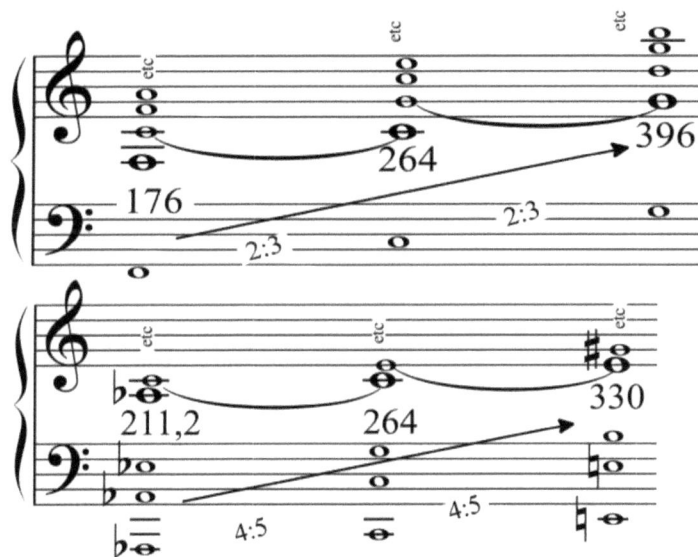

Dieselbe Struktur wie bei 1:2. Der Unterschied: 2:3 und 4:5 stellen Beziehungen zwischen Obertönen her, aber 1:2 stellte Beziehungen zwischen dem 1. Oberton der Eltern-Naturton-Reihe und dem Grundton der Kind-Naturton-Reihe her. 1:2 hat, wie wir wissen, eine Sonderstellung. Für uns ist 2:3 und 4:5 in diesem Kapitel wichtiger, denn diese Proportionen haben in der traditionellen Harmonielehre den unscharfen Begriff der Quint - bzw. Terz-Verwandtschaften hervorgebracht. Unscharf ist dieses Denken, weil es nicht zwischen der hervorbringenden Verwandtschaft (nämlich der tieferen) und der hervorgebrachten (nämlich der höheren) unterscheidet. Gewiss, mit den Bezeichnungen „Dominante", Subdominante" usw. wird zwar oberflächlich unterschieden, aber nicht erklärt. Wir aber wollen den Überbau der Tradition, die in subjektiver Hermeneutik die Ontologie verraten hat, nicht beachten, um desto mehr zu Tatsachen vorzudringen, die man niemals ableugnen sollte. So halten wir also fest, dass die Ton-Verwandtschaften nicht symmetrisch sind, und dass sich ihre diametral unterschiedlichen Klangwirkungen aus ihrer virtuellen Chronologie erklären lassen. Der Dur-Klang hat nur **eine** Herkunft. In der Naturton-Reihe seiner Unter-Quint-Verwandtschaft ist er bereits enthalten.

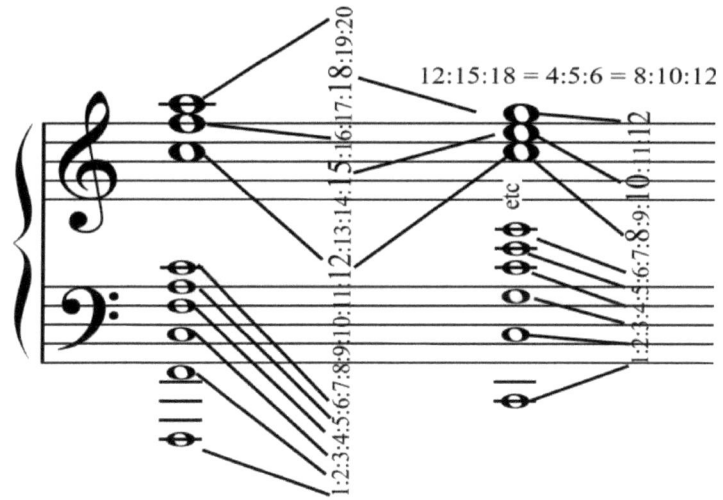

C-Dur erscheint in der F-Naturton-Reihe als 12.,15.,18. Naturton. 12:15:18 ist 4:5:6. Die Folge C-Dur → F-Dur ist also ein Besuch der eigenen Vergangenheit. Die Unter-Quint-Verwandtschaft ist Herkunfts-Familie.

Hier ist der C-Dur-Akkord mit seiner Moll-Unter-Quint-Verwandtschaft F-Moll konfrontiert:

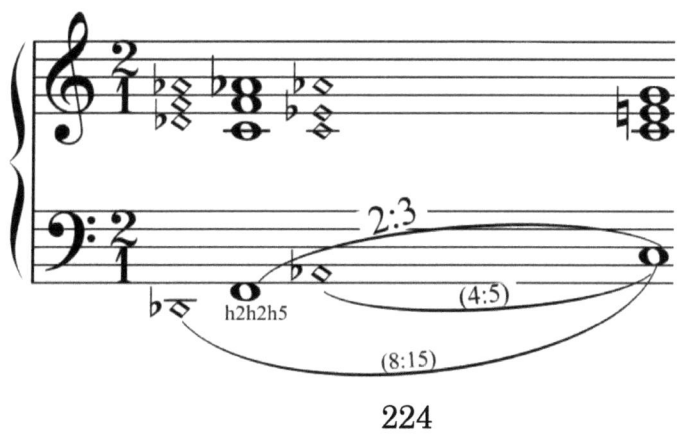

F-Moll entstammt den Naturton-Reihen von D♭-Dur, F-Dur, A♭-Dur. Die Reise in die Vergangenheit ist nun viel reichhaltiger, interessanter, aber auch unklarer. Denn es sind nun 3 Akkorde, die dem Zentralton C vorausgehen. Doch 2 davon sind virtuell, nur der 2:3 – Schritt ist wahrnehmbar. Wahrnehmbar ist ebenfalls das Gefühl einer schmerzlichen Erinnerung an eine bedrückende Vergangenheit, die sich später in eine C-Dur - Abgeklärtheit aufgelöst hat. In der D♭-Dur- Naturton-Reihe sind f′, a′♭, c′ enthalten. F′ ist Naturton Nr. 5, a′♭ sogar schon Nr.3, c′ immerhin Nr. 15. Damit hat die Akkord-Folge F-Moll → C- Dur Verbindungen zwischen D♭-Dur und C-Dur, also zwischen der Tonika und der „Neapolitanischen Tonart", die aber nicht 5 Quintenzirkel-Stufen weit von der Tonika entfernt ist, sondern zur engeren Verwandtschaft gehört. Hier die Darstellung der beiden sehr unterschiedlichen d♭

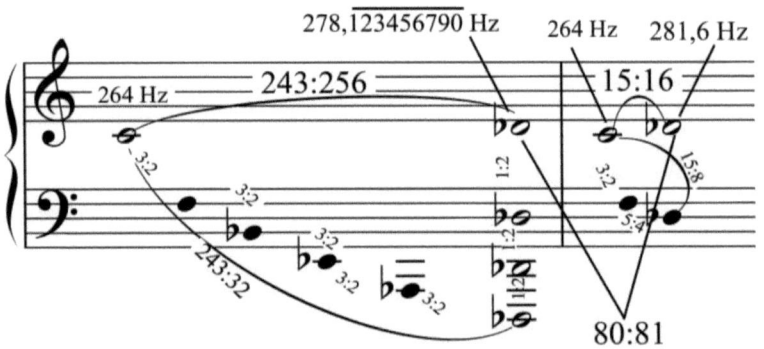

Die traditionell gleiche Schreibweise der beiden d♭ verschleiert die Proportion 80:81, die zwischen den beiden besteht, das „syntonische Komma".

Doch wie sieht die Folge F- Moll → C -Moll aus?

Sehen wir selbst:

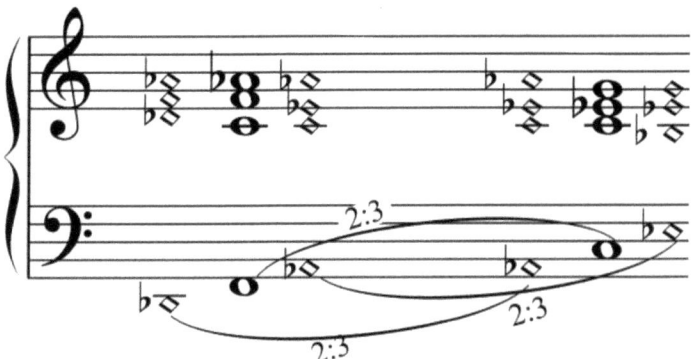

Zwischen den je 3 Herkunfts-Tönen ist nun immer dieselbe Proportion 2:3 zu hören, das ist für das Gehirn zwar leichter zu fassen, doch andererseits löst sich die Moll-Komplikation der Vergangenheit nicht auf, sie bleibt in der Zentral-Ton-Art C -Moll erhalten, so dass diese Folge sich eignet, komplizierte Vergangenheit als Grund für ebenso komplizierte Gegenwart darzustellen. Leicht für das Gehirn, schwer für das Herz. Und es gibt auch noch die Akkord-Folge Sub-Dominante in Dur → Tonika in Moll, in unserem Fall also F-Dur→ C Moll. Sehen wir selbst:

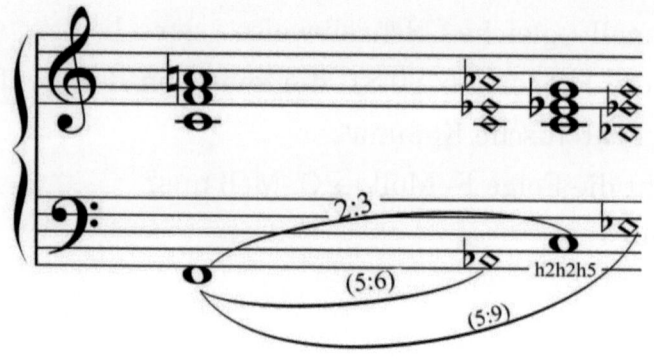

Eine unkomplizierte Vergangenheit, aber eine Moll-verwirrte Gegenwart. Das ist, wie wenn ein Mensch, der im Wohlstand aufgewachsen ist und Not nie kannte, nun plötzlich ein tiefes Unbehagen am Überfluss empfände und bereit wäre, all dem zu entsagen. Man sehe, in welcher Musik-Epoche diese „dorische" Wendung besonders häufig auftritt, nämlich in der Unterhaltungs-Musik der 60er und 70er Jahre des 20. Jahrhunderts, aber auch bereits in der Spät-Romantik und dem Impressionismus vor dem 1.Weltkrieg, der großen Katastrophe. Das Schöne und Wahre in dieser „dorischen" Akkord-Folge ist aber auch ihre milde Melancholie, die nie zur bitteren Tragik wird. Man könnte mein subjektives Ausdeuten kritisieren, denn ich bin ja angetreten, Objektivität aufzuzeigen. Doch ich gestatte mir die romantische Hermeneutik nur auf dem Fundament der Proportionen, ich beginne nicht mit Emotion, Intuition, Introspektion, ich gelange vielmehr von den objektiven

Grundlagen dorthin! Und so soll es ja auch sein: Die mathematischen Grundlagen der Musik werden der musikalisch begabten Seele nicht zum Verhängnis und zur Falle, sondern zum Zündfunken kleiner und großer Visionen. Ein „trockener" Komponist mit überschwänglicher Musiktheorie ist den richtigen Weg in der falschen Richtung gegangen, nämlich vom Gefühl zum Verstand.

Doch nun sollten wir uns mit der Ober-Quint-Verwandtschaft beschäftigen, mit der Folge C-Dur→ G-Dur.

Zunächst: Der G-Dur-Akkord, genauer, eine vollständige Naturton-Reihe auf G, ist in der Naturton-Reihe von C enthalten. Die Ober-Quint-Verwandtschaft ist also vom Zentral-Ton „hervorgebracht". Sie ist in Bezug auf den Zentral-Ton dessen Zukunft in jeder vorstellbaren Form: ein Kind, große Aufgaben, eine Liebe, alles Neue...

So könnte man sagen: Unter-Quint-Verwandtschaft, Zentral-Ton, Ober-Quint-Verwandtschaft ist wie

Vergangenheit,   Gegenwart,   Zukunft.

Tatsachen, die sich aus der Herkunft der Töne aus den jeweiligen Naturton-Reihen ablesen lassen! Tonale Kompositionen wie Sonaten-Hauptsätze in Dur oder Dur-Suiten-Sätze erscheinen in völlig neuem Licht, wenn man weiß, dass die Hinwendung zur Ober-Quint-Verwandtschaft im zweiten Gedanken der „Exposition" nichts anderes ist als ein Symbol der Zukunftsgestaltung. Die harmonischen Labyrinthe, die sich daran anschließen können, sind Symbol für Hindernis und Bewältigung, oft erscheint dann die Unter-Quint-Verwandtschaft in der Reprise, sie spendet Trost aus der Erinnerung. Neu an dieser Sicht auf die Folge Zentral-Ton → Ober-Quint-Verwandtschaft ist, dass nicht etwa ihre Schluss**bildende** Wirkung untersucht wird, sondern das genaue Gegenteil: Die Eröffnung, der Schritt nach draußen, nach vorne. Nun die wichtige Folge Moll-Tonika → Dur-Dominante, also C Moll→ G-Dur.

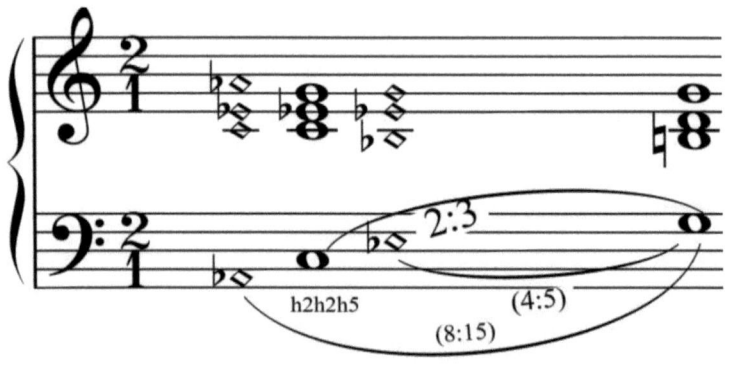

Die komplizierte Moll- Tonika löst sich auf in eine einfache, aber kraftvolle Zukunft. Ich invertiere damit den traditionellen Auflösungs-Begriff. Denn der Auflösungs-Willen der Dur-Dominante in eine Moll-Tonika ist die übliche Auffassung. Davon kann aber keine Rede sein: Die Schluss-Folge G-Dur → C-Moll hat gar nichts auflösendes, vielmehr klingt sie nach bitterer Resignation, nach Tragik, weswegen auch der auf spirituellen Ausgleich bedachte J.S. Bach sie in den meisten seiner Moll-Werke vermeidet und durch die Folge Dur-Dominante → Dur-Tonika ersetzt.

Aber die Matthäus-Passion: Sie endet mit jenem schmerzlichen C Moll, gesteigert noch durch einen dornigen Leit-Ton-Vorhalt...

Nun der umgekehrte Fall: C-Dur → G-Moll, also die Moll-Dominante einer Dur-Tonika:

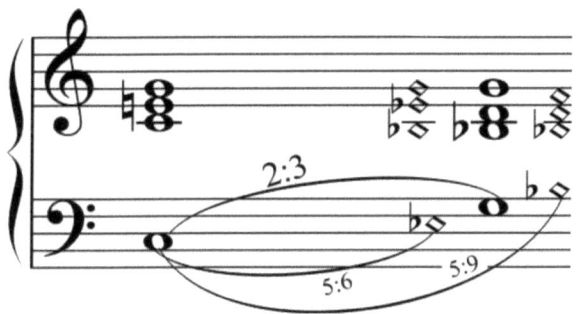

Aus sicherer Gegenwart in eine schwankende, aber auch interessante Zukunft. G-Moll entstammt den drei Naturton-Reihen von E♭, B♭, G, . Die umgekehrte Folge G-Moll →C-Dur, also Moll-Dominante → Dur-Tonika, hat laut traditioneller Harmonielehre wenig Schlusskraft, weil der Leit-Ton-Schritt H→C fehlt. Doch wenn man genau hineinhört, dann wirkt die Folge Moll-Dominante → Dur-Tonika wie ein „happy end", das allerdings in letzter Sekunde eintritt, denn die Moll-Verwirrtheit des G Moll-Akkords wird von einem stabilen C-Dur bei weitem überstrahlt. Und diese Empfindung hat objektive Grundlagen, wie man hier sieht:

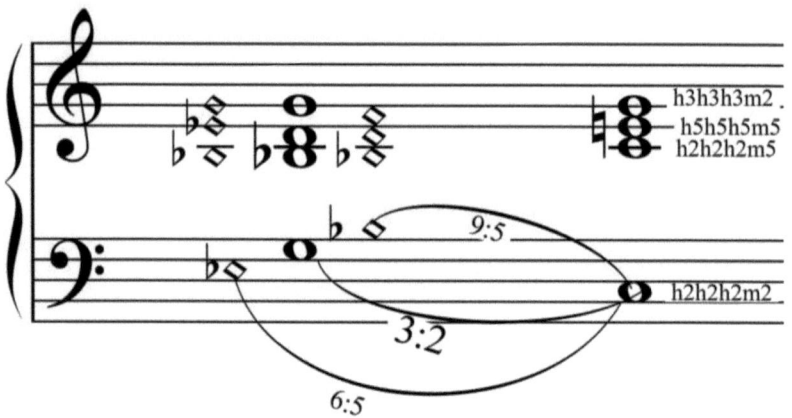

Nur die melodische Terz-Funktion, die das C im Tenor durch die Folge b♭ → c´ erhalten hat, lässt das vergangene Moll noch etwas nachklingen, das Bass-C jedoch kennt diesen Schmerz nicht.

Nun noch das reine Moll: C-Moll→ G-Moll,
also Moll-Tonika →Moll-Dominante.

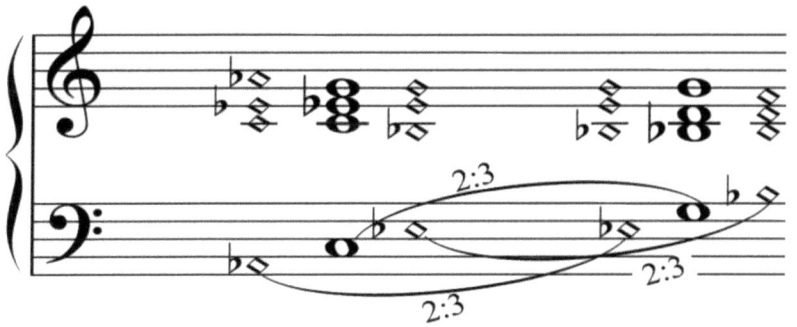

Die Moll-Verwirrtheit bleibt erhalten, aber die Erwartungen
werden nicht enttäuscht. Eine stille Melancholie, eine
Entsagungs-Bereitschaft, die Farbe Blau... Auch diese
subjektiven Empfindungen beruhen auf objektiven
Grundlagen. Nun wollen wir uns den „Terz-
Verwandtschaften" zuwenden, genauer: den Groß-Terz-
Verwandtschaften, denn „Klein-Terz-Verwandt-
schaften" existieren nicht. Ausschließlich 4:5, also die große
Terz, ist Bau-Material unseres Ton-Systems, 5:6 aber ist nur
Teilungs-Ergebnis und Bauwerk. Alle sogenannten Klein-
Terz-Verwandtschaften können auch durch die Basis-
Proportionen 2:3 und 4:5 gebildet werden. Zuerst die Folge
C-Dur → E-Moll, (in der traditionellen Harmonielehre
manchmal als „Dominant-Parallele", manchmal aber auch
als „Tonika-Gegenklang" bezeichnet). E-Moll entstammt aus
232

den Naturton-Reihen von C, G, E, da aber alle diese Töne bereits in der C-Naturton-Reihe existieren, stammt E-Moll letztlich aus der C-Naturton-Reihe; dort bildet es die Proportion 10:12:15. Sehen wir selbst:

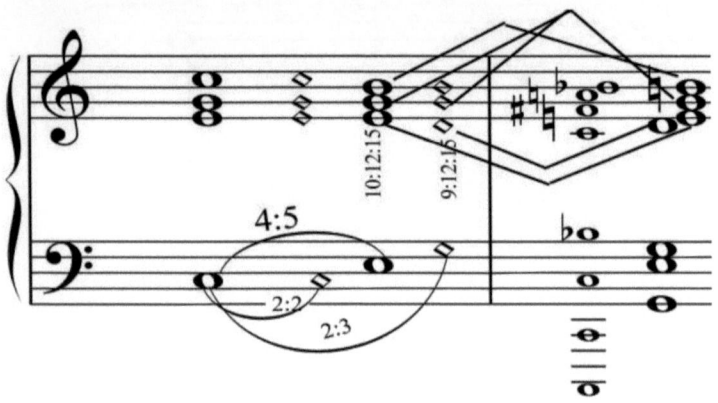

Von Dur nach Moll- das bedeutet mehr Komplikationen, aber mehr Erlebnis, mehr Gefühl. Weil nun aber E-Moll, wie vorhin die „Dominante" G-Dur, aus der C-Naturton-Reihe hervorgebracht wird, ist die Groß-Terz-Verwandtschaft in Moll eine **eigene** Erlebnis-Komplikation der Zentral-Ton-Art. G-Dur und E-Moll werden aus der C-Naturton-Reihe hervorgebracht; diese Gemeinsamkeit reichte in der Geschichte der Musiktheorie aus, E-Moll als „Dominant-Parallele" zu bezeichnen, sogar bisweilen als Stellvertreter-Klang von G - Dur. Zwar hat auch diese Deutung objektive Grundlagen, aber die objektiven Grundlagen wurden falsch gedeutet: Ein gemeinsamer Bezugs-Punkt, in diesem Fall der Zentral-Ton C, sagt noch nichts über die Beziehung der beiden Akkorde E Moll und G-Dur untereinander aus. E-Moll ist also in Beziehung zu C-Dur zwar Zukunft, doch eine ängstliche Zukunft, weil E-Moll noch ein wenig aus C-Dur besteht, aber auch schon ein wenig aus G-Dur. Ein schüchternes „Was wäre, wenn....

Hier nun die „Parallel-Tonart" der Dur-Tonika:

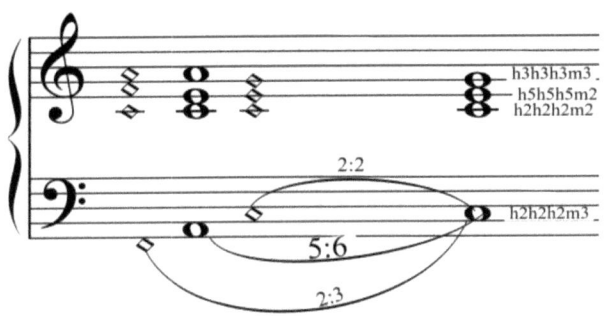

A -Moll entstammt den Naturton-Reihen von F, A, C, diese drei Töne bilden den F-Dur – Dreiklang, A Moll gehört zur Welt der Unter-Quint-Verwandtschaft, man erkennt es auch daran, dass der Bass von C-Dur durch 5:6 eine melodische Quint-Funktion erhält, wie vorhin in der Folge F-Dur → C-Dur durch 2:3. Wenn die Unter-Quint-Verwandtschaft Vergangenheit und Herkunft bedeutet, dann bedeutet die sogenannte Parallel-Tonart A-Moll einen eher ängstlichen Blick in die Vergangenheit, 1. wegen der Moll- Verwirrtheit, 2., weil A-Moll schon ein wenig aus F-Dur besteht, aber auch noch ein wenig aus der Zentral-Ton-Art C-Dur. Die Rückschau bleibt auf halbem Wege stehen.

A-Moll ist kein „Stellvertreter" von F-Dur; vielmehr eine Art von Vermittler zwischen Vergangenheit (Sub-Dominante) und Gegenwart (Tonika). Auch E-Moll kommt eine ähnliche Vermittler-Rolle zu zwischen Zukunft (Ober-Quint-Verwandtschaft) und Gegenwart (Zentral-Ton-Art). Nun die zur Familie gehörenden Terz-Verwandtschaften zu einer Moll-Tonika, also C-Moll → E♭ -Dur und C-Moll → A♭ -Dur. Das dreifach verwurzelte C-Moll steht in Beziehung zu einem stabilen E♭ -Dur, aus dem es teilweise entstammt. Beide Akkorde aber stammen aus der A♭ -Naturton-Reihe. Die Konfrontation einer Moll-Tonika mit ihrer „Parallel-Ton-Art", in unserem Fall also die Konfrontation von C-Moll mit E♭-Dur, erinnert daran, dass C-Moll einen schwachen Grundton C hat, aber auch einen virtuellen Grundton A♭.

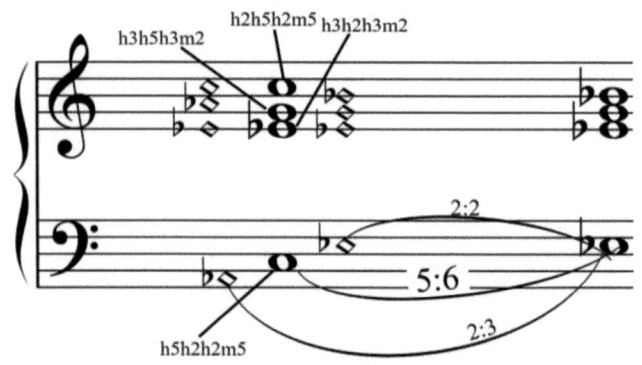

Die Beziehung von C-Moll und E♭-Dur ist also indirekt, sie existiert nur über die virtuelle Tonika A♭. Die Folge C-Moll→ E♭-Dur über die virtuelle Tonika A♭:

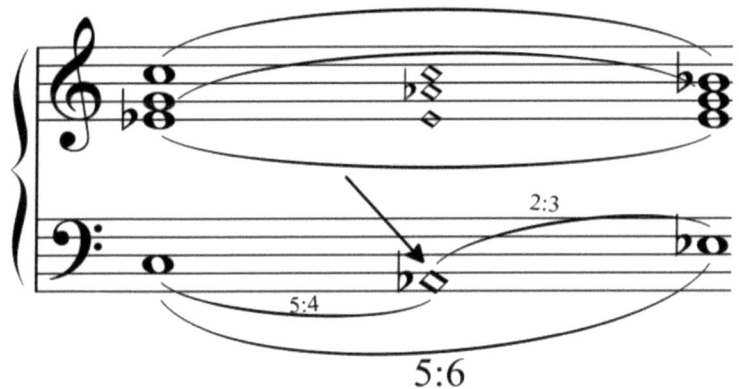

Zum Schluss A♭-Dur→ C-Moll: A♭-Dur ist die Heimat von C-Moll, eine C - Moll-Tonika wird durch die Konfrontation mit A♭-Dur immer einen Heimweh-Charakter haben, auch dies ist keine Theorie-Lyrik, sondern psychische Parallele zu akustischen Tatsachen.

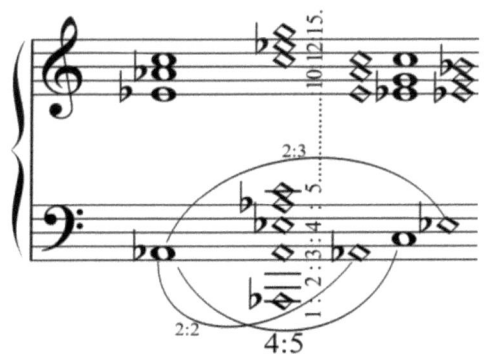

Du darfst mutig empfinden, wer den Empfindsamen auslacht, der ist unempfindlich für Musik.

Das Geheimnis hinter allen Akkorden außer dem Dur-Dreiklang

Wir erinnern uns: Im Dur-Dreiklang hatte jeder Ton ausschließlich eine eindeutige harmonische Funktion. Darüber gehen wir noch hinaus und sagen: **Nur** im Dur-Dreiklang hat jeder Ton ausschließlich eine eindeutige harmonische Funktion. Der hier dargestellte C-Dur-Dreiklang besteht nur aus Teilen seiner selbst, nicht aus Teilen anderer Dur-Dreiklänge. Nur der Dur-Dreiklang stammt aus genau **einer** Naturtonreihe.

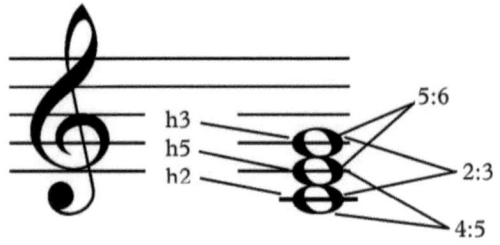

Wir werden nun sehen, dass jeder Akkord außer dem Dur-Dreiklang aus Teilen verschiedener Dur-Dreiklänge zusammengesetzt ist. Hier zur Erinnerung noch einmal der **Moll**-Dreiklang mit seinen Proportionen und daraus folgenden harmonischen Funktionen jedes Dreiklangs-Tones. Im "Moll"-Dreiklang hat, wie wir bereits wissen, jeder Ton 2 harmonische Funktionen. Jeder Ton stammt aus **2 verschiedenen Dur-Dreiklängen:**

237

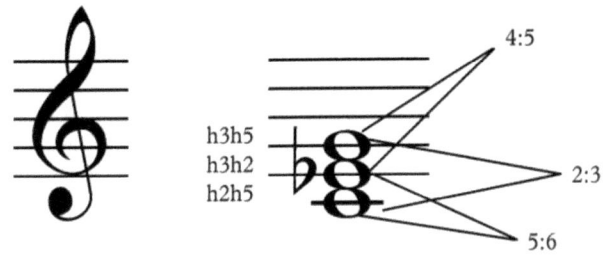

C hat eine harmonische Grundton-Funktion vom C-Dur-Dreiklang und eine harmonische Terz-Funktion vom A♭-Dur-Dreiklang. E♭ hat eine harmonische Grundton-Funktion vom E♭-Dur-Dreiklang und eine harmonische Quint-Funktion vom A♭-Dur-Dreiklang. G hat harmonische eine Quint-Funktion vom C-Dur-Dreiklang und eine harmonische Terz-Funktion vom E♭ Dur-Dreiklang. Der "Moll"-Dreiklang ist aus Teilen von insgesamt **3** Dur-Dreiklängen zusammengesetzt:

C-Dur, E♭ Dur, A♭-Dur.

C: E♭ = 5:6, C: A♭ = 5:4

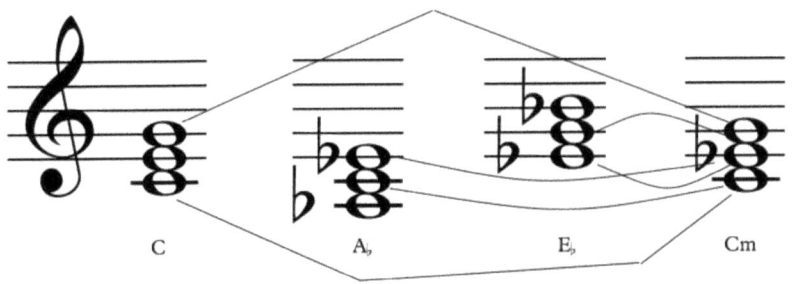

Ein weiteres prominentes Beispiel: Der Dominant-Sept-Akkord. Man sieht, dass jeder Ton drei harmonische Funktionen hat, und manchmal sind sie alle drei gleich, dann ist der betreffende Ton eindeutig, stark, klar, aber Töne, die uneinheitliche harmonische Funktionen aufweisen, sind instabil. Sehen wir nun genauer hin: Die Septime F gibt durch 9:16 dem Grundton G eine harmonische Quint-Funktion.   Dadurch wird G als selbständiges tonales Zentrum geschwächt. G ist nun zu 1/3 nicht mehr Grundton des Dominantseptakkordes, sondern bereits Quinte der zukünftigen, (hier nicht dargestellten) Tonika C. ♪Demo 206

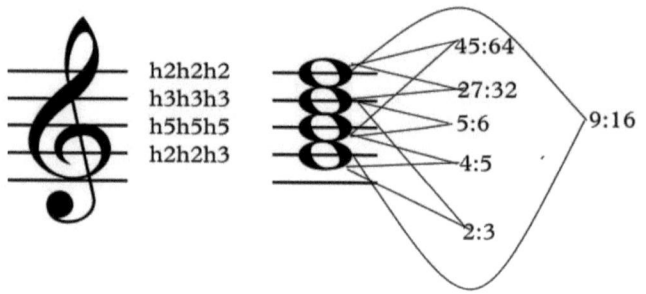

Ganz besonders unerwartet ist die dreifache und damit starke Grundtonfunktion der Septime, die in der traditionellen Musiklehre nur eine charakteristische Dissonanz war, also nur ein „Gewürz". Sie ist weit mehr: Sie stellt den Grundton „G" kraftvoll in Frage, denn Sinn des Dominantseptakkordes ist ja nicht das Ausruhen auf dem Grundton „G", sondern das Fortschreiten zur Tonika „C".

Der Dominant-Sept-Akkord ist zusammengesetzt aus dem vollständigen Dur-Dreiklang der Dominante G-Dur und dem Grundton der Subdominante F-Dur.

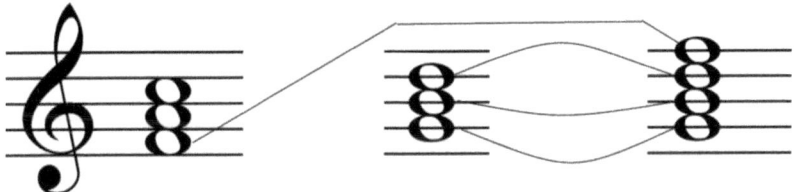

G und F flankieren in der Quinten-Reihe die erwartete Tonika C. C wird von beiden Seiten erwartet; der Dominantseptakkord trägt die Kräfte der Quint-Umgebung der erwarteten Tonika in sich.

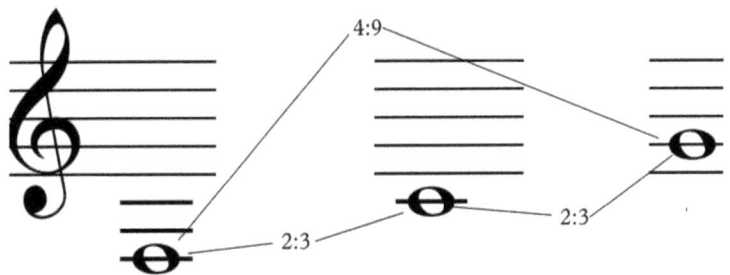

Ein weiterer, in tonalen Zeiten sehr gebräuchlicher Akkord, der ebenfalls eine „charakteristische Dissonanz" in sich trägt und ebenfalls geheimnisvoller ist, als die klassische Musiktheorie ahnt: Der Subdominant – Quintsext -Akkord. Auch hier sieht man in unserer Darstellung, dass es mehrfache Funktionen gibt: Die Sexte D gibt der Quinte durch die Proportion 8:9 dem Ton „C" 1/3 einer Grundton-

Funktion. Der Ton C, der doch eigentlich die Quinte von F-Dur ist, wird durch diese Beimischung der Grundton-Funktion schon ein wenig Grundton und Tonika.

Dadurch wird eine Erwartung der Tonika C erzeugt, die bei klassischer Auflösung dann auch eintritt. ♪**Demo 207**

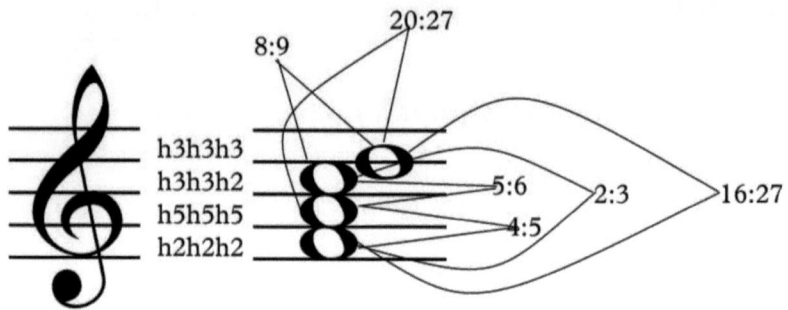

Der Subdominant-Quintsext-Akkord ist zusammengesetzt aus dem vollständigen F-Dur und der Quinte von G-Dur.

F: G = 8:9

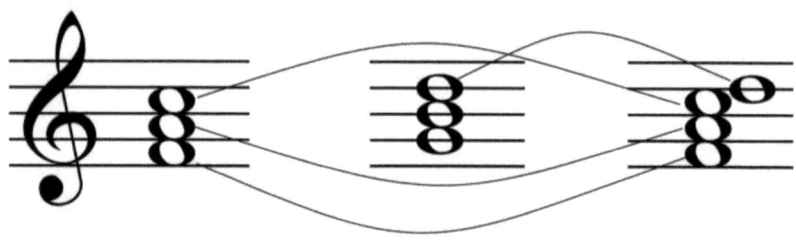

Auch hier, wie schon beim Dominantseptakkord, flankieren G und F in der Quinten-Reihe die erwartete Tonika C. Auch

der Subdominant-Quintsextakkord trägt beide Quint-
Nachbarn der erwarteten Tonika in sich.

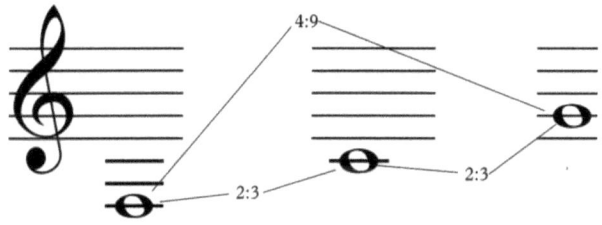

Ein weiterer typischer Akkord aus der klassischen
Harmonielehre: Der "Verminderte Sept-Akkord". Entgegen
dem Augenschein ist er nicht aus kleinen Terzen
zusammengesetzt. Zwischen h und d´, aber auch zwischen f´
und a´♭ ist tatsächlich die Proportion 5:6, also die reine, einzig
wahre kleine Terz. Zwischen d´ und f´ aber ist 27:32, die
dissonante pythagoräische kleine Terz. Nur h hat

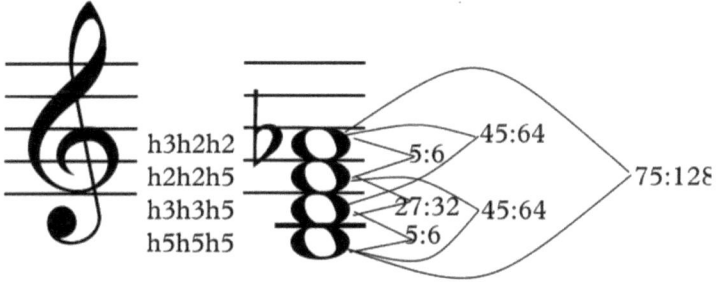

ausschließlich Terz-Funktionen. Dies stärkt den Leit-Ton-
Charakter von h und erzeugt damit eine Erwartung auf den
Ton c´, der hier nicht abgebildet ist. ♪**Demo 208**

242

Interessant ist auch, dass sowohl f′ als auch a′♭ je zwei Grundtonfunktionen haben; sie treten zueinander in Konkurrenz, und da es nicht mehrere Grundtöne in einem Akkord geben kann, wird der verminderte Septakkord dadurch instabil. Aus welchen Dur-Dreiklang-Fragmenten setzt sich nun dieser spannungsreiche Akkord zusammen?

Er ist offensichtlich zusammengesetzt aus G-Dur (ohne Grundton) und D♭-Dur (ebenfalls ohne Grundton.)

Die beiden fehlenden Grundtöne dieser Akkorde, G und D♭ bilden miteinander die Proportion 32:45, einen „Tritonus". (Man darf nun aber nicht den Fehler machen, sich den Ton D♭ als 5-fache Unterquint vorzustellen, denn dann hätte er zur Tonika C das absurde Verhältnis 243: 256.

Vielmehr ist unser D♭ mit C über 15:16 verwandt, ist also die reine Unterterz der Subdominante F.

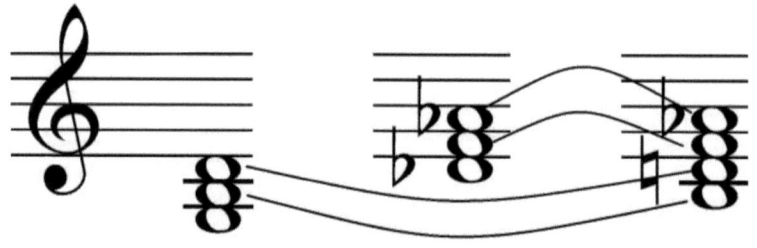

Von einer „Terzen-Schichtung" kann also keine Rede sein. 27:32 ist **keine** kleine Terz.

Weiter: Im Jazz kann man häufig einen sphärisch klingenden Akkord hören, nämlich den Dur-Dreiklang mit großer Septime. ♪**Demo 209**

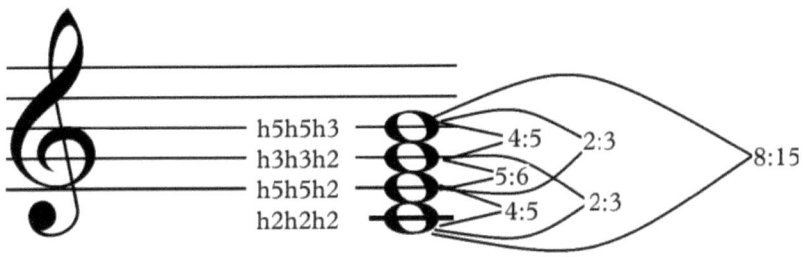

Oft wird er mit „maj 7" oder einfach nur mit „j" abgekürzt. Die Analyse der harmonischen Funktion zeigt, dass nur der Grundton C drei identische Funktionen hat, nämlich 3 Grundtonfunktionen (h2). Aber auch E und G erhalten durch die Proportionen des Akkordes 1/3 Grundton-Funktion und treten dadurch zu C in eine milde, angedeutete Konkurrenz. Das reicht nicht aus, um den Grundton C zu erschüttern, oder um große Innenspannung zu erzeugen, aber es ist genug, um dem Akkord sein surrealistisches Flair zu verleihen. Zusammengesetzt ist der major-7-Akkord aus dem vollständigen C-Dur-Dreiklang und dem G-Dur-Dreiklang ohne Quint.

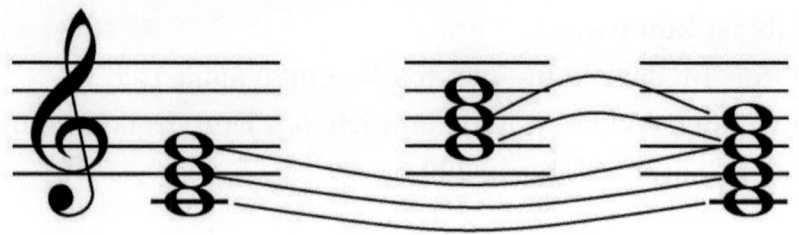

Ebenfalls im Jazz heimisch geworden ist der nächste prominente Akkord: Moll mit kleiner Septime: Was sofort auffällt, ist das Fehlen starker Grundtonfunktionen. C´ hat nur **eine** Grundton-Funktion, dafür aber 2 Terz-Funktionen (h5), ist also nicht Basis, sondern eher Leitton. Der ganze Akkord steht dadurch auf einem Fundament aus Treibsand... e´♭ hat immerhin 2 Grundtonfunktionen, das trägt aber durch die Konkurrenz zu c´ eher zur Labilität des Akkordes bei; außerdem trägt e´♭ auch noch eine Quint-Funktion (h3), will also eigentlich A♭ zur Tonika erklären. Der stärkste Ton ist b´♭, denn hier sind drei Quintfunktionen, die e´♭ zur heimlichen Tonika erklären. Der Vergleich mit Moll (C: h2h5, E♭:h2h3, G: h3h5) zeigt, dass c´ und g´ durch h5 „leittöniger" werden, e´♭ aber „grundtöniger". Es entsteht ein zwielichtiger Akkord zwischen Dur und Moll. ♪**Demo 210**

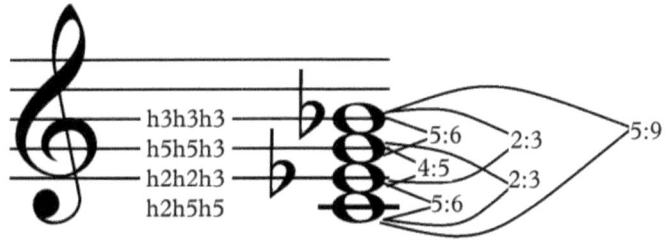

Zusammengesetzt ist er aus dem C-Dur-Dreiklang ohne Terz und dem vollständigen E♭ - Dur - Dreiklang

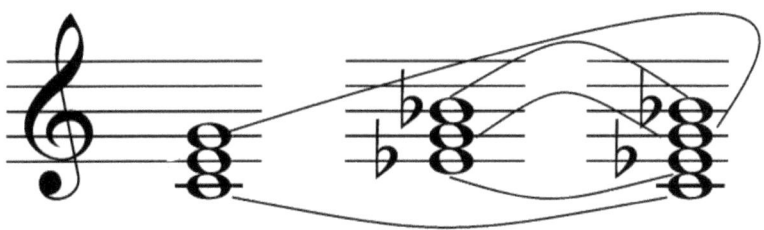

Nicht ganz so oft hört man im Jazz den Moll-Dreiklang mit großer Septime. Diese große Septime, in unserem Fall der Ton h´, trägt drei Terzfunktionen, will also Leitton sein, und zwar zu C. Der Ton C aber, der hier im Bass steht, hat nur 2 Grundtonfunktionen, die auch noch von den 2 Grundton-Funktionen von E♭ angefochten werden. Aus dieser Konstellation eines geschwächten Grundtons C und eines starken Leittons zu eben diesem Grundton C entsteht ein sonderbares Ersehnen dessen, was man schon hat, eine

tragische Suche nach einem Glück, dass man eigentlich in
Händen hält. ♪Demo 211

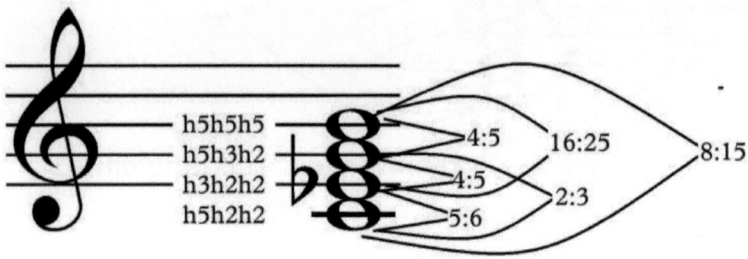

Er ist zusammengesetzt aus dem C-Dur-Dreiklang ohne
Terz, dem G-Dur-Dreiklang ohne Quint und dem E♭ -Dur-
Dreiklang ohne Quint. 5 von 9 harmonischen Funktionen
sind Terz-Funktionen.

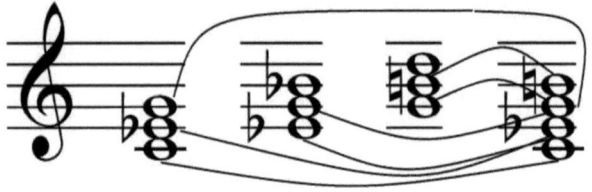

Hier noch ein typischer Vertreter der konventionellen
europäischen Harmonielehre: der Moll-Quint-Sext-Akkord
mit scheinkonsonanter Sexte **16:27 ♪Demo 212**

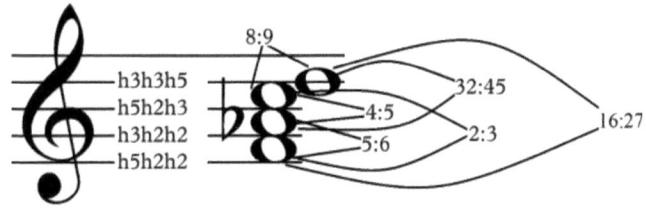

Er ist, obwohl er als Moll-Akkord wahrgenommen wird, zusammengesetzt aus F-Dur ohne dessen Dur-Terz, aber auch Aɭ-Dur ohne Quinte und G-dur ohne Grundton und Terz.

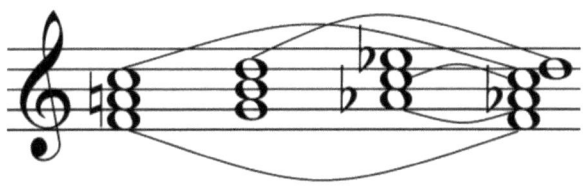

F: G = 8:9, G: Aɭ = 15:16

Der „Grundton" f´ hat zwar 2 Grundton-Funktionen, aber a´ɭ ebenfalls, und durch 2 Grundtöne wird der Akkord instabil. Der künftige Grundton c´ ist außerdem völlig verwirrt, weil er alle 3 Funktionen trägt. D´´ erweist sich als einigermaßen starke Quinte (von G), will aber auch ein wenig Leitton von e´´ɭ sein. Dieser Akkord will Rätsel sein und die Auflösung hinauszögern.

Nun der „übermäßige" Dreiklang.

Auffällig ist: Er hat keine Quint-Funktionen!

248

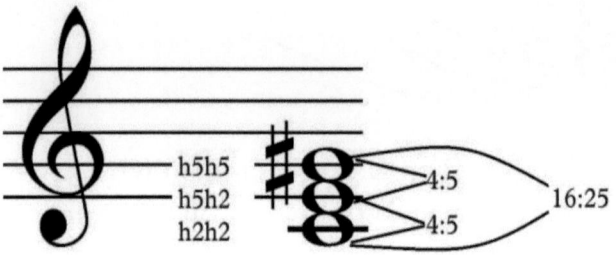

Zwischen der reinen Grundton-Funktion von c´ und der reinen Terz-Funktion von g´♯ steht e´ mit einer Misch-Funktion h5h2. Zusammengesetzt ist dieser seltsame Akkord aus C-Dur ohne Quint und E-Dur ohne Quint.

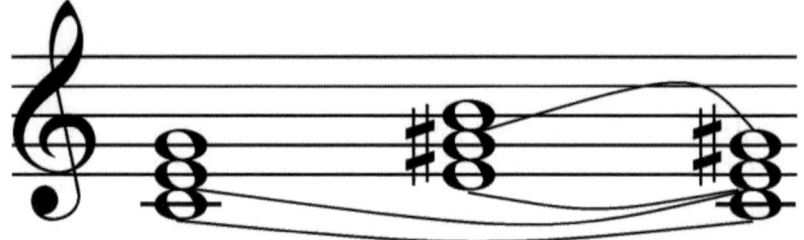

Seine surrealistische Wirkung kommt von der „Hyper-Terz" $16:25 = 4^2: 5^2$ zwischen c´ (h2h2) und g´♯ (h5h5). Zwischen einem starken Grundton und einer starken Terz erwartet das Gehirn die Proportion 4:5, aber es erscheint die Proportion zwischen den Quadraten von 4 und von 5. Wie ein Blick in eine höhere Dimension.

Ein weiterer Akkord mit einem übermäßigen Intervall ist der übermäßige Quint-Sext-Akkord („german sixth")
♪Demo 214

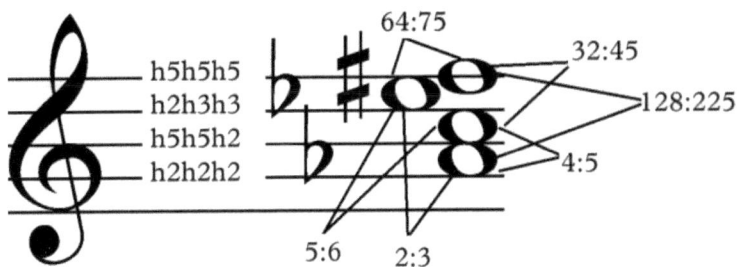

Er ist zusammengesetzt aus dem vollständigen A♭ -Dur - Dreiklang und dem Rest f´´♯ aus dem D-Dur -Dreiklang ohne Grundton und ohne Quint, dies alles natürlich bezogen auf die Tonika C. A♭: D = 32:45

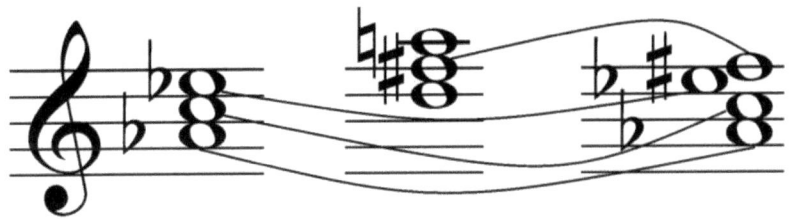

Die Terz-Funktion, die C in einem reinen A♭ -Dur-Akkord hätte, und die Quint-Funktion, die E♭ in einem reinen A♭ -Dur- Akkord hätte, sie sind durch das hinzugefügte f´´♯ nur noch zu 2/3 vorhanden. Dies mindert die Stabilität dieses Akkordes, außerdem hat f´´♯ eine starke, dreifache Terz-

250

Funktion, ohne zu irgendeinem Ton tatsächlich die Proportion 4:5 zu bilden, dies ergibt ein harmonisches Zwielicht, das eine Auflösung in einen unkomplizierteren Akkord nach sich ziehen muss.

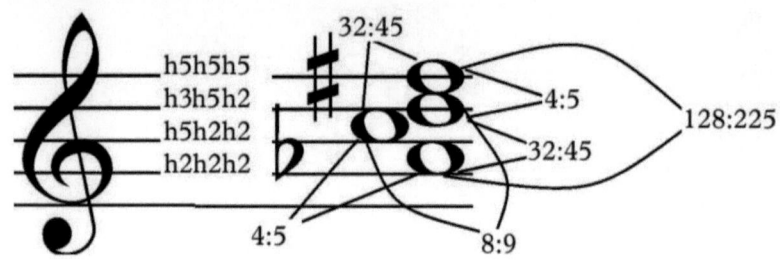

♩Demo 215

Hier der übermäßige Terz-Quart-Akkord („french sixth")

Er ist zusammengesetzt aus A♭-Dur ohne Quint und D-Dur ohne Quint. Er besteht also aus zwei Grundton-Terz-Resten der Doppeldominante D-Dur (bezogen auf die Tonika C) und die Mediante A♭ -Dur. Weil jeweils die „Quinten" dieser Akkorde fehlen, sind sie tonal geschwächt und können einem höheren Ziel dienen, nämlich der Tonika C. Nur zwei Töne haben eine eindeutige harmonische Funktion: a'♭ hat 3-mal Grundton-Funktion, f''♯ hat 3 mal Terz-Funktion. Weil aber die eindeutige Terz f''♯ nicht die Terz von a'♭ ist, kann auch niemals der Eindruck eines stabilen A♭ -Dur- Dreiklanges entstehen. C hat 2 Grundton-Funktionen und prophezeit damit C als künftige Tonika...

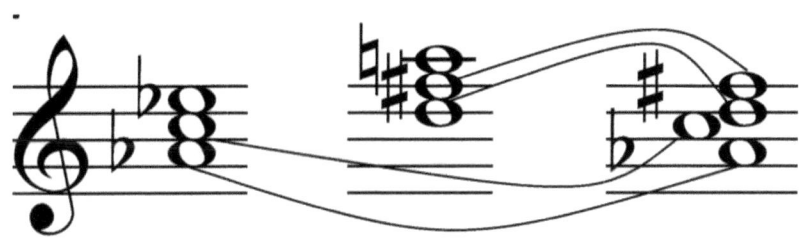

Zum Schluss noch ein Akkord, der durch die ungenaue Notenschrift und eine nachlässige Theorie leicht mit dem Subdominant-Quintsext-Akkord verwechselt werden könnte und vermutlich auch oft verwechselt worden ist, der Dur-Tonika-Quint-Sext-Akkord mit **reiner** Sexte (3:5), (Jazz-Sext-Akkord) ♪**Demo 216**

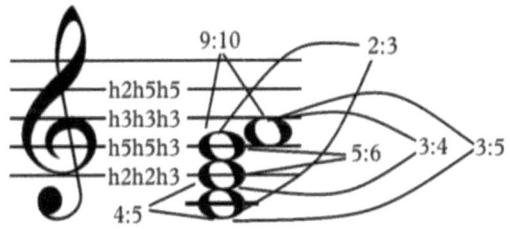

Nur G hat eindeutige harmonische Funktion. 3 mal h3. Zusammengesetzt aus C-Dur und F-Dur ohne Grundton und ohne Quint.

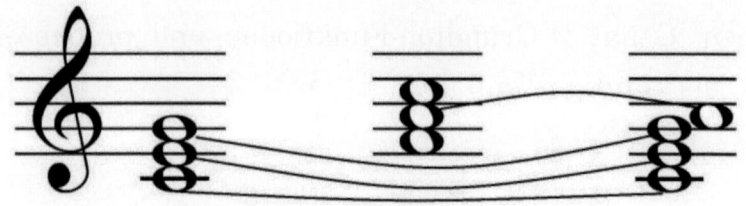

C: F = 3:4

Dies war eine Auswahl aus der Menge aller möglichen, zusammengesetzten Akkorde. Doch jetzt ist klar, was alle Akkorde außer dem Dur -Dreiklang in Wirklichkeit sind, nämlich **Kompositionen** aus Dur-Dreiklang- Fragmenten. Ein Akkord ist bereits Komposition. Wenn man diese Aussage ernst nimmt, dann sind wir alle Plagiatoren. Aber wer hat den Moll-Dreiklang erfunden? Die Gesetze aber, nach denen Akkorde „komponiert" werden und wurden, diese Gesetze sind nicht von Menschen gemacht, sie sind älter als die Menschheit, sie sind ewig. Wir aber haben nun durch die Beobachtung der Verteilung harmonischer Funktionen in einem Akkord eine Analyse-Methode von historisch einmaliger Genauigkeit. Leider gab es diese Analyse-Methode zu jenen Zeiten noch nicht, in denen man öffentlich die Tonalität als reine Kulturtechnik verwarf.
Die „Atonalität" wird uns später noch beschäftigen.

Die wahre Natur und Struktur der Mehr-Klänge

Beginnen wir mit dem wohl bekanntesten 5-stimmigen Akkord, dem „Dominant-Sept-Non-Akkord". Der erste Blick trügt: Er entsteht **nicht** durch eine Schichtung von Terzen. 27:32 ist keine „Terz", sondern ein bewusst dissonierendes Intervall, das nur beinahe so „groß" ist wie 5:6, die „kleine Terz". (27:32,4 wäre nämlich die korrekte Proportion 5:6, mit dem Faktor 5,4 erweitert.) Nichts ist so weit von einer Konsonanz entfernt wie eine „Beinahe-Konsonanz", nichts ist ärgerlicher, als den Zug nur um 10 Sekunden verpasst zu haben. Und 27:32 ist eine „Beinahe-5:6", 27:32 **soll** dissonieren. ♪**Demo 217**

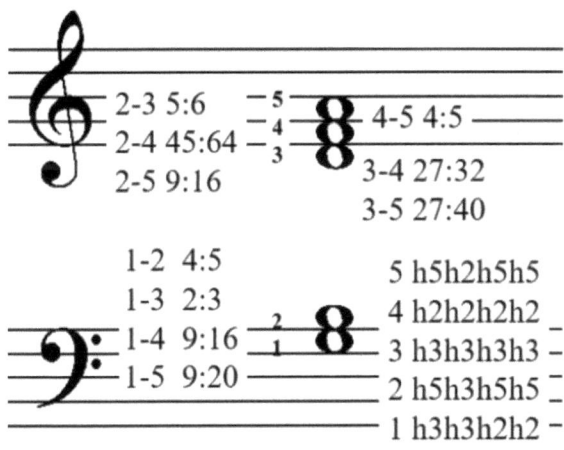

In welche Akkord-Folge passt der „Dominant-Sept-Non-Akkord"? In einer idealen Akkord-Folge sollten die harmonischen Funktionen seiner Töne zu den melodischen Funktionen passen. Wenn zum Beispiel ein Ton nur **harmonische** Terz-Funktionen hätte, dann sollte eine ideale Akkord-Folge diesem Ton auch noch eine **melodische** Terz-Funktion geben. Was aber machen wir mit Tönen, die verschiedene harmonische Funktionen haben? Zunächst: wir haben dann mehr Möglichkeiten. Lösen wir nun einmal den „Dominant-Sept-Non-Akkord" so auf, dass die entstehenden melodischen Funktionen seiner Einzeltöne mit der Mehrheit seiner harmonischen Funktionen identisch sind: ♪**Demo 218**

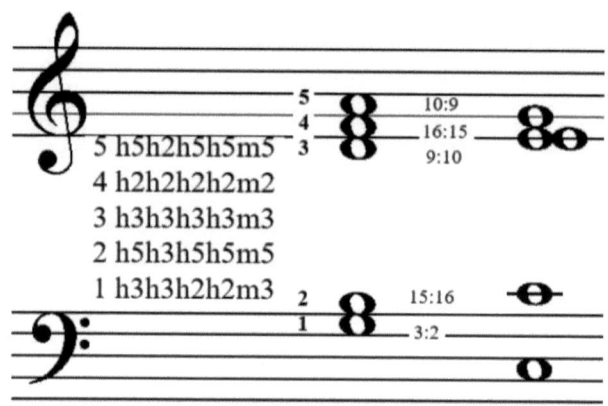

h und a´ erhalten eine melodische Terz-Funktion, die zu den überwiegend vorhandenen harmonischen Terz-Funktionen passen. g hatte genauso viele harmonische Grundton-Funktionen wie Quint-Funktionen, die melodische Quint-

Funktion entscheidet. d´ und f´ sind eindeutig. Die Auflösung nach C-Dur ist für alle Einzeltöne des „Dominant-Sept-Non-Akkords" optimal, sogar g, dessen Grundton-Eigenschaften durch 2 Quint-Funktionen destabilisiert waren, hat nun durch die überwiegende melodische Quint-Funktion seine „Rolle" gefunden.

Verändern wir nun die Stimmführung ein wenig:

♪**Demo 219**

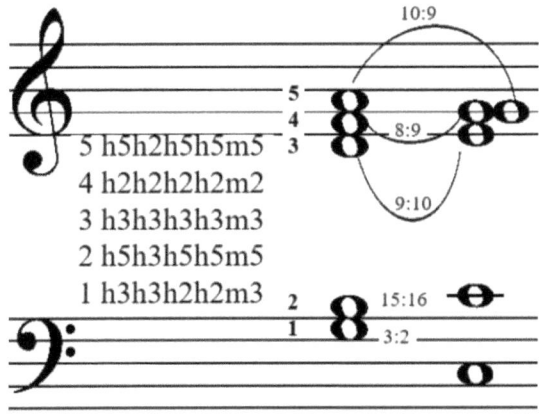

Die Septime des „Dominant-Sept-Non-Akkords" wird nun entgegen ihrer Tendenz nach oben aufgelöst, es entstehen Parallelbewegungen zwischen H-F und C-G, die eigentlich im strengen Satz als Quint-Parallelen verboten sind.

Doch **trotzdem** bleibt die Funktions-Verteilung im „Dominant-Sept-Non-Akkord" unverändert. Oder sehen und hören wir diese Möglichkeit: ♪**Demo 220**

256

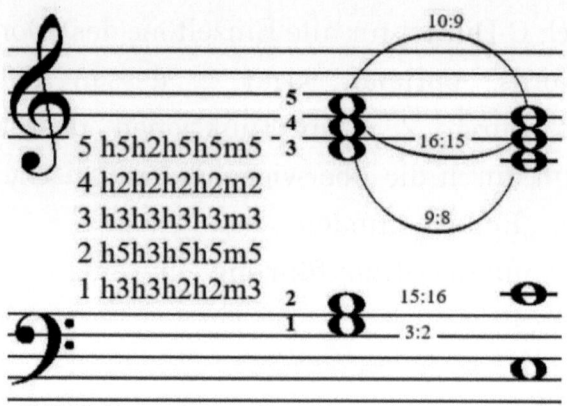

Zwischen d´ und a´ existiert keine Quinte 2:3! Auch wenn die Notenschrift dieses suggeriert: Die Intervall-Folge 27:40 – 2:3 ist **keine** Quint-Parallele, denn 27:40 ist **keine** Quint! Doch selbst dann, wenn jemand die Fakten, die Proportionen, die Zahlen und ihre Beachtung für sinnlose Pedanterie hielte, wäre dennoch unbestreitbar, dass auch in diesem Beispiel die Funktionen der Einzeltöne des „Dominant-Sept-Non-Akkords" unverändert sind. Und die Beachtung jener Zahlen, Proportionen, Fakten ist keine sinnlose Pedanterie, sondern Logik, Respekt, Wissenschaft. Der nächste, sehr klassische Sept-Non-Akkord hat als bestimmendes Merkmal die kleine None. Tritt er ohne seinen Grundton auf, dann kann man ihn noch vor Bach und bis nach Wagner als Garanten für Spannung und Schaurigkeit hören. Wir erfuhren schon im vorigen Kapitel, dass er nicht aus kleinen Terzen, sondern aus 5:6 und 27:32 zusammengesetzt ist. Sehen wir nun aber den 5-stimmigen „Dominant-Sept-Non-Akkord mit kleiner None": ♪**Demo 221**

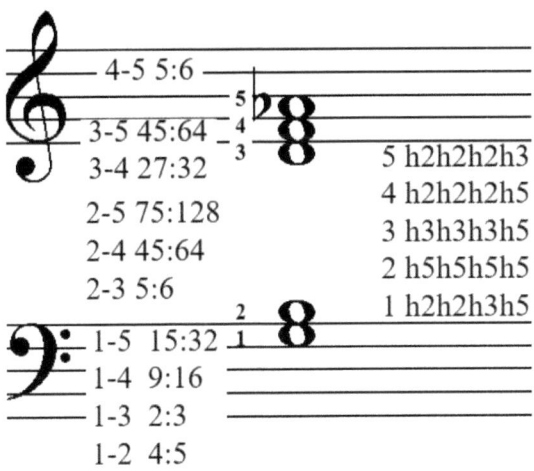

g ist nicht mehr so stark „Quinte" wie im oben betrachteten „Dominant-Sept-Non-Akkord", aber h ist dafür totale Terz, und es gibt zwei konkurrierende starke Grundtöne, f′ und a′♭. Alle Töne außer a′♭ haben auch mindestens ein wenig Terz-Funktion, was den Akkord unberechenbar und vieldeutig macht, denn alle Terzen sind ja auch latente Leit-Töne. Wie können wir diesen Akkord nun optimal auflösen? Zunächst in die „Tonika", und weil a′♭ zur C -**Moll**-Skala gehört, nach C- **Moll**.

♪Demo 222

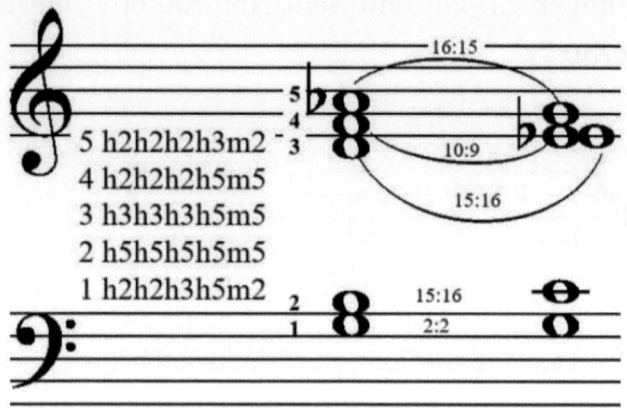

5 h2h2h2h3m2
4 h2h2h2h5m5
3 h3h3h3h5m5
2 h5h5h5h5m5
1 h2h2h3h5m2

Zum Glück hatten d´ und f´ auch noch je eine harmonische Terz-Funktion, dazu passt die nun entstehende melodische Terz-Funktion. G bekam seinen Willen und durfte überwiegend Grundton bleiben, daher empfand die traditionelle Harmonielehre den Vorhalts-Quartsext-Akkord Cm/G als Vorhalt zu einem nun folgenden G-Dur...

Aber wir können den Tönen des „Dominant-Sept-Non-Akkords mit kleiner None" auch noch freundlicher begegnen:

♪Demo 223

259

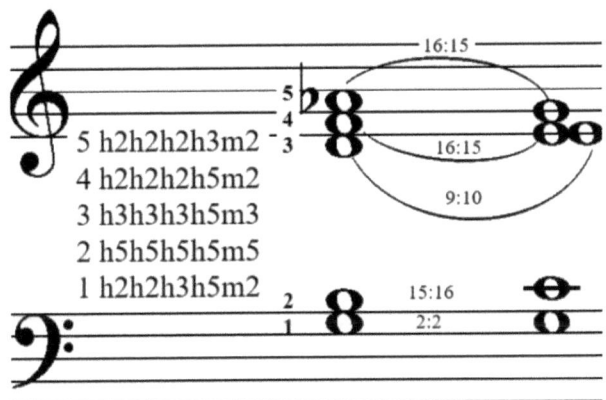

Nun hat jeder Ton des „Dominant-Sept-Non-Akkords mit kleiner None" genau die melodische Funktion, die zur Mehrheit seiner harmonischen Funktionen passt. Das erstaunliche Ergebnis ist der C-Dur-Quartsextakkord, der noch keine endgültig abschließende Wirkung hat, sondern noch weitere mit C verwandte Akkorde nach sich zieht. Es ist, als wolle der D$^{7/9b}$ sagen: „Der Kontrast zwischen mir und der Tonika ist zu groß, ich leite den Schluss zwar ein, aber ich möchte ihn nicht final gestalten".

Hier noch eine weitere Möglichkeit, melodische Funktionen zu bilden die gut zu vorhandenen harmonischen Funktionen passen:

♪Demo 224

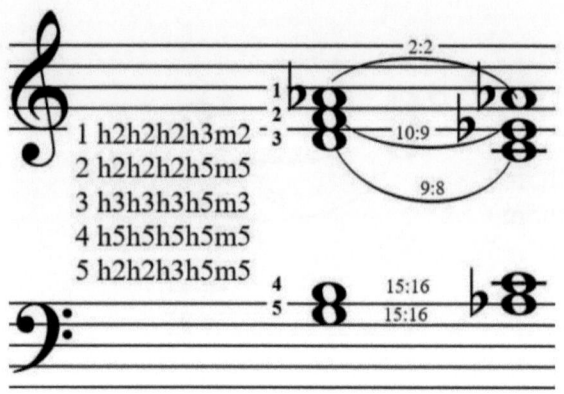

1 h2h2h2h3m2
2 h2h2h2h5m5
3 h3h3h3h5m3
4 h5h5h5h5m5
5 h2h2h3h5m5

Nun wird es Zeit, sich einer völlig anderen Klasse von Sept-Non-Akkorden zuzuwenden. Im Jazz, aber auch im Impressionismus, gab es ja auch Sept-Non-Akkorde, die nicht aufgelöst werden sollten, deren Daseinszweck einzig das harmonische Zwielicht, der exotische Farbwert war, und all diesem wollen wir auf die Spur kommen. Hier einer der bekanntesten Jazz-Akkorde, der Dur-Sept-Non-Akkord mit großer Septime, in der pragmatischen, rein deskriptiven Jazz-Schreibweise $C^{maj7/9}$

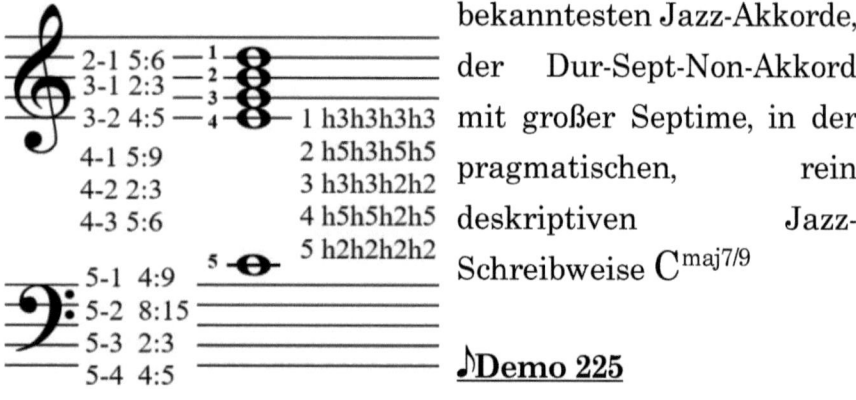

2-1 5:6
3-1 2:3
3-2 4:5
4-1 5:9
4-2 2:3
4-3 5:6
5-1 4:9
5-2 8:15
5-3 2:3
5-4 4:5

1 h3h3h3h3
2 h5h3h5h5
3 h3h3h2h2
4 h5h5h2h5
5 h2h2h2h2

♪Demo 225

Seine innere Logik ist erstaunlich: Es gibt nur 2 eindeutige Töne: c´ hat nur Grundton-Funktionen, d´´ hat nur Quint-Funktionen. Ein stabiler Grundton und eine stabile Quint-das ist sehr gut! Wenn doch nur die stabile Quint zugleich die Quint des Grundtones wäre... Aber in diesem Fall will die stabile Quint d´´ nicht den stabilen Grundton c´ stärken, sondern das schwankende g´, das sich aber nicht entscheiden kann, ob es Grundton oder Quint sein will. Allein dieses Zwielicht verleiht diesem Akkord den Charakter völlig logischer Un-Wirklichkeit und berechenbarer Traumwelt. Aber da ist noch mehr Wunderbares: e´ hat zu seinen insgesamt 3 Terz-Funktionen noch eine Oktav-Funktion, h´ hat zu seinen insgesamt 3 Terz-Funktionen noch eine Quint-Funktion. e´ ist näher am „Boden", darum eine Grundton-Funktion. h´ ist weiter oben, bei der Super-Quint d´´, darum eine Quint-Funktion. g´ aber hat genauso viele Quint-Funktionen wie Grundton-Funktionen, denn es befindet sich genau in der Mitte des Grundton-Quint-Kraftfeldes zwischen c´ und d´´. Ja, wie ein magnetisches Kraftfeld der Außentöne c´ und d´´ mit unsichtbaren Kraftlinien, die nur stichproben-artig an den festen Orten der 3 Mittelstimmen sichtbar werden... das erinnert an Physik.

Ein anderer prominenter 5-Klang:
Der Moll Sept-Non-Akkord Cm$^{7/9}$
♪**Demo 226**

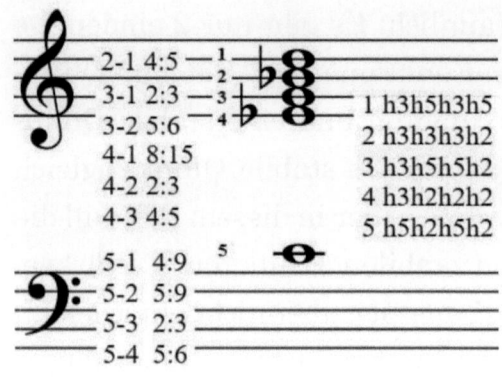

Auch hier ein symmetrisches Kraftfeld: e♮ und b♮ sind die stabilsten Töne, e♮ als ¾ Grundton, b♮ als ¾ Quint. Und b♮ ist auch tatsächlich Quint von e♮.

Der nominelle Grundton c′ ist nur ½ Grundton, (und ½ Terz), der Sopran d″ aber ½ Quint (und ebenfalls ½ Terz). Das „Zentrum" des Kraftfeldes, g′, hat so wie die Außen-Töne 2 Terz-Funktionen und dazu ¼ Grundton-Funktion und ¼ Quint-Funktion. Eine Mischung aus den Außentönen. Welche Symmetrie, welche Ordnung! Sowohl der Dur maj7/9 als auch der Moll7/9 sind Klänge, in die man gerne längere Zeit hineinhört, ohne an „Auflösung" zu denken...

♪Demo 227

Kein „Dominant-Sept-Non-Akkord"! Vergleiche die Proportions-Struktur mit dem ersten Akkord dieses Kapitels - hier ist die Septime 5:9 und nicht, wie oben, 9:16. In der

Jazz-Schreibweise heißt er $C^{7/9}$ und muss nicht „aufgelöst" werden. Ich nenne ihn „Tonika-Sept-Non-Akkord", denn sein Grundton (hier c´) ist stärker (¾ Grundton-Funktionen) als der Grundton des „Dominant-Sept-Non-Akkords" (nur ½ Grundton-Funktionen). Außerdem hat die Tonika$^{7/9}$ eine stärkere Terz (hier E, 100% Terz-Funktionen), die den Grundton C abermals stärkt.

Die Töne b♭ und d´´ in diesem $C^{7/9}$ sind nicht Bestandteile einer Doppel-Sub-Dominante B♭-Dur, die zusammen mit C-Dur die Subdominante F „umzingeln" könnte, sie sind die Moll-Terz und die Quinte der Moll-Dominante G-Moll (von C aus). Auch hier täuscht uns die Notenschrift, weil sie zwischen den 80:81-Varianten von B♭ und D keinen Unterschied machen kann.

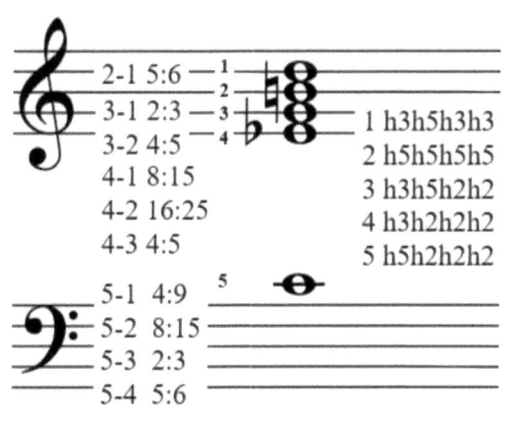

♪Demo 228

Der Moll$^{maj7/9}$, der Moll-Sept-Non-Akkord mit großer Septime, ist ein tragischer Klang. Sein einziger eindeutiger Ton ist die große Septime, sie hat 4 Terz-Funktionen, dadurch aber will dieser Klang zu anderen Klängen weitergehen und weiß nicht, wohin. Denn es gibt zwei ¾ -Grund-Töne, c´ und e´♭, deren Konkurrenz dem Akkord ein grundsätzliches Zwielicht gibt, und es gibt eine ¾ -Quint (d´´), deren Grundton aber nur ½ -Grundton ist (hier G). Sowohl der Moll $^{\text{maj }7/9}$ als auch der Dur$^{7/9}$, der Dur $^{\text{maj}7/9}$ und der Moll$^{7/9}$ sind Klänge, die ihre eigenen Dissonanz-Auflösungen schon enthalten: h´ und d´´ würden nach c´´ und e´´ oder e´´♭ aufgelöst werden, b´♭ nach c´´. Dies scheint mir das eigentümliche Gesetz zu sein, dem diese traumhaften, überwirklichen, im Jazz und der Film-Musik so wichtigen Akkorde folgen: Die Auflösungs-Töne sind im Akkord selbst schon enthalten, was zwar die Innenspannung erhöht, aber die Kraft möglicher Akkord-Folgen bremst, weil ein solcher Innen - Spannungs - Akkord keinen auf ihn folgenden Auflösungs-Akkord mehr ersehnt. Tragische Statik anstelle von fröhlicher Dynamik! Symbol der Aporie...

Nun ein besonders spannender Klang aus der Familie der Jazz-Akkorde: Der Septakkord mit gleichzeitig erklingender Dur- und Mollterz. Er wird oft mit dem Kürzel 7/9$_\sharp$ symbolisiert, aber das halte ich für falsch. Ein d$_\sharp$ in einem Akkord, der auch noch ein b♭ enthält, das ergäbe eine derart abstrakt-atonale Divergenz, die von der vitalen Anmutung dieses „Blues-Rockers" absolut nicht bestätigt wird: ♪**Demo 229**

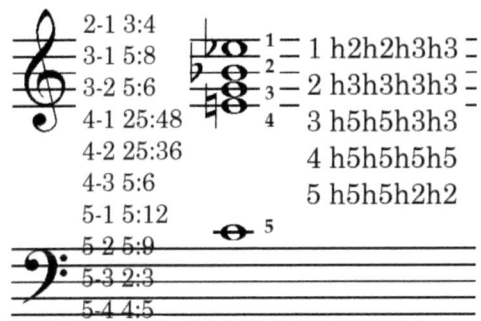

2-1 3:4
3-1 5:8
3-2 5:6
4-1 25:48
4-2 25:36
4-3 5:6
5-1 5:12
5-2 5:9
5-3 2:3
5-4 4:5

1 — 1 h2h2h3h3 ⁻
2 — 2 h3h3h3h3 ⁻
3 — 3 h5h5h3h3
4   4 h5h5h5h5
      5 h5h5h2h2

Wenn wir im Sopran e♭ und nicht etwa d♯ schreiben, dann sehen wir auf den ersten Blick, was wir bereits beim ersten Erklingen gehört haben: „Bi-Tonalität"! C-Dur und E♭ -Dur, zusammengehalten vom gemeinsamen Ton g´. C´ und e´´♭ sind nur ½ Grundton, sie müssen sich die Grundton-Eigenschaften „teilen". C´ hat zur Bestätigung die 100%-Terz e´, und e´♭ hat zur Bestätigung die 100%-Quint b´♭, der „gemeinsame" Ton g´ ist zu ½ Terz und ½ Quint, logischerweise. Doch wie soll man diesen Akkord nun nennen, wenn er mit 7/9♯ nichtzutreffend beschrieben wird? Ich schlage vor: 7/10♭. In unserem Fall: C ⁷ᐟ¹⁰♭, das zeigt: ein C-Dur-7-Akkord mit erniedrigter Dezime, und das bedeutet: mit Dur- und zugleich Moll-Terz.

Nun betrachten wir einen Klang, dessen tatsächliche Struktur von unserer Notenschrift nicht dargestellt werden kann.

Wir müssen ihn nämlich als **zwei** Akkorde sehen, die in der traditionellen Schrift gleich aussehen und von der Jazz-Schreibweise auch identisch abgekürzt werden: der Dur-Sext-Non-Klang, auf C bezogen würde er $C^{6/9}$ geschrieben werden. Diese beiden Akkorde verbergen sich hinter dem Notenbild: ♪**Demo 230**

2-1 3:4		2-1 3:4	
3-1 5:9		3-1 9:16	
4-1 1:3	1h2h3h3h3	4-1 27:80	1h2h2h5h5
5-1 2:9	2 h3h3h3h3	5-1 9:40	2 h3h2h5h5
3-2 20:27	3 h5h5h5h5	3-2 3:4	3 h3h3h5h5
4-2 4:9	4 h2h2h3h3	4-2 9:20	4 h3h3h3h3
5-2 8:27	5 h2h2h2h2	5-2 3:10	5 h3h3h2h2
4-3 3:5		4-3 3:5	
5-3 2:5		5-3 2:5	
5-4 2:3		5-4 2:3	

Von keinem der beiden Akkorde kann man sagen: „Das sind einfach nur die Töne des Quintenzirkels, also C G D A E, zu einem Akkord gruppiert." Denn im ersten Akkord sind zwar

267

C G D A im Verhältnis 2:3:9:27, also in reinen Quinten, aber E gehört nicht dazu, es ist mit C im Verhältnis 2:5. Und im zweiten Akkord sind zwar E A D und C G Teil einer Quinten-Reihe, aber nicht derselben Quinten-Reihe! Die Notenschrift verführt dazu, den 6/9-Akkord als ein musikalisch völlig sinnloses Gebilde wahrzunehmen, das ich hier ebenfalls abbilden will:

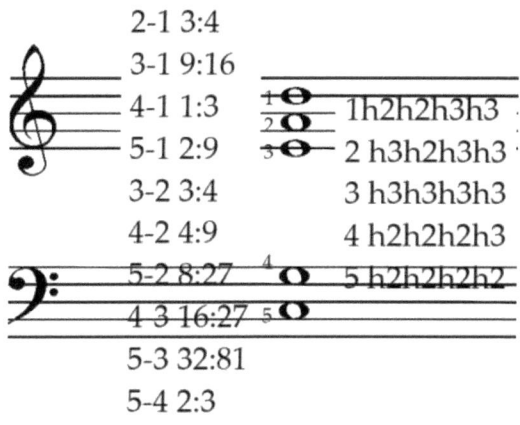

2-1 3:4
3-1 9:16
4-1 1:3
5-1 2:9
3-2 3:4
4-2 4:9
5-2 8:27
4-3 16:27
5-3 32:81
5-4 2:3

1h2h2h3h3
2 h3h2h3h3
3 h3h3h3h3
4 h2h2h2h3
5 h2h2h2h2

♪Demo 231

Ein Blick auf die Liste der harmonischen Funktionen zeigt: hier gibt es keine einzige Terz-Funktion! Das musikalische Gehör aber protestiert und weigert sich, das Intervall c e′ als 32:81 zu deuten, wenn es schon einmal die schöne Proportion 2:5 oder 4:5 kennengelernt hat. Denn 2:5 ist unvergleichlich einfacher zu berechnen, und die Anmutung der reinen Terz ist unvergleichlich harmonischer als die der „pythagoräischen Dezime" 32:81, die von der „pythagoräischen Terz" 64:81 abgeleitet ist. Zurück zu den beiden sinnvollen Deutungen des 6/9-Akkordes: Ihre unterschiedlichen harmonischen Funktionen ermöglichen unterschiedliche Folge-Akkorde und damit unterschiedliche

268

melodische Funktionen. Sehen wir die naheliegenden
Möglichkeiten: ♪Demo 232

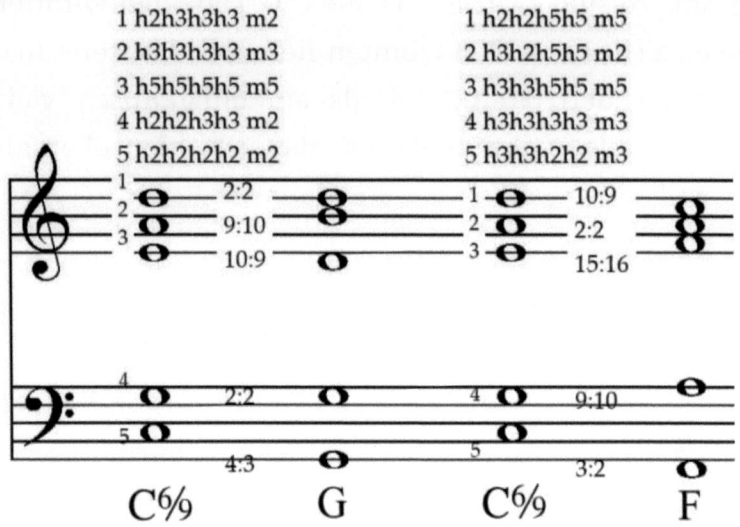

```
1 h2h3h3h3 m2          1 h2h2h5h5 m5
2 h3h3h3h3 m3          2 h3h2h5h5 m2
3 h5h5h5h5 m5          3 h3h3h5h5 m5
4 h2h2h3h3 m2          4 h3h3h3h3 m3
5 h2h2h2h2 m2          5 h3h3h2h2 m3
```

C⁶⁄₉   G   C⁶⁄₉   F

Wenn möglich, habe ich hier gemeinsame Töne liegenlassen,
gemäß der guten alten klassischen Tradition. Die
liegenbleibenden Töne erhalten dadurch eine melodische
Grundton-Funktion, die eine Konkurrenz für den
tatsächlichen Grundton ist. Aber das macht nichts, denn der
Grundton C **soll** ja nicht allzu stark sein, er soll ja verlassen
werden, um die Grundtöne der Folge-Akkorde umso stärker
erscheinen zu lassen. Wir sehen nun sehr gut, dass die
enharmonischen Varianten des $C^{7/9}$-Akkordes mit großer
Konsequenz zu unterschiedlichen Folge-Akkorden in
unterschiedlichen Richtungen der Quinten-Reihe tendieren.

269

Wenn c´ a´´ = 3:10 (oktav-reduziert 3:5), dann „will" C⁷/⁹ nach F-Dur, denn F-Dur enthält genau dieses A als Terz. Wenn aber c´ a´´ = 8:27 (vereinfacht 16:27) und c´ d´´ = 2:9 (vereinfacht 8:9), dann „will" C⁷/⁹ nach G-Dur, denn G-Dur enthält als 2.Tonleiterstufe genau dieses a´´ und als Quint genau dieses d´´. Die temperierte Stimmung macht nicht deutlich, um welche der beiden Akkorde es sich handelt, erst, wenn eine der beiden Auflösungen erklungen ist, kann das Gehör den 6/9-Akkord rückwirkend deuten; mich erinnert dies an quantenphysikalische Experimente, deren Ergebnis nicht vorausgesagt, wohl aber rückwirkend erklärt werden kann... Nun wiederum ein Akkord, dessen Notation in die Irre führt, auch die Abkürzung ist eine grobe Vereinfachung: 7/9/11♯, dessen Kreuz hier schon suggerieren will, es handle sich um eine erhöhte 11. Stufe.

Das allzu oft gelehrte Terzenschichtungs-Idyll trägt zusätzlich zur Verwirrung bei. Denn dieser Akkord könnte ganz unterschiedlich gedeutet werden, je nach Zusammenhang. Und **das** ist doch sicher inzwischen klar geworden: In der Musik, dieser Kunst der harmonischen Beziehungen, ist der Zusammenhang **alles**! Auf C bezogen lautet seine gängige Schreibweise C⁷/⁹/¹¹♯, und wenn man diese Abkürzung wörtlich nimmt, dann sieht er in der Notenschrift folgendermaßen aus:

♪Demo 233

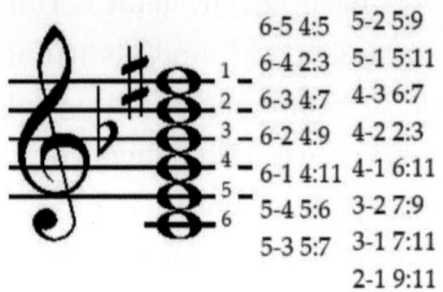

Selbstverständlich sieht man auf den **ersten** Blick eine Terzen-Schichtung, wir aber wollen hinter die Kulisse blicken...

Zunächst, wenn er einfach zusammenhanglos statisch wirken soll, könnte er einfach als Naturtonreihen-Fragment gedeutet werden. Wir erhalten durch die Natur-Septime und den Natur-Tritonus eine Reihe von Proportionen, die unser System sprengen. Die geheime Grenze vor der Natur-Septime habe ich bereits aufgezeigt. Doch nun will ich den „$C^{7/9/11\sharp}$" in einige musikalisch sinnvolle Zusammenhänge stellen. ♪Demo 234

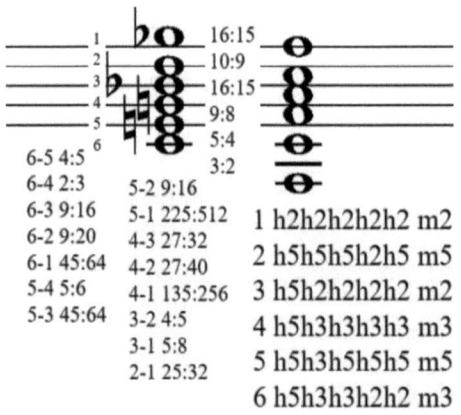

Wenn „$C^{7/9/11\sharp}$" nach F-Dur aufgelöst wird, dann ist ein $f''\sharp$ sinnlos, wir müssen $g''\flat$ schreiben. Also keine erhöhte 11, sondern eine „erniedrigte Quint". Dann

271

müsste die Abkürzung also $C^{7/9/12\flat}$ lauten. An der Übereinstimmung der sich ergebenden melodischen Funktionen mit der Mehrheit der harmonischen Funktionen können wir erkennen, dass wir den „Willen" dieses Akkordes richtig verstanden haben. Weil g-´d´´ keine Quint 2:3 ist, sondern eine Scheinquint 27:40, entstehen auch keine echten Quint-Parallelen. Klassisch gedeutet ist diese Variante des $C^{7/9/11\sharp}$ ein Dominant-Sept-Non-Akkord auf C mit einer zusätzlichen erniedrigten Quinte, die so etwas wie das Fragment eines neapolitanischen Sext-Akkordes ist. Oder auch eine Mischung aus Dominante (c, e´ g´) Subdominante (b´♭, d´´) und Neapolitanischer Tonart (g´´♭). Kompliziert, aber verständlich. Die stärksten Grundtöne sind g´♭ und b´♭, C aber ist eigentlich mehr Quint des folgenden F, ein instabiler Akkord also, der einen stabilen Folge-Akkord erzwingt. Eine andere Variante: ♪Demo 235

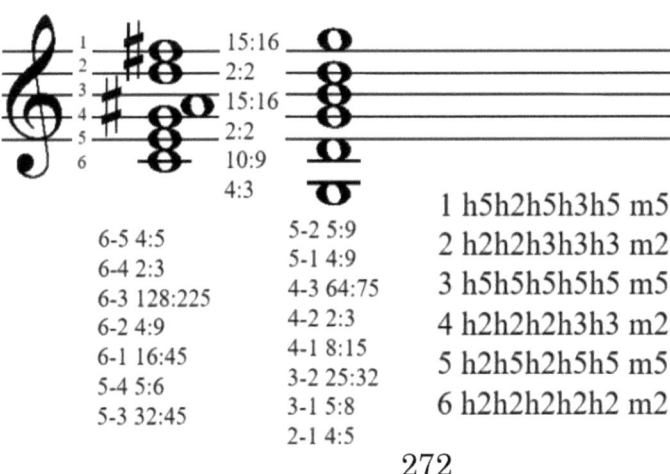

6-5 4:5	5-2 5:9	1 h5h2h5h3h5 m5
6-4 2:3	5-1 4:9	2 h2h2h3h3h3 m2
6-3 128:225	4-3 64:75	3 h5h5h5h5h5 m5
6-2 4:9	4-2 2:3	4 h2h2h2h3h3 m2
6-1 16:45	4-1 8:15	5 h2h5h2h5h5 m5
5-4 5:6	3-2 25:32	6 h2h2h2h2h2 m2
5-3 32:45	3-1 5:8	
	2-1 4:5	

272

Von C-Dur nach G-Dur, wir müssen also f'$_\sharp$ und a'$_\sharp$ schreiben, g'$_\flat$ und b'$_\flat$ würden keinen Sinn ergeben. Die 100% -Terz-Funktion von a'$_\sharp$ zeigt, dass wir richtig gedeutet haben, auch f''$_\sharp$ hat immerhin eine große Übereinstimmung von melodischer Terz-Funktion und harmonischen Funktionen. Die 100%-Grundtonfunktion von c' will den Grundton c' erhalten, die beiden starken Terz-Funktionen a'$_\sharp$ und f''$_\sharp$ wollen ihn verlassen- eine antagonistische, explosive Mischung!

Machen wir es noch ein wenig komplizierter: ♪Demo 236

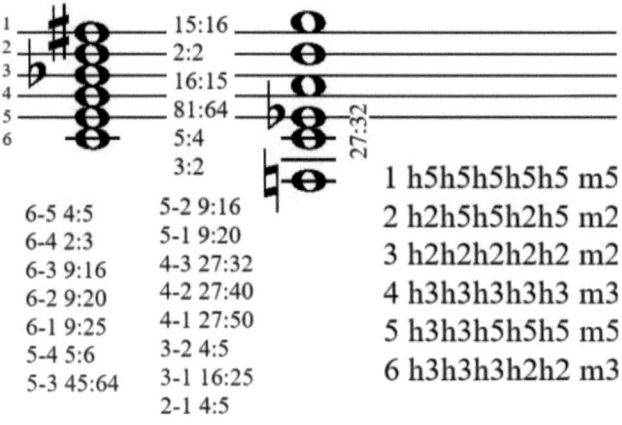

In der rein deskriptiven, nicht analytischen Abkürzungs-Schreibweise der U-Musik würde hier einfach nur stehen: C$^{7/9/11\sharp}$ - F$^{7/9/13}$. Aber was sehen wir unter der Oberfläche? Ein bitonaler Akkord, er besteht aus C-Dur und B$_\flat$-Dur mit übermäßiger Quinte (f''$_\sharp$). Zusammen ergibt das eine

Mischung aus Dominante und übermäßiger Subdominante des folgenden $F^{7/9/1}$ - Akkordes. Deswegen muss hier f''♯ geschrieben werden, denn es ist der Leitton zu g''. Aber dieses f''♯ ist um ein syntonisches Komma (80:81) tiefer als das f''♯ des vorigen $C^{7/9/11♯}$ - Akkordes, der zu g'' führte. Nun haben wir schon 3 enharmonische Varianten eines Akkordes, der in der traditionellen Harmonielehre durch Terzen-Schichtung erklärt und falsch gedeutet wird.

Gehen wir noch einen Schritt weiter, zum 7/9/11♯/13-Klang. So sieht $C^{7/9/11♯/13}$ aus:

Man kann niemandem einen Vorwurf machen, der hier auf den ersten Blick „Terzen-schichtung" wahrnimmt, man kann aber sehr wohl erwarten, dass jemand, der sich beruflich mit Musiktheorie befasst, über den ersten Blick hinaus denkt...Darum wollen wir weiterdenken, in welchen Zusammenhang man diesen Akkord stellen könnte:

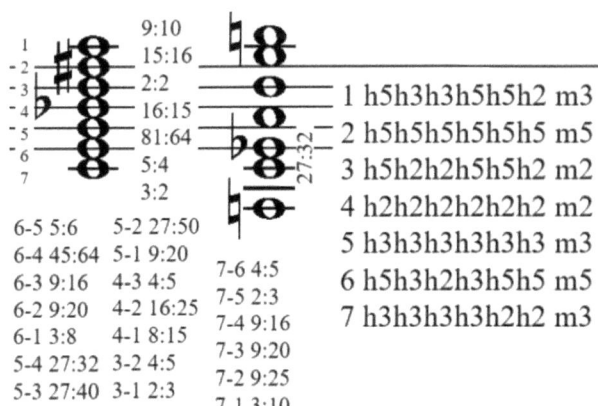

1 h5h3h3h5h5h2 m3
2 h5h5h5h5h5h5 m5
3 h5h2h2h5h5h2 m2
4 h2h2h2h2h2h2 m2
5 h3h3h3h3h3h3 m3
6 h5h3h2h3h5h5 m5
7 h3h3h3h3h2h2 m3

♪Demo 237

Ich lasse auf den $C^{7/9/11♯/13}$ F $^{7/9/11♯/13}$ folgen. Ein sieben-töniger Akkord, mit seinem alter ego auf anderer

274

Ebene konfrontiert. 7 Töne - da denkt man schnell an die 7 Töne vieler Tonleitern, doch welche Tonleiter soll das in diesem Fall sein? Die gedankliche Inkonsequenz ist entlarvt, sobald man einsieht, dass wir in Akkord-**Mischungen** wie dem 7/9/11$_\sharp$/13-Klang selbstverständlich auch Tonleiter-**Mischungen** finden müssen. Poly-Tonalität auf horizontaler wie auch auf vertikaler Ebene. C $^{7/9/11\sharp/13}$ hat in dieser Akkord-Folge 3 100%-Funktionen: g′ ist 100% Quint, b′♭ ist 100% Grundton, f″$_\sharp$ ist 100% Terz. Aber diese 3 starken Töne sind nicht aufeinander bezogen, sie streben in unterschiedliche Richtungen. Wohin? g′ als starke Quint von C bestätigt das schwache c′, b′♭ will zwar als Grundton herrschen, doch es hat keine bestätigende Quint, f″$_\sharp$ als starke Terz strebt zu einem Grundton G, der aber innerhalb von F$^{7/9/11\sharp/13}$ keine stabile Grundton-Eigenschaften haben wird. Auseinanderstrebend, aber nicht chaotisch. Beobachten wir nun den Zusammenhang jedes einzelnen Tones: c′ ist noch Grundton und wird vom folgenden F-Akkord zur Quint umfunktioniert, daher eine Mischung aus harmonischen Grundton - und Quint-Funktionen. E′ wäre in einer reinen Akkord-Folge C-Dur - F Dur eine 100% Terz, durch die vielen „Verunreinigungen" im C$^{7/9/11\sharp/13}$ aber bekommt es auch schwache Quint- und Grundton-Eigenschaften. Doch melodisch zeigt e′ einfach nur den Weg nach f′ an (m5).

G´ ist die Super-Quint und garantiert, dass der divergierende $C^{7/9/11\sharp/13}$ noch tonal erlebt werden kann. Seine Rolle ist genau dieselbe wie in der reinen Akkord-Folge C-Dur →F-Dur. B♭, als Super-Grundton aber konkurriert mit dem schwachen c´ und fordert die Terz a´ der künftigen Tonika F, damit ist auch seine Rolle in dem komplizierten $C^{7/9/11\sharp/13}$ dieselbe wie in der einfacheren Folge C7 → F-Dur. D´´ ist die Terz der Doppel-Subdominante von C und damit die Terz der Subdominante der künftigen Tonika F, aber seine komplizierte Umgebung in $C^{7/9/11\sharp/13}$ gibt ihm auch 50 % Grundton-Eigenschaften, diese werden durch m2 bestätigt. F´´$\sharp$, die Super-Terz, strebt mit großer Kraft und Entschlossenheit nach G, also in einen Ton, der in $F^{7/9/11\sharp/13}$ dieselbe harmonische Mischung haben wird wie d´´ in $C^{7/9/11\sharp/13}$, nämlich h5h2h2h5h5h2, 50% Grundton-Eigenschaften und 50% Terz- Eigenschaften. Mit großer Entschlossenheit in die Unentschlossenheit, mit Kraft in die Kraftlosigkeit, mit Überzeugung in den Zweifel - welch eine Tragödie! Nun aber wäre es an der Zeit, eine tatsächliche Terzenschichtung zu konstruieren, ich will sehen, welche Akkord-Folge die harmonischen Funktionen eines solchen Akkordes ermöglichen.

♪**Demo 238**

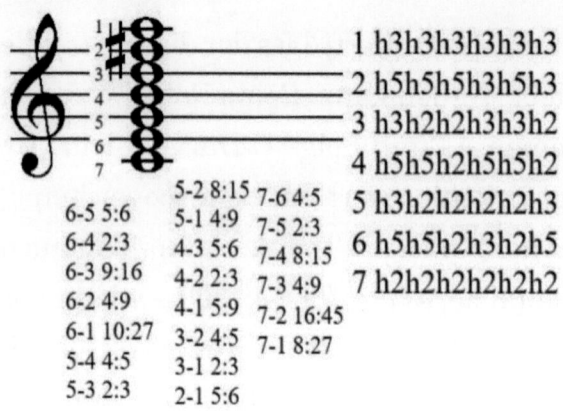

1 h3h3h3h3h3h3
2 h5h5h5h3h5h3
3 h3h2h2h3h3h2
4 h5h5h2h5h5h2
5 h3h2h2h2h2h3
6 h5h5h2h3h2h5
7 h2h2h2h2h2h2

6-5 5:6
6-4 2:3
6-3 9:16
6-2 4:9
6-1 10:27
5-4 4:5
5-3 2:3

5-2 8:15
5-1 4:9
4-3 5:6
4-2 2:3
4-1 5:9
3-2 4:5
3-1 2:3
2-1 5:6

7-6 4:5
7-5 2:3
7-4 8:15
7-3 4:9
7-2 16:45
7-1 8:27

$C^{7maj/9/11\sharp/13}$ als Schichtung von reinen großen oder kleinen Terzen. Keine „Schein-Terzen" wie 27:32 oder „Schein-Quinten" wie 27:40. C´ ist 100%-Grundton, eine stabile Tonalität, so scheint es. Aber a´´ ist 100% Quint und bestätigt damit d´´ als zweiten Grundton. Dadurch wird der starke Grundton-Anspruch von c´ ebenso stark angegriffen- ein Konflikt, den wir lösen wollen, indem wir nach melodischen Funktionen suchen, die zu den harmonischen Funktionen passen. Das wird schwierig, wenn die harmonischen Funktionen nicht eindeutig sind, wie z.B. d´´ mit 50% h3 und 50% h2.

Doch wir versuchen es:

♪Demo 239

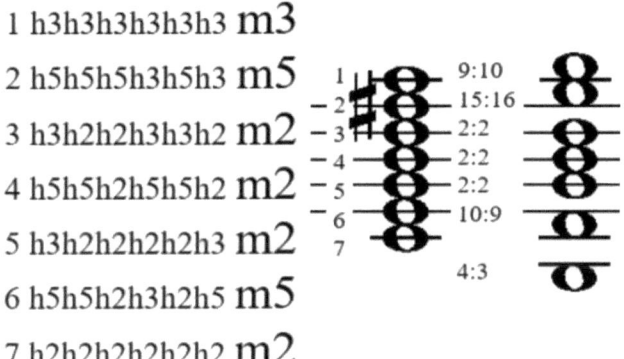

1 h3h3h3h3h3h3 m3
2 h5h5h5h3h5h3 m5
3 h3h2h2h3h3h2 m2
4 h5h5h2h5h5h2 m2
5 h3h2h2h2h2h3 m2
6 h5h5h2h3h2h5 m5
7 h2h2h2h2h2h2 m2

Fast alle Töne bekamen ihren Willen, das heißt, ihre melodische Funktion, die sich aus dieser Akkord-Folge ergibt, entspricht der Mehrheit ihrer harmonischen Funktionen. h´ aber muss melodische Oktav-Funktion annehmen, obwohl es viel lieber Terz gewesen wäre, denn es hat 4/6 harmonische Terz-Funktion, und d´´ hätte genauso gut auch melodische Quint-Funktion übernehmen können. Das wahre Problem von 7maj/9/11$_\sharp$/13 erkennen wir aber, wenn wir sehen, dass sich in diesem **einen** Akkord-Turm 3 traditionelle, quint-verwandte Haupt-Stufen verbergen, in unserem Fall: C-Dur (c´e´g´) G-Dur (g´h´d´´) und D-Dur (d´´f´´$_\sharp$ a). Das heißt aber: was wir in vorangegangenen Kapiteln als problemlose Akkord-Folge kennengelernt haben, wird hier in eine vertikale Struktur hineingepresst, und wenn wir die Natur-Ton-Reihe als System-bildendes Gesetz verstehen, dann dürfen wir schlussfolgern, dass harmonische Zeit-Faltungen wie 7maj 911♯13 höchstens Ausnahmen sein sollten. Ein harmonisches „Wurmloch". Wie verhält sich nun ein $C^{7/9/11\sharp/13}$, mit kleiner Septime also?

♪Demo 240

1 h3h3h3h5h3h3
2 h5h5h5h5h5h3
3 h3h2h2h5h3h2
4 h3h3h3h3h5h5
5 h3h2h2h2h5h3
6 h5h5h2h3h5h5
7 h2h2h2h5h2h2

Hier ist er, er hat ebenfalls nur **reine** große oder kleine Terzen. Er hat zwar keine 100%-Funktionen, keine völlige Funktions-

Reinheit, aber dafür überall Mehrheiten. Welche Akkord-Folge könnte herauskommen, wenn wir den melodischen Willen jedes Einzel-Tones aus seiner harmonischen Funktions-Mehrheit ableiten?

♪Demo 241

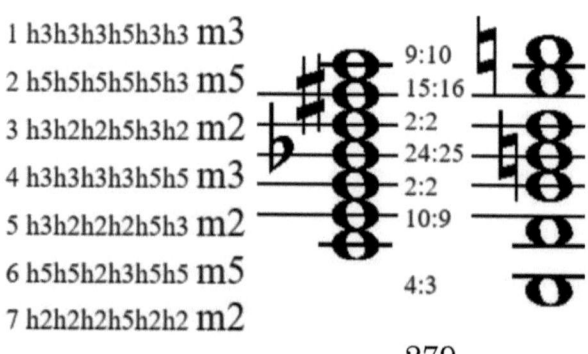

1 h3h3h3h5h3h3 m3
2 h5h5h5h5h5h3 m5
3 h3h2h2h5h3h2 m2
4 h3h3h3h3h5h5 m3
5 h3h2h2h2h5h3 m2
6 h5h5h2h3h5h5 m5
7 h2h2h2h5h2h2 m2

279

Wie sehen ein b'♭ und erinnern uns, dass es in den ♭ -Bereich des „Quinten-Zirkels" abwärts führen sollte, hier aber geht es genau in die andere Richtung. Wieder einmal sind wir auf die Notations - Konventionen hereingefallen: Dieser „Sept-Akkord" mit den Erweiterungen 9 11♯ 13 will im „Quintenzirkel" aufwärts! Das b'♭, das wir hier sehen, ist ja auch um ein syntonisches Komma (80:81) höher als das b'♭ eines richtigen Sept-Akkordes. Hinter dem oberflächlichen Schein des Notenbildes verbirgt sich eine mehrschichtige Welt aus Beziehungen. Aus Beziehungen aber besteht Musik. Die erweiterten Akkorde des Jazz werden von ihrer Nomenklatur und ihrer Schreibweise bisweilen völlig falsch gedeutet, ihr psycho-akustischer Reiz kommt von ihrer situativen Mehrdeutigkeit, (wenn sie in gleichstufig temperierter Stimmung dargeboten werden), und ihrer nachträglichen Eindeutigkeit. Ein faszinierendes Spiel mit Hör-Erwartung und Auflösung, mit Zukunfts-Ahnung und Erinnerung, ein Spiel mit der Zeit, wie jede tonale Musik, doch hier von besonders feiner Art...

Was ist „Erweiterte" Tonalität?

Es ist ein heimliches Vorurteil, von „erweiterter" Tonalität zu sprechen, so, als ob Tonalität an und für sich eng sei und als ob man sie künstlich erweitern müsse. Die tonalen Verwandtschafts-Beziehungen, die wir durch den bestimmungsgemäßen Gebrauch des Naturgesetzes der Natur-Ton-Reihe kennenlernen durften, sie sind derartig weit, dass eine grafische Darstellung nicht mehr möglich ist. Die Frage ist nicht: bedienen wir uns einer „engen" oder „weiten" Ton-Sprache? sondern: wie „eng" oder weit" ist die Erlebnis-Welt, die wir in und mit dieser Ton-Sprache symbolisieren wollen? Wir werden sehen, dass die „erweiterte" Tonalität aus unaufgelösten komplizierten harmonischen und melodischen Proportionen besteht. Der „erweiterten" Tonalität fehlt die Lösung des Rätsels, (d.h. der Dissonanz), das Rätsel bleibt ungelöst stehen, die dadurch entstehende enigmatische Anmutung darf man möglicherweise als Prätentions-Symptom werten. Pointiert lässt sich also sagen: Die „erweiterte" Tonalität hat in Wirklichkeit durch traditions-allergischen Originalitäts - Zwang eine **Verengung** erfahren. „Erweiterte" Tonalität ist verengte Tonalität. Doch nun wollen wir Beispiele sehen und hören: ♪**Demo 242**

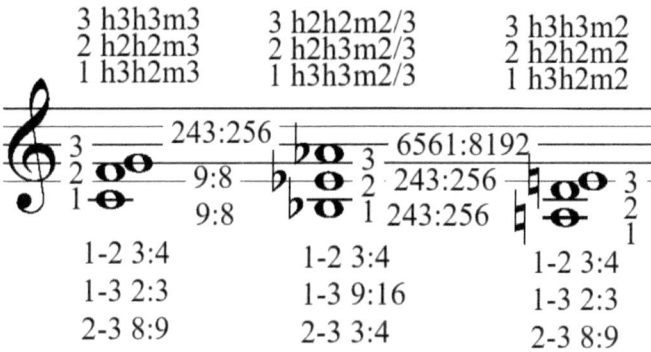

Alle Töne dieses kleinen 3-stimmigen Beispiels entstammen der Quinten-Reihe, die aus benachbarten tonalen Zentren besteht. Hier aber sind diese potentiellen Zentral-Töne gruppiert, als ob sie Ton-Familien-Mitglieder seien. Es entstehen scheinbar chaotische melodische Proportionen, genau betrachtet ist aber $243:256 = 3^5 : 2^8$ und $6561: 8192 = 3^8 : 2^{13}$. Nun erkennt man die Proportion 2:3, das Bau-Element der Quinten-Reihe. Die vermeintliche kleine Sekunde g′-a♭ im Sopran ist kein diatonischer Leitton-Schritt 15:16, sondern $3^5 : 2^8$. Doch könnte man auf die Idee kommen, den Sopran aus Beispiel 1 zu vereinfachen und ihn dann dennoch mit ähnlichen Quart-und Sekund-Klängen wie in Demo 242 zu begleiten.

Das sieht dann so aus: ♪**Demo 243**

282

3 h3h3m5	3 h2h2m2/5	3 h3h3m2
2 h2h2m5	2 h2h3m3/5	2 h2h2m2
1 h3h2m5	1 h3h3m3/5	1 h3h2m2

-3 ——15:16——		-3 —5:4—	
-2 10:9	3	-2 -135:128	3 -
1 10:9	2	1 135:128	2
	1		1

1-2 3:4	1-2 3:4	1-2 3:4
1-3 2:3	1-3 9:16	1-3 2:3
2-3 8:9	2-3 3:4	2-3 8:9

Statt e´ habe ich f♮ geschrieben und beabsichtigt, ich habe mich in die Situation eines Komponisten versetzt, der diese Klang-Folge am Klavier spielt und sich anschließend entscheiden muss, wie er sie notiert. Zwar sind in Demo 242 die melodischen Proportionen einfacher als in Demo 243, aber die Doppel-♮ Notierung wirkt unnötig schwierig.

Diese beiden Beispiele demonstrieren bereits ein wenig, was ich weiter oben sagte: Hier wird nicht erweitert, sondern weggelassen, nämlich das schöne Gleichgewicht zwischen Basis-Proportionen und deren Abkömmlingen, es sind fast nur noch die Abkömmlinge übrig, eine Art proportionaler Generationen-Konflikt also. Doch man könnte nun auf die Idee kommen, ein wildes Pan-Optikum von Basis-Proportionen und deren „Kindern" zu komponieren, nur eben etwas durchgeschüttelt. Versuchen wir´s mal:

♪Demo 244

Basis-Proportionen, synthetische Proportionen, Misch-Funktionen, keine Riesen-Proportionen: warum sieht das so einfach aus, obwohl es so ungewöhnlich klingt? Den Grund erkennt man nicht auf den ersten Blick: Alle hier verwendeten Töne entstammen der Klangfamilie des Zentral-Tones C. Demo 244 klingt zwar pseudo-atonal, ist aber auf ein einziges tonales Zentrum bezogen, ist also tonal. „Dissonant" ist nicht dasselbe wie „atonal", und tonale Musik muss nicht konsonant sein; unser Beispiel ist überwiegend dissonant, aber nicht atonal. Wenn ein Komponist eine solche Akkord-Folge erfindet, dann hat er damit Begabung für tonale Strukturen bewiesen, trotz der dissonanten Oberfläche. Und wer diese Akkord-Folge als zwar kryptisch-mäandernd, jedoch insgesamt stimmig apperzipiert, der konnte die verborgene Zentral-Ton- Ausstrahlung empfangen und verwerten. Aber auch dieses Beispiel zeigt: Diese Klang-Folge ist keine erweiterte klassische Kadenz, sondern eine Ruine, ein Relikt, nachdem man willkürlich und brachial versucht hat, den klassischen, konventionellen, harmonischen und „heilsamen" Anteil zu eliminieren. Woher dieser bilderstürmerische Furor? Um diese Frage vollständig zu beantworten, muss man ein neues Buch schreiben, das die Schaffens-Psychologie jedes einzelnen relevanten Komponisten untersucht.

Doch will ich eine stark komprimierte Antwort-These geben: Im Falle der historischen „erweiterten" Tonalität, um eine scharfe Abgrenzung von der dodekaphonischen Total-Atonalität vorzunehmen, kann man eine indifferente Mischung aus Avantgardismus-Epigonentum und inkonsequenter Rest- Liebe zu traditionellem Wohlklang in enger Verflechtung mit der Hoffnung, durch diese allseitige Willfährigkeit die Harmonik in eine als alternativlos missverstandene Moderne hinüberzuretten, erkennen. Ein schlimmer Schachtel-Satz, ich weiß, doch ein ungeschriebenes Buch lässt sich nur als Schachtel-Satz-Komprimat kommunizieren. Machen wir aus dem soeben Gesagten ein Beispiel: Hier wird eine konventionelle Akkord-Folge gewaltsam von allem Wohlklang befreit; folgende Methoden wenden wir an: Auslassung einzelner Töne, Überlagerung von Akkorden, chromatische Alteration einzelner Töne, alles, was geeignet ist, ursprünglich wohlklingende Akkordfolgen professionell zu verhunzen. ♪Demo 245

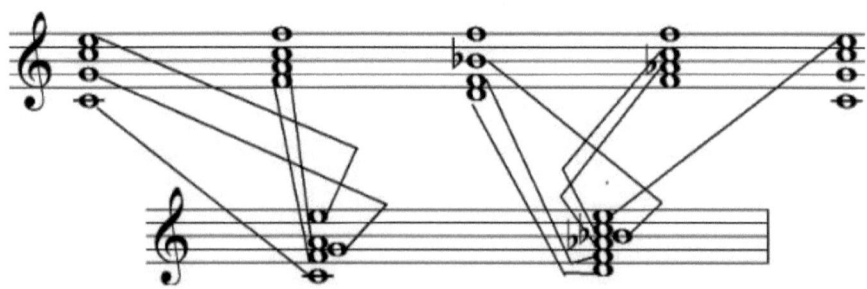

Aus 5 Akkorden werden 2, deren Struktur ein wenig an das Frankenstein-Monster erinnert, denn sie sind aus Teilen von Dur-Dreiklängen zusammengefügt, und sie sind kristallisierte Zeit, denn was im Original eine Akkord-Folge war, das ist nun ein simultaner Klang geworden. Hier wurde nichts erweitert, sondern zusammengepresst, hier wurde auf einen Moment konzentriert, was Reihenfolge sein sollte. Ein weiteres Beispiel: ♪Demo 246

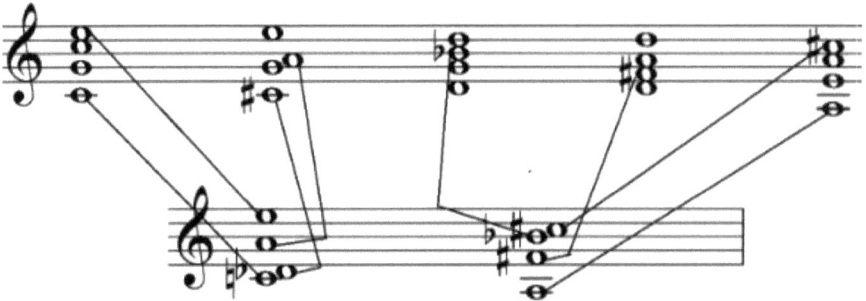

Auch hier sehen wir die Überlagerung von Fragmenten bekannter Akkorde, doch weil das Original nicht nur aus quint-verwandten Akkorden und auch nicht nur aus einfachen Dur-Dreiklängen bestand, ist auch das Ergebnis viel geheimnisvoller. Auslassung und Fragment-Überlagerung als Methoden der künstlerischen Schein-Tiefe. Wenn wir Parallelen aus den Schwestern-Künsten suchen, dann müssen wir nicht weit gehen: Sehen wir uns zum Beispiel das Portrait der Dora Maar von Pablo Picasso aus dem Jahre 1937 an! Ich will es hier aus Urheber-rechtlichen Gründen nicht bringen, aber es ist gewiss im Internet leicht zu finden: Der Maler lässt uns in **einem** Gemälde Teile eines en face- und eines Profil - Portraits sehen, zwei unvollkommene Portraits zu einem Gemälde verdichtet, zwei Zeit-Punkte der Wahrnehmung zu einem Hyper-Zeit-Punkt vereint. Was geschieht hier? Um die für das 20. Jahrhundert auffällige Motivation zum Hyper-Zeit-Erlebnis zu verstehen, müssen wir einen größeren, über die Kunst hinausgehenden Zusammenhang betrachten. Vor Einsteins Theorie der Raumzeit fügte sich der Mensch mehr oder weniger widerwillig in die Reihenfolge der Ereignisse, die je nach Weltanschauung als Schicksal oder als Reihe von Entscheidungsmöglichkeiten aufgefasst werden konnte. Für die Kunst, die ja nachahmen wollte, bedeutete dies ein lineares Kommunikationskonzept, selbst da, wo eine lineare Struktur auf den ersten Blick gar nicht erkennbar ist: Auch Gemälde oder Skulpturen lenken subtil die Wahrnehmung zunächst auf ein dominantes Element, erst danach darf der Blick sich auf scheinbar Nebensächliches einlassen. Eine lineare Wahrnehmungs-Spur in 2 - oder 3-dimensionaler Umgebung. Doch ich deutete schon an, dass gegen dieses lineare Zeit-Erleben auch künstlerische Opposition bestand. Und zwar gerade da, wo die Linearität der Zeit zum Schicksal der Kunst wird, nämlich in der Musik. Denn: Was ist Form, die sich durch Kontrast, Erwartung, Wiederholung, Variation, Beziehung von Teilen und deren Einheit in der Vielfalt anderes als die Erschaffung einer „Zeit-Skulptur", oder sollten wir eher von einer klingenden Ewigkeits-Ahnung sprechen? Ausgerechnet die Musik, der man epigonal und leichtfertig die Beschränkung einer „Zeit-Kunst" angedichtet hat, sie zeigt in der Formenwelt der „absoluten Musik" größtes Aufbegehren gegen das Schicksal und gegen die Vergänglichkeit, weil sie den Augenblick reflektiert, variiert, repetiert, konserviert. Ich muss an dieser Stelle einmal die Musik-geschichtliche Stellung von Anton Bruckner hervorheben, den ja oberflächlich Hörende gerne als Wagner - Schüler, oder schlimmer noch, als Wagner-Epigonen beurteilt haben: Er hat mit Elementen von Wagners Tonsprache den größtmöglichen Widerspruch zu Wagners linearem Soundtrack komponiert, den man sich denken kann, denn er hat in gewaltigen Dimensionen der absoluten Musik als Klang-Monument, als Architektur, als imaginäres Gleichzeitigkeits-Erlebnis zu ihrem Recht verholfen. Ein **Gegner** Wagners war er in Wirklichkeit, seine Aussage war: „Musik braucht keinen Text, wenn sie kraftvoll erfunden und sinnvoll geordnet ist, Musik ist auch nicht Dienerin menschlicher Dramaturgie, sondern machtvolles Symbol transzendenter Über-Zeitlichkeit". Zugespitzt könnte man sagen: Wagners Zeit-Erleben war dramaturgisch- immanent, Bruckners Zeit-Erleben aber relativistisch- transzendent. Mit der schlagartigen Verbreitung einer populären „light-version" der Relativitäts-Theorie war nun auch die Kunst von der vermeintlichen Tyrannei einer unerbittlich linearen Zeit und ihrem engen Entwicklungs-Korridor befreit. Selbstverständlich dürfte wohl kaum einer der zeitgenössischen Künstler die tatsächlichen Gedanken Einsteins auch nur ansatzweise verstanden haben, selbst Physiker gaben zu, hier nicht mehr folgen zu können, doch das populäre Narrativ war: Irgendwie ist alles gleichzeitig, also lasst uns die strenge Kausal-Logik sprengen, Erlebnis-Inhalte werden nun nicht-kausal assoziiert (Surrealismus), isoliert (Dadaismus), verfremdet und übersteigert (Expressionismus), psychologisiert und entmythologisiert (Brecht-Theater nebst dazugehöriger Musik-Auffassung). Die neue populäre Zeit-Philosophie ist allerdings nicht die **einzige** geistige Basis der „Neuen" Kunst, man könnte auch noch die Wirkung der jungen Psycho-Analyse und den Einfluss des Marxismus untersuchen, doch das würde den Rahmen dieses Buches sprengen. Wir aber beginnen nun zu verstehen, wie aus klassischen Akkordfolgen durch eine mehr hintergründig-unbewusste Gleichzeitigkeits - Prämisse kryptische Ton-Agglomerationen werden konnten, schließlich sogar Cluster, deren chromatisch-totale Gleichzeitigkeit sie zum diffusen

Symbol säkularer Ewigkeits-Vorstellungen werden ließ. Kausale Klang-Ereignisfolgen gelten seither als primitiv; Autoren und Hörer kausaler Klang-Ereignisfolgen ebenfalls. Die Anmaßung der daraus resultierenden Hörer-Klassen-Ästhetik muss entlarvt werden als vergeblicher Versuch, eine lückenhaft verstandene physikalische Entdeckung mit einer rein theoretischen Musik-Soziologie und einer phantasielosen Kompositions-Lehre in Form kryptischer Sprach-Pirouetten zu vereinen. Es entsteht höchstens eine Ideologie, die ja, dem Wortsinne nach, eine „Bilder-Lehre" ist und daher mit großer Wahrscheinlichkeit nur die inneren Bilder des Lehrenden vermittelt, weiter nichts. Ich zeigte und belegte in diesem Buch, wie kompliziert die innere Struktur der scheinbar einfachen tonalen Akkordfolgen tatsächlich ist, und in diesem Kapitel zeigte ich im Gegensatz dazu, dass die scheinbare Komplexität „moderner" Harmonik in Wirklichkeit einer Frankenstein´schen Verkrüppelungs-Ästhetik folgt.

Illusion und Realität von anhemitonischen Skalen, dargestellt an Pentatonik und Ganztonleiter

Musik generiert imaginäre Räume, die Suche nach der mathematischen Realität hinter den Klang-Phänomenen scheint ein entzaubernder Frevel zu sein. Ich will aber nicht entzaubern, die heimliche Prämisse meines Buches ist ja: Es gibt nichts Wundervolleres als die Realität. Pentatonik und die Ganztonleiter fanden endgültig in der Epoche des „Impressionismus", besonders im Werk von Claude Debussy, Eingang in die Kunst-Musik; scheinbar frei von Grundtönen und diatonischen Leit-Ton-Zwängen waren diese Skalen prädestiniert für die Schaffung illusionärer Räume. Damit kann ich aber nicht zufrieden sein: Es muss hinter allem Klingenden auch eine Proportion sein, und diese Proportion trägt ihr sinnliches Erlebnis verborgen in sich. Ich beginne mit der Untersuchung der Pentatonik, sie ist unkomplizierter, der traditionellen Tonalität näher. Sehen und hören wir, welche einfachen Proportionen hinter den 5 (altgriechisch πέντε = fünf) Stufen stehen:

♪Demo 247

291

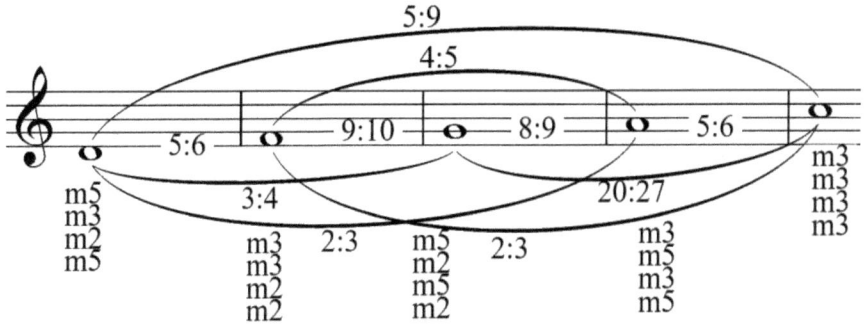

Es ergibt sich ohne Schwierigkeiten das Bild einer äolischen oder dorischen Moll-Skala ohne 2. und 6. Stufe. Was geht durch diese Auslassungen verloren? Wird auch etwas anderes dabei gewonnen?

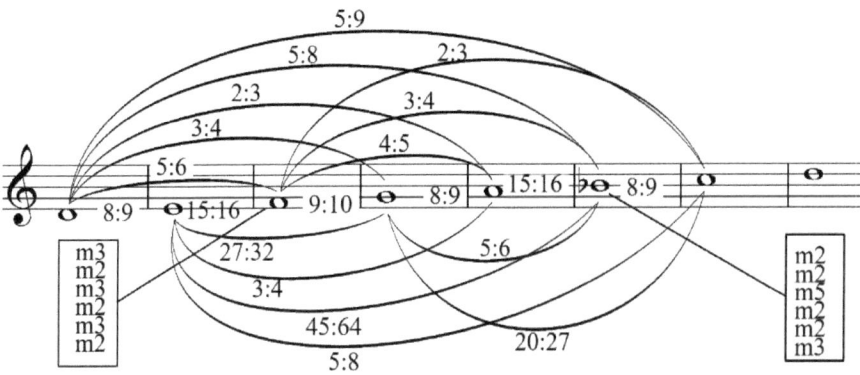

Betrachten wir genauer, welche Rolle die 2. und die 6. Stufe in einer äolischen Moll-Skala spielen. Durch die 2. Stufe e´ bekommt f´ eine weitere Grundton-Funktion, aber die 6.

Stufe b'♭, die nun auch hinzutritt, hat auch insgesamt 4 Grundton-Funktionen. Dies ergibt für die äolische Moll-Skala insgesamt 4 Töne mit Grundton-Funktionen, ein Kompetenzstreit ist die Folge. Die sanft und naturverbunden klingende pentatonische Skala hat zwar die Leittonschritte verloren, die das Charakteristikum der Diatonik sind, aber dafür an innerem Frieden gewonnen. Das Leit-Ton-Defizit lässt außerdem die Frage nach dem Haupt-Grundton in den Hintergrund treten, die verbleibenden „Grundtöne" d´, f´, g´, können einander friedlich abwechseln, eine seltsam schwebende und beruhigende Wirkung pentatonischer Musik ist die Folge. Das Leit-Ton-Defizit verhindert aber auch eine echte Lösung der Grundton-Frage, Probleme können zwar weggetanzt oder verdrängt, aber nicht endgültig verarbeitet werden. So wird die Pentatonik auch zu einem Symbol von resignierender Schicksals-Ergebenheit, von Fatalismus. Wie bereits erwähnt: die pentatonische Skala hat eine unklare Grundton-Situation, auch, weil es keinen Leit-Ton gibt. Man könnte sie also, wenn man die Grundton-Funktionen beachtet, auch in den folgenden Varianten notieren:

F´ als Grundton: ♪**Demo 248**

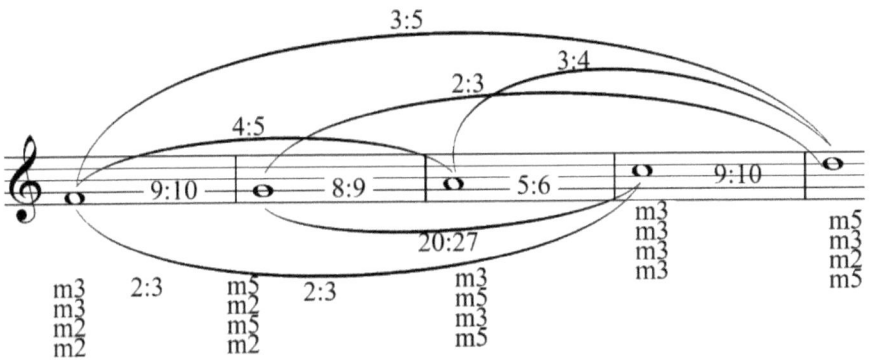

G´ als Grundton: ♪**Demo 249**

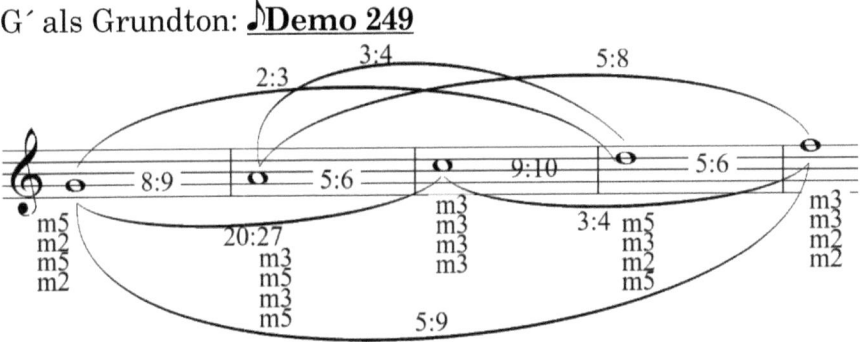

Die Hypothese existiert, die pentatonische Skala sei aus einem Ausschnitt der Quinten-Reihe gebildet worden. Selten ist eine Menschheits-Generation imstande, ihre wissenschaftlichen Prämissen zu relativieren, hier wäre es bitter nötig: Unübersehbar ist hier die Prämisse einer steten Evolution menschlichen Geistes am Werk, die jede alternative Sichtweise ausblendet. Zum Beispiel diese: Die außerordentliche weite, über-ethnische Verbreitung der pentatonischen Skala erweist, dass sie wohl kaum Produkt einzelner ethnischer Kulte gewesen sein kann, es sei denn, alle antiken Kulturen hätten eine wissenschaftlich übersehene Inhalts-Schnittmenge gehabt. Welche Schnittmenge, oder man könnte auch sagen, Konstante, könnte das wohl gewesen sein? Ist es nicht die immer wieder gleich strukturierte menschliche Seele? Ich will nun zunächst zeigen, welche Folgen die Begründung der anhemitonischen pentatonischen Skala aus der Quinten-Reihe hätte: ♪**Demo 250**

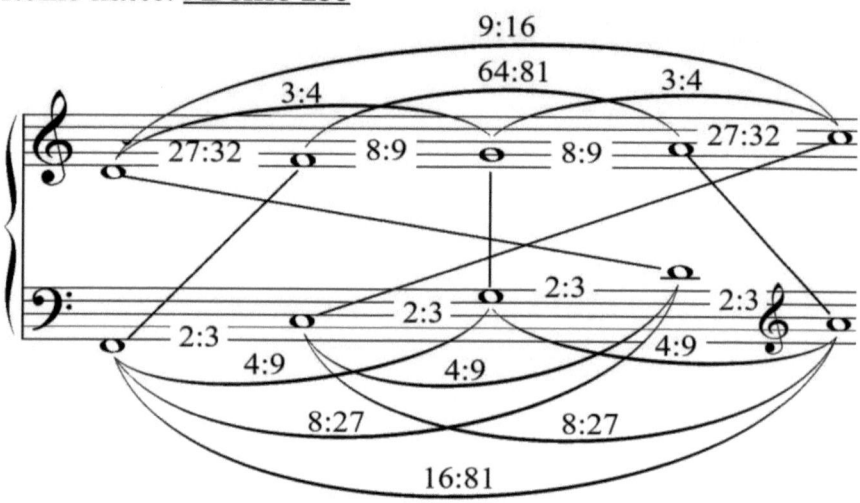

Ein Fest für das Auge! Welche Symmetrie! Doch halt: Symmetrie? Die Natur-Tonreihe hat keine Symmetrie, sie ist maximale Asymmetrie und Un-Umkehrbarkeit. Dieses synthetische Zeugnis menschlicher Willkür ist Frucht eines optisch und symbolisch dominierten Geistes, Augenmusik für Augen-Menschen. Wollen wir wirklich glauben, dass allerlei Kulturen der Menschheit, dazu auch noch der kindliche Gesang, eine Auswahl von 5 Tönen aus der

Quinten-Reihe, die dann anschließend noch in den Oktav-Ambitus transponiert werden müssen, gebildet haben? Sollte etwa jedes noch so naturverbundene Ausdrucks-Bedürfnis intuitive Kenntnis eines solch komplizierten Skalen-Bildungs-Prozesses gewesen sein, und dies auch noch in voneinander unabhängigen, weltweit verstreuten Kulturen? Es mag sein, dass z.b. chinesische Gelehrte, darunter der im europäischen Kulturkreis als „Konfuzius" bekannte Politiker und Philosoph, die bereits gebräuchliche anhemitonische Pentatonik mathematisch legitimieren und fundieren wollten, doch **erfunden** hat die Musiktheorie wieder einmal gar nichts, sie kam, wie auch in Europa, zu spät. Nein! Ich postuliere, dass der Schritt d´-f´ eine „kleine Terz" 5:6 ist, dass f´-a´-c´´ ein versteckter Dur-Akkord ist, und dass der scheinbare Zentralton g´ als einziger keine terz-verwandten Töne hat, aber auch die einzige echte Dissonanz zu c´´ (20:27) bildet. Dadurch fällt, trotz Grundton-Funktion, g´ als echter Skalen-Grundton aus. Die Menschen-Seele ist überall gleich, jede andere Sichtweise wäre kultureller Hochmut. Sie trifft aber, je nach geografischer, sozialer, kultureller, religiöser Bedingtheit eine spezifische Auswahl, entweder um ihre spezifische Umgebung zu verehren oder sie zu vergessen. Die anhemitonische Pentatonik mit ihrer Leitton-losen Weichheit und Indifferenz scheint eine tröstende, fast berauschende Wirkung auf eine vor den Natur-

296

Numinositäten zitternde Seele zu haben; dies tut sie mit fatalistischem Charme, und im gemeinsamen Fatalismus bildet sie Gemeinschaft. Eine musikalische Gemeinschafts-Droge. Ganz anders die andere anhemitonische Skala, die uns in diesem Kapitel interessiert, die sogenannte Ganzton-Leiter. Sie ist kein globales Kultur-Phänomen, sie kam in der Spätromantik in Mode und war im Impressionismus als klingende Antithese zur „Tradition" essentiell.

Die antithetische Genese ist ein Grund für ihre verschwommene Struktur; kultureller Innovations-Eifer führt selten zu dauerhafter Fügung und Stabilität. Das große Problem der „Ganzton-Skala" ist: Was um Himmels Willen ist ein Ganzton? Wir kennen inzwischen die Proportionen 8:9 (sogenannter großer Ganzton - Schritt) und 9:10 (sogenannter kleiner Ganzton - Schritt). Man könnte noch den „septimalen Ganzton" (7:8) erwähnen, aber das vergrößert die Verwirrung noch. Zunächst betrachten wir eine Skala, die nur aus den 8:9-Schritten besteht:

♪Demo 251

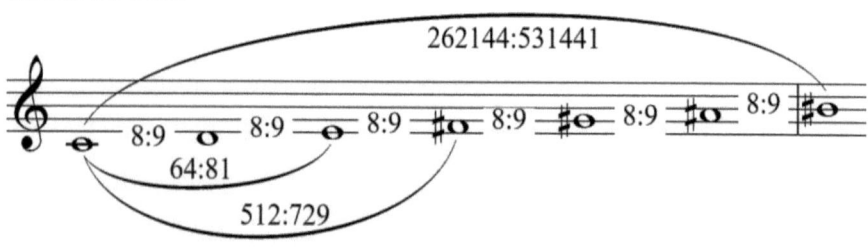

Auffällig: Der Kreis schließt sich nicht, $(8:9)^6 \neq 1:2$.

Vielmehr, wie man sieht: $(8{:}9)^6$ = 262133: 531441, besser bekannt als (oktaviertes) „pythagoräisches Komma". Diese Variante der „Ganzton-Skala" ist eigentlich nur eine Hälfte der Quinten-Reihe aufwärts und in 8:9-Nachbarschaft transponiert. Oder diese Variante:

♪**Demo 252**

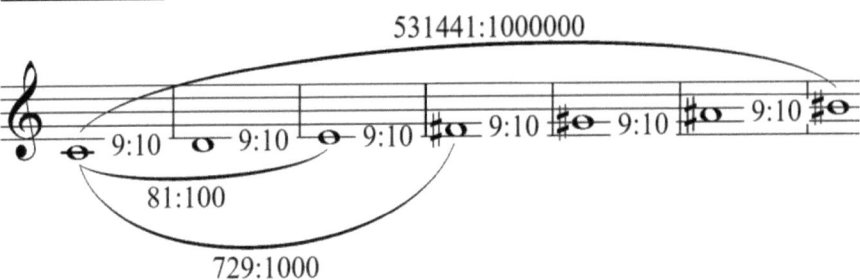

Auch hier kann keine Oktave als Rahmen-Intervall entstehen, vielmehr sehen wir die absurde Proportion 531441:1000000. So etwas ist keine Skala, sondern eine Odyssee. Wir ahnen bereits das „Geheimnis" der exotischen Wirkung dieser künstlichen Skala: In der temperierten Stimmung könnte sowohl die 8:9-Variante oder die 9:10-Variante gemeint sein, oder auch eine beliebige Mischung aus beiden. Diese Zwangs-Heuristik hält das hörende Gehirn recht gut in Bewegung, der Hörende wacht auf und gerät in einen anstrengenden Ausdeutungs-Modus, damit aber hat der Komponist die Aufmerksamkeit des Hörenden; man darf ein wenig Effekt-Hascherei attestieren. Als historisches Beispiel für die Ganzton-Skala wird oftmals Claude

Debussy´s „Voiles" (Schleier) aus dem ersten Band seiner Klavier-Préludes herangezogen. Debussy war ein großer Komponist; schauen wir ihm über die Schulter:

Der berühmte Beginn, hier in gleichstufiger Stimmung....
♪Demo 253

Wir sehen sofort, dass Debussy hier keine „Skala" notiert, zu Beginn schreibt er g´´♯, aber am Anfang des zweiten Taktes steht a´♭; im ersten Takt finden wir ein f´´♯, aber im dritten Takt g´♭, das ist ganz offenbar keine einzige Skala, sondern eine Pluralität vieler Skalen. Die Komposition heißt „Voiles" (Plural)... Und dann müssen wir noch eine verminderte Quarte (f´´♯ - b´♭) im Takt 2 entdecken! Wir wollen analysieren, welche Proportionen Debussy´s Skalen - Mosaik zugrunde liegen. Takt 1:   ♪Demo 254

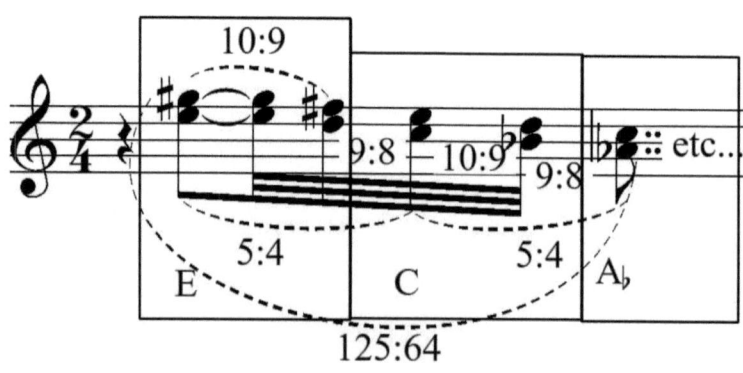

3 Zentraltöne: E, C, A♭. Zwei davon sind umgeben von Tönen
ihrer mixolydischen Skala, die zwischen 7.und 8.Stufe die
Proportion 9:10 hat:

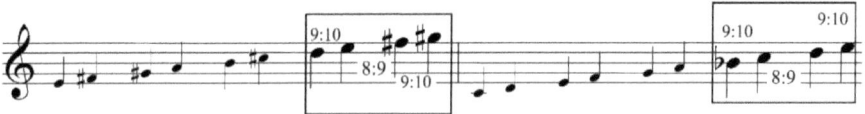

In Takt 1 gibt es keine „Ganzton-Skala", sondern
Fragmente von Großterz-verwandten mixolydischen Skalen.
Weiter: Takt 2 ♪Demo 255

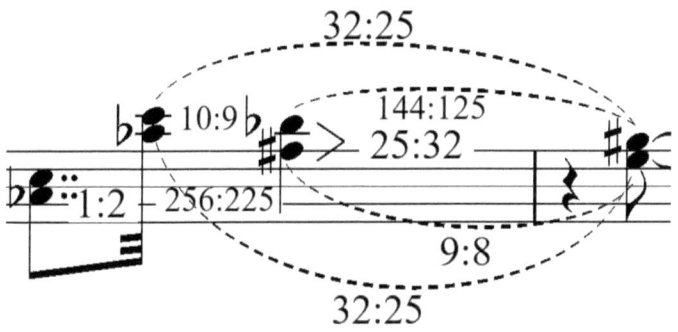

A´´♭ hat nur 2 Skalen-Töne zur Bestätigung seiner
vorübergehenden Zentral-Ton-Funktion: c´´´ und b´´ ♭. Die
zarte Melodie hält inne in einem bisher neuen Intervall: der
verminderten Quart f´´♯ - b´´♭. F´´♯ gehört bereits zur
Umgebungs-Skala des nächsten Zentral-Tones E, der im
nächsten Takt auf der Zählzeit 2 erscheint. b´´♭ aber gehört
noch zur Umgebungs-Skala von A♭. Kann man das zarte

Innehalten luftiger Schleier subtiler darstellen als mit dieser dissonanten Schein-Terz (25:32), die zwischen Vergangenheit und Zukunft aufgehalten wird? Große Komponisten finden durch ihr Talent akustische Wahrheiten, die später jeder Analyse standhalten. Und damit nicht genug: Auch zwischen den beiden temporären Zentraltönen A♭ und E besteht dieselbe Proportion 25:32. So wird der Takt 2 mit seiner Zäsur zu einer Manifestation von Grenzen zwischen den Skalen-Fragmenten, die Debussy aneinanderreiht. Zwischen e″ und c″ ist 4:5, zwischen c‴ und a′′♭ ist 4:5, aber dann kommt die Folge a′′♭-e″, und hier ist 16:25 (bzw. 25:32).

Hätte Debussy hier eine einzige, auf der gleichstufigen Stimmung beruhende Skala geträumt, dann hätte er sicherlich in Takt 2 g′′♭ - b′′♭ notiert, denn das läge viel näher an dem vorangehenden a′′♭. Aber er fand intuitiv die richtige Skalen-Fragment-Überlagerung, um die akustisch korrekte Bruchstelle seines Skalen-Fragment-Konstruktes sowohl kenntlich zu machen als auch künstlerisch auszuwerten.

♪Demo 256

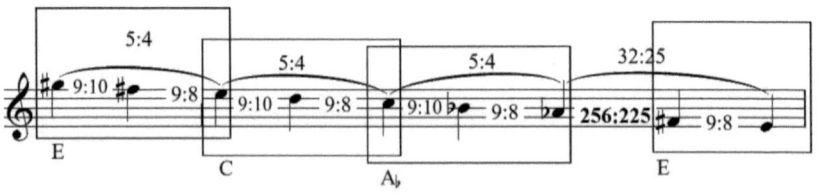

Auch Takt 2 beweist: Keine Ganzton-Leiter, sondern ein Skalen-Fragment-Konstrukt.

Weiter: Takt 3 ist wörtliche Wiederholung des Taktes 1, wir überspringen und kommen zu Takt 4: ♪Demo 257

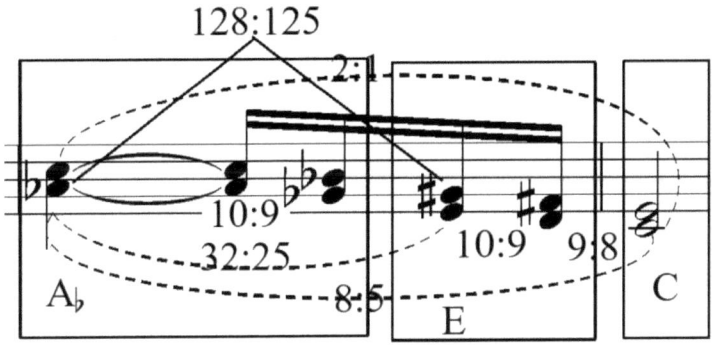

Bisher war der Zentralton C zwischen seine beiden Großterz-Verwandten A♭ und E gestellt worden, C war der Vermittler zwischen A♭ und E, die die Proportion 25:16 miteinander bilden. In der Phrase des 4. Taktes aber stehen nun die temporären Zentraltöne A♭ und E nebeneinander. Jedem unbegabten Möchtegern-Komponisten wäre das gleichgültig, er könnte sich ja mit dem gleichstufig temperierten Gedanken trösten, A♭ sei „irgendwie" G♯ und damit „irgendwie" terzverwandt mit E. Debussy aber war begabt: seine kompositorische Antwort auf die „Bruchstelle" zwischen A♭ und E: 1. Er verzögert die Melodie länger als bisher üblich, bis sie schließlich herabschwebt. 2. Das bisherige „legato" wird durch ein „portato" oder auch „non legato" ersetzt, der Melodie-Fluss bröckelt also. Nur äußerste Sensibilität kann solche proportionalen Feinheiten unbewusst erahnen und diese proportionalen Feinheiten auch dann noch zu einer dazu passenden Gestalt formen. Unsere bisherigen Untersuchungen zeigen deutlich: **die** „Ganzton-Leiter" gibt es nicht. Zwar kann man auf dem Klavier die Oktav gewaltsam und irrational in 6 Tonstufen teilen, die in einem irrationalen Zahlen-Raum zwischen 8:9 und 9:10 umherirren. Eine Skala aber, eine Tonleiter wird daraus nicht, denn die temperiert- irrationalen Tonstufen stehen zueinander in keiner, in absolut keiner Beziehung. Diese faktische Beziehungslosigkeit interpretiert das hörende Gehirn als Netz von rationalen Beziehungen, als Proportionen, die uns wohlbekannt sind. Wer zum Komponieren bestimmt und begabt ist, der wird diese rationalen Deutungs - Möglichkeiten erkennen und auskomponieren. So wie Claude Debussy.

Das Rätsel „Tristan-Akkord"
und seine Lösung

Die Harmonik, die Richard Wagner in seinem bereits 1865 erschienenen Musik-Drama „Tristan und Isolde" im Vorspiel, aber auch danach immer wieder im Zusammenhang mit der handlungsrelevanten „amour fou" komponiert hat, sie galt als wohlfeiler Erweis der historisch „unausweichlichen" Auflösung tonaler Strukturen, Ordnungen und Zusammenhänge. Ich werde zeigen, dass jene Harmonik trotz ihrer üppigen Chromatik tonal ist. Der einfache tonale Kurs hinter den chromatischen Serpentinen konnte in früheren Zeiten nicht bemerkt werden, weil die Musiktheorie eine Sammlung unterschiedlicher **subjektiver** Deutungen hervorgebracht hatte, anstatt einträchtig nach den objektiven Grundlagen der Wagner'schen Harmonik zu suchen. Diese objektiven Grundlagen kann ich nachreichen und das Rätsel lösen. Hier die melodischen Proportionen der ersten Phrase des Tristan-Vorspiels: ♪**Demo 258**

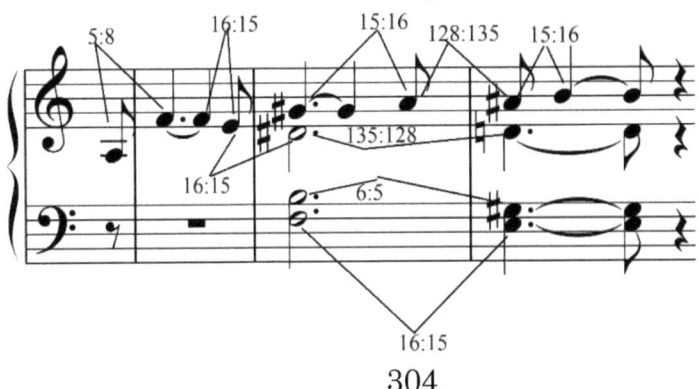

304

Wir sehen bekannte Proportionen, den „diatonischen Halbton-Schritt" 15:16, der in diatonischen Tonleitern als Leit-Ton-Schritt zu finden ist, dann aber auch den „großen chromatischen Halbton-Schritt" 128:135. 15:16 erzeugt h5 – h2, denn 15= 3· **5** und 16= 2·2·2·**2**. 128:135 erzeugt h2- h5, denn 128 = 2·2·2·2·2·2·**2** und 135 = 3·3·3· **5**

15:16 und 128:135 bilden also jedes Mal melodische Grundton-Funktionen, ein geniales Symbol für die Suche einer liebeskranken Seele nach einem realen Fundament oder nach einer Möglichkeit zur Verwirklichung dieser Utopie. Aber: Die Suche nach einem Grundton ist absolut nicht dasselbe wie die Negation, die Verleugnung, die Verwerfung jedes Grundtones, jeder Tonika, jedes Zentrums. Die Suche **will** finden, die Negation nicht. Die Vergeblichkeit der Suche ist tragisch und gerade deswegen nicht mutwillig, sondern verhängnisvoll. Das leichtfertige Wegwerfen jeder tonalen Bindung, die fahrlässige Sprengung des tonalen Fundaments: Wie kann man sie nur begründen mit jener tragischen Sehnsucht nach einer Basis für die verbotene Liebe, die „Tristan und Isolde" besingt? Und weiterhin fällt auf, wie verirrt eine Analyse enden muss, wenn sie nicht zwischen den unterschiedlichen „Halbton-Schritten" zu unterscheiden weiß. Sie sind ja nicht nur verschieden groß, Quantität ist nur die Hälfte des Faktischen, sie haben im Universum der Frequenzen ja auch ganz unterschiedliche

Qualitäten. Wem diese Qualitäten und Funktionen unbekannt oder einerlei sind, dem muss Wagners geniale Stimmführung als ein verwirrender Abschied von der tonalen Ordnung erscheinen, während sie doch eigentlich blühende Anwendung jener Ordnung ist. Sehen wir nun die harmonischen Proportionen:

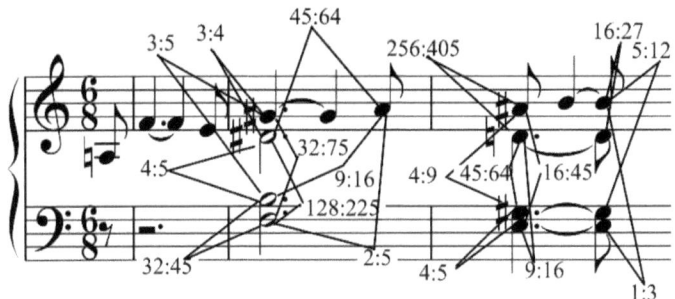

Die kompliziert erscheinenden Proportionen 128:225, 256:405, 45:64 sind aus gut bekannten Proportionen zusammengesetzt. Zuerst die schwierigste Proportion 256:405

$$\log_2\left(\frac{27}{16}\right) - \log_2\left(\frac{16}{15}\right) = \log_2\left(\frac{405}{256}\right)$$

256:405 ist also nur der Leit-Ton-Vorhalt (15:16) zu der „falschen Sexte" 16:27 eines Dominant-Sept-Akkordes. Nun die Proportion 32:75 zwischen f und g′$\sharp$: sie ist eine große Dezime 2:5 minus dem diatonischen Halbton-Schritt 15:16

$$\log_2\left(\frac{5}{2}\right) - \log_2\left(\frac{16}{15}\right) = \log_2\left(\frac{75}{32}\right)$$

Komplizierter ist 128:225 – diese Proportion ist eine Oktave minus zwei diatonische Halbton-Schritte 15:16.

Aber Wagner löst 128:225 nicht in die Oktave e-e´ auf, sondern in die dissonante Septime e-d´ 9:16. Das ist zwar eine Verbesserung, aber eine Auflösung ist es nicht. Eine Dissonanz, deren Auflösung erwartet und verstanden werden kann, muss die Summe einer bekannten Konsonanz und einer weniger konsonanten, aber bekannten Proportion sein, wie 15:16, 24:25 etc. Der Unterschied zwischen der übermäßigen Sexte f-d´$_\sharp$ und der Septime e-d´ aber beträgt 2025:2048! Eine Überraschung, auch heute noch. Nur auf dem gleichstufig verstimmten Klavier hört sich f-d´$_\sharp$ ebenso dissonant an wie e-d´, rein gestimmt aber zeigt sich diese Proportions-Folge als maximale Enttäuschung, denn 128:225 wurde ja extra aus der Oktave e-e´ durch Subtraktion von zwei diatonischen Halbton-Schritten 15:16 gebildet, um exakt diese Oktave e-e´ zum ersehnten Ziel werden zu lassen, und nun erscheint stattdessen die trübe Septime e-d´, 9:16!

Weil wir nun aber wissen, dass Wagner seine eigene völlig chancenlose Liebe zu Mathilde Wesendonck, der Frau eines Gönners, in seinem „Tristan" sublimiert hat, können wir verstehen, warum er eine dementsprechend ausweglose Stimmführung suchen und finden musste. Mit einem destruktiven Rütteln an den Fundamenten der Tonalität hat das ebenso wenig zu tun wie jene erfolglose Liebe mit verbitterter Askese. Ich vermute aber, Wagner hat sich um Proportionen keine Gedanken gemacht, er fand seine

Symbolik intuitiv. Umso erfreulicher ist die Logik, die sich in dieser intuitiv gefundenen Tonsprache zeigt. Nach unseren bisherigen Untersuchungen können wir schon jetzt sagen: Die „Chromatik" jener legendären Harmonie-Folge ist eher ein Hinweis auf tonale Logik, Erwartung und Enttäuschung und ihre psychologische Symbolkraft, auf keinen Fall aber eine tonale Zerfalls-Erscheinung. Ein Zerfall ist müde, schlapp und eigentlich auch langweilig, diese Harmonik aber ist spannend, tragisch und schmerzlich. Sehen wir nun die Ordnung der harmonischen und melodischen Funktionen jedes einzelnen Tones an:

Die stärksten Grundton-Funktionen haben f´, d´, e´, etwas schwächer ist auch a´. A ist der Ton mit den besten Beziehungen, das bedeutet: die einfachsten Proportionen zu allen anderen Grund-Tönen.

a-e´ = 2:3

d´-a´ = 2:3

f'-a' = 4:5

Dagegen:

f' - e'= 16:15

f'-d' = 6:5

e'-d' = 9:8

A ist zwar nur für die Dauer eines Achtels ein etwas destabilisierter Grundton, (denn er hat von F auch noch eine Terz-Funktion), aber seine guten Beziehungen zu **allen** anderen Grundtönen geben ihm die Würde eines heimlichen Zentral-Tones, also der heimlichen Tonika dieses kleinen Abschnittes. Um diesen Mechanismus zu verstehen, schauen wir uns eine konventionelle Akkord-Folge an, die sicherlich keine Keimzelle der Atonalität ist:

♪Demo 259

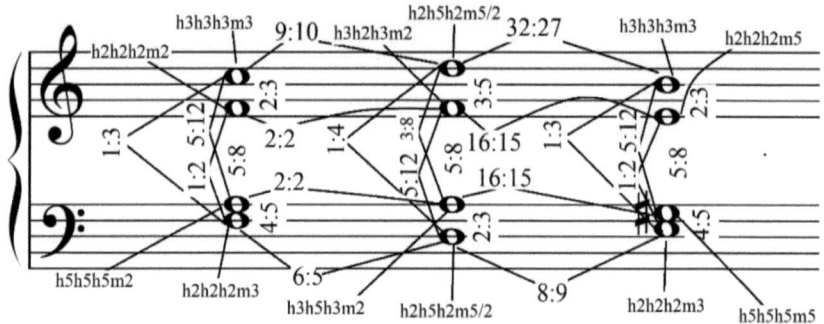

F-Dur, D-Moll, E-Dur. Die stärksten Grundtöne sind f, d e. D erhält noch eine melodische Grundton-Funktion durch die Proportion 8:9 zu e. Obwohl A-Moll nicht erscheint, ist dies eine Akkord-Folge um den abwesenden Zentralton A, denn A hat trotz harmonischer Unklarheit eine klare melodische

Grundton-Funktion. Sie ist schwach, aber wirksam. Und das schwache A hat, wie auch bei Wagner, zu allen drei starken Grundtönen f, d, e gute Beziehungen.

Wir wollen nun die Grundton-Funktion von A verstärken:

♪Demo 260

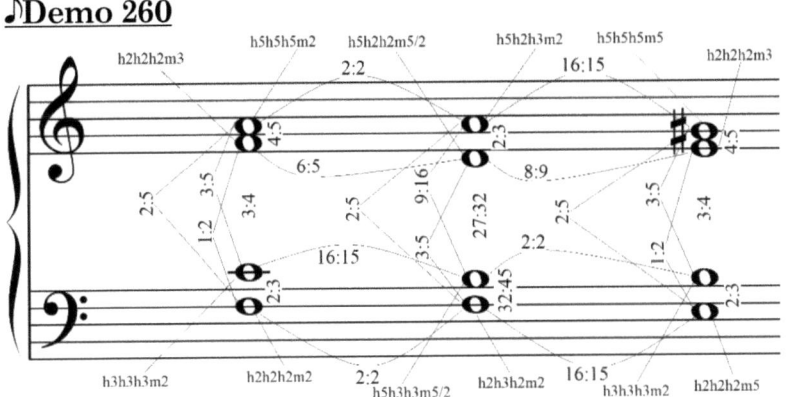

A´ in F-Dur ist noch eine starke Terz, a´ in D-Moll aber hat eine harmonische und eine melodische Grundton-Funktion. A ist als möglicher Grundton stärker geworden, und der Tonsatz gleichzeitig insgesamt dissonanter! Der Moll-Subdominant-Quint-Sext-Akkord Dm$^{5/6}$ ist gewiss dissonanter als das reine D-Moll. Die Akkord-Folge wird dissonanter, aber tonaler! Gehen wir diesen Weg weiter:

♪Demo 261

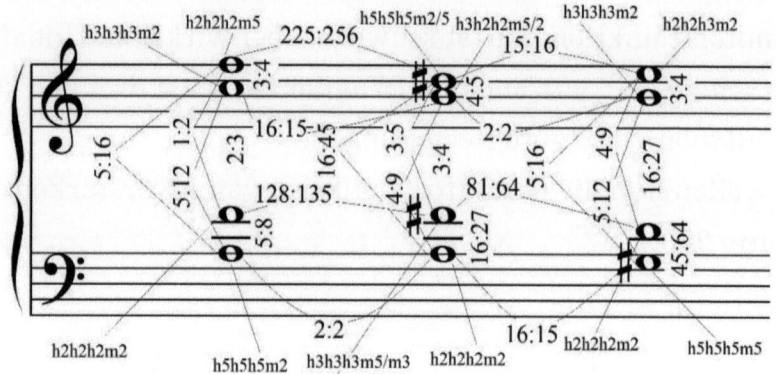

Stärkste Grundtöne (h2 h2 h2 m2) sind nun F, D, und – A!
E˝ hat bereits ein wenig Quint-Funktion und wird dadurch
zur „Dominante" von A. Die neapolitanische Akkord-Folge F-
H7 hat zwar schwierige Proportionen (z.B.225:256), aber A
wird als Zentral-Ton gleichzeitig sehr stark. Wieder nimmt
der Dissonanz-Grad zu, und gleichzeitig wird auch das tonale
Fundament stärker. Ich vermute, ein typisches Vor-Urteil
könnte lauten: "Je dissonanter, desto atonaler". Die
Gleichsetzung von dissonantem Tonsatz mit Atonalität ist
aber, wie ich hier und auch schon an anderen Stellen zeigte,
ein Beweis für eine oberflächliche Musik-Theorie. Leider
verbreiten und verfestigen sich derartige Lehr-Dogmen der
Oberfläche weltweit, und in verdrehter Zirkelschluss-Logik
wird dann zum Beispiel die „Tristan-Harmonik" als
Behauptungs-Indiz herangezogen. Es wären der großen
klassischen Tonkunst viele Irrtümer erspart geblieben, wäre
man bereits vor 300 Jahren den Denk-Ansätzen des guten
Andreas Werckmeister gefolgt, um sie zu transzendieren.

311

Doch zurück zu Wagner. Wir steigern den Dissonanzgrad unserer A-Moll-Akkordfolge ohne A-Moll noch ein weiteres Mal: Ein scheinbarer Rückschritt auf unserem Weg zu Wagner, denn A ist jetzt als Grundton nicht mehr so stark wie im vorigen Beispiel. ♪Demo 262

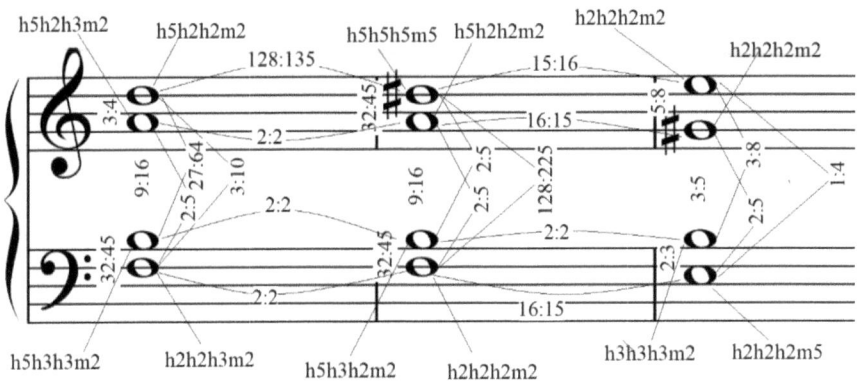

Aber: F und E sind stärkste Grundtöne, sie können nicht gleichzeitig Grundtöne sein, die beiden Akkorde F-Dur und E-Dur können als virtuelles Zentrum nur A-Moll haben, darauf deutet g´# hin, der Leitton zu a´. Es ist also gar nicht so wichtig, dass ein reales starkes A erscheint, denn wir wollen ja eine starke **virtuelle** Tonika schaffen, und dazu bedarf es starker realer Familien-Mitglieder dieser virtuellen Tonika, und das ist uns bisher gelungen. Nun begreifen wir allmählich, welches Kunststück Wagner gelungen ist, als er eine starke virtuelle Tonika schuf, indem er durch chromatisch eingeführte Vorhalts-Dissonanzen auf sie hinwies, sie sogar für die Dauer eines Achtels andeutete, sie aber dennoch überwiegend verschwieg. Ein „beredtes Schweigen", ein ostentatives Verhüllen, das ist etwas völlig anderes als die von der Musikgeschichtsschreibung unterstellte Negation von Tonalität! Hier also noch einmal Wagners legendäre Akkord-Folge als „cantus planus", ohne ihren Rhythmus:

♪Demo 263

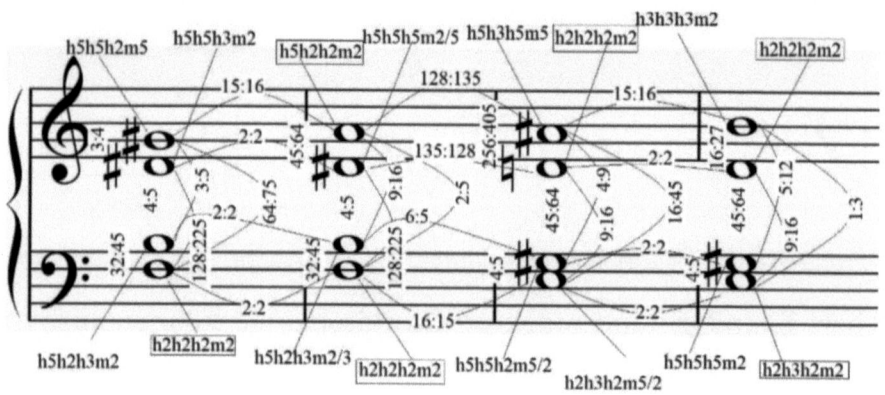

Umrahmt: Die perfekten Grundtöne f, d´, e, und das durch eine Terz-Funktion etwas instabile a´, das zu f, d´,e´, einfachste Proportionen bildet und damit die Rolle des Zentraltones einer Moll-Umgebung übernimmt, kurz, gesagt: die obenstehende Akkord-Folge steht in der Ton-Art A-Moll. Und alle Grundton-Funktionen, die A hat, sind die Folge jener Stimmführung und jener Harmonik, die eine einseitige Musik-Theorie, wie sie das 20. Jahrhundert, das Jahrhundert der Katastrophen, hervorgebracht hat, als Schritt in die Atonalität missdeutete. Sehen wir selbst: die melodischen Proportionen 15:16 und 128:135 geben A eine eindeutige melodische Grundton-Funktion, die beiden harmonischen Proportionen 9:16 und 45:64, obwohl dissonant, geben A 2 harmonische Grundton-Funktionen. ♪**Demo 264**

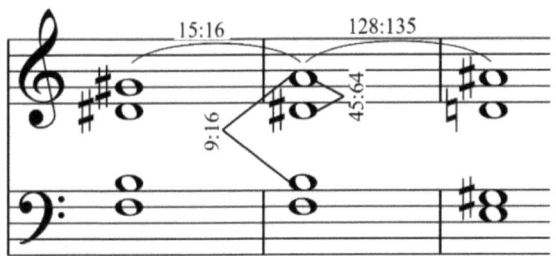

Das heißt in anderen Worten: die chromatische Stimmführung und die dissonante Harmonik **bewirken** Tonalität, anstatt sie zu negieren. Die Tristan-Akkord-missdeutende Atonalitäts-Begründungs-Theorie irrt also auf ganzer Linie; die akustischen Fakten sind ein Beweis des Gegenteils. Ein anderes Faktum könnte jedoch den verwirrenden Reiz des eigentlichen Tristan-Akkordes bewirkt haben, denn in der gleichstufig- temperierten Klavierstimmung ist er leicht zu verwechseln mit dem A♭-Moll Akkord mit hinzugefügter Sexte, und dieser A♭ m[56] wäre ja die Subdominante, die IV.Stufe, in E♭ -Moll. Es ist sehr

wohl möglich, den „Tristan-Akkord" zunächst **so** zu hören:
♪**Demo 265**

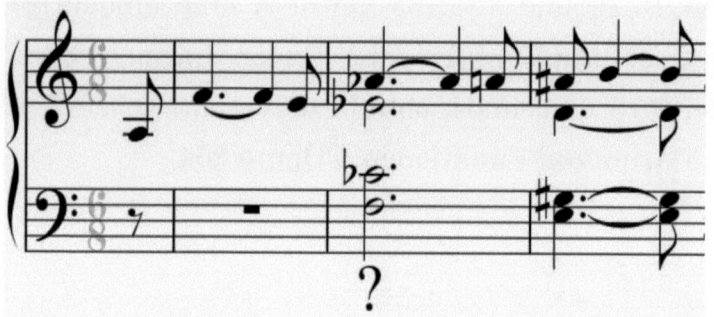

Wer nun auf Wagners List hereinfällt, für den ist freilich die Tonalität in höchster Not, denn was hätte $A\flat m^{56}$ zwischen einem angedeuteten F-Dur und einem E7-Akkord zu suchen? Wagner wusste, wie überraschend dieser Akkord im allerersten Moment wirken musste, (er hat ihn nämlich als Überraschung instrumentiert...) die Stimmführung und die harmonische Weiterentwicklung aber **lösen** das Problem, sie **erklären** diesen Akkord, sie lassen rückwirkend **nur eine** enharmonische Lesart, nämlich f-h-d´#-g´#, zu. Nein, der „Tristan-Akkord" ist kein Indiz der herannahenden Krise der Tonalität, eher schon ein geniales Krisen-Vortäuschen mit und **in** denjenigen harmonikalen Gesetzen, denen dieses Buch gewidmet ist.

Die Wohlklangs-Falle
der gleichstufigen Klavierstimmung

Der diatonische Halbtonschritt 15:16, so haben wir erfahren, macht den zweiten Ton zum Grundton.

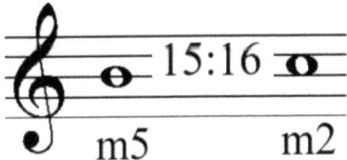

In einem Tonsatz, der den diatonischen Halbtonschritt oft benutzt, um Spannung, Farbe, Mehrdeutigkeit, Tiefe oder Ähnliches zu evozieren, bekommen darum auch alle zweiten Töne eines solchen diatonischen Halbtonschrittes eine melodische Grundton-Funktion (m2), auch wenn sie gar keine Grundtöne sind. Das schwächt den tatsächlichen Grundton der speziellen Komposition, und dies führt selbstverständlich zu einer Schwächung der Tonalität der speziellen Komposition. Aber führt diese 15:16-Anreicherungs-Satz-Technik auch zu einer grundsätzlichen Schwächung des allgemeinen Prinzips der Tonalität und damit zu ihrer Abschaffung durch freie Atonalität und schließlich Dodekaphonie, wie oft behauptet wird? Wenn dem so wäre, dann höchstens diskontinuierlich, revolutionär, gewaltsam! Denn die Anreicherung des Tonsatzes mit diatonischen Halbtonschritten ist ja keine Verneinung oder Verleugnung der Tatsache, dass diatonische Halbtonschritte den Tonsatz mit allzu vielen Grundton-Funktionen überfüllen, sondern die Anreicherung des Tonsatzes mit diatonischen Halbtonschritten ist ein inflationärer Missbrauch eines Stilmittels. Die Fähigkeit des diatonischen Halbtonschrittes, Grundtöne zu schaffen, sie ist ein fundamentaler Bestandteil des allgemeinen Prinzips der Tonalität. Nein, Tonalität wird hier nicht verneint, sondern überstrapaziert, ad absurdum geführt. Aus der systemischen Hypertrophie-Sackgasse kommt man nur wieder heraus durch Befolgung des Imperativs: „Kehr um!" Diese Sackgasse führt nirgendwo hin, auch nicht in die Atonalität. Und wenn man aber nicht umkehren will? Dann wird man, um in der Metapher zu bleiben, durch den Zaun oder durch die Wand brechen müssen, und das ist in jedem Fall ein Akt der Zerstörung und Verwüstung! Oder, salopp gesagt: Wem sein eigener Tonsatz zu kompliziert geworden ist, der ruft eine neue Stil-Epoche aus. Außerdem begreifen wir durch unsere Überlegungen, dass Fortschritt nicht blind und linear vollzogen werden darf, sondern dass man, falls man sich bis an den Rand der Katastrophe bewegt hat, auch zu einem Kurs-Wechsel, manchmal auch zu einer Umkehr bereit sein muss, und das gilt für den einzelnen Künstler wie für die gesamte Menschheit. Wagners Aufruf „Kinder, schafft

317

Neues!" muss unbedingt durch den biblischen, weisen Rat ergänzt werden: „.. und das Gute behaltet!"

Eine sehr einfache Gedanken-Kette könnte lauten: Leittonschritte generieren Grundtöne, viele Leittonschritte generieren viele verschiedene Grundtöne, wir lassen die Leittonschritte weg, die verschiedenen Grundtöne bleiben übrig, ein „Haupt-Grundton" ist nicht mehr erkennbar und; oh Wunder: wir haben die „freie Atonalität"! Das klingt zunächst wie eine logische Erklärung des Weges von der Spät-Romantik in die Atonalität. Aber die Gedanken-Kette bricht an ihrem schwächsten Glied, und das ist die Auslassung der Leittonschritte: Wenn nämlich diese Leittonschritte wegfallen, dann sind die ehemaligen Möchtegern-Grundtöne plötzlich wieder das, was sie einst waren: Terzen, Quinten, charakteristische Dissonanzen, die sich allesamt harmonisch in eine tonale Familie einfügen. Es muss eine andere Gedanken-Kette geben, die in der Musikgeschichte den Weg aus der Spätromantik in die Atonalität logisch oder notwendig erscheinen ließ. Und dieser scheinbar logische Weg muss etwas mit der gleichstufigen Stimmung des primären Kompositions-Werkzeuges der meisten Komponisten zu tun haben: ich meine das Klavier! Denn das Klavier lässt einfache Konsonanzen wie 2:3 und 4:5 „falsch" klingen, aber andererseits klingen auf dem Klavier auch alle übermäßigen und verminderten Intervalle weit besser als in der exakten Stimmung. Zwischen einer kleinen Sexte (5:8) und einer übermäßigen Quinte (16:25) ist in der Stimmung des Klaviers kein Unterschied, in der reinen Stimmung dagegen ist eine übermäßige Quint (z.B. c-´g´♯ 16:25) ein wahres Drama! ♪Demo 266

5:8   16:25

Akkorde, die in der reinen Stimmung sehr, sehr dissonant klingen, sind auf dem Klavier interessante, geheimnisvolle, futuristisch oder auch surreal anmutende Phänomene; die menschliche Seele deutet sie als Fragmente von Dreiklängen, als seltsam angeordnete Konsonanz-Haufen, verzweifelt versucht das hörende Gehirn, Sinn in diesen Klang-Splittern zu finden. Und das gelingt nur, weil die Klavier-Stimmung eine lebenslange Schule des „Zurecht-Hörens" gewesen ist. Unterschiedliche Musik-Stile und Kompositions-Schulen haben individuelle Wege gefunden, das weite Feld gleichstufiger Mehrklänge zu ordnen, zu erklären, mit ihnen zu komponieren. Beispiele: Hindemith sucht die Erklärung aus der Naturton-Reihe, er geht aber den umgekehrten Weg wie ich, er hat seine klanglichen Präferenzen und sucht nachträglich ihre Begründung im Naturgesetz. Schönberg macht sich die Mühe einer Katalogisierung von Zusammenklängen nicht und erfindet eher ein System, die 12 künstlichen Töne der irrationalen gleichstufig-temperierten Klavier-Stimmung technokratisch zu organisieren, ein System, das ihm eine Illusion von musikalischer Ordnung gibt, um ungehindert alle möglichen Zusammenklänge auf seine Reihe beziehen und aus ihr legitimieren zu können. Berg als der klangsinnlich begabteste Vertreter der „Neuen Wiener Schule" kultiviert einen Publikums-wirksamen Klang-Surrealismus, künstlich beruhigt von der 12-Ton-Lehre. Webern komponiert so durchsichtig, dass sich die harmonische Frage bisweilen gar nicht stellt. Messiaen, der sympathische Klang-Magier, entdeckt die mikrotonalen, begrenzt transponierbaren Modi. Boulez cachiert Dissonanz durch Klangfarbe. Stockhausen gestaltet nicht, sondern verwaltet. Und dann Bartok, der frühbegabte Komponist, Pianist, Musik-Forscher: Vom Wesen her noch einer der großen Universal-Künstler, als gelehrter Komponist mit virtuosen Händen, er sucht ebenfalls, wie Hindemith, eine **nachträgliche** Begründung der „erweiterten Harmonik", er sucht sie in einer künstlerischen Aufbereitung der Volks-Musik, insbesondere der des Balkan-Raumes. Aber auch der Jazz und besonders die Film-Musik haben sich einer erweiterten Tonalität an der

Grenze zur Atonalität bedient, wie man besonders in Filmen der Mitte des 20. Jahrhunderts hören kann. Die künstlerische Verwertung der erweiterten Tonalität wurde, wie schon gesagt, durch das Kompositions-Medium Klavier und seine irrationale Stimmung sehr erleichtert; die gleichstufige Klavierstimmung lässt ja nicht nur dissonante Akkorde akzeptabel und attraktiv wirken, sie erspart auch eine genaue Analyse, eine Entscheidung für spezielle Proportionen und eine sehr detailreiche Theorie, wie Hindemith sie zu formulieren versucht hat. Im Kapitel „Erweiterte Tonalität" habe ich Beispiele einer harmonischen und melodischen Funktionsanalyse in der Umgebung einer erweiterten Tonalität gegeben. Doch **dieses** Kapitel will hauptsächlich zeigen, wie abgrundtief Auflösungs-bedürftig Zusammenklänge wirken, die einfache Leittonschritte zu einem schlichten Dur-Dreiklang in sich tragen. Die reine und die temperierte Fassung erklingen nacheinander, so kann man hören und erleben, dass die temperierte Stimmung tatsächlich solche „Vorhalts-Monster" beschönigt und hoffähig macht. Alle Beispiele bestehen aus mindestens **einem** 15:16 oder 16:15-Schritt. Man sieht, wie die harmonischen Funktionen des Auflösungs-Akkordes durch die hinzugefügte melodische Funktion geschwächt oder auch gestärkt werden. Zur Erinnerung: Wenn die melodische Funktion eines Tones mit seiner harmonischen Funktion übereinstimmt, wird er dadurch stabilisiert. Wenn die melodische Funktion eines Tones mit seiner harmonischen Funktion nicht übereinstimmt, wird er dadurch destabilisiert. Wenn C-Dur z. B. **eine solche** Funktions-Struktur aufweist, ist der C-Dur-Dreiklang als Zentrum und Schluss-Akkord gestärkt und bestätigt. Man hört in den folgenden Beispielen, wo die harmonischen Funktionen der Töne des C-Dur-Dreiklangs mit den melodischen Funktionen übereinstimmen und wo nicht:

3 h2h3m2
2 h2h5m2
1 h5h5m5

3 h3h3m5
2 h5h5m5
1 h2h2m2

16:15
16:15
15:16

1-2 45:64
1-3 75:128
2-3 5:6

1-2 4:5
1-3 2:3
2-3 5:6

♪Demo 267

3 h5h2m2
2 h5h5m2
1 h2h2m2

3 h3h3m5
2 h5h5m2
1 h2h2m2

16:15
2:2
2:2

16:15

1-2 4:5
1-3 16:25
2-3 25:32

1-2 4:5
1-3 2:3
2-3 5:6

♪Demo 268

3 h2h3m5
2 h5h5m2
1 h2h5m2

3 h3h3m2
2 h5h5m2
1 h2h2m5

2:2
2:2
16:15

1-2 64:75
1-3 5:8
2-3 5:6

1-2 4:5
1-3 2:3
2-3 5:6

♪Demo 269

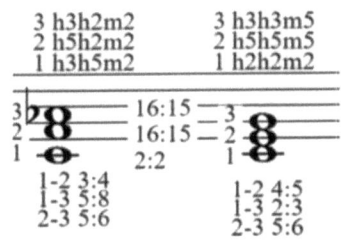

3 h3h2m2
2 h5h2m2
1 h3h5m2

3 h3h3m5
2 h5h5m5
1 h2h2m2

16:15
16:15
2:2

1-2 3:4
1-3 3:8
2-3 5:6

1-2 4:5
1-3 2:3
2-3 5:6

♪Demo 270

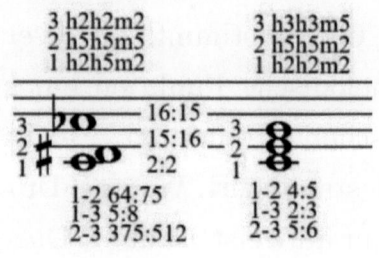

```
3 h2h2m2        3 h3h3m5
2 h5h5m5        2 h5h5m2
1 h2h5m2        1 h2h2m2
```

```
3          16:15      3
2          15:16      2
1           2:2       1
```

```
1-2 64:75       1-2 4:5
1-3 5:8         1-3 2:3
2-3 375:512     2-3 5:6
```

♪Demo 271

```
3 h2h2m2        3 h3h3m5
2 h2h5m2        2 h5h5m2
1 h3h5m5        1 h2h2m2
```

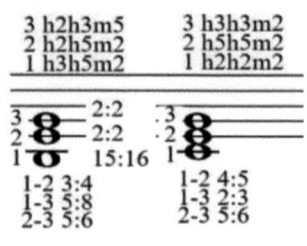

```
3          16:15      3
2           2:2       2
1          15:16      1
```

```
1-2 3:4         1-2 4:5
1-3 75:128      1-3 2:3
2-3 25:32       2-3 5:6
```

♪Demo 272

```
3 h5h3m5        3 h3h3m2
2 h5h2m2        2 h5h5m2
1 h2h2m2        1 h2h2m2
```

```
3          15:16      3
2           2:2       2
1           2:2       1
```

```
1-2 4:5         1-2 4:5
1-3 32:45       1-3 2:3
2-3 8:9         2-3 5:6
```

♪Demo 273

```
3 h2h3m5        3 h3h3m2
2 h2h5m2        2 h5h5m2
1 h3h5m2        1 h2h2m2
```

```
3           2:2       3
2           2:2       2
1          15:16      1
```

```
1-2 3:4         1-2 4:5
1-3 5:8         1-3 2:3
2-3 5:6         2-3 5:6
```

♪Demo 274

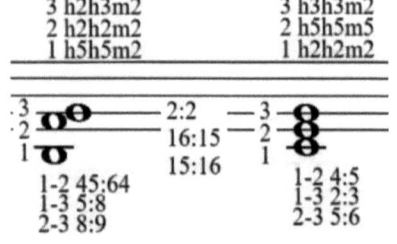

```
3 h2h3m2        3 h3h3m2
2 h2h2m2        2 h5h5m5
1 h5h5m2        1 h2h2m2
```

```
3           2:2       3
2          16:15      2
1          15:16      1
```

```
1-2 45:64       1-2 4:5
1-3 5:8         1-3 2:3
2-3 8:9         2-3 5:6
```

♪Demo 275

```
3 h3h3m5        3 h3h3m2
2 h2h2m2        2 h5h5m5
1 h3h2m2        1 h2h2m2
```

```
3           2:2       3
2          16:15      2
1           2:2       1
```

```
1-2 3:4         1-2 4:5
1-3 2:3         1-3 2:3
2-3 8:9         2-3 5:6
```

♪Demo 276

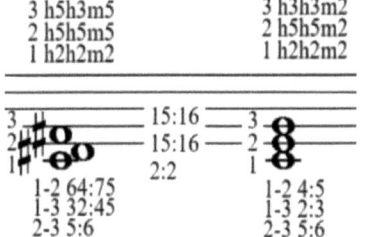

♪Demo 277　　　　**♪Demo 278**

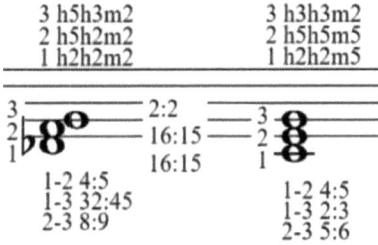

♪Demo 279

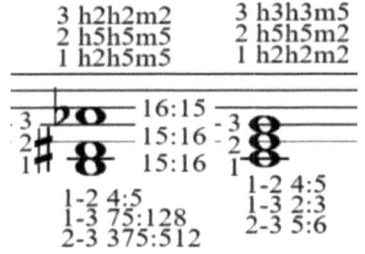

♪Demo 280

♪Demo 281

Hätte man beizeiten manche dieser monströsen Dissonanzen in der reinen Stimmung hören können und nicht in einer von der gleichstufigen Stimmung verniedlichten Fassung, dann wäre die Musikgeschichte anders verlaufen. Außerdem: Die missbräuchliche Verwendung des 15:16-Schrittes vor Nicht-Grund-Tönen schwächt zwar die Schlusswirkung des Schluss-Akkordes. Aber das geschieht **innerhalb** des Systems der reinen Stimmung, die aus dem Bauplan der Natur-Ton-Reihe errichtet ist. Eine System-konforme interne Schwächung ist aber keine Schwächung desjenigen Systems, das die Darstellung der Schwächung erst ermöglicht. Freie Leittonschritte sind keine Vorstufe zur freien Atonalität.

Die gleichstufige Stimmung

Die Proportionen zwischen den **Stufen** der chromatischen Tonleiter sind einander **gleich,** alle Intervalle außer der Oktav werden **temperiert,** das bedeutet: verstimmt. Die reinen Proportionen aus kleinen ganzen Zahlen werden unreiner und komplizierter:

2 : 3 wird zu 2 : 2,9966141537533629975985614640588
die "temperierte Quinte" ist etwas kleiner als die reine Quinte.

3 : 4 wird zu 3 : 4,0045195625101030944924956435526
die "temperierte Quarte" ist etwas größer als die reine Quarte

4 : 5 wird zu 4 : 5,0396841995794926590688424291121
die "temperierte große Terz" ist größer als die reine große Terz

5 : 6 wird zu 5 : 5,9460355750136053335874998528017
die "temperierte kleine Terz" ist kleiner als die reine kleine Terz

6 : 7 wird zu 6 : 7,1352426900163264003049998233362
die "temperierte septimale Terz" ist deutlich größer als die reine septimale Terz

7 :8 wird zu 7 : 7,8572343381656108700347313477536

der "temperierte septimale Ganzton" ist deutlich kleiner als der reine septimale Ganzton.

8 : 9 wird zu 8 : 8,979696386474983851468264397432 7
der "temperierte Ganzton" ist kleiner als der reine große Ganzton.

9 : 10 wird zu 10,1021584347843568329017974471 12
der "temperierte Ganzton" ist deutlich größer als der reine kleine Ganzton.

15 : 16 (z.B. h´-c´´) wird zu 15 : 15,8919464153894289684273794241 95
der "temperierte Halbton" ist deutlich kleiner als der reine diatonische Halbton.

24 : 25 (z.B. e-e♭) wird zu 24 : 25,4271142646230863494838070787 11
der "temperierte Halbton-Schritt" ist deutlich größer als der reine chromatische Halbton-Schritt.

Der Reichtum an sehr kleinen Intervallen ist durch die gleichstufige Temperatur auch nicht annähernd darstellbar. Die gleichstufige Temperatur ist kein Tonsystem, sondern ein Stimmungssystem für Tasteninstrumente. Sie wurde erfunden und hat sich in der Musikpraxis durchgesetzt, weil die Komponisten Europas und der europäischen Einflusszonen alle 12 Tonarten, die die Klaviertastatur ermöglicht, gleichwertig nutzen wollten. Daran sieht man unter anderem, dass das Tasteninstrument als

Improvisationsmedium, Kompositionshilfe, Mitteilungs-werkzeug, Ersatzorchester, Inspirations-Katalysator eine weitaus wichtigere Rolle für die kreative Zunft der europäischen Musikgeschichte spielt als jedes andere Instrument. Und man sieht daran, wie abhängig vom Klavierspiel auch die begabtesten der europäischen Komponisten waren. Die reich verzweigte Harmonik, die in der Spätromantik ihren Gipfel erreichte, wäre ohne das Klavierstimmsystem "gleichstufige Temperatur" nicht oder nur erschwert möglich gewesen (Ausnahmen wie das Werk des Nicht-Pianisten Hector Berlioz bestätigen die Regel). Das Problem war ursprünglich die „Enharmonik": Bereits für den Ton G♯ und den Ton A♭ hätte man eigentlich 2 Tasten benötigt. Man experimentierte lange Zeit mit ungleichstufigen Stimmungssystemen. So gewöhnte man sich daran, dass Klaviertasten weder die eine noch die andere enharmonische Variante erzeugten, sondern Kompromiss-Tonhöhen. Also nicht A♭ und/oder G♯, sondern irgendetwas dazwischen. Der menschliche Gehörsinn ist imstande, leichte reale Abweichungen von der reinen Proportion mit derjenigen Qualität zu perzipieren, die die reine Proportion gehabt hätte. Das nennt man „Zurecht-Hören". Nach Jahrhunderten der Übung im Zurecht-Hören war man nicht ohne langwährende Meinungsverschiedenheiten ungefähr ab der Wende zum 19. Jh. bereit, die Oktave grundsätzlich in 12 gleiche Teile zu teilen.

Das ergibt für den gleichstufig temperierten "Halbtonschritt" die Proportion

1 : 1,0594630943592952645618252949463....

Man muss also theoretisch einen Wert a = 440Hz mit 1,0594630943592952645618252949463 multiplizieren und kommt auf den Wert 466,16376151808991640720312977639 für die Taste, die "B♭" oder "A♯" erzeugen soll. Und so weiter. Als es noch keine elektronischen Stimmgeräte gab, musste man "Schwebungen" pro Sekunde zwischen den Tönen eines temperierten Intervalls abzählen. Schwebung ist die periodische Verstärkung und Abschwächung zweier annähernd identischer Frequenzen. Ein Beispiel:

Frequenz 1= 20 Hz

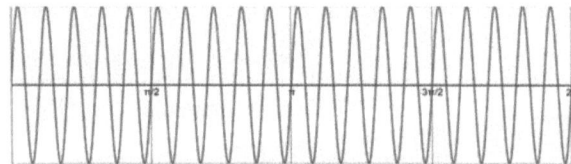

Frequenz 2 = 21 Hz

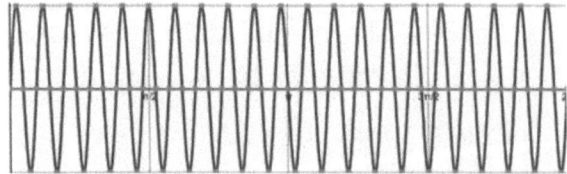

Schwebungsfrequenz von 1 und 2 = 1Hz (21-20)

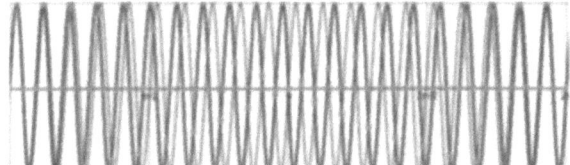

Wellenberg trifft Wellenberg = Amplitudenverstärkung

Wellenberg trifft Wellental = Amplitudenabschwächung

Für die temperierte Quinte zum Beispiel zwischen d´ und a´

rechnen wir die Anzahl von Schwebungen /sec aus:

a´ = **440 Hz,**

d´ = 440 / 1,0594630943592952645618252949463[7]

=293,66476791740756026278301386124 Hz

(293,66476791740756026278301386124·3) - (440 ·2) =

880,99430375222268078834904158372 − 880 =

0,99430375222268078834904158372 Hz

Das bedeutet, dass die gut hörbare Schwebung der

temperierten Quint d´-a´ eine Frequenz von fast 1 Hz pro

Sekunde hat. Das macht es dem Klavierstimmer leicht, mit

dieser Quinte zu beginnen. Oder die Quinte zwischen

a´und e´´:

a´= **440 Hz,**

e´´ = 440 · 1,0594630943592952645618252949463[7]

= 659,25511382573985947168352209293Hz

(440 · 3) -(659,25511382573985947168352209293· 2) =

1320-1318,51022765147971894336704418 59=

1,489772348520281056632955814 1Hz

Das bedeutet, dass die Schwebung der temperierten Quint a´-e´´ eine Frequenz von ungefähr 1,5 Hz pro Sekunde hat. Nur mit Stimmgabel und Uhr ausgerüstet kann man also bei genauer Kenntnis der Schwebungsfrequenzen ein Klavier temperiert stimmen. Wir sehen, dass die Schwebungsfrequenzen einander **nicht gleich** sind. Daher sage ich auch nicht "gleichschwebende" Temperatur. Für die Musikpraxis erwies sich die gleichstufige Temperatur als nützlich, aber für die Musiktheorie ist sie ein Desaster. Man vergaß oder überging, dass die gleichstufige Temperatur nur eine praxisbedingte, grobe Vereinfachung eines in der geistigen Wirklichkeit sehr viel komplexeren Tonsystems ist. Dieses Tonsystem zeige ich in der vorliegenden Arbeit. Man setzte die Verfahrensweise von Klavierstimmern, also einen Handwerksbrauch, mit einem Tonsystem gleich. In der gleichstufigen Temperatur wird alles wunderbar einfach: Drei große Terzen ergeben eine Oktav, vier kleine Terzen auch, und wenn´s am Ende nicht aufgeht, wird kurzerhand enharmonisch umgedeutet. Das menschliche Bedürfnis nach überschaubarer Symmetrie kommt erfreulich auf seine Kosten, 12 Quinten ergeben auf einmal eine Oktav, es gibt einen Quintenzirkel, der lehrbar ist, und Dissonanzen klingen auf dem Klavier fast so schön wie Konsonanzen.

So wird das erhabene Reich der Töne zum spätbieder-
meierlichen Tonartenkarussell, das sich auch heute noch
dreht. In der Theorie verführt die gleichstufige Temperatur
zur Verniedlichung und Vergröberung der musikalischen
Ästhetik. (Ein übles Beispiel für die Spätfolgen einer solchen
bürgerlichen Vereinfachungs - Ästhetik ist die fortgesetzte
Schmähkritik, die der Musikkritiker Eduard Hanslick dem
musiktheoretisch außerordentlich gründlich ausgebildeten
Symphoniker Anton Brucker zufügte.) Die Ahnung von den
Begrenztheiten der gleichstufigen Temperatur führte zu dem
Postulat nach Drittel- und Vierteltönen, doch diese gibt es im
tönenden Netz ebenso wenig wie Halbtonschritte. Nur auf
dem Klavier ist der hörbare Unterschied zwischen dem
"chromatischen Halbton" (=24:25) und dem "diatonischen
Halbton" (= 15:16) zugunsten des akustisch absurden
temperierten "Halbtonschrittes"
1: 1,059463094359295264561825294\9463 aufgegeben.
Der alles übertreffende Denkfehler jedoch war die **Theorie
der Dodekaphonie** oder auch der Komposition mit 12 nur
aufeinander bezogenen Tönen. 12 nur aufeinander bezogene
Töne gibt es nämlich **nur auf dem Klavier**, in der geistigen
Wirklichkeit aber existiert ein gigantisches tönendes Netz
mit zentralen Knoten. Der Mensch neigt anscheinend auch
in säkularen Zeiten zu einer quasi-religiösen Zahlensymbolik,
die augenfällige Symmetrie der gleichstufigen Chromatik,

die mystische Überhöhung der "heiligen" Zahl 12 und gleichzeitig die problemlose Fügung dieser 12 heiligen Töne unter den menschlichen Gestaltungswillen waren derartig verlockend, dass Gedanken an eine naturgesetzliche Ordnung der Frequenzen zunächst übersehen, dann abgelehnt, schließlich unter den Verdacht des Verrates am künstlerischen Fortschritt gestellt wurden. Zusammengefasst:

Die gleichstufige Temperatur ist **musikpraktisch** unersetzlich. Aber sie ist kein Tonsystem. Sie ist auch nicht Grundlage für ein Tonsystem. Sie ist nur ein instrumentales Stimmungssystem, das durch gleichmäßige Verteilung von Unreinheit einen künstlichen Quintenzirkel erzeugt und 12 gleich unrein gestimmte Tonarten ermöglicht. Alle Theorien, die auf dem instabilen Fundament der falschen Gleichsetzung von Stimmungssystem und Tonsystem aufbauen, müssen wegen falscher Prämisse zu falschen oder gar zu unsinnigen Ergebnissen führen. Jede Musiktheorie auf der Grundlage der gleichstufigen Temperatur ist wegen falscher Prämissen falsch.

Gleichstufige Stimmung: musikgeschichtliche Zusammenhänge

In diesem Kapitel kann ich nur Vermutungen anbieten, nichts davon ist beweisbar. Das heißt aber nicht, dass die hier geäußerten Thesen notwendigerweise falsch sind: Vielleicht habe ich ja richtig vermutet...Und außerdem: die hier geäußerten Thesen könnten in ihrer Radikalität zwar emotional abgelehnt werden, doch wer sie substantiell entkräften will, der muss sie beweisbar ("objektiv, reliabel, valide") widerlegen. Wer das versucht, wird feststellen, dass sowohl die Verifikation als auch die Falsifikation historischer Zusammenhänge nur demjenigen möglich ist, der in **alle** Menschen-Hirne schauen kann, der nachprüfen kann, was **alle** Menschen zu **allen** Zeiten in jedem Augenblick gedacht haben, und sei gewiss: das kannst **Du** nicht, das kann **ich** nicht.

1. "Emanzipation der Dissonanz"

Das Tasteninstrument dominierte die Gehörbildung der Komponisten wie kein anderes Instrument. Das Tasteninstrument diente zur Improvisation und zur Entdeckung neuer harmonischer Möglichkeiten. Die Komponisten brauchten ein Stimmsystem für Tasteninstrumente, das grenzenlose harmonische Freiheit anbot.

Die Klavierbauer bauten solche Instrumente und stimmten sie. Die gleichstufige Temperatur konnte grenzenlose harmonische Freiheit für die Komponisten anbieten. Die Komponisten konnten nun frei von äußeren Gesetzen Harmonien und Folgen von Harmonien erfinden. Grenzenlose Freiheit von äußeren Gesetzen erzeugt Suche nach Gesetzen im eigenen "Ich". Die Komponisten suchten Harmonien und Folgen von Harmonien gemäß den Gesetzen des eigenen "Ich". Die Gesetze des eigenen "Ich" sind zahlreich, komplex und dissonant. Die wenigen, einfachen, konsonanten Harmonien und Folgen von Harmonien eigneten sich nicht dafür, die zahlreichen, komplexen, dissonanten Gesetze des eigenen "Ich" zu symbolisieren. Die zahlreichen, komplexen, dissonanten Harmonien und Folgen von Harmonien konnten das weit besser. Schließlich galt die Dissonanz als einziges Mittel, die zahlreichen, komplexen, dissonanten Gesetze des eigenen "Ich" zu symbolisieren. Die Konsonanz galt als Mittel, die wenigen, einfachen, konsonanten Gesetze des "Wir" zu symbolisieren. Als das "Wir" zerbrach, blieb die Dissonanz übrig.

2. Romantik und Utopie

Die Romantik war die Epoche des unklaren Traumes vergangener Klarheit. Das Klavier wurde zum wichtigsten Instrument der Romantik. Die gleichstufige Temperatur des

Klaviers wurde unbewusst zum klingenden Symbol des unklaren Traumes vergangener Klarheit: **Unklar** ist die aktuelle temperierte Simplifizierung der Vielfalt der reinen Intervalle. **Klar** und vergangen ist die eigentliche Vielfalt der reinen Intervalle, um die sich die Vergangenheit wenigstens ansatzweise gekümmert hatte. Es entstand die Assoziation "Musik, Traum, gutes Gestern". Komposition wurde egozentrisch-nostalgisches Psychogramm. Der Komponist wurde zum prophetischen Außenseiter. Der egozentrische, nostalgische Prophet suchte Halt. Er fand: seine Nation, deren Vergangenheit, deren Zukunft. So entstanden die Nationalstile, der Historismus, die Integration von Folklore. Grund war der Verlust einer "Musik der Menschheit" und auch der Verlust des allgemeinen (über-persönlichen) Ethos.

3. Ungenaue Musiktheorie

Die gleichstufige Temperatur ist der Kompromiss des Klavierstimmers, der mit nur 12 Tasten mehr als 12 verschiedene Frequenzen **absichtlich** ungenau darstellen muss. Die Klavierstimmung gemäß der gleichstufigen Temperatur ist ein klug erdachtes Handwerk, denn ihre Aufgabe ist die Gestaltung eines Dinges der materiellen Welt (das Tasteninstrument) mit dem Ziel des möglichst ungehinderten Gebrauchs. Zu diesem Zweck wurde sie klug erdacht. Die gleichstufige Temperatur stellt zwei Frequenzen, deren Werte sehr ähnlich, aber nicht identisch sind, durch eine Kompromiss-Frequenz dar, deren Wert zwischen den beiden sehr ähnlichen Frequenzen ist. Der menschliche Gehörsinn verzeiht diese Ungenauigkeit und empfindet die Kompromiss-Frequenz als entweder die höhere der zwei Frequenzen, deren Wert sehr ähnlich, aber nicht identisch sind oder als die tiefere der zwei Frequenzen, deren Wert sehr ähnlich, aber nicht identisch sind. Der menschliche Gehörsinn empfindet die Kompromiss-Frequenz gemäß den Gesetzen der reinen Stimmung; in einem A-Dur-Akkord deutet er die C$_\sharp$/D$_\flat$-Taste als "C$_\sharp$", in einem B$_\flat$-Moll-Akkord als "D$_\flat$". Der Zweck der gleichstufigen Temperatur ist bekannt: Ihr Zweck war ausschließlich die Darstellung von 12 Tonarten auf den 12 Tasten der Klavier-Oktave. Die Wirkung der gleichstufigen Temperatur ist bekannt: 12 Tonarten sind auf dem Tasteninstrument darstellbar, Modulationen werden leichter, Dissonanzen konsonanter, Konsonanzen dissonanter, Dreiklänge klingen rau, Terzen sind deutlich verstimmt. Der zwingende Grund ihrer Erfindung ist bekannt: Die Darstellung der reinen Stimmung in vielen Tonarten kostet mehr Geld, denn die Instrumente müssten sehr viel komplizierter gebaut werden, ihre virtuose Beherrschung würde mehr Studienzeit verbrauchen, die Komponisten müssten im Dschungel echter Kleinstintervalle viel genauer notieren. Musik wäre teurer. Die Welt war zu geizig für die exakte Stimmung. Dies alles ist gut bekannt. Und obwohl all dies bekannt ist, hat die Musiktheorie die gleichstufige Temperatur wie ein Tonsystem behandelt. Materielle Sachzwänge wurden zu geistigen Gesetzen erklärt. Die gleichstufige Temperatur, dieser klingende Beweis menschlicher Trägheit und menschlichen Geizes, wurde zur unanfechtbaren Ordnung der Töne und Tonarten umgedeutet. Die geheimnisvolle, heilige musica, Mitglied der "septem artes liberales", wurde zum profanen Handwerk erniedrigt.

4. Quintenzirkel und Tonalität

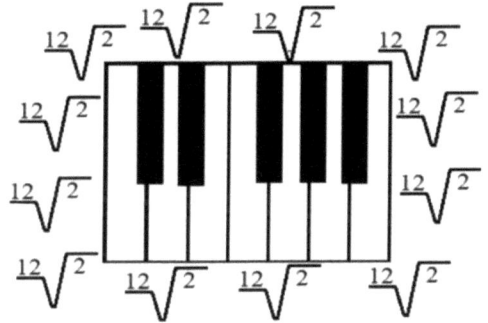

Die exakte Proportion 2:3 ergibt keine Menge von Tonarten, die sich zu einem Kreis anordnen lassen. Die exakte Proportion 2:3 ergibt eine Menge von Tonarten, die sich zu einer Schraube anordnen lassen. Iterierte Modulation in quintverwandte Tonarten führt in der exakten Stimmung niemals zu der Anfangs-Tonart zurück. Der Quintenzirkel ist eine Vereinfachung, die die akustische

338

Realität falsch beschreibt. Der Quintenzirkel existiert nicht. Tonalität wird durch die Quintenzirkel-Theorie falsch beschrieben. Die Ordnung der Tonarten in der exakten Stimmung ist kein geschlossener Raum, in dem alle Tonarten wie an König Arthurs Tafelrunde gleichberechtigt wären, sondern ein beidseitig offener Raum, der nach einem Orientierungs-Punkt verlangt. In der exakten Stimmung ist die Tonart einer Komposition immer die Tonika, auch wenn komplexe Modulationen stattfinden, denn in der exakten Stimmung steht jede Frequenz in einer exakten Proportion zu der Grundton-Frequenz der Tonika. Exakt formuliert: Die Tonart bleibt in einer Komposition immer konstant, auch wenn gerade in die 5-fache Dominante moduliert wurde.

5.Enharmonik

Das "enharmonische" Tongeschlecht der griechischen Antike enthielt kleine Intervalle. Die Musiktheorie auf der Grundlage der gleichstufigen Temperatur aber macht aus der Enharmonik eine Gleichsetzung von Frequenzen, zwischen denen kleine Intervalle sind, z.B. das syntonische Komma 80:81 oder das pythagoräische Komma 531441:524288. In der exakten Stimmung sind diese kleinen Intervalle wahrnehmbar, sie sind nicht zu klein für das menschliche Gehör. In der exakten Stimmung zeigen die kleinen Intervalle die Kompliziertheit einer Modulation an.

In der gleichstufigen Temperatur bewirkt die falsche Bedeutung von Enharmonik ("es ist egal, ob Du C♯ oder D♭ sagst") Gleichgültigkeit gegenüber den kleinen Intervallen und damit falsches Urteil über die Kompliziertheit von Modulationen. In der gleichstufigen Temperatur kann man einfach C♯ zu D♭ umdeuten, schon ist man in den ♭-Tonarten. In der exakten Stimmung hört man den feinen Unterschied zwischen C♯ und D♭ und erlebt, wie groß die Entfernung zwischen den Harmonien ist. Sehr häufige Modulation ist in der exakten Stimmung nuancenreich, aber die kleinen Intervalle sind Orientierung, das Ohr muss **nicht** zurechthören. In der gleichstufigen Temperatur zwingt eine fortwährende Modulation zur fortwährenden harmonischen Interpretation; das Ohr erlebt Musik als anstrengend.

6. Komposition mit 12 aufeinander bezogenen Tönen

Die Dodekaphonie ist die konsequenteste Anwendung der gleichstufigen Temperatur. Die 12 Töne der gleichstufigen Temperatur haben außer der Oktave nur verunreinigte Beziehungen zueinander und sind das klingende Symbol einer Gesellschaft, die aus Einzelwesen besteht, die nur unverbindliche und knirschende Beziehungen zueinander haben. Webern hat dies am konsequentesten umgesetzt. Ich empfinde, dass die unmittelbare Anmutung seiner Musik im Vergleich mit der neuen Wiener Schule am meisten überzeugt, doch dies ist persönliche Meinung. Es liegt mir fern, den Komponisten der neuen Wiener Schule Unempfindlichkeit gegen den Klang zu unterstellen, im Gegenteil, sie empfanden vermutlich die Unreinheit temperierter Harmonien und zogen Konsequenzen, die dem Fortschritts-Glauben jener Zeit entsprachen. Warum empfanden die Komponisten der Romantik die Unreinheit temperierter Harmonien nicht und zogen auch keine Konsequenzen? Sie waren beschäftigt, neue Harmonien und Harmonie-Folgen zu entdecken, solange es noch etwas zu entdecken gab, als aber der Tonsatz immer chromatischer wurde, empfand man allmählich eine Grenze der harmonischen Möglichkeiten. Zurück aber konnte man nicht, denn die historischen einfachen Harmonien und Harmoniefolgen klangen in der gleichstufigen Temperatur wegen ihrer Unreinheit nicht überzeugend. Der temperierte C-Dur-Dreiklang in Bergs Wozzeck als Symbol des Geldes... ♪Demo 282

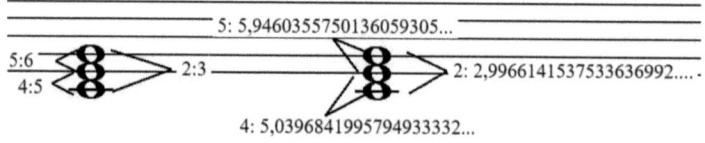

341

7. Pop

Die Unterhaltungsmusik verwendet diejenigen einfachen Harmonien und Harmoniefolgen, die von der zeitgenössischen klassischen Musik verworfen worden waren. Einfache Harmonien und Harmoniefolgen, gebildet aus den unreinen, künstlichen Frequenzbeziehungen der gleichstufigen Temperatur. Einfache Harmonien und Harmoniefolgen werden von den vielen einfachen Menschen verstanden. Ungenaue, künstliche Frequenz-Beziehungen symbolisieren ungenaue, künstliche Gefühle. Dazu Wiederholung kurzer, einfacher Schlagzeug-Motive -so entsteht ein einfaches Produkt, das auch in einfache Menschen-Hirne passt.

♪Demo 283

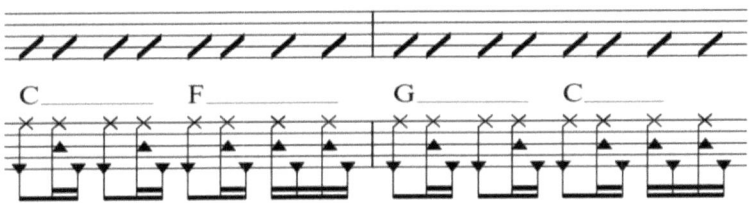

8. Zusammenfassung

Die gleichstufige Temperatur ist nur eine vereinfachende Klavierstimmung. Sie wurde zu Unrecht Grundlage der Musiktheorie. Dadurch wurde Musik theoretisch und emotional vereinfacht. Die Musik verlor Transzendenz und wurde zur Immanenz gezwungen. Die transzendentale Herkunft der Musik wurde dem Traum zugeordnet. Die spekulative Theorie der Musik wurde zum Handwerk. Es entstanden die Begriffszuordnungs-Klischees:

Musik ↔Traum, Musiker ↔ Träumer

Musik ↔ Weltflucht, Musiker ↔ Sonderling,

Musik ↔ Gefühl, Musiker ↔ Gefühlsmensch.

Aber Musik ist mehr als nur Gefühl und Traum.

Sie ist Offenbarung.

Zurechthören und Dodekaphonie

Seit über 2 Jahrhunderten wird Musik in der gleichstufig temperierten Stimmung dargeboten. Nicht nur "Klassik", sondern auch Unterhaltungsmusik und Filmmusik. Niemals hat sich eine signifikante Mehrheit der Hörer über die Unreinheit der gleichstufigen Temperatur beklagt. Musik auf der Grundlage der europäischen Tonalität in unreiner gleichstufiger Stimmung hat sich global gegen andere Tonsysteme, (deren Struktur eher von religiösen oder mythischen Vorgaben als von akustischen Gesetzen geprägt war), durchgesetzt. Hauptsächlich in der Unterhaltungsmusik, auf niedrigem Komplexitäts-Niveau. Niemand hat Milliarden Menschen gezwungen oder "umerzogen", Musik auf der Grundlage der europäischen Tonalität in unreiner gleichstufiger Stimmung als schön zu empfinden. Nein, sie bezahlten dafür sogar Geld. Die Vermarktung tonaler Unterhaltungsmusik ist keine Umerziehung. Im Gegenteil: Die Vermarktung tonaler Unterhaltungsmusik ist kostenpflichtige und unzureichende Befriedigung des **angeborenen** Bedürfnisses nach musikalischer Harmonie durch ein massenkompatibles Produkt. Das beweist: das menschliche Ohr hört, ohne dazu erzogen zu sein, die etwas unreinen Intervalle und Harmonien der gleichstufigen Temperatur zurecht und erzeugt ein angenehmes Empfinden von Reinheit. Der musikalische Deutungswille des Gehirns ist angeboren. Und: Die gleichstufige Stimmung kann die exakte Stimmung dem Hörer **einigermaßen** gut ersetzen. Auch wenn 12-Ton-Musik erklingt, versucht das menschliche Ohr, die unreinen Intervalle und Harmonien der gleichstufigen Temperatur zurechtzuhören und ein angenehmes Empfinden von Reinheit zu erzeugen. Auch 12-Ton-Musik wird im Sinne reiner Intervalle und ihrer Vernetzung gedeutet. Das menschliche Gehör deutet im Sinne reiner Intervalle und ihrer Vernetzung. Aber 12-Ton-Musik soll **absichtlich nicht** im Sinne reiner Intervalle und ihrer Vernetzung gedeutet werden können. So ist sie konzipiert. Hören wir die Stimme des Meisters: **Arnold Schönberg** (in "Komposition mit zwölf Tönen" (Typoskript) *Gesammelte Schriften, Bd. 1 S. 380)*:"*Die Konstruktion einer Grundreihe von zwölf Tönen geht auf die* **Absicht** (Hervorhebung durch Bernd Philippsen) *zurück, die Wiederholung jedes Tones solange wie möglich hinauszuschieben. Ich habe in meiner Harmonielehre dargelegt, dass die Betonung, die ein Ton durch verfrühte Wiederholung erfährt, ihn in den Rang einer Tonika* (d.h. eines Netzknotens. Anmerkung Bernd Philippsen) *zu erheben vermag. Dagegen werden durch die regelmäßige Verwendung einer Reihe von zwölf Tönen alle anderen Töne auf die gleiche Weise betont, und dadurch wird der einzelne*

Ton des Privilegs der Vorherrschaft beraubt." Das heißt: Die Deutung im Sinne reiner Intervalle und ihrer Vernetzung wird immer wieder begonnen und **soll** immer wieder scheitern. Fortwährendes Scheitern aber erzeugt Frustration. Ich will als Beispiel eine eigene 12-Ton-Reihe im Sinne des tönenden Netzes deuten. ♪**Demo 284**

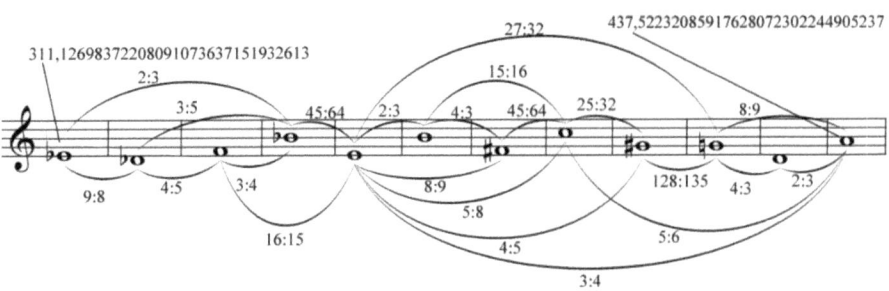

Der Frequenzwert des ersten Reihentones e´♭ ist von A **440** nach der gleichstufigen Temperatur berechnet. Die Deutung im Sinne reiner Intervalle und ihrer Vernetzung ergibt aber als letzten Reihenton

a´ **437,52232085917628072302244905237.**

A´ 440 versus a´437,52232085917628072302244905237- das ist ein gut hörbarer Unterschied. Wenn man mir nun allerdings Pedanterie vorwerfen möchte, so kann ich nur entgegnen: Dann verlangst Du von mir, dass ich mein musikalisches Talent, mein Gehör, meine Neigung zu den Tönen entweder verleugnen oder beschädigen soll; kein guter Rat! Die Deutung im Sinne reiner Intervalle und ihrer Vernetzung lässt b´♭ zum ersten Zentralton der Reihe werden, weil b´♭ zu allen 3 **vorangegangenen** Tönen gute

Proportionen hat. Zentralton ist der Ton mit den guten Beziehungen zu den meisten Tönen seiner Umgebung. Ein Zentralton ist ein Sinnstifter. Ein weiterer Zentralton ist e′. E′ hat zu den meisten **nachfolgenden** Tönen gute Proportionen. Aber nicht zu allen. Ein Zentralton kann zu nachfolgenden oder vorangegangenen Tönen seine guten Beziehungen haben. a′, der letzte Reihenton, ist ebenfalls Zentralton. E′ hat mehr Beziehungen, aber a′ wirkt wie eine Tonika, wegen der Stellung am Schluss und wegen der Quintverwandtschaft mit dem Netzknoten e′. 12-Ton-Technik ist der Versuch, Zentraltöne zu verhindern. Sie entstehen dennoch. Doch sie wechseln einander zu oft und zu chaotisch ab. Durch diese chaotische Abwechslung wird der Sinn, den die Zentraltöne kurzfristig stiften, immer wieder verneint. Eine Musik, die vorhandenen musikalischen Sinn verneint. Negative Musik. Eine Musik, die vorhandenen musikalischen Sinn zerstört. Destruktive Musik. Nun wird die 12-Ton-Reihe umgeformt zu Akkorden, gemäß den Regeln der 12-Ton-Komposition dürfen die Reihentöne oktaviert werden. ♪**Demo 285**

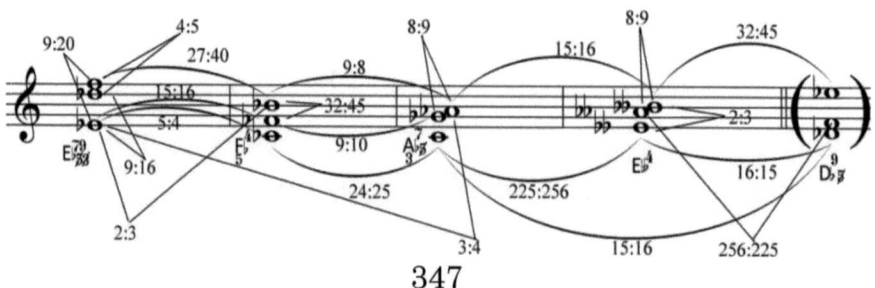

347

Die Deutung der Akkorde im Sinne reiner Intervalle und ihrer Vernetzung kommt zu anderen harmonischen Ergebnissen als die Deutung der einstimmigen 12-Ton-Reihe im Sinne reiner Intervalle und ihrer Vernetzung. Einige Töne müssen enharmonisch verwechselt dargestellt werden. Aus e´ wird f´♭ usw. Das Gehirn deutet Musik im Sinne der reinen Intervalle und ihrer Vernetzung. Der musikalische Deutungswille ist angeboren. Ausschalten könnte man ihn (horribile dictu...) durch Zerstörung der Hirnstruktur, z.B. durch mechanische Gewalteinwirkung oder durch Gehirnwäsche. Die 12-Ton-Musik aber ist geschaffen, als gäbe es den angeborenen musikalischen Deutungswillen des Gehirns nicht. Sie erzeugt ein absurdes Musikerlebnis. Absurdität, nicht, weil das Gehirn **keinen** Sinn erkennen kann, sondern weil das Gehirn **zersplitterten** Sinn erkennt, aber aus den Splittern kein ganzes Bild konstruieren kann. Ein Alltags-sprachliches Beispiel für zersplitterten Sinn: Ich erfinde 3 beliebige Sätze:

1. Die Sonne scheint heute besonders heiß.

2. Meine Schwester war schon immer ein schüchterner Mensch.

3. Die Farbe Blau erweckt bei vielen Menschen die Assoziation "Kälte".

Wenn ich nun diese 3 Sätze willkürlich mixe, dann könnte folgendes herauskommen:

"Meine Sonne war bei Blau schon heute die Kälte besonders heiß, ein schüchterner Mensch erweckt bei vielen Menschen die Farbe Schwester" usw....

Kompletter Unsinn. (Wenngleich phantasievolle Gemüter darin einen geheimnisvollen Hauch von Dada-Logik erkennen könnten.) Dieser Unsinns-Satz hat aber nicht etwa **keinen** Sinn. Dieser Unsinns-Satz ist so verwirrend, weil er zersplitterten Sinn hat, aber die Sinn-Splitter ergeben keine Gesamtaussage. So wie die 12-Ton-Harmonik und -Melodik. Das Gehirn will Beziehung erleben zwischen Menschen, Dingen, Gedanken, Erlebnissen. Die Harmonik der 12-Ton-Musik ist absichtliche Beziehungslosigkeit. Genauer gesagt: Beziehungs-Zerstörung. Die Mehrheit der komponierten 12-Ton-Musik hat aber auf der melodischen und rhythmischen Ebene strukturellen Beziehungsreichtum verschiedener Komplexität. Diese Inkonsequenz (hier harmonische Beziehungslosigkeit, dort melodische und rhythmische Relationen) ist, genau betrachtet, sympathischer Beweis für die prioritäre musikalische Kompetenz der Komponisten, oder einfacher: trotz 12-Ton-Korsett wird ein Musik-Erlebnis transportiert. Weberns Musik zum Beispiel höre ich mir gerne an, ich erlebe sie als farbig und geheimnisvoll. Aber manche Webern-Nachfolger (ich nenne aus Höflichkeit keine Namen) waren zu unmusikalisch und zu unsensibel, um ihrem strengen Tonsatz irgendeine künstlerische

Ausstrahlung abzupressen. Zusammengefasst: Die 12-Ton-Kompositions-Methode erlaubt und fordert die Verwendung von nur 12 Tönen pro Oktave. Die 12 Töne entstehen durch 12-Teilung der reinen Oktave in 12 gleich große temperierte Halbtonschritte. Die Formel für den temperierten Halbtonschritt Frequenz1/Frequenz 2 ist:

Frequenz 2 = Frequenz 1 $\cdot$ $\sqrt[12]{2}$

$\sqrt[12]{2}$ = 1,0594630943592952645618252949463...

Der Faktor, mit dem Frequenz 1 multipliziert werden muss, um Frequenz 2 zu erreichen, ist eine unendliche, eine irrationale Zahl. Alle Intervalle, die diese 12-gleichstufig temperierten Frequenzen miteinander bilden könnten, haben irrationale Proportionen. Nur die Oktave ist exakt, sie hat die Proportion 1:2. Alle Proportionen, die diese 12 Frequenzen miteinander bilden könnten, sind verstimmte Abbilder der Proportionen der Naturtonreihe. Alle außer dem Tritonus, denn diesen gibt es nicht als genau definierte Proportion in der reinen Stimmung. (8:11? 45:64? 32:45?) Alle verstimmten Abbilder der Proportionen der Naturtonreihe werden aber dennoch vom musikalischen Deutungswillen des menschlichen Gehirns als reine Proportionen der Naturtonreihe interpretiert. Und das überforderte Gehirn wendet sich von der Kunst-Musik ab....

Die 12-Ton-Technik
als handwerkliche Konsequenz
der gleichstufigen Stimmung
und als Symbol
der atomisierten Gesellschaft

Außer der Proportion 1:2 gibt es in der gleichstufigen Temperatur keine Proportion von kleinen ganzen Zahlen. Beispiele:

reines Intervall ≠ gleichstufig temperiertes Intervall

2 : 3 ≠ 2 : 2,9966141537533629975985614640588..

3 : 4 ≠ 3 : 4,0045195625101030944924956435526..

4 : 5 ≠ 4 : 5,0396841995794926590688424291121..

5 : 6 ≠5 : 5,9460355750136053335874998528017..

6 : 7 ≠ 6 : 7,1352426900163264003049998233362..

7 : 8 ≠ 7 : 7,8572343381656108700347313477536..

8 : 9 ≠ 8 : 8,9796963864749838514682643974327..

9 : 10 ≠ 9 : 10,1021584347843568329017974471112..

15 : 16 ≠ 15 : 15,8919464153894289684273794242195..

24 : 25 ≠ 24 : 25,4271142646230863494838070787111..

Diese Ungleichungen sind Tatsachen. Menschen, die mit sensiblem Gehör begabt sind, hören, dass es in der gleichstufigen Temperatur keine Proportion von kleinen ganzen Zahlen, wie sie in der Naturtonreihe vorkommen, gibt. Auch wenn die 12-Ton-Komponisten der ersten Generation wahrscheinlich nicht in ihrem wachen Bewusstsein den Gedanken dachten: „Die Methode der Komposition mit 12 nur aufeinander bezogenen Tönen, die aber beliebig oktaviert werden dürfen, passt zu der tatsächlichen Beziehungslosigkeit der 12 Töne in der gleichstufigen Temperatur, in der nur Oktaven rein sind", so kann man doch unterbewusstes Fühlen, Wollen, Handeln nicht ausschließen. Schönberg hat immer wieder auf den künstlerischen Zwang hingewiesen, dem er folge. Und was wissen wir schon von den Abgründen der menschlichen Seele? Die ungenauen Proportionen und die tatsächliche Beziehungslosigkeit der 12 Töne der gleichstufigen Temperatur passen zu den unklaren sozialen Proportionen und der tatsächlichen Beziehungslosigkeit des Individuums in der zerbrochenen Gesellschaft des 20. Jahrhunderts. Sensible Menschen, die auch musikalisch und kreativ begabt sind, empfinden und erfinden eine Musik, die auf den ungenauen Proportionen und die tatsächliche Beziehungslosigkeit der 12 Töne der gleichstufigen Temperatur beruht, als musikalisches Symbol der unklaren sozialen Proportionen und der Beziehungslosigkeit des Individuums in der zerbrochenen Gesellschaft des 20. Jahrhunderts. Schönberg, Berg und Webern waren sensible Menschen, musikalisch und kreativ begabt. Die 12-Ton-Musik erhielt in moralisch unreinen Zeiten den Ruf der moralischen Reinheit, weil sie von den

Diktaturen des 20. Jahrhunderts verfemt und verfolgt wurde. Selbstverständlich ist dies ein schreiendes Unrecht, ein Verbrechen gegenüber kreativen Köpfen und Herzen gewesen. Aber der Umkehrschluss wäre: 12-Ton-Musik ist zwangsläufig und in jedem Fall anti-diktatorisch und freiheitlich. Die Intoleranz der seriellen Komponisten- und Musiktheoretiker- Szene der Nachkriegszeit lässt gelinde am freiheitlichen Impetus zweifeln. Das Kakophonie-Narrativ: "Böse Gesellschaft, also dissonanter musikalischer Protest" ist nicht zu Ende gedacht. Die Geschichte der Menschheit zeigt in furchtbaren Zeiten gerade **keine** kausale noch koinzidente Beziehung zwischen menschlichem Leid und dissonant protestierender Musik, wohl aber Parallelen zwischen menschlichem Leid und ernster, tröstender Musik, oder aber Antagonismen zwischen menschlichem Leid und vorsätzlich zerstreuender, ablenkender Musik. Ich halte es eher mit einem großen Gewährsmann, nämlich Robert Schumann: „Licht senden in die Tiefe des menschlichen Herzens – des Künstlers Beruf." Die existenziell indifferente Beziehungslosigkeit des Individuums in der zerbrochenen Gesellschaft des frühen 20. Jahrhunderts war subjektiver **Anlass** für das Schaffen der sensiblen und musikalisch - kreativ begabten Menschen Schönberg, Berg und Webern, aber nicht der objektive **Grund.** Ein gesellschaftliches Bedrohungserlebnis kann auch auf andere Weise musikalisch symbolisiert und sublimiert werden. Entgegen der Erklärung Schönbergs hätte man damals auch eine widerständige **konsonante** Kunstmusik erfinden können. Man hätte die gleichen Berechnungen anstellen können, die ich in dieser Schrift vorlege, und mit dieser reinen, durchdachten und durchfühlten Musik-Theorie die dekadente spätromantische Tonalität reformieren können. Stattdessen wurde sie endgültig deformiert. Das Ergebnis: Die zeitgenössische Kunstmusik verlor das breite Publikum, und dieses wandte sich der Unterhaltungsmusik zu. Die zeitgenössische Kunstmusik aber fristet in unseren heutigen Tagen eine gesellschaftlich marginale Existenz. Die Unterhaltungsmusik ist scheinbar allmächtig. Zeitgenössische Romane, sie werden geschrieben und verkauft, zeitgenössische Bilder werden gemalt und verkauft, aber zeitgenössische Kunst-Musik existiert schattenhaft und nur durch Subventionen. Und die Unterhaltungsmusik wird strukturell immer anspruchsloser. Das Songwriter-Duo Lennon/McCartney hatte noch geniale melodisch-rhythmisch-harmonische Einfälle, doch in heutigen Zeiten hört man oft genug nur einen imperativen Sprechgesang über einem anästhetisierenden Schlagzeug-Marsch....

Überleitung

Wir haben gesehen und gehört, wie reich, logisch, schön und wahr das Tonsystem ist, das auf direktem Wege aus dem Naturgesetz der Naturtonreihe abgeleitet werden kann, wenn man nur den Willen hat, den eigenen kulturellen Willen von Gesetzen leiten zu lassen, die größer als die Kultur, mächtiger als der Wille, älter als die Menschheit sind. Die Anzahl der Möglichkeiten, Melodien, Melodie-Schichten, Rhythmen, Rhythmus-Schichten, Akkord-Folgen und Kombinationen aus alledem zu finden, diese Anzahl übersteigt das menschliche Vorstellungsvermögen. Eine beispielhafte Rechnung: Nehmen wir an, unser Tonvorrat bestünde nur aus folgenden Tönen:

Nur 5 Töne. Daraus lassen sich 5! Permutationen bilden, das heißt: $1 \cdot 2 \cdot 3 \cdot 4 \cdot 5 = 120$ Melodien ohne Tonwiederholung. Nehmen wir nun an, jeder dieser Töne könnte zwei

unterschiedliche Notenwerte annehmen, jeder Ton könnte entweder eine halbe Note oder eine Viertel-Note sein. Jeder einzelne Ton unserer 5 Töne darf also in zwei Varianten erscheinen. Wir haben nun 10 Elemente und können daraus 10! = 3.628.800 Melodien bilden! Nun nehmen wir an, jede dieser Melodien könnte auf nur 10 verschiedene Weisen mit irgendwelchen Akkorden begleitet werden, dann erhalten wir 36.288.000 Möglichkeiten. Aus jeder dieser Eröffnungen könnte ein inspirierter Komponist 10 verschiedene Kompositionen erfinden. (J.S.Bach erfand in seinem letzten Werk-Zyklus „Die Kunst der Fuge" aus einem relativ unspektakulären Thema sogar 14 Fugen und 4 Kanons). Damit haben wir nun die Möglichkeit, 362.880.000 Kompositionen zu schaffen. Nehmen wir nun an, ein genialer Komponist benötigte pro Komposition nur einen Tag, dann hätte er ca. 994.191 Jahre zu tun.

Frohes Schaffen!

Was bleibt noch zu sagen? Ich werde in den folgenden Kapiteln eine Auswahl von musikalischen, kompositorischen, theoretischen und philosophischen Konsequenzen ausloten, die sich aus unseren bisherigen Erkenntnissen ergeben. Es folgt also eine Sammlung von selbständigen Essays, untereinander nur verwandt durch die Substanz-Gemeinschaft „Naturtonreihen-Gesetz-Tonsystem".

Was ist musikalische Genialität?

Ein Kommilitone stellte sich und mir einst die kluge Frage, warum denn Mozart, der Inbegriff des Genies, doch immer nach Mozart klänge und nicht, vermöge seiner Genialität, die Musikgeschichte übersprungen habe und bereits Wagner oder gar die neue Wiener Schule vorweggenommen habe. Ich weiß nicht, ob jenen Kommilitonen die Antwort auf seine scharfsinnige Frage überhaupt interessiert hat, ich aber kam aus dem Grübeln nicht mehr heraus. Meine vorläufige Antwort: Genie ist persönlichkeitsbedingte Gestalt-Affinität im Reich alles Möglichen. So erkläre ich, warum Mozart nach Mozart klingt, aber andererseits auch, wieso jedes Genie zugleich originell ist, und zum Dritten, was Genie eigentlich ist. Denn der nicht zum Komponieren Berufene, der nicht Originelle, will „so etwas wie Wagner" schreiben, er wählt nicht aus dem Bereich alles Möglichen, sondern aus der ihm bekannten musikgeschichtlichen Realität; er zitiert bestenfalls, wahrscheinlich aber stiehlt er. Die Persönlichkeit des Genies aber ist zugleich Antenne und Filter: Sie empfängt fortwährend, aber nur das, was zu ihr passt. Recht eigentlich erschafft das Genie nicht, sondern findet, erfindet, und zwar ausnahmslos solche Formen, Verläufe, Strukturen, die zu den Formen, Verläufen, Strukturen seiner Persönlichkeit passen. Mehr muss man dazu nicht wissen, es gilt das Wort Robert Schumanns: „Vielleicht versteht nur der Genius den Genius ganz."

357

Die Folgen der Akkord-Umkehrungen

Die theoretische Gleichsetzung von c´e´g´ mit e´g´c´´ und
g´ c´´ e´´ ist eine Gewohnheit. Ich werde in diesem Kapitel
untersuchen, was zwischen den Permutationen, (denn genau
das sind Akkord-Umkehrungen) gleichbleibt und was sie
unterscheidet. Einem Komponisten muss man das eigentlich
nicht erklären, er weiß, dass die Grundstellung eines Dur-
Dreiklanges Stabilität und Ruhe ausstrahlt, die erste
Umkehrung so etwas wie ein „ja, aber" symbolisiert und die
zweite Umkehrung ein „warte noch! bald.." Aber bereits die
Umkehrungen eines Dominant-Sept-Akkordes sind nicht so
einfach in Alltags-Sprache zu übersetzen. Schauen wir also
mit unseren Möglichkeiten der Einzelton-Funktions-Analyse
hinter die Kulissen. ♪**Demo 286**

h3h3	h2h2	h5h5
h5h5	h3h3	h2h2
h2h2	h5h5	h3h3

2:3 4:5:6   5 : 8 5:6, 3:4   3:5 3:4:5

Die drei Umkehrungen des Dur-Dreiklanges in enger Lage
und ohne Verdopplungen zeigen: Allen drei Akkorden ist das

Verhältnis der harmonischen Funktionen ihrer Einzeltöne gemeinsam: Alle drei Umkehrungen haben 2 harmonische Grundton-Funktionen (h2), 2 harmonische Quint-Funktionen (h3), 2 harmonische Terz-Funktionen (h5). Diese Funktions-Verhältnis-Identität war sub specie historiae offenbar so mächtig, dass man getrost die drei Umkehrungen unter „einfach C-Dur" subsumieren konnte. Der Reduktionismus etablierte sich, jeder Musik-Theorie-Nebenfach-Studierende ist erleichtert, wenn er in allen dieser Umkehrungen C-Dur erkennt. Richten wir aber nun den Blick auf die Unterschiede: Das Rahmen-Intervall ist selbstverständlich nicht-identisch. Je einfacher es ist, desto leichter kann die hörende Seele es annehmen, und desto klarer ist das Akkord-Erlebnis. 2:3 ist einfacher als 3:5, 3:5 einfacher als 5:8, man sieht auf den ersten Blick: je kleiner die Proportions-Zahlen, desto harmonischer das Erlebnis. Dann aber müsste die Qualitäts-Reihenfolge der Permutationen diese sein: ♪Demo 287

h3h3	h5h5	h2h2
h5h5	h2h2	h3h3
h2h2	h3h3	h5h5

Und: Die Stellung des Grundtones im Akkord ist natürlich nicht-identisch. Das große Vorbild aller

2:3 4:5:6   3:5 3:4:5   5:8 5:6, 3:4

Akkorde ist die Naturton-Reihe, sie lehrt: Der Grundton **ist** der Bass-Ton, und außerdem wird er auch noch verdoppelt.

♪Demo 288

Hier sehen wir den Ton C zweimal, bevor die „Quinte" G erscheint, und 3-mal, bevor die „Terz" E erscheint. Auch aus der Stellung des Grundtones in den Permutationen ergibt sich die oben bereits abgebildete Rangfolge an Klang-

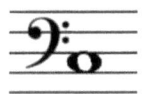

qualität und perzeptiver Klarheit. Auf der einen Seite also: Identisches Einzelton-Funktions-Verhältnis, auf der anderen Seite nicht-identische Rahmen-Intervalle und Grundton-Stärken. Diese Ambivalenz spiegelt sich in der ambivalenten Deutung der Musiktheorie-Geschichte wider. Rameau hat schon den „perfekten Akkord," wie er den Dur-Dreiklang nannte, abgeleitet und seine Umkehrungen als substanz-identisch verstanden, wenngleich nicht als qualitäts-identisch.

Man sehe seine Grafik aus dem ersten Buch seines „Traité "Der „Accord parfait" ist hier in schönster tri-angulärer Harmonie mit seinen Derivaten

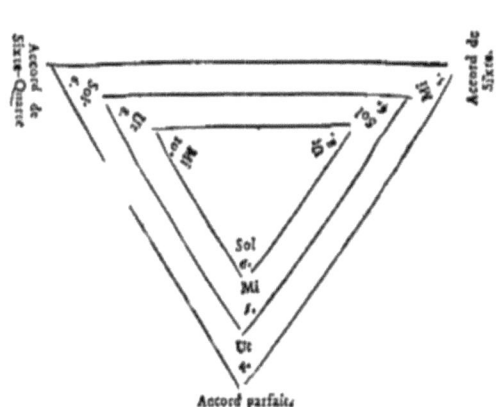

„Accord de Sixte" und „Accord de Sixte-Quarte" konstelliert.

Doch der „Traité de l'harmonie réduite à ses principes naturels" datiert von 1722, aber schon lange zuvor waren Dur-und Moll-Dreiklänge bekannt. Sie wurden aber in einer eher praktisch orientierten Handwerkslehre kasuistisch und nicht systematisch behandelt, die Generalbass-Lehre ist ja auch keine Harmonie-Lehre, sondern eher ein Harmonie-Katalog. J.S.Bach zum Beispiel war Rameau´s Systematik nicht so geheuer: *„dass meine und meines seel. Vaters Grundsätze antirameauisch sind, können Sie laut sagen."* schreibt Carl Philipp Emanuel Bach an Johann Philipp Kirnberger. Heute kann ich laut sagen, dass beide Positionen teilweise richtig sind. Sehen wir uns kompliziertere Akkorde und ihre Umkehrungen an:

♪Demo 289

Ein (Dominant-)Sept-Akkord auf C in allen 4 Permutationen. Man sieht die identische Einzelton- Funktions-Verteilung und die nicht-identischen Proportions-Strukturen. Isoliert man diesen Akkord aus allen möglichen musikalischen Zusammenhängen, dann könnte man aufgrund der Einzelton-Funktions-Verteilungs-Identität alle 4 Permutationen für 4 Erscheinungsformen einer einzigen abstrakten Existenz halten. Doch wann kommt in der Musik ein völlig isolierter Dominant-Sept-Akkord vor? Denken wir an die berühmte Stelle aus Beethovens Klaviersonate opus 110, aus dem „Adagio, ma non troppo" (hier im Verlag Johann Cappi, Wien 1822) ♪**Demo 290**

H-Dur7 ist jedoch hier nur drastisch verlangsamt, der Ton a´´ will sich zwar aus allen Zusammenhängen lösen, aber Beethoven erlaubt es ihm schließlich doch nicht, a´´ wird auf Umwegen dann doch nach g´♯ aufgelöst...In welchen Zusammenhängen aber können die unterschiedlichen Permutationen eines Dominant-Sept-Akkordes stehen? Sehen und hören wir zum Beispiel die einfachste Fortsetzung, nämlich die Folge „D7-T"
♪**Demo 291**

362

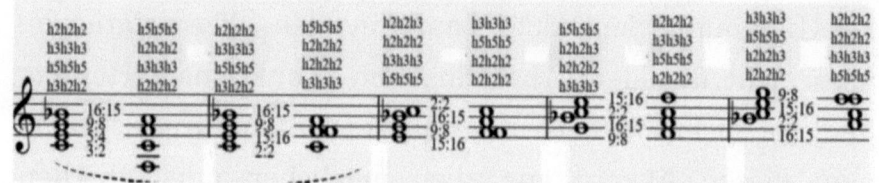

Wenn die harmonischen Einzelton-Funktionen des Dominant-Sept-Akkordes mit passenden melodischen Proportionen weitergeführt werden (z.B. auf h5 folgt 15:16, denn 15 = 3· 5), dann ergeben sich zwingend auch die unterschiedlichen Permutationen des Ziel-Akkordes, und das ist kompositorisch nicht egal! Dennoch sind auch den Umkehrungen der Tonika wiederum die Funktionen ihrer Einzeltöne gemeinsam. Es ändert sich also nichts an unserer ersten Erkenntnis: Umkehrungen (also Permutationen) eines Akkordes haben untereinander Identität der Einzelton-Funktionen, aber dennoch unterschiedliche kompositorische Möglichkeiten und Beschränkungen. Wenn wir nun **ausschließlich** an einer Deutung der Funktion von Akkorden und ihren Einzeltönen interessiert sind, wenn wir zum Beispiel eine harmonische Analyse eines Werkes durchführen, dann ist es sehr sinnvoll, alle möglichen Permutationen als Erscheinungsformen eines abstrakten Phänomens zu begreifen. Ob die Funktions-Anordnung eines dreistimmigen Dur-Dreiklanges h2 h2, h3 h3, h5 h5 oder aber h3 h3, h2h2, h5h5 lautet, es ist immer dasselbe Verhältnis. Oktav-verdoppelte Töne müssen natürlich ignoriert werden, wenn wir in einem vierstimmigen Dur-Dreiklang C, C, G, E zweimal C mit h2 h2 h2 haben, dann ist die Information, dass C ein vollständiger Grundton ist, redundant. Die harmonische Analyse, die sich aus der Reduktion aller konkreten harmonischen Phänomene eines Werkes auf eine abstrakte Grund-Gestalt ergibt, ist selbstverständlich nur die Grundlage für eine weitergehende Analyse des Verhältnisses zwischen der abstrakten Grundgestalt und dem konkreten Phänomen des realen Werkes. So lassen sich satztechnische Eigenheiten von Werk und Autor gut beschreiben, z.B. die weite Lage der Akkorde in Chopins Klavier-Satz. Unser relativer Reduktionismus ist die wahre Versöhnung von Rameau und Bach, wird reduzieren zwar vorübergehend Akkorde auf ein abstraktes Minimum, aber nur, um danach umso aufmerksamer die reichen Abweichungen des realen Tonsatzes von der abstrakten, destillierten Basis zu erkennen. Doch auch eine andere Frage wird laut: Gibt es eine optimale konkrete Erscheinungsform eines Akkordes? Und: Woran erkennen wir sie? Teilweise haben wir die Antwort auf diese Frage schon gegeben: Das große Vorbild ist die Naturton-Reihe. Sie lehrt, dass die großen Intervalle unten sind, die kleinen oben- eine Baum-Struktur, der mächtige Stamm trägt die Äste, diese die Zweige usw. Doch diese Antwort ist noch zu vage, wir wollen Zahlen sehen! Hier der Dur-Dreiklang, so wie er in der Naturton-Reihe gegeben ist: Das Ideal-Bild aller Akkord-Darstellung hat möglichst kleine, möglichst zusammenhängende Proportions -Zahlen. Außerdem fällt auf, dass der Grundton mindestens verdoppelt, im ersten

Beispiel sogar verdreifacht ist. Das bedeutet aber nicht, dass jeder Akkord einer Komposition diese Ideal-Gestalt haben muss, denn wir erzeugen mit einer Komposition ja eine Dramaturgie aus ganz unter-schiedlichen Elementen, es müssen also auch Akkorde vorkommen, die von minderer Qualität sind.

Dennoch wollen wir sehen, wie denn die Ideal-Gestalt einiger anderer Akkorde aussieht, wenn wir möglichst kleine und möglichst zusammenhängende Proportions-Zahlen verwenden. Einige Beispiele: ♪**Demo 292**

Der Moll-Dreiklang mit möglichst benachbarten Proportionszahlen und mit möglichst kleinen Zahlen. Die dritte Variante hat weder besonders nahe noch besonders kleine Proportionszahlen. Ein gemeinsames

Optimum wie beim Dur-Dreiklang gibt es nicht. Nun der Sept-Akkord:

♪Demo 293

Die kleinsten Proportionszahlen hat die zweite Variante, die eine tief im Bass stehende Septime hat, die möglichst eng stehenden Proportionszahlen hat die dritte Variante. Die Grundstellung ist nicht optimal. Ein gemeinsames Optimum, also möglichst kleine und zugleich möglichst nahe Proportionszahlen, gibt es noch weniger als beim Moll-Dreiklang. Es erstaunt, dass der „Sekund-Akkord" mit seiner Septime im Bass die optimale Form des Septakkordes ist, aber ich verstehe dadurch besser die Funktion des Sekund-Akkordes, einen Basston zwar beizubehalten, ihm aber gleichzeitig seine Grundton-Funktion zu nehmen, um die Komposition in Schwung zu bringen. Diese Wendung findet sich nicht selten in harmonischen Verläufen der Barockzeit. Berühmtes

Beispiel: Bachs Präludium C-Dur aus dem ersten Band des Wohltemperierten Klaviers. Sehen wir selbst:

Nun aber will ich noch Akkorde umkehren, deren Einzelton-Funktionen gegenüber ihrem Klangreiz unwichtig sind: Die Harmonik des Jazz hat Akkorde hervorgebracht, deren „voicing" existenziell ist, es ist hier eben nicht egal, in welcher Permutation die Einzeltöne eines Akkordes komponiert werden. Zunächst den wohl einfachsten 5-Klang, denn er ist nur durch Tonleiter-eigene Terzen-Schichtung konstruiert:

♪Demo 294

Die beste Permutation dürfte wohl die erste sein. Ihre Verteilung der harmonischen Funktionen ihrer Einzeltöne

Cmaj7/9	???	???	Cmaj7/9
8:10:12:15:18	9:15:16:20	10:15:24:36:192	12:18:30:45:54
h3h3h3h3	6 :		
h5h5h5h5			
h3h3h2h2	h5h5h2h5	h2h2h2h2	h3h3h3h3
h5h5h2h5	h2h2h2h2	h3h3h3h3	h5h3h5h5
h2h2h2h2	h3h3h2h2	h3h3h2h2	h5h5h2h5
	h3h3h3h3	h3h3h2h2	h3h3h2h2
	h2h2h3h3	h5h3h5h5	h2h2h2h2
		h5h5h2h5	

367

ist ein wunderbar symmetrischer Übergang von 100% Grundton-Funktion über 75% Terz-Funktion, 50% Quint-Funktion, wieder 75% Terz-Funktion und schließlich 100% Quint-Funktion. In dieser Umkehrung klingt der Akkord auch besonders gut. Dagegen ergeben Variante 2 und 3 überhaupt keinen Sinn. Variante 2 lässt ein schwaches und gestörtes G-Dur erahnen, Variante 3 klingt nach E-Moll, aber dann versteht man das starke C im Sopran nicht. Warum funktioniert dieser Akkord nicht in all seinen Permutationen? Weil seine Struktur nicht funktional ersonnen wurde, sondern des besonderen Klangreizes wegen. Der C maj7/9 ist so gebaut, wie es die Kurz-Schrift schon andeutet: ein C-Dur-Dreiklang mit großer Septime und einer leitereigenen None darüber. Jede Permutation zerstört diese Absicht. Und diese große Septime oder auch die None, sie sind ja keine „charakteristischen Dissonanzen" wie z.B. die kleine Septime des Dominant-Sept-Akkords, sondern sie stellen eine zarte Poly-Tonalität dar, denn durch C-Dur hindurch hört man auch ein wenig E-Moll und ein wenig G-Dur, aber nur als zarter Hauch, nicht als harte Konkurrenz zu dem Zentralton C. Fassen wir zusammen: Permutationen von Akkorden, genannt „Umkehrungen", können einander ohne Probleme dann ersetzen, wenn die Harmonik eher als Folge von Einzelton-Funktionen verstanden wird, denn die Verteilung der Einzelton-Funktionen bleibt ja in allen

Permutationen identisch (Hochbarocke und klassische Harmonik). Aber ein Kompositions-Stil, der dem klanglichen Kolorit höhere Bedeutung gibt, (Hochromantik bis Impressionismus) wird die spezielle Permutation zum Gestaltungs-Mittel erheben und kann einer Austauschbarkeit der Umkehrungen niemals zustimmen. Im Extremfall (Jazz-Harmonik) ist das „voicing" alternativlos. Reduktionistische Gleichsetzung ist unkünstlerisch, was posthum eher für den „antirameuischen" Standpunkt von Vater und Sohn Bach spricht.

Warum nicht die Natur-"Septime"?

1:2   2:3   4:5   4:7

4:7 passt nicht in die Reihe. 4 und 7 sind keine Nachbarzahlen.

1:2   2:3   4:5   6:7

6:7 passt nicht in die Reihe. 6 ist nicht das 2^n-fache von 1

6 ist nicht mit dem Grundton oktav-verwandt. Das ist leicht erkennbar. Wieso aber haben manche großen Theoretiker die Natur-Septime (4:7) und die septimale Kleinterz (6:7) als logische Erweiterung des Tonsystems gefordert? 1:2 teilt das Ganze, 2:3 teilt 1:2, 3:4 ist nur Teilungs-Ergebnis, 4:5 teilt 2:3, 5:6 ist nur Teilungs-Ergebnis, 6:7 teilt erstmals ein Teilungs-Ergebnis (3:4). 6:7 **beendet** den bisherigen Neu-Proportions-Teilungs-Algorithmus. 6:7 ist keine logische Fortsetzung des Naturtonreihen-Bauplans. Ein Vergleich: ♪**Demo 295**

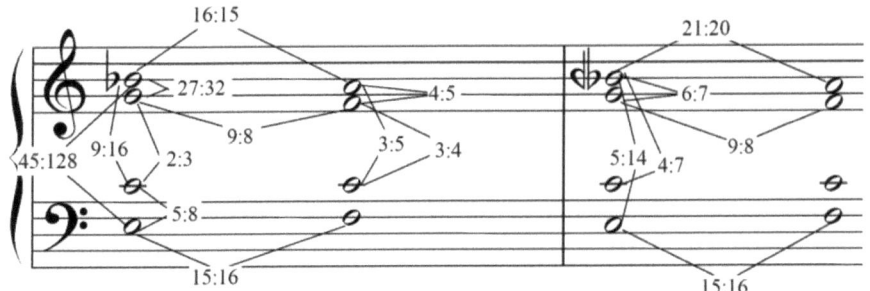

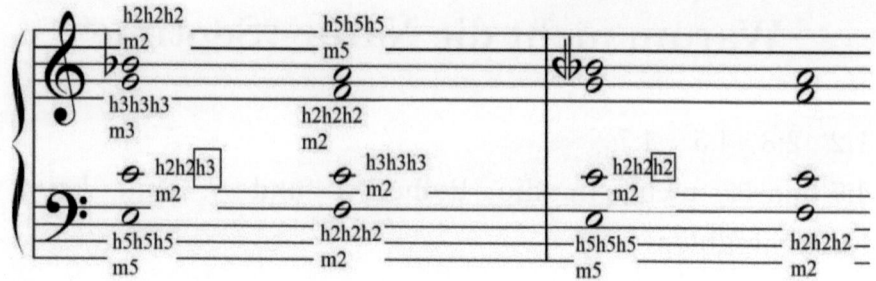

Der klassische Dominant-Sept-Akkord hat zwar komplizertere Proportionen als der "Natur"-Sept-Akkord. Aber: der Dominant-Sept-Akkord ist absichtlich durch komplizertere Proportionen dissonant, damit die nachfolgende Ziel-Tonart umso konsonanter wirkt. Der Dominant-Sept-Akkord gibt dem Grundton (C) der Ausgangs-Tonart **1/3 Quint-Funktion** (h2 h2 h3). Eine "Zukunfts-Vision" der totalen Quint-Funktion (h3 h3 h3), die C in der Ziel-Tonart haben wird. Der Grundton C wird durch die quint-verwandte Septime zur Quinte. Die bisherige "Tonika" C wird durch die Quint-verwandte Septime zur "Dominante" Hohe Sukzessiv-Logik durch hohe Simultan-Dissonanz. Der Natur-"Sept"-Akkord bereitet hingegen **nicht auf** die nachfolgende Tonart vor. Er stärkt den Grundton C des Natur-Sept-Akkordes zusätzlich (h2 h2 h2) und schwächt den Wunsch nach harmonischer Progression und nach einem neuen Grundton. Konsonante Starre. C und B♭ umrahmen in der Quinten-Reihe den Ziel-Grundton F. Der Dominant-Sept-Akkord konfrontiert den bisherigen

371

Grundton C mit der starken Grundton-Funktion der 9:16-
Septime b♭. Stärkung des zukünftigen Grundtones (F) durch
Relativierung des bisherigen Grundtones (C). Zukünftige
Tonalität durch vorübergehenden Tonalitäts-Verlust: Spiel,
Spannung, Erlösung. Der „Natur"-Sept-Akkord dagegen
verabsolutiert den bisherigen Grundton (C). Kein zeitlicher
Zusammenhang mit einem anderen Grundton. Keine
Spannung, keine Erlösung. Und: Zwischen dem Dominant-
Sept-Akkord (mit quint-verwandter Septime) und der Ziel-
Tonart (F-Dur) ist die melodische Proportion 15:16 (Leit-Ton-
Schritt) doppelt: als 15:16 und als 16:15. 15:16 und 16:15
kommen im Ton-System oft vor: Beziehung zu früheren Hör-
Erfahrungen. Ökonomisches Hören: 1 mal 15:16 berechnen,
2-mal anwenden. Ganzheitliches Hören: Alle Erlebnis-
Varianten von 15:16 vorwärts + rückwärts.
Vierdimensionales Hören: Grundgestalt und Krebs
gleichzeitig = Transzendenz der Erlebnis-Zeit zwischen dem
"Natur"-Sept-Akkord und der nachfolgenden Tonart (F-Dur)
hingegen zwei unterschiedliche und dadurch verwirrende
melodische Proportionen (15:16 und 21:20). Melodisch
kompliziert trotz harmonischer Simplizität. Die Natur-
"Septime" klingt zwar interessant, aber sie zerstört die
bisherigen Zusammenhänge. Sie ist nicht logische oder
organische Erweiterung des Ton-Systems, sondern seine
Grenze.

Das dunkle Quartett: Die Entlarvung des verminderten Sept-Akkordes

Es ist wie in einem Krimi: Eine Serie von Raub-Überfällen hält die Region in Atem, aber der Haupt-Verdächtige kann in jedem neuen Fall ein glaubwürdiges Alibi präsentieren, bis endlich herauskommt, dass es sich um eine Bande von identisch aussehenden Vierlingen handelt, von denen sich jeweils drei dem Verbrechen widmeten, einer aber in der Tat-Zeit ostentativ auf öffentlichen Veranstaltungen herumlungerte. So auch unser Haupt-Verdächtiger: Der skandalös missverstandene „Verminderte Sept-Akkord". In der gleichstufigen Temperatur des Klaviers scheint es, als bestünde er aus 4 kleinen Terzen, die man beliebig „enharmonisch" umdeuten könne; und derart verkannt setzt man ihn bedenkenlos als modulatorische Allzweckwaffe ein. Was Enharmonik in Wirklichkeit ist, das habe ich bereits im Kapitel „Warum ist Fis nicht Ges? Die Wahrheit der Enharmonik" ab Seite 153 erklärt. Auch über den verminderten Sept-Akkord habe ich bereits ein wenig nachgedacht. Doch wir müssen genauer hinter die Kulissen blicken. Zunächst ein Zitat, das das historische Missverständnis exemplarisch und entlarvend deutlich zeigt: Arnold Schönberg schreibt in seiner „Harmonielehre" folgende Sätze: *„Die Einführung der im*

Vorhergehenden besprochenen Akkorde geschieht viel sanfter, vermittelter, wenn man sich vagierender Akkorde bedient. Solcher kennen wir vorläufig zwei: den verminderten 7-Akkord und den übermäßigen Dreiklang." (Seite 237) und später *„Und es wird sich später noch zeigen, daß die Beziehungen, die dieser Akkord [der verminderte Septakkord] zu den Tonarten hat, noch viel reicher sind. Daß er in keiner eigentlich allein, zu Hause, allein zuständig ist. Sondern daß er sozusagen überall heimatsberechtigt und doch nirgends seßhaft ist, ein Kosmopolit oder ein Landstreicher! Ich nenne derartige Akkorde vagierende Akkorde"* (Seite 238)

Bildhafte Sprache, poetischer Anhub, doch leider inhaltlich falsch, wie ich nun zeigen werde. Immerhin hat Schönberg irgendwie geahnt, dass der verminderte Sept-Akkord schwer definierbar ist, doch statt die Rubrifizierungs-Methode in Frage zu stellen, kreiert er ein neues Wort: „vagierender" Akkord. Das kommt von dem lateinischen Deponens „vagari", was so viel heißt wie „umherschweifen".

Nun gut. Unser „umherschweifender" vermeintlicher Landstreicher wird sich als Vierlings-Bande entpuppen! Sehen und hören wir alle 4 Mitglieder selbst:

♪**Demo 296**

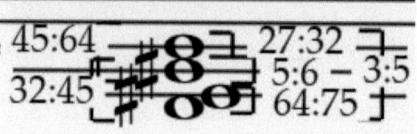 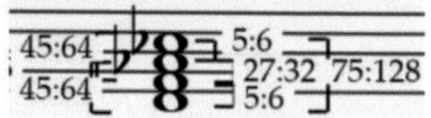

Neben der reinen kleinen Terz 5:6 finden wir auch die
übermäßige Sekund 64:75, ihre Umkehrung, die verminderte
Septime 75:128, die pythagoräische kleine Terz 27:32 und
deren Umkehrung, die pythagoräische große Sexte 16:27.
Jeder dieser 4 Akkorde entstammt einer anderen
Klangfamilie. Das heißt: Wir können jeden dieser Akkorde
nutzen, um in dessen spezielle Klangfamilie zu gelangen,
jeder dieser 4 Akkorde ist absolut eindeutig. Die gleichstufige
Stimmung nivelliert die Unterschiede zwischen 5:6, 27:32
und 64:75, ein gleichstufig glattgeschliffener Akkord stellt
das Ohr natürlich vor ein Deutungs-Rätsel. Es ist aber nicht
der Akkord, der diese Mehrdeutigkeit an sich trägt, es ist das
Stimmungs-System, das Mehrdeutigkeit erzeugt. Sehen und
hören wir, zu welchem Zentralton jeder der rein gestimmten
verminderten Sept-Akkorde eindeutig will, aber auch, woher
(außer von der gleichstufigen Stimmung) der Eindruck der
„Mehrdeutigkeit" kommen könnte:

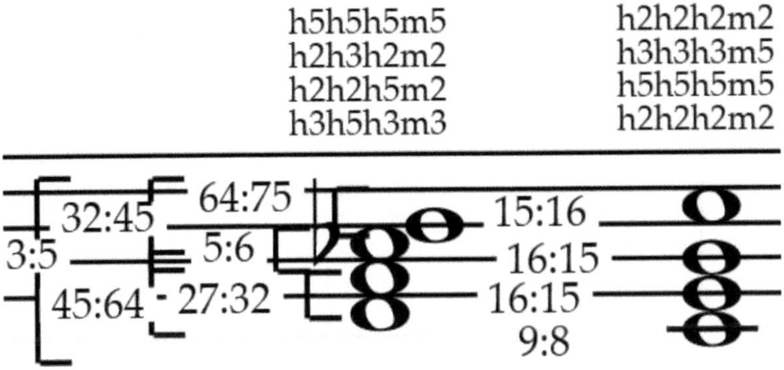

h5h5h5m5   h2h2h2m2
h2h3h2m2   h3h3h3m5
h2h2h5m2   h5h5h5m5
h3h5h3m3   h2h2h2m2

32:45   64:75   15:16
3:5   5:6   16:15
45:64 · 27:32   16:15
              9:8

♪Demo 297

Dieser verminderte Sept-Akkord stammt aus der Klang-
Familie von C, hier löst er sich nach C-Dur auf. Mir ist
bewusst, dass ich hier die „verminderte Quinte" d´- a♭´ in die
reine Quinte c´-g- führe, doch im Kapitel „Warum sind
parallele Quinten und Oktaven verboten?" (223 ff.) habe ich
das traditionelle absolute Parallelen-Verbot relativiert.
Wem aber angesichts meiner gut begründeten Stimmführung dennoch etwas unwohl ist, dem präsentiere ich noch
eine Parallelen-freie Version, die aber dafür doppelte Terzen
im Schluss-Akkord hat.

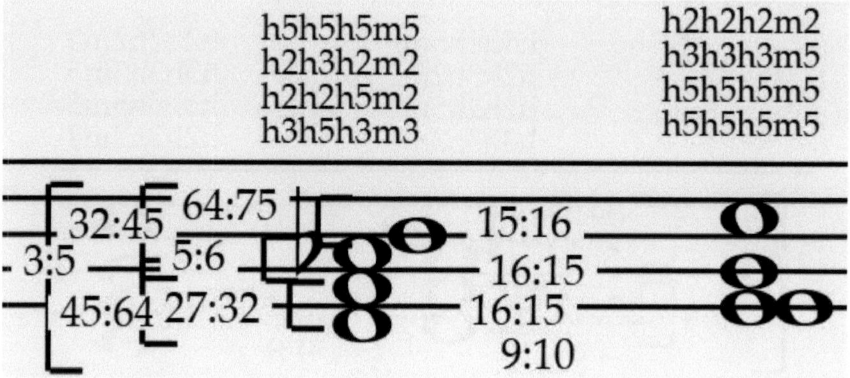

h5h5h5m5 h2h2h2m2
h2h3h2m2 h3h3h3m5
h2h2h5m2 h5h5h5m5
h3h5h3m3 h5h5h5m5

32:45 64:75 15:16
- 3:5   5:6   16:15
45:64 27:32 16:15
              9:10

♪Demo 298

Beiden Akkordfolgen gemeinsam ist der starke Grundton von C-Dur, und die melodische Terz-Funktion des g´ in C-Dur. Diese ist eine Erinnerung an C-Moll, denn im Moll-Dreiklang hat die Quinte auch eine (harmonische) Terzfunktion. Wenn sich der verminderte Sept-Akkord tatsächlich nach C-Moll auflöst, dann kann man diese Mischfunktion von g´ in C-Moll sehen. ♪Demo 299

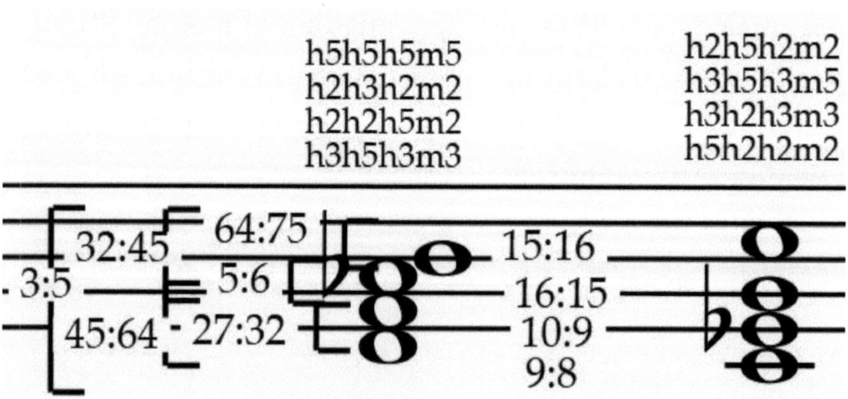

h5h5h5m5 h2h5h2m2
h2h3h2m2 h3h5h3m5
h2h2h5m2 h3h2h3m3
h3h5h3m3 h5h2h2m2

32:45 64:75 15:16
- 3:5   5:6   16:15
45:64 27:32 10:9
              9:8

377

Diese Variante   entstammt der Klang-Familie von A, hier löst er sich nach A-Dur auf. Auch hier die melodische Terz-Funktion der Quinte e´. ♪Demo 300

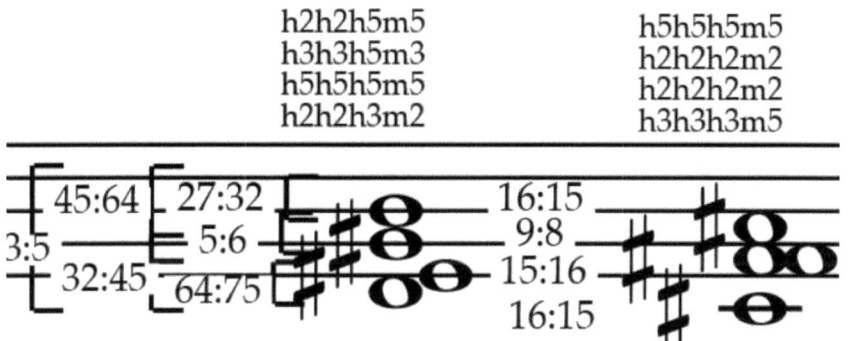

h3h5h3m3
h5h5h5m5
h3h2h2m2
h5h2h2m3

h2h2h2m2
h2h2h2m2
h3h3h3m5
h5h5h5m5

Diese Variante   entstammt der Klang-Familie von F♯, hier löst er sich nach F♯-Dur auf. ♪Demo 301

h2h2h5m5
h3h3h5m3
h5h5h5m5
h2h2h3m2

h5h5h5m5
h2h2h2m2
h2h2h2m2
h3h3h3m5

Auch hier wieder die melodische Terz-Funktion der Quinte c´♯ in F♯-Dur.

Und diese Variante schließlich entstammt der Klang-Familie von E♭, hier löst er sich nach E♭-Dur auf.

378

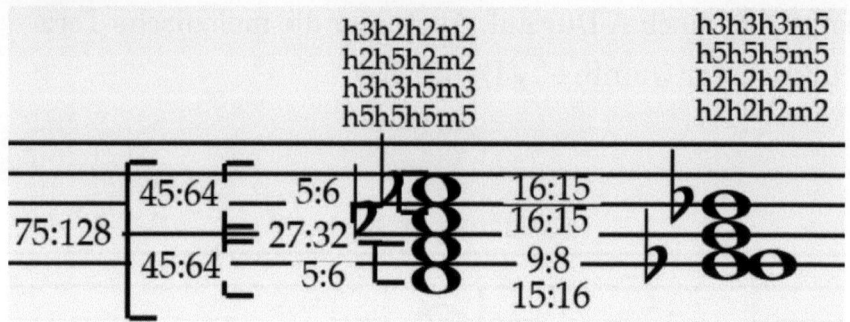

Die vier Varianten des verminderten Sept-Akkordes sind ein starkes Modulationsmittel, weil sie so eindeutig zu ihrer Klang-Familie tendieren, man hört an der charakteristischen Mischung aus 5:6, 27:32 und 64:75 (bzw. deren Komplementär-Intervalle 3:5, 16:27, 75:128), welche Ziel-Tonart erreicht werden soll. Hier einige Modulationen von C-Dur aus: C-Am (terz-verwandt) ♪Demo 303

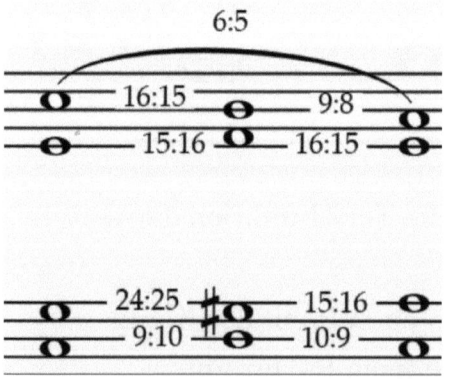

C-Am (über die Quinten-Reihe verwandt) ♪Demo 304

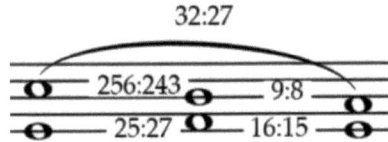

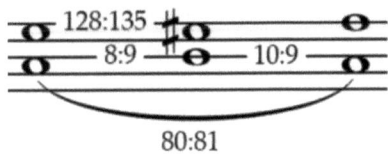

C-F♯ (Terz der Doppel-Dominante) ♪Demo 305

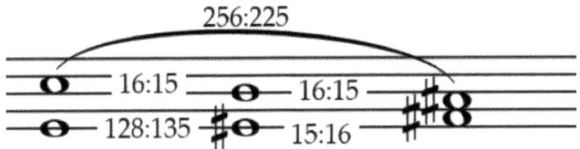

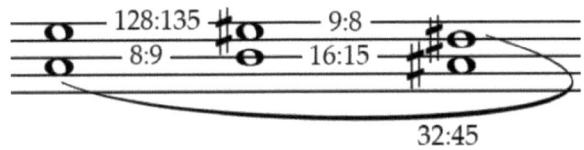

C-E♭ (terz-verwandt) ♪Demo 306

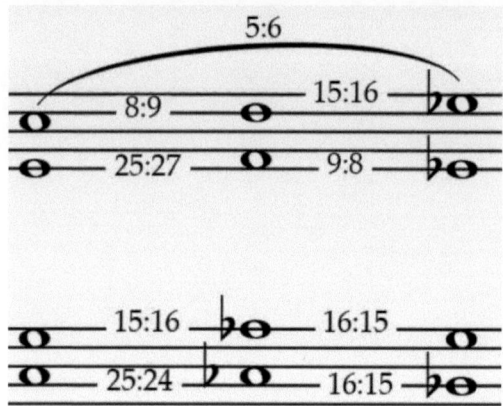

C-E♭ (über die Quinten-Reihe verwandt) ♪Demo 307

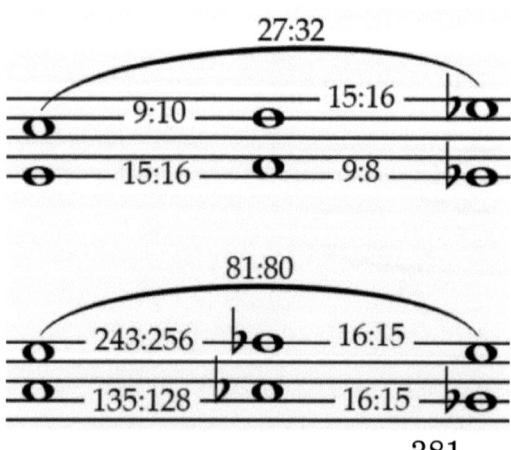

Jetzt verstehen wir, dass es **den einen** verminderten Septakkord nicht gibt, schon gar nicht als vagierenden „Geheimagenten" in der Welt der Akkorde. Es gibt ebenso viele eindeutigen verminderten Septakkorde wie es eindeutige Ziel-Akkorde gibt, die man ansteuern will. Ein kleines Quantum Zweideutigkeit aber hat dieser seltsame Akkord dennoch: er duldet ja keinen ungetrübten Dur-Schluss, weil er der Schluss-Akkord-Quinte eine melodische Terz-Funktion aufnötigt, wie wir weiter oben sahen. Dies könnte ein subtiler Grund für die Mehrdeutigkeits-Anmutung sein.

Das Grusel-Kabinett:
Schein-Konsonanzen sowie übermäßige und verminderte Intervalle

Etliche Schein-Konsonanzen sowie übermäßige und verminderte Intervalle haben wir bereits kennengelernt. Hier gebe ich eine Übersicht über solche Intervalle, die in der gleichstufigen Stimmung leicht mit Konsonanzen verwechselt werden können, in der reinen Stimmung aber teilweise abgrundtief fürchterlich klingen. Die reine Stimmung macht das Schöne schöner, das Hässliche hässlicher, das Licht heller und den Schatten schwärzer...

80:81 Das syntonische Komma ist keine Prime. ♪Demo 308

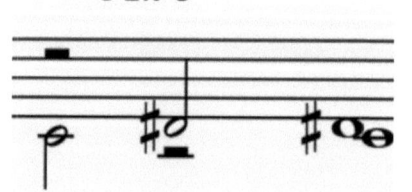

64:75 Die übermäßige Sekunde ist keine kleine Terz. ♪Demo 309

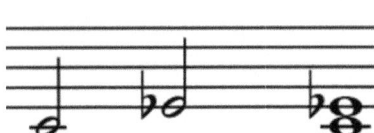

Die pythagoräische Kleinterz ist keine echte kleine Terz. ♪Demo 310

Die pythagoräische Großterz ist keine echte große Terz. ♪Demo 311

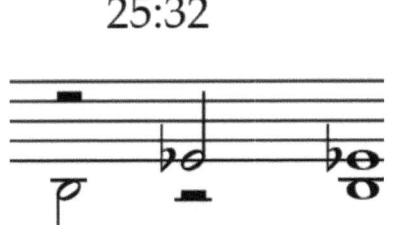

Die verminderte Quarte ist keine große Terz. ♪Demo 312

Keine reine Quarte zwischen der sechsten und der zweiten Stufe einer reinen Dur-Tonleiter! ♪Demo 313

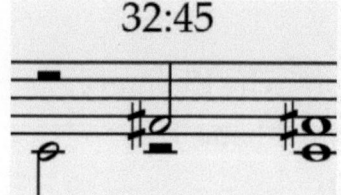

Eine Variante des „Tritonus".
♪Demo 314

Eine andere Variante des
„Tritonus". ♪Demo 315

Keine reine Quinte zwischen der
zweiten und der sechsten Stufe
einer reinen Dur-Tonleiter!
♪Demo 316

Keine kleine Sexte- die
übermäßige Quinte.
♪Demo 317

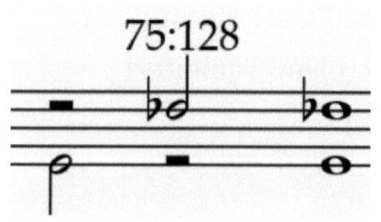

Keine große Sexte-die
verminderte Septime.
♪Demo 318

385

128:225

Keine kleine Septime-die übermäßige Sexte.

♪Demo 319

Die kompromisslose Schärfe und Härte dieser Schein-Konsonanzen in der reinen Stimmung zeigen vor Allem: Musik unterscheidet klar und deutlich zwischen Wahrheit und Lüge. Wahrheit ist in unserem Fall: Der tatsächliche Klang rein gestimmter Dissonanzen und Schein-Konsonanzen. Lüge aber ist: In der gleichstufigen Klavier-Stimmung klingt z.B. eine übermäßige Quinte (reingestimmt 16:25 = 1/1,5625) genauso indifferent wie eine kleine Sexte (reingestimmt 5:8 = 1/1,6). Das temperierte Allzweck-Intervall hat die irrational-absurde Proportion

1 / 1, 5874010519681994747517056392723...

Keine Sexte, keine übermäßige Quinte.

Eine musikalische Lüge!

Das wohlgestimmte Klavier-
Bach in reiner Stimmung.
Beispiele

So sehr haben wir uns daran gewöhnt, Bach mit einer wie auch immer strukturierten temperierten Klavier-Stimmung zu assoziieren, weil er gleich zwei Bände geschrieben hat, die „Das wohltemperierte Klavier" heißen, dass wir uns seine Polyphonie gar nicht mehr rein gestimmt vorstellen können. So, als ob Bach die verstimmten Quinten und Terzen verschiedener temperierter Stimmungssysteme präferiert hätte und nicht vielmehr tatsächlich einen musik-praktischen Kompromiss habe proklamieren und propagieren wollen. Die Bach'sche Polyphonie aber ist ja kein kontrapunktisches Puzzle mit dem Imperativ „Note gegen Note", sondern eine melodische Darstellung harmonischer Kraft-Felder, so wie wenn jemand die Kraftlinien eines Magneten mit dem Bleistift nachzeichnen wollte. Darum müssen wir die exakten Proportionen dieser harmonischen Kraft-Felder definieren können, eine wahrhaft analytische Aufgabe. Denn wir müssen ja von der Anmutung eines Kunstwerkes ausgehen, wozu Talent nötig ist und Sensibilität, und dann entscheiden, welche enharmonische Variante hier passt. Talent, ich sagte es schon im Kapitel über Wagner, ist der alleinige Grund für das „So-Sein" einer Komposition, kein Komponist hat während seines Schaffens Zeit, nachzurechnen; und doch: Wenn man dann Jahrhunderte später nachrechnet, dann stimmt die Rechnung, wie wir sehen werden. Ich beginne mit dem ersten Präludium des „Wohltemperierten Klaviers" in C-Dur. Hier die ersten vier Takte mit ihren geheimen Proportionen: ♪Demo 320

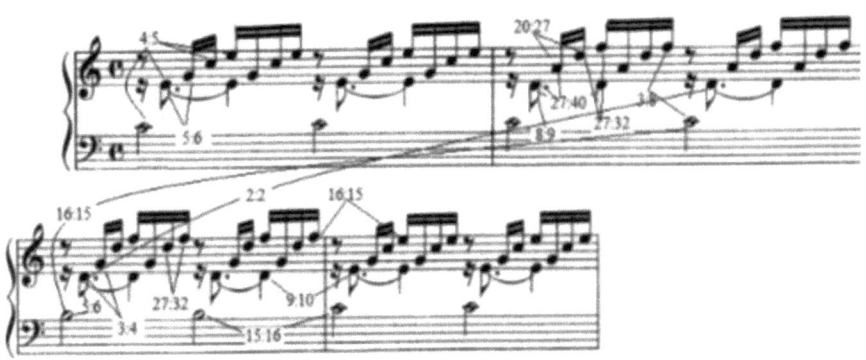

Takt 2 klingt in der exakten Stimmung viel rauer als in der gleichstufigen Temperatur, Takt 3 hat weniger dissonante Intervalle, Takt 4 klingt wieder beruhigt. Eine beunruhigende Dramaturgie hinter der scheinbar schlichten Oberfläche. Die Harmonie des Anfangs stürzt in Takt 2 plötzlich ab und wird dann bis zum Takt 4 wieder schrittweise „geheilt". Nun müssen wir uns entscheiden: Bedeutet das wahre Tonsystem, das wir aus der Naturton-Reihe gewonnen haben: Mehr Licht **und** mehr Schatten?

Oder überall Zwielicht? Meine Wahl ist eindeutig: die exakte Stimmung lässt Musik schöner konsonieren und rauer dissonieren, der Kontrast wird größer, man könnte auch sagen: das **Spannungs**-Gefälle. Man beginnt zu verstehen, warum die großen Musiker komplizierte Menschen waren, Persönlichkeiten voller **Spannungen**. Weiter: ♪**Demo 321**

Die Geschichte vom plötzlichen Einbruch der Dissonanz und der schrittweisen Heilung wiederholt sich, dauert aber nun 6 Takte, wenn man den 4. Takt in C-Dur nicht mitzählt. Denn Takt 5 bringt keineswegs A-Moll mit C im Bass, sondern ein „falsches Moll" mit der falschen Quart 20:27 und der falschen Sexte 16:27. Nur dieser „falsche" Sext-Akkord enthält nämlich genau dasjenige „A", das in D-Dur des 6.Taktes vorkommt, und nur über dieses D-Dur gelangt Bach zum nächsten Ruhe-Zentrum, dem Takt 11 mit G-Dur. Welche Tiefe unter der schlichten Oberfläche. Nach dem Schock des falschen A-Moll, den übrigens auch der ostentative „Quart"-Schritt des Soprans anzeigt, hören wir zunächst den D-Dur-Septakkord mit Septime im Bass, er zeigt bereits schon deutlich an, dass wir G-Dur erreichen werden, weil sein Bass c′ aber zunächst h nach sich zieht, und das bedeutet nur ein vorläufiges G-Dur mit Terz im Bass. Wir ahnen also in Takt 6 bereits schon, dass die harmonische Spannung sich nur schrittweise auflösen wird. Und so geschieht es auch: nach dem G-Dur-Sext-Akkord im 7.Takt erscheint nochmals C-Dur, aber mit der Durchgangs-Dissonanz h im Bass, Reminiszenz an den C-Dur-Beginn und Ausblick auf die künftige Zwischen-Tonika G in einem Akkord. Die Dissonanz h-c′ löst sich im 8.Takt auf, aber nicht in ungetrübte Harmonie, sondern in eine nun vollständige Subdominante mit sixte ajoutée von G-Dur. Wir erinnern uns: Takt 5 hatte eine unvollständige Subdominant, sie hatte zwar die falsche Sexte, aber es fehlte noch G. Nun aber die klar erkennbare Subdominante als Quint-Sext-Akkord mit der Sexte a im Bass. Dieses a erreicht im Takt 10 über die reine Quinte 3:2 d, den Grundton der Dominante von G-Dur. Takt 11 endlich lässt das hörende Gehirn vorläufige Ruhe in G-Dur finden. Nur die Proportions-Analyse kann uns diese Subtilität offenbaren, konventionelle Harmonielehre-Systeme beschreiben und benennen nur, und das auch noch oberflächlich, erklären aber nichts. Man könnte nun aber fragen, wieso denn das schöne A-Moll des 5. Taktes als Schein-Konsonanz aufgefasst werden muss. Wir sehen uns die Konsequenzen eines echten A-Moll in Takt 5 an: (Ich stelle von nun an die Arpeggien des Präludiums schematisch dar, 5-stimmig)

♪Demo 322

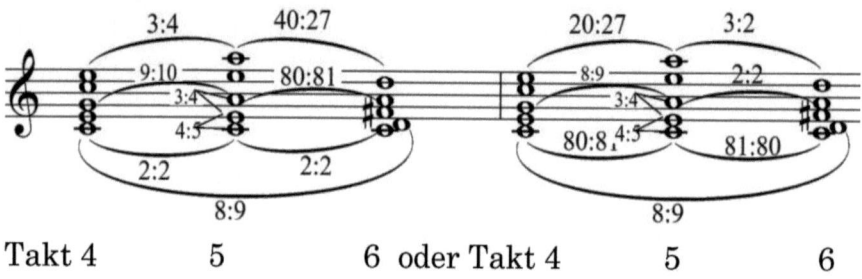

Takt 4   5   6 oder Takt 4   5   6

Wir sehen, dass der harmonische Bruch unvermeidlich ist. In jedem Fall ergibt sich das syntonische Komma 80:81, entweder müssen wir 2 verschiedene c′ oder zwei verschiedene a″ akzeptieren, beide ein Symptom unterschiedlicher, aber quintverwandter Zentraltöne. Man könnte also tatsächlich A-Moll von Takt 5 als reines Moll interpretieren, aber das eigentliche Problem, nämlich der plötzliche Abschied von C-Dur, wird nur aufgeschoben. Aber etwas spricht dennoch für meine Primär-Deutung, nämlich dem dissonanten Schein-A-Moll: der Verlauf des Soprans.

391

Nach den sanften Sekund-Schritten der ersten 4 Takte muss der plötzliche Quart-Sprung zum A wie ein Alarm-Signal wirken, und ein Alarm ist nie sanft, konsonant oder beruhigend. Der darauffolgende Quint-Fall zum D wirkt danach besänftigend, auch deswegen, weil nun die Schwelle zum bald erreichten G-Dur schon überschritten ist. Ein kurzer Schrecken, eine lange Beruhigung, das passt zu dem oft aufgeschreckten Bach, dem scheinbar starken Mann, der sein Leben lang Ruhe und Fundament für seine Seele suchte. Doch weiter: was wird nach jenen Erschütterungen und Beruhigungs-Prozessen geschehen? Sehen wir ab Takt 12 in vereinfachter Darstellung:

♪Demo 323

Zunächst die große Linie: nach kräftigen Erschütterungen in den Takten 12-15 wird schließlich ab Takt 24 ein Fundament erreicht, zwar ist es noch vorläufig, denn es ist der Dominant-Ton G, aber es dauert 8 Takte und trägt Akkorde, die vorher für Erschütterungen gesorgt hätten, nun aber als wunderbares, optimistisches Farbenspiel erlebt werden. Schließlich wird in Takt 32 der Zentralton C als Orgelpunkt erreicht, ein Takt später tritt als Symbol von Befreiung oder Erlösung eine Girlande als Ersatz für die bis dahin Ostinato-Akkord-Figur ein. Nun Details: Takt 12 errichtet über den mühsam erreichten Zwischen-Grundton G eine plötzliche Dissonanz, wieder ein Schock, der sich in Takt 13 unzureichend auflöst, denn dieses D-Moll führt nicht zur Haupt-Tonart C zurück sondern einen Quint-Schritt von C weg. Darum ist auch das F des Taktes 14 nicht mit dem F des Taktes 13 identisch, sondern steht mit diesem in der bekannten Proportion 80:81. Die Takte 14 und 15 wiederholen ungenau die Folge „Schock und Auflösung", denn dieses Mal steht der Auflösungs-Akkord in Dur, außerdem in C-Dur, die Haupt-Tonart ist also wieder in greifbare Nähe gerückt, doch die Erschütterungen der vergangenen Takte sind noch nicht überwunden und geheilt. Zunächst einmal befestigen die Takte 16-19 C-Dur mit einer geradezu harmlosen Schluss-Klausel. Unsensible Komponisten könnten die Komposition hier beenden, doch es geht weiter: Kaum erreicht, wird C-Dur in Frage gestellt, nun aber quasi freiwillig, denn C-Dur nimmt noch eine Septime hinzu, wird zum Zwischen-Dominant-Sept-Akkord und streift F-Dur. Aber der Leit-Ton E wird nicht aufgelöst, so entsteht ein seltsam schwebender Dur-Klang mit großer Septime, ein F maj 7, ein Jazz-Akkord. Die mystische, transzendente Wirkung ist offenbar gewollt, denn ab hier endet die Serie von seelischer Erschütterung und Beruhigung. Der Bass der Takte 21-23 „umschleicht" den Ziel-Ton G, es entsteht eine eigenartige Harmonie-Folge, ein Symbol überirdischer Heilung, könnte man sagen.. (Welch ein Frevel, dass Herr Czerny hier noch einen fantasielosen C-Moll-Takt eingefügt hat. Das ist ja gerade der Sinn dieser Bass-Melodie, dass sie den Ziel-Ton G zunächst verschweigt und lediglich insinuiert. Czerny aber verrät die Pointe schon, bevor der Witz zu Ende erzählt wurde.) Auffällig ist Takt 23: Nie zuvor gab es in dieser Komposition ein Tonleiter-Fragment, hier: H-C-D. Die Absicht kann nur darin bestehen, harmonische Unschärfe zu erzeugen, bevor der beruhigende Orgelpunkt in Takt 24 erscheint. Die Proportion der Bass-Töne der Takte 22/23 ist in der reinen Stimmung genauso rätselhaft, wie es die Komposition an dieser Stelle erfordert, wir hören hier $2 \cdot (15:16) = 225:256$. In der gleichstufigen Stimmung, aber auch in den temperierten Stimmungen des Barock, kann dieser geheime Hinweis der Proportionen nicht wirken, denn die Tastenfolge $F_\sharp(G_\flat) - A_\flat(G_\sharp)$ muss ja auch zur Darstellung von Ganztonschritten taugen. In der

akustischen Vorstellungs-Welt des Komponisten aber ist F♯ A♭, eine rätselhafte Dissonanz, die sich als Summe zweier identischer diatonischer Halbtonschritte 15:16 offenbart, sobald der erahnte Mittelpunkt G erklingt. Man könnte noch sehr viel tiefer analysieren, doch ich will noch an weiteren Beispielen aus dem „Wohltemperierten Klavier" zeigen, dass Bachs geheime Klangwelt in Wahrheit auf der **reinen** Stimmung basiert. Sehen wir uns einige Fugen-Themen an:
♪**Demo 324**

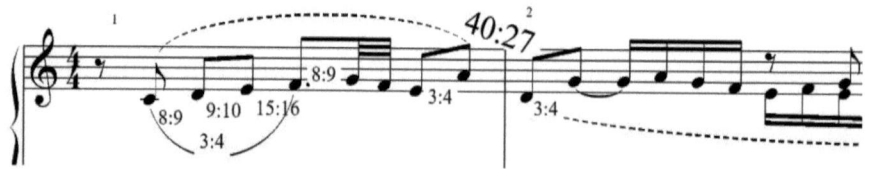

Hier die erste Fuge C-Dur aus WTK 1: Deutlich erkennt man an der falschen Quinte 40:27 eine Zäsur im Thema. Sie trennt den heimlichen Grundton f´ aus Takt 1 von dem heimlichen Grundton g´ aus Takt 2. Die ausgefüllte Quarte c´-f´, aber auch die Quarte e´-a´, sie gehören auch zur Einfluss-Sphäre von F, der Unterquinte von C. Die Quarte d´-g´ aber macht G vorübergehend stark, die Oberquint von C. Das Thema beginnt mit schwachem C auf schwacher Takt-Zählzeit (1+), man könnte zunächst meinen, der Themen-Anfang zielte auf den Grundton F. Aber in einer echten F-Dur-Umgebung wäre zwischen c´ und d´ die Proportion 9:10. Bach lässt also das erreichte f´ zunächst gebremst innehalten, bevor die strikte Aufwärts-Diatonik kippt und nun zwei „Kurz-Formen" der diatonisch ausgefüllten Quart ermöglicht. Man hört spätestens nach der zweiten Quart d´-g´, dass F nicht das tonale Zentrum war, dass aber auch das wahre tonale Zentrum C noch sehr schwach ist. Es wird Aufgabe der ganzen Komposition sein, diesen schwachen Zentral-Ton C zu stärken. Nächstes Beispiel: Thema der Fuge C-Moll, WTK 1 ♪Demo 325

Auch hier gibt es eine Zäsur, dargestellt durch die falsche Sexte d´´-f´ 27:16. Bach reagiert auf das „falsche" Intervall mit einem „falschen Metrum", der Synkope a´♭ (mit Pfeil gekennzeichnet). Ist das Zufall? Ich meine: Nein! Ob Bach genau wusste, dass die Sexte d´´-f´ eigentlich eine Dissonanz ist, das ist gleichgültig, denn er hat die harmonische Abweichung geahnt und von f´ das metrische Gewicht der eigentlich schweren Takt-Zählzeit 3 auf die eigentlich leichte Takt-Zählzeit 3+ übertragen. Eine temperierte Klangwelt, die zwischen falschen (27:16) und echten Sexten (5:3) nicht unterscheiden will, würde niemals derartig subtil den Parameter „Tondauer und Metrik" auf den Parameter „Harmonie" einstellen. Nächstes Beispiel: Thema und etwas Fortsetzung der Fuge C♯ Moll, WTK 1 ♪Demo 326

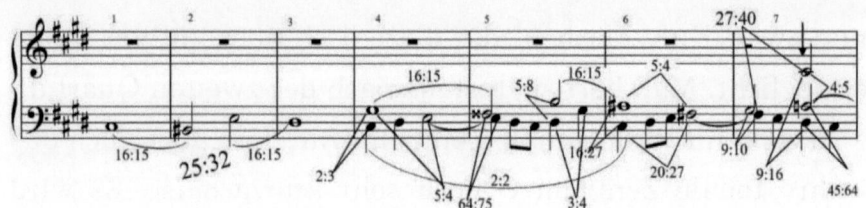

Man sieht, dass die Wiederholung der Proportion 16:15 das Thema in 2 Hälften teilt, gleichzeitig wird aber dadurch auch ein rhythmisches Ungleichgewicht geschaffen, denn $c_\sharp$-$H_\sharp$ beginnt volltaktig, e-$d_\sharp$ aber auftaktig. Die gleichstufige Stimmung würde die verminderte Quarte 25:32 wie eine temperierte große Terz klingen lassen, also: viel zu konsonant! Die reine Stimmung aber lässt eine schreiende Dissonanz hören; diese trennt die beiden 16:15-Schritte voneinander, und nur dadurch werden sie als rhythmisch gespiegelte Sequenz überhaupt erst erkennbar. Was hat die Kontrapunkt-Stimme zum Gehalt dieses Themas zu sagen? Zunächst hilft der Kontrapunkt dem Thema, sein Schisma zu zeigen: Zum $g_\sharp$ des Themas gibt der Kontrapunkt konsonante Proportionen wir 2:3, 4:5, konventionell gesprochen: ein $C_\sharp$-Moll- Dreiklang, zu $f_\times$ aber die krasse Dissonanz 64:75. Ebenso hören wir zum h des Themas die konsonanten Proportionen 5:8 und 5:6, aber zu $a_\sharp$ die dissonante falsche Sexte 16:27. Ich könnte nun sehr viel mehr in den faszinierenden Mikro-Kosmos eintauchen, aber ich will die Aufmerksamkeit auf ein anderes Phänomen lenken: Nämlich auf die Frage, warum um alles in der Welt Bach den dritten Themen-Einsatz auftaktig beginnen lässt! Ich werde zeigen, dass der harmonische Zusammenhang, der sich aus den reinen Proportionen ergibt, und der in der gleichstufigen Stimmung völlig übersehen und überhört werden würde, gar nichts anderes zulässt als den verspäteten Beginn des dritten Themen-Einsatzes. $a_\sharp$ im Takt 6 wird ja zunächst der Sequenz wegen mit einer falschen Dissonanz, der falschen Sexte 16:27 konfrontiert, $a_\sharp$ steht zu $g_\sharp$ (Dominante der Haupt-Tonart) im Verhältnis 8:9, ist also von der Haupt-Tonart 3 Quint-Schritte entfernt. Um den dissonanten Beginn des Taktes 6 (16:27) zu entspannen, muss eine Konsonanz folgen: Das $f_\sharp$ der Unterstimme bildet mit dem 3-fach quintverwandten $a_\sharp$ die große Terz 4:5. Damit aber ist auch das $f_\sharp$ 3 Quintschritte von $c_\sharp$ entfernt, es ist eben nicht die „Subdominante", die zum Zentral-Ton $C_\sharp$ die einfache Proportion 3:2 bilden würde, nein, dieses $f_\sharp$ steht zu $c´_\sharp$ in der Dissonanz 27:40, oder zu dem oktavierten $c_\sharp$ 20:27, eine falsche Quarte. Mit einer falschen Quarte aber kann man keinen richtigen Quartvorhalt bilden, der sich ergäbe, wenn in der Oberstimme das $c´_\sharp$ des Themas volltaktig begönne. Nur ein Genie kann, ohne zu rechnen, so etwas ahnen und darauf mit einem **verzögerten** Themen-Einsatzes reagieren. Wer das gelesen hat, sage nie mehr, dass Bach ein Komponist der temperierten Stimmung gewesen sei

♪**Demo 327** Präludium &Fuge Nr.1 C-Dur WTK1

Proportionen
im metrisch-rhythmischen Netz

Bisher haben wir nur die Beziehungen von Nachbar-Tönen untersucht. Aber das menschliche Hör-Bewusstsein merkt sich auch Töne in weiterer Entfernung und vergleicht ihre Frequenz miteinander. Auch beim Vergleich weiter entfernter Frequenzen werden melodische Funktionen erlebt; wir wollen sehen, wie das Verhältnis der melodischen Funktionen durch Nachbar-Töne zu den melodischen Funktionen durch weiter entfernte Töne beschaffen ist. Ein kleines Beispiel verdeutlicht, was ich meine: ♪**Demo 328**

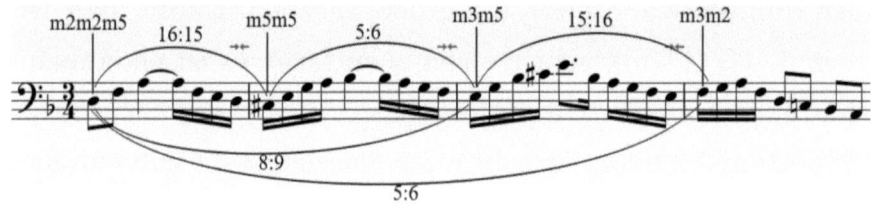

(aus J.S.Bach, Präludium der 2. Suite für Violoncello solo)
Die Proportionen der ersten Note eines jeden Taktes ergeben melodische Funktionen, die wir auch in der Akkord-Folge Dm-A finden, und zwar als melodische **und** als harmonische Funktionen: ♪**Demo 329**

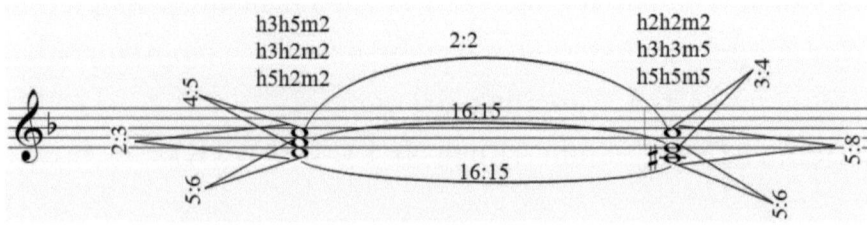

In beiden Fällen ist d ein instabiler Grundton mit 2 Grundton-Funktionen und einer Terz-Funktion, der „Leit-Ton" c♯ ist stabile Terz und f, die „Moll-Terz von D-Moll, hat teils Quint-Funktion, teils Oktav-Funktion. Die Bedingung für den Vergleich der Töne d, c♯, e, f ist, dass sie zueinander in einem gleichen Abstand stehen, nämlich die Länge des 3/4-Taktes. Die zeitlichen Abstände verhalten sich zueinander wie 1:1. Genauso können aber auch Töne miteinander verglichen werden, deren zeitliche Entfernung andere Proportionen ergibt. z.B.: ♪**Demo 330**

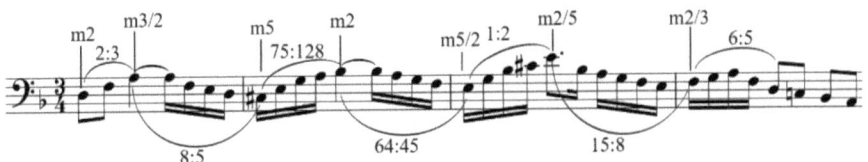

Der Vergleich zwischen Zählzeit 1 und 2 eines jeden Taktes und zwischen der Zählzeit 2 und 1 des folgenden Taktes bildet die Zeitstrecken-Proportion 1:2. Wir sehen hier übrigens b♭, e und f als Konkurrenz-Grundtöne mit zumindest partiellen Grundton-Funktionen, ein Grund dafür, dass die Melodie von d im 4.Takt (ohne jede Grundton-Funktion) ermattet absinkt...Wenn wir nun alle möglichen Zeitstrecken-Proportion in diesen wenigen Takten untersuchen wollten, dann würde das den Rahmen dieses Buches sprengen; ich will mit diesem Kapitel lediglich andeuten, dass die Proportionen, die wir aus der Naturton-Reihe gewonnen haben, auch als Zeit-Strecken-Ordnung

400

wirken. Der innige Zusammenhang zwischen Tonalität und periodischer Metrik sollte damit zumindest schemenhaft angedeutet sein, eine genauere Untersuchung wäre genug Material für ein neues Buch. Klar ist: Der Akzentstufen-Takt, der periodische Puls in der Musik- das sind keine erfundenen Konstrukte, sondern gefundene Phänomene. Was aber erlebt die Seele des Hörers, wenn laute Schlagzeug-Akzente jene proportionale Zeitstrecken-Ordnung überlagern? Wer oberflächlich hört und denkt, der könnte auf die Idee kommen: „Gut so! Das Schlagzeug unterstützt kraftvoll die proportional-periodische Zeit-Wahrnehmung!". Wer sich aber aufmerksam beim Hören zuhört, der entdeckt etwas Unheimliches: Man hört zwar noch die harmonische und melodische Bedeutung der Taktschwerpunkte, man kann sie durchaus noch akustisch perzipieren, das Schlagzeug aber brüllt mich jedes Mal an: „Das ist nicht wichtig!! Tanze, du Narr! Hör´ nicht hin, empfinde keine großen Linien, vielmehr, tanze zu meinem kleingliedrigen Metrum, das ich dir einhämmere!" Dominantes Schlagzeug unterstützt auf keinen Fall das Erlebnis melodischer und harmonischer Zusammenhänge, sondern behindert das Wesen der Musik: Das emotional erfüllte Erlebnis der Zeit.

Schlagzeug: Nebenwirkungen

Musik, das ist für viele Menschen nicht die Kunst, in der Töne zu Klang-Symbolen kombiniert und komponiert werden, sondern dominante, repetierte Schlagzeug- „patterns", über die fast willkürlich irgendwelche beschwörend- suggestive Gesangs-Motive und eine mystisch-dichte Klang-Wolke montiert sind. Bisweilen fehlt sogar noch der Gesang, es wird dann einfach nur, zusätzlich zum Schlagzeug und zur Klang-Wolke, geredet. Ich will an einfachen Beispielen zeigen, welche Information das hörende Gehirn erhält, wenn Akkorde und Melodien von einem dominanten, oft wiederholten Schlagzeug-Rhythmus überlagert werden. Ich wähle zunächst ein einfaches Beispiel, **noch** ohne Schlagzeug: ♪Demo 331

Einfach, aber voll von zarten Andeutungen. Subtile Botschaften für die feineren Regionen des hörenden Gehirns.

Obwohl wir in den Takten 1-3 je drei gleiche Akkorde sehen, verändert sich doch durch die Stellung dieser Akkorde im Takt in einigen Stimmen die melodische Funktion und damit auch die Stabilität und das Strebe-Verhalten des ganzen Akkordes. Der E-Moll-Akkord des zweiten Taktes trägt bei seinem ersten Erscheinen noch 2 konkurrierende melodische Terz-Funktionen, die ihn destabilisieren, weil sie in unterschiedliche Richtungen streben, bei seinem zweiten Erscheinen aber nur melodische Grundton-Funktionen, das hat eine resignierende Wirkung, weil die Strebe-Tendenzen seiner ersten Erscheinung aufgegeben werden mussten, bei seinem dritten Erscheinen aber trägt der E-Moll-Akkord auch eine Quint-Funktion, und zwar in seiner tatsächlichen Quinte H, dies stabilisiert ihn, obwohl sein Grundton E wieder durch eine Terz-Funktionen destabilisiert wird, der dritte E-Moll-Akkord wird strebt also wieder zu einem andern Akkord, weil aber seine Quint durch diesen Folge-Akkord stabilisiert wird, ist diese Akkord-Folge E-Moll - F-Dur eine insgesamt regelrechte, die dann ja auch wieder zur „Tonika" C-Dur zurückführt. Dies war jetzt nur eine oberflächliche Ausdeutung der Informationen, die das hörende Gehirn durch die schlichte Akkord-Folge empfängt. Doch tiefer will ich nicht gehen, denn ich will die verhängnisvolle Wirkung eines nun hinzutretenden Schlagzeugs demonstrieren:

♪Demo 332

Die schwarzen, senkrechten Balken symbolisieren die beiden Trommeln. Jeder Trommel-Hieb lenkt vom Hören der oben beschriebenen harmonisch-melodischen Entwicklungs-Stationen ab. Bereits die ersten beiden Schläge überlagern das erste und das zweite Erscheinen des C-Dur-Akkordes, dieser wird also zum ersten Mal **ungestört** bei seinem dritten Erscheinen gehört. Hier aber ist er ja schon mit dem folgenden E-Moll-Akkord konfrontiert, man kann ihn also wegen des dominanten Schlagzeugs erst dann ungestört hören, wenn er schon wieder in Frage gestellt und verlassen wird. Die wichtige Erfahrung einer C-Dur-Basis, die dann verlassen wird, ist durch das Schlagzeug verhindert worden. Doch weiter: Auch der erste E-Moll-Akkord im zweiten Takt wird vom Schlagzeug überlagert, seine Rückwirkung auf die melodischen Funktionen des vorangehenden C-Dur-Akkordes kann nicht wahrgenommen werden, die äußerst subtilen Umdeutungen, die doch Symbole für ebenso subtile seelische Regungen und Gefühle sind, haben keine Chance auf Apperzeption. Und leider bekommt auch der zweite E-Moll-Akkord einen vernichtenden Schlag, auch dieser

404

eigentlich bestätigende Akkord kann nicht sinngemäß verstanden und erlebt werden. Nur der dritte E-Moll-Akkord erscheint ungestört, doch es ist zu spät, er ist ja schon wieder konfrontiert mit seinem Nachfolger F-Dur, welcher ebenfalls einen Schlag auf's Haupt bekommt. Und so geht es weiter: Kein Übergang zwischen den Akkorden, kein feiner Wechsel der melodischen Funktionen und damit der gesamten Aussage eines Akkordes kann ohne brutale Störung des Schlagzeugs erlebt werden; die absolute Hauptsache einer Akkord-Folge, nämlich der innere Vergleich zwischen den einzelnen Akkorden, das gleichzeitige Erleben von Erinnerung, Jetzt-Wahrnehmung und Zukunfts-Ahnung wird durch die Schläge zerschnitten, zertrümmert, zerstört. Nun könnte man aber einwenden: „Was willst Du? Der Akkord dauert viel länger als der kurze Trommel-Ton, von akustischer Überlagerung kann doch deswegen keine Rede sein!" Ich spreche aber nicht von akustischer, sondern von musik-psychologischer Störung und Überlagerung. Das kann man sich an folgendem Szenario begreiflich machen: Wenn man einem spannenden Vortrag über die Relativitäts-Theorie zuhört, und sogar endlich und zum ersten Mal etwas versteht, dann wäre es unerträglich, wenn alle 51 Sekunden ein anderer Zuhörer einen Luftballon nach dem anderen platzen ließe. Klar, man würde den Vortragsredner auch weiterhin akustisch vernehmen, aber dem anspruchsvollen Inhalt könnte man so ohne weiteres nicht mehr folgen, und

405

zwar auch deswegen, weil man entnervt auf den nächsten Knall wartet, der dann auch tatsächlich erschallt. Nun wollen wir den Unsinn noch etwas weitertreiben und dem Schlagzeug noch mehr zu tun geben. ♪**Demo 333**

Nun ist alles harmonisch Klingende überlagert, jede Wahrnehmung und ihre Sinn-Deutung wird vereitelt. Man hört selbstverständlich, **dass** irgendwelche Akkorde aufeinander folgen, sogar, um welche Akkorde es sich handelt, aber die Hauptsache wird verdeckt: das Beziehungs-Erlebnis. Und schlimmer noch: nicht nur dieses Erlebnis, wie sich denn die Akkorde zueinander verhalten und was sich an den Grenzen zwischen den Akkorden abspielt wird verhindert, nein, auch die Tatsache dieser Erlebnis-Verhinderung selbst wird durch den vermeintlichen rhythmischen Zugewinn rabiat übertönt. Man überhört also nicht nur die harmonische Entwicklung, sondern bemerkt nicht einmal deren Mangel, so, als ob eine gigantische Katastrophe den Menschen nicht nur das tägliche Brot nähme, sondern durch die große Not sie nicht einmal mehr ihren Hunger spüren ließe. Eine wahrhaft diabolische Wirkung! Doch nun wollen wir auf unsere bisherigen Erkenntnisse reagieren, und zwar ein Schlagzeug unterlegen, doch synkopisch, sodass es zu keinem Zusammentreffen des Akkord-Beginns und dem Schlagzeug kommt. Nun, so denkt man, müsste sich doch die Harmonik gegen das Schlagzeug behaupten können. Um hier jedoch weiterzukommen, muss man sich zunächst die musik-psychologische Wirkung der Synkope bewusst machen. Es ist in diesem Zusammenhang möglicherweise interessant, dass „Synkope" in der medizinischen Sprache ein Kreislauf-Kollaps ist, eine vorübergehende Ohnmacht also. In der Sprachwissenschaft aber ist die Synkope einfach die Auslassung eines Binnen-Vokals, damit das solcherart verkürzte Wort besser in ein Versmaß passt, z.B.

Hör´, es klagt die Flöte wieder,
und die kühlen Brunnen rauschen!
Golden **weh'n** die Töne nieder,
stille, stille, lass uns lauschen!
Holdes Bitten, mild Verlangen,
wie es süß zum Herzen spricht!
Durch die Nacht, die mich umfangen,
blickt zu mir der Töne Licht!
(Clemens Brentano)

„weh´n" sollte eigentlich „wehen" heißen, doch dann würde der Vers holpern. Man fragt sich: Was hat ein ausgelassener

Binnen-Vokal mit einem Kreislauf-Kollaps zu tun? Die Unschärfe des Begriffes „Synkope" wird nicht besser durch seine Verwendung in der Musik für folgende Phänomen-Gattung: ♪Demo 334

Die mit ← gekennzeichneten Töne erscheinen im zweiten Beispiel zu früh, wirken nun wegen des verfrühten Erscheinens stärker, als sie sind, und an der leeren Stelle, an der man sie eigentlich erwartet hat, erzeugt das hörende Gehirn das Empfinden von Impulsen (dargestellt durch etwas stärkere schwarze Balken). Eine akustische Täuschung- ein akustisches Phänomen wird insinuiert und erlebt, ist aber in der messbaren Welt nicht vorhanden. Dieser imaginäre Impuls nun hat das Problem, eine Art Hör-Variable zu sein: musikalische Naturen erleben ihn als „messa di voce" mit Lautstärke-Zenit am Zeit-Ort des imaginären Impulses, doch könnte man sich als Impuls-Manifestation auch einen Trommel-Schlag vorstellen, oder eine Kosaken-Truppe, die ein strammes "Hoi!" ausruft...Wie auch immer: Die Synkope in der Musik ist das Dreifach-Phänomen eines 1. zu früh erscheinenden Tones, der dann 2. an seinem erwarteten Zeit-Ort eine leere Stelle hinterlässt, die 3. das hörende Gehirn nun dazu stimuliert, irgendetwas zu imaginieren, um die leere Stelle mit metrischem Sinn zu füllen. Und nun unser Beispiel mit Schlagzeug-Synkopen, die sich höflich gerieren, weil sie, so scheint es, der Orgel keinen einzigen Akkord-Beginn übertönen. ♪**Demo 335**

Doch halt: Wenn wir unsere Synkopen-Erkenntnis in unsere Betrachtungen mit einbeziehen, dann müsste ja überall dort, wo ein Schlagzeug-Ton zu früh erscheint, wenig später eine leere Stelle entstehen, die dann das Gehirn mit einem imaginären Schlagzeug-Ton füllt - wahrhaft teuflisch! Nicht nur die reale Klang-Welt überschattet nun der Trommelschlag, nein, auch noch in der Welt der Klang-Vorstellung treibt er sein böses Wesen und zwingt die hörende Phantasie, Trommel-Töne zu halluzinieren, und zwar genau dort, wo der vergleichende Übergang zwischen den Akkord-Erlebnissen stattfinden sollte, der die Quelle jeden musikalischen Verlaufs-Bewusstseins ist, also: die Quelle des Musik-Erlebnisses! Schlagzeug, so wie es nun seit 70 Jahren in der unterhaltenden Musik eingesetzt wird, zerstört den Kern des musikalischen Hör-Vorganges. Man hört zwar, dass etwas klingt, aber die **Beziehung** der Einzel-

Teile kann nicht mehr erlebt werden, und damit auch nicht die segensreiche harmonisierende Wirkung auf das unruhige Herz des Menschen, und auch nicht das Bewusstsein, dass Vergangenheit, Gegenwart und Zukunft in ähnlich harmonischen Beziehungen stehen wie die Einzel-Phänomene einer guten musikalischen Komposition. Trostlos! Es ist das traurige Verdienst des 20. Jahrhunderts, ein Hören erfunden zu haben, das den Leib zum Tanzen bringt, die Seele aber taub werden lässt. Betäubendes Hören...Spielt man nun Menschen, die den ganzen Tag nichts anderes hören als Musik mit dominantem Schlagzeug-Fundament, plötzlich Musik **ohne** Schlagzeug vor, (und das muss nicht unbedingt klassische Musik sein,) dann hört man als Urteil und Antwort oftmals: „Langweilig!" Wenn man dieses harte Urteil nicht weiter untersucht, könnte man es für erwartbar halten. Doch auch hier warten Geheimnisse auf uns, sobald wir etwas mikroskopischer denken: Das Urteil „langweilig" bedeutet, dass dem Hörenden die Zeit, in der diese Musik ohne Schlagzeug erklingt, lang erscheint, weil sie keine Informationen enthält, die das hörende Gehirn beschäftigen könnten. Doch das Gegenteil ist der Fall: Meist ist Musik, die den Stilrichtungen ohne Schlagzeug zuzuordnen ist, strukturell erheblich vielfältiger, abwechslungsreicher, spannungsvoller als die meisten Produkte der Ohrwurm-Industrie. Auf der einen Seite also das Urteil „langweilig", auf der anderen Seite klanglicher

Reichtum und emotionale Tiefe-das passt nicht zusammen. Wir verstehen aber, was der Hörende in Wahrheit meinte, wenn wir ein kleines Szenario aufstellen: Ein Mensch, der sich einen Video-Vortrag ansieht, von dem er sich Börsen-Tipps versprach, wird einen gründlichen Volkswirtschafts-Vortrag ebenfalls langweilig finden. Nicht weil der Vortrag tatsächlich langweilig wäre, sondern weil er den Börsen-Neuling **überfordert**. Wer sagt: „Diese Musik ist langweilig", der ist in Wahrheit überfordert. Ohne die verlässlichen Schlagzeug-patterns verliert das betäubte Gehirn die Orientierung, eine Musik, die ihren Rhythmus nur aus ihrem Tonsatz bezieht, verwirrt es. Wer´s nicht glaubt, der beobachte die Bewegungen, die das Publikum von Unterhaltungsmusik-Konzerten und sonstigen Veranstaltungen zu den dargebotenen Klang-Ereignissen" vollführt: Niemand ahmt den „Rhythmus" nach, alle, wirklich alle werden vielmehr zu Metrum-Robotern, die einhellig und präzise diejenigen metrischen Impulse körperlich ergänzen, die das physikalische Hör-Ereignis auslässt. Gespenstisch! Zusammengefasst: Dominantes Schlagzeug-Fundament nimmt dem hörenden Gehirn jedes feinere Musik-Erlebnis, auch das Erlebnis des inhärenten und immanenten Rhythmus eines jeden Ton-Gewebes und ersetzt all diesen Reichtum durch grobe Orientierung und zwanghafte Bewegungs-Stereotypie.

Ein schlechter Tausch!

Musik zwischen Zeit und Ewigkeit

Man könnte Musik für eine flüchtige Kunst halten, die dem Augenblick und der Vergänglichkeit unterworfen ist, die der wahrnehmenden Seele ihre Zeiteinteilung aufzwingt, ohne aber bleibenden Eindruck zu hinterlassen. Daraus könnte man ableiten, der Musik einen unteren Rang in der Liga der Künste zuzuweisen. Und haben nicht immer wieder Unkundige, (und dazu muss man alle Nichtmusiker zählen, auch die „intellektuellen") sich zu eben diesem Vorurteil verstiegen? Wir wollen genauer hinschauen! Bereits schon eine schlichte Melodie ist angefüllt mit Zahlen-Beziehungen, die das hörende Gehirn eine sinnvolle Gestalt erleben lässt, überall da aber, wo Sinn ist, da geschieht das Wunder der überzeitlichen Erkenntnis.

Was ist damit gemeint? ♪Demo 336

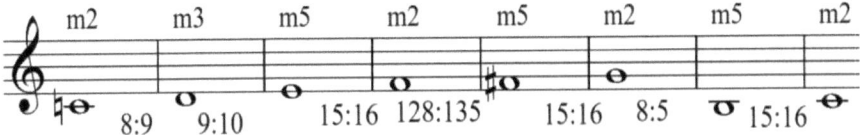

Die Funktions-Folge m5 m2 erscheint 3-mal, das erste Mal zwischen e´ und f´ und als Bestandteil der C-Dur-Skala, also zwischen Tönen aus der direkten Verwandtschaft mit dem Zentralton C. Bis zum Ton f´ ist also schon definiert, dass C der Zentralton ist. Nun aber erscheint erneut die Folge m5 m2, aber diesmal ist f´♯ dabei, und das stammt aus der Klangfamilie von G. Vorübergehend ist also G der Zentralton. Mit dem Erscheinen des f´♯ lernt das hörende Gehirn also:

412

die Folge m2 m5 ist so wichtig, dass zu diesem Zweck sogar der Zentralton C aufgegeben werden kann und ein Ton aus einer anderen Klangfamilie hinzukommt. Nun erscheint aber zum ersten Mal ein Sprung, dazu noch entgegen der bisherigen Aufwärts-Richtung ein Sprung nach unten: 8:5, eine kleine Sexte. Diese Proportion aber bestätigt G als Grundton, indem G melodische Grundton-Funktion erhält. An dieser Stelle lernt das hörende Hirn: Die melodische Aufwärts-Richtung, deren kausales oder koinzidentes Begleit-Phänomen ein möglicherweise nur vorübergehender neuer Zentralton (G) ist, wird nun sehr deutlich umgekehrt, alle bisherigen Aufwärtsschritte werden mit einer Geste mindestens zurückgenommen, das hörende Gehirn hört wahrscheinlich auch, dass der erreichte Ton h tiefer als der Ausgangs-Ton der Melodie (C) ist, und sehr wahrscheinlich errechnet das hörende Gehirn auch, dass zwischen dem angesprungenen h und dem Anfangston c´ sich das bereits schon 2 mal verwendete Intervall 15:16 ergibt, sodass das Erscheinen des Schlusstons c´ eine Bestätigung dieser Ahnung ist. Eine solche Ahnungs-Bestätigung erlebt das hörende Gehirn als Lob, als Erfolg, als ein „Gut gemacht!" Man könnte nun oberflächlich und vorschnell einwenden: „Das ist doch nur das alte Spiel mit Erinnerung und Erwartung, das hier gespielt wird, das Hör-Bewusstsein erinnert sich nur und spekuliert aufgrund von Erinnerung über die Zukunft..." Doch wie gesagt: das wäre zu kurz gedacht. Die Säure des Reduktionismus ätzt jede Erlebnis-

Qualität aus der Apperzeption heraus, das zurückbleibende Verlaufs-Skelett kann dann leichtfertig mit den Worten „Das ist doch nur..." klein geredet werden, ohne dem Wunder der Gestalt-Wahrnehmung jemals näher zu kommen. Auf diese Weise ist die Farbe „blau" nur die Wellenlänge von ca. 440 Nanometern und eine Frequenz von ca. 650 Tera-Hertz, ein Kuss nur ein Beziehungs-stiftendes Fütterungs-Ritual, der Gottes-Glaube nur eine psychische Projektion. Wir nähern uns aber dem Wunder der Melodie-Wahrnehmung, wenn wir uns fragen: Wieso bemüht sich das hörende Gehirn, den vielen nachzeitigen Einzel-Tönen einen überzeitlichen Sinn zu geben? Warum merkt sich das Gehirn unaufgefordert melodische Beziehungen und Beziehungen zwischen Beziehungen? Ist es nicht deswegen: Um mit der Melodie in Beziehung zu treten? Wenn man über diesen Fragen-Komplex **langsam** nachdenkt, dann erkennt man, wie das hörende Gehirn vom ersten Ton an, der sich in der Zeit entwickelt, darum ringt, einen überzeitlichen, einen ewigen Sinn in den zeitlichen Phänomenen zu finden. Das Gehirn will trotz und mit der Zeit-Gebundenheit die Melodie als Gestalt, wie etwa eine 4-dimensionale Skulptur, erleben. Die geheimnisvolle Frage ist: Woher kommt in einer ganz und gar der Zeit unterworfenen Umgebung der Wunsch, Zeitläufe als Gestalt zu erleben, und dies, obwohl es nie wirklich gelingen kann? Das Ringen um ewigen Sinn und überzeitliche Gestalt im zeitlichen Phänomen ist aber nur subjektiv erlebbar, so dass ich einem anderen Menschen

414

niemals erklären kann, wie und als was ein dritter Mensch diese Melodie erleben wird. Und **nur die Musik** vermag dieses harmonische Dreiecks-Verhältnis zwischen Zeit-Phänomen, Ewigkeits- Ahnung und Subjekt so vollkommen zu erzeugen, keine andere Kunst kann mit einer solch mathematischen Präzision eine fast transzendente Ahnung erzeugen, welches immanente Phänomen nach dem bisher Apperzipierten nun folgen sollte. Flüchtig und der Zeit unterworfen scheint die Musik nur für ein Bewusstsein, dass flüchtig und der Zeit unterworfen sein **will**. Die Angst vor der Ewigkeit, vor dem Erlebnis der Ewigkeit lässt ein vorsätzlich selbst-eingeschränktes Bewusstsein vor der Botschaft der Musik zurückschrecken, vor der Botschaft, die der musik-liebende Philosoph Friedrich Nietzsche so treffend in Worte fasste:

„O Mensch! Gib acht!
Was spricht die tiefe Mitternacht?
"Ich schlief, ich schlief -,
Aus tiefem Traum bin ich erwacht: -
Die Welt ist tief,
Und tiefer als der Tag gedacht,
Tief ist ihr Weh -,
Lust - tiefer noch als Herzeleid:
Weh spricht: Vergeh!
Doch alle Lust will Ewigkeit -,
- will tiefe, tiefe Ewigkeit!"

Das Geheimnis der melodischen Energie

Die Beschäftigung mit den Proportionen der Musik könnte manchen zu dem voreiligen Schluss verleiten, ich sei ein Verstandes-Mensch mit einem Faible für Mathematik und Logik. Mir persönlich ist es gleichgültig, welche albernen Vorurteile über meine unbedeutende Person gefällt werden, es ist mir aber nicht egal, wenn man die Beschäftigung mit den musikalischen Proportionen für rein mathematisch-logisches Verstandes-Werk hält. Denn ich erforsche die **Kräfte**, aus denen Musik entsteht. Und diese Kräfte müssen zu gleichen Teilen **in** der menschlichen Seele sein, aber auch **außerhalb** von ihr, in der Welt der Naturgesetze, im Phänomen. Das Energie-Erlebnis, das die Seele im Melodie-Hören hat, das Fliegen in, Surfen auf den Strömen des Melos, sie haben **zugleich** ihren Grund in der Seele und ihrer Eigenart **und** in den Gesetzen des Klanges. Der von mir ansonsten sehr geschätzte Ernst Kurth irrt gleichwohl in diesem Punkt, wenn er die proportionale Seite des Musikalischen für bloße Geometrie hält und dagegen einen ominösen „Urwillen" postuliert, den ausschließlich die Seele nach-und mitempfindet. So kann es nicht sein! Es muss das Geheimnis der melodischen Energie auch im Phänomen selbst begründet sein, es wäre sonst die Melodie ein recht arbiträres Symbol des Erlebnisses, in einem solch willkürlichen Kosmos könnte dann auch ein bellender Hund im Kopf des Hörers den überirdischen Klang der höchsten

Engels-Chöre evozieren, und derlei neuronale Irrlichter kennt man ansonsten nur aus der Pathologie oder dem Drogenrausch (was ich aber nur aus Büchern weiß...). Nein, ich werde zeigen, dass ein melodisches Energie-Erlebnis, ein schwungvoll-kontinuierliches Auf und Ab in der vermeintlich eckigen „Quanten-Welt" der musikalischen Proportionen begründet ist, wenn auch völlig anders als erwartet. Eine grundlegende Überlegung: Alle Wahrnehmung ist der Zeit unterworfen. Die Wahrnehmung eines einzelnen Tones ist nicht eine punktuelle Erkenntnis: „Aha, 440 Hertz!" Die Wahrnehmung eines Tones gleicht eher einem iterativen Vorgang des Allmählichen, der Gewöhnung, des Lernens. Die Periodizität des Einzel-Tones verhält sich zur Wahrnehmung wie das 500 -malige Einstudieren einer besonders schwierigen Fingersatz-Folge am Klavier zum prozeduralen Gedächtnis. Die Wahrnehmung eines Tones ist ein Lern-Prozess in der Zeit! Töne von Instrumenten oder der Stimme enthalten aber niemals nur die periodische Information: „440 Hertz" und weiter nichts. Töne von Instrumenten oder der Stimme entwickeln Lautstärke-Veränderungen, die Tonhöhe könnte sich durch Vibrato, Glissando oder Intonations- Anpassungen etwas verändern, das Oberton-Spektrum verändert sich damit ebenfalls, das bedeutet: ein von Instrumenten oder der Stimme erzeugter Ton ist niemals langweilig. Er bietet immer neue Information an, die in der Zeit der Wahrnehmung gelernt wird. Wir dürfen uns aber nicht zu dem unsinnigen

Gedanken verleiten lassen, dieses Lernen trete zu Bewusstsein, wie es ein Lernen von Vokabeln oder physikalischen Formeln tut. Dieses „Lernen" ist unbewusst, und die Seele übersetzt es für uns automatisch in Empfindungen. Ein Vibrato, Glissando oder Intonations-Anpassungen können in einem gewissen Rahmen als angenehm, ja sogar als genial empfunden werden oder, wenn übertrieben, als kitschig, dilettantisch, völlig missglückt. Dass hierbei das unübersehbare Feld milliardenfacher persönlicher Geschmacks-Nuancen betreten wird, dessen Ausmaße jede wissenschaftliche Untersuchung sprengen würden, braucht eigentlich nicht erwähnt zu werden... Wir aber, die wir den naturgesetzlichen Grundlagen solchen Erlebnis-Reichtums auf die Spur kommen wollen, sind nun schon einen großen Schritt weitergekommen. Wir begreifen nun: Die Kraft-Quelle des melodischen Energie-Erlebnisses ist nichts anderes als die Zeit! Bisher haben wir möglicherweise die Schulweisheit von der Musik als flüchtiger Kunst in der Zeit etwas zu oberflächlich verstanden. Sehen wir genauer hin: Das Ton-Höhen-Erlebnis beginnt bei tieferen Frequenzen mit etwa 4 Perioden, höhere Frequenzen brauchen bis zu 200 Perioden, man geht von einer durchschnittlichen Hör-Dauer von 12 Millisekunden aus, ehe wir eine Ton-Höhen-Empfindung haben können. Doch die meisten Töne in Kunstwerken dürften wohl erheblich länger dauern als 12 Millisekunden. Was erlebt die Seele in der restlichen Zeit? Denn sie könnte ja auch nach 12

Millisekunden sagen: „Jetzt reicht es mir, ich will einen neuen Ton haben!" Vielleicht gibt es solche Menschen, die meisten aber dürften etwas anderes erleben. Nämlich: Neugier, wie es weitergeht! Doch zurück zu den Fakten: Die Zeit ist kein Kontinuum. Seit Max Planck ahnen, wissen wir: alles, auch die Zeit, ist quantisiert, oder, salopp gesagt: gepixelt! Wir leben in einem Pixel-Universum, einer digitalen Animation. Eine Sinus-Welle kann in dieser Umgebung nur so erlebt werden, wie ich es hier schematisch darstelle. Natürlich ist die tatsächliche Quantisierung viel, viel, viel feiner, sie beträgt nach neueren Erkenntnissen ungefähr $5{,}4 \cdot 10^{-44}$ Sekunden, oder anders ausgedrückt: in jeder Sekunde sind ungefähr $5{,}4 \cdot 10^{44}$ Zeit-Quanten. Auch hier könnte die vorschnelle Frage nach der Erfassbarkeit und damit der Alltags-Relevanz solcher Größenordnungen aufkommen. Die Antwort: Der gewaltige Größen-Unterschied zwischen dem Mikro-Kosmos und unserer Mittel-Welt zeigt sich in der Illusion eines Zeit-Kontinuums, das aber faktisch ein sehr, sehr, sehr feines Dis-Kontinuum ist: Wir können nicht vor der Erkenntnis fliehen, dass alles

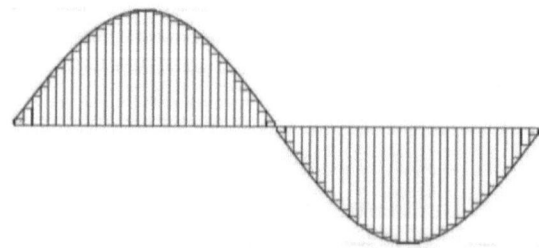

kontinuierliche Erleben eine Illusion ist. Keine jener Illusionen, die wir als böse Täuschung, als Betrug beurteilen sollten, vielmehr eine gute Illusion, eine

Seelen-Automatik, eine angeborene Übersetzungs-Leistung, die zum Beispiel aus einer Licht-Frequenz den Eindruck „Blau" macht oder aus einer chemischen Formel den Geschmacks-Reiz „Vanille". Und im Falle der Musik übersetzt unsere Seele sozusagen interlinear, hart am Urtext, den sie dann allerdings mit verschiedensten persönlichen Kommentaren umgibt. Aber auch das wahrnehmende Gehirn quantisiert. Ein Kontinuum wahrnehmen, das kann nicht gelingen, und zwar aus denselben Gründen, aus denen auch im Kosmos keines existiert. An einem Beispiel demonstriere ich das: Ein Mensch will beobachten, wie sein Kaffee allmählich abkühlt. Zu diesem Zweck hat er ein altes Quecksilber - Fieber-Thermometer sorgfältig gereinigt und in die Kaffee-Tasse getaucht. Es darf kein digitales Thermometer sein, denn dieses würde ja „diskrete" Werte anzeigen, ein mögliches Kontinuum könnte es also a priori nicht darstellen. Nun sitzt der Wahrnehmende, schaut auf das analoge Mess-Instrument und wartet, dass die kleine Quecksilber-Säule zunächst einmal auf die aktuelle Temperatur des noch heißen Kaffees ansteigt. Und **plötzlich** sieht er, wie die Säule zu steigen beginnt. Als nächstes wartet er darauf, dass sich das Anzeige-Anstiegs-Tempo verlangsamt, wenn die aktuelle Kaffee-Temperatur erreicht ist. Auch dies bemerkt er **plötzlich**! „Ja, jetzt sehe ich, es wird ja langsamer"! Nun wartet er, dass sich die Quecksilber-Säule wieder zusammenzieht. Auch diese Beobachtung ist eine **plötzliche** Erkenntnis: Jetzt, gerade jetzt beginnt die

Temperatur wieder zu sinken! Dieses Selbst-Experiment kann beliebig oft wiederholt werden: immer wird die Längen-Änderung der Quecksilber-Säule **plötzlich** wahrgenommen, dann freilich folgt ein scheinbar kontinuierlicher, linearer Verlauf, aus dessen Wahrnehmung man dann wieder plötzlich herausgerissen wird, wenn sich der vermutete Verlauf ändert. Was wir bisher erkannt haben, das könnte man der Unzulänglichkeit unseres Gehirns zuschreiben. Aber ich werde zeigen, dass jede Zustands-Änderung, auch eine lineare, (somit vorhersehbare) notwendigerweise wie eine Treppe geformt sein muss und nicht wie eine schiefe Ebene. Nehmen wir an, wir messen die Temperatur des noch heißen Kaffees alle 10 Minuten, und wir haben ein unendlich genaues Thermometer, das aber keine Werte anzeigt, sondern nur Zustands-Änderungen. Es wird uns also nach 10 Minuten nur anzeigen: „kälter als bei der letzten Messung". Weder die absolute Temperatur noch die genaue Differenz wird uns enthüllt, nur die Tendenz „kälter als bei der letzten Messung", dies aber mit 100-prozentigem Wahrheits-Gehalt. Mit neuem, wieder heißem Kaffee wiederholen wir unsere Mess-Reihe, diesmal aber im Abstand von 5 Minuten-dasselbe Ergebnis: jedes Mal meldet unser zuverlässiges Thermometer: „kälter als bei der letzten Messung". Dies wird es bei auch dem allerkleinsten Zeit-Intervall tun, in dem wir messen, immer wird es heißen „kälter als bei der letzten Messung". Wir nehmen hierbei an, wir könnten uns schneller als das Licht bewegen, um beliebig schnell das Thermometer

421

in den Kaffee zu tauchen und anschließend nachzusehen. Selbst wenn wir also ein beliebiges Tempo hätten (und seit Einstein kennen wir die Licht-Geschwindigkeit als Höchst-Tempo-Grenze), selbst dann würde unser Thermometer und damit unser Verstand diskrete Werte erhalten, die sich immer von einem vorherigen Wert unterscheiden. Natürlich gibt es in der Realität eine Obergrenze an Mess-Genauigkeit, an Bewegungs-Tempo, an Beobachtungs-Geschwindigkeit, und außerdem geht uns irgendwann der Kaffee aus... Das Beispiel trägt also seine Realisations - Grenzen schon in sich. Erschütternd ist aber, dass selbst eine utopische grenzenlos-kontinuierliche Versuchs-Anordnung abermals ein Dis-Kontinuum absolut zwingend nach sich zieht. Es kann eben keinen Temperatur-Wert geben, der zugleich noch mit dem alten Wert identisch ist, aber auch bereits niedriger als jener. Entweder identisch oder tiefer! Entweder-Oder! Nun haben wir eine weitere Stufe der Erkenntnis erreicht, denn jetzt wissen wir, dass unser Erleben eine zeitlich determinierte Übersetzungs - Leistung vom Diskreten zum Fließenden, vom Diastematischen zur Welle, vom Quantum zur Qualität voraussetzt. Wir sehen einen mehrdimensionalen Film, aber die hohe "framerate" lässt uns Zusammenhang erleben, wo eigentlich viele, viele Einzelbilder sind. Dies gilt auch für das Erlebnis melodischer Energie, für die phantastischen Kräfte, die gehörte Ton-Folgen zu Achterbahn-Fahrten, Kopfsprüngen, Raketen-Starts, Wirbelstürmen und auch zu plötzlichem Anhalten machen... Erinnern wir uns: Diese

Kräfte existieren sowohl im Wahrgenommenen als auch im Wahrnehmenden. Es kann also ein Erlebnis-Unwilliger die kraftvollste Musik einfach nur als Störung empfinden, und doch wird sich jener unempfindliche Zeitgenosse unfreiwillig verraten, denn er wird selten nur mit achselzuckender Teilnahmslosigkeit, eher und öfter schon mit vehementer Ablehnung auf diese angeblich zu wilde und komplizierte Musik reagieren. Er ahnt also, was er da ablehnt. Doch dies nur am Rande. Die leicht variierte Periodizität eines einzelnen Tones bietet der erlebnis-willigen, musik-affinen Seele folgende Fragen an? Wie lange wird dieser Ton dauern? Was kommt danach? Pause oder Ton? Wenn Ton, welcher? Höher, tiefer, gleich? Wie verhält sich der aktuelle Ton zu seinem Vorgänger (falls vorhanden)? Wird es lauter oder leiser? Wird dem Ton **ein** Ton oder **mehrere** gleichzeitige Töne hinzugefügt werden? Wenn ja, welche? Wie wird der mögliche Zusammenklang auf mich wirken? Woran erinnert mich das alles? Wer bin ich? und weiteres... Viele Fragen, die sich aus einem einzigen periodischen Klang-Ereignis, genannt "musikalischer Ton" ergeben können. Dabei muss keine dieser Fragen in´s Wach-Bewusstsein treten, es ist sogar besser, wenn sich nur das blitzschnelle, geniale, kindliche, aufrichtige Unter-Bewusstsein affizieren lässt. Denn Wachbewusstseins-Fragen führen oft genug zu kritisierender Überheblichkeit, zur Besserwisserei...Nur der geniale Komponist kann unterbewusst hören, gleichzeitig bewusst werten und dennoch höflich bleiben. Genialität ist, wenn man weiß, wie es geht und man es dennoch kann. Wer nur sagt:" Ich kann es zwar, weiß aber nicht, wie ich es mache", der ist entweder nur ein Talent oder sogar nur ein Amateur. Viele Fragen **während** nur eines Tones. Fragen, die stärker werden, schwächer werden, selten gleichbleiben, ihre Antwort finden oder auch nicht, ein reiches Spiel voll jener Kraft, die unsere Seele als Neugier, als Interesse als Anteilnahme, als innere Beteiligung erlebt. Dies gelingt nicht mit a-periodisch chaotischen Geräuschen. Denn der periodische Ton mit seinem zarten Oberton-Spektrum stimmt die Seele und den Geist via Ohr auf die soeben wahrgenommene, aber auch auf proportional dazu passende Frequenzen ein. Auch die Periodizität ist bereits eine Proportion, nämlich 1:1! Die Selbst-Identität. Sie bietet der hörenden Seele Zeit und Gelegenheit, verwandte Frequenzen zu erahnen. Diese Ahnung wird bestätigt oder enttäuscht, die Enttäuschung ist entweder eine freudige Überraschung oder eine problematische, darauf folgen abermalige Erwartungen mit all den vielfältigen Möglichkeiten der Enttäuschung oder Bestätigung und so weiter...Nun haben wir gelernt, dass periodische Frequenzen, also musikalische Töne, eben durch ihre Periodizität und ihre Dauer, die Seele des Hörenden mit Interesse, mit Fragen mit innerer Beteiligung zu erfüllen; gerade die Zahl in der Zeit, (denn nichts anderes ist der Ton), erregt in der Seele ein energiereiches Wellenspiel von Hoffen und Hören, Enttäuschung und Belohnung, Spannung und Auflösung.

424

Doch wie kommt es zu der Ernst-Kurth´schen Melos-Energetik, zu jenem turbulenten Auf-und Ab, das geniale Melodien in interessierten Seelen auslöst? Die Vorstellung von einem "Klangraum" mit einem Oben und Unten, mit hohen und tiefen Tönen ist fast schon Allgemeingut, man scheut sich beinahe, diese Binsen-Weisheit hier zu nennen. Und doch: darin liegt die Antwort auf unsere Frage. Aber wie lässt sich die Klangraum-Imagination proportional begründen? Nun, teilweise haben wir die Frage bereits beantwortet: Periodizität wird in der Zeit erlebt, ob wir wollen oder nicht, denn der Zeit sind wir unterworfen. Nun ist es kaum vorstellbar, ja fast spukhaft, sich eine Bewegung durch die Zeit, jedoch ohne Masse und Raum vorzustellen. Was konstant im Raum verharrt, das ist auch zeitlich nicht zu definieren. Die Klangraum-Imagination folgt also dem Zeiterlebnis in jedem Fall nach. Wenn Zeit, dann auch Raum. Doch gibt es darüber hinaus auch den direkten Konnex von Periodizität unterschiedlicher Frequenz und der Klangraum Imagination? Um die Antwort zu finden, müssen wir uns ein wenig mit dem Begriff der Metapher vertraut machen. μεταφορά heißt "Übertragung", und über unsere Schulweisheit hinaus liegt darin eine **fünf**-wertige Beziehung. Denn es gibt Topos 1, von dem aus übertragen wird, es gibt Topos 2, zu dem übertragen wird, es gibt ein bestimmtes Abstraktum, das von Topos 1 zu Topos 2 übertragen wird, es gibt eine Gemeinsamkeit, an die das übertragene Abstraktum andocken kann und es gibt den

425

Übertragungs-Vorgang selbst. Setzen wir in diese Formel nun unsere Begriffe ein: Topos 1 ist der uns umgebende dreidimensionale Raum, samt der dazugehörigen Zeit. Oben und Unten sind in diesem Raum an die Schwerkraft gebunden, alles in diesem Raum hat durch die Schwerkraft die grundsätzliche Abwärts-Tendenz, wenn wir etwas nach oben bewegen wollen, dann kostet es Energie. Liegt etwas auf dem Boden, hat es nur geringe potentielle Energie, heben wir es an, dann erhöhen wir seine potentielle Energie. Wenn wir etwas fallenlassen, dann wird potentielle Energie in kinetische Energie umgewandelt, wenn Fallendes auf dem Boden aufschlägt, kann es zu Zerstörungen kommen. Wenn wir ein Gewicht an einer Schnur kreisen lassen, wirkt die Fliehkraft der natürlichen Schwerkraft entgegen, wenn wir etwas in die Luft werfen, fliegt es gemäß konstanten ballistischen Regeln. Es ist die dritte Dimension unseres Raumes, die eine Sonderstellung einnimmt und uns von früh an ein manchmal schmerzhaftes Wechselspiel von Schwerkraft und Arbeit lehrt. Topos 2 ist die Welt unterschiedlich großer Frequenz-Werte der periodischen Klang-Ereignisse. Auch hier gibt es unterschiedliche Energie- Potentiale, der „höhere" Ton schwingt pro Zeit-Einheit öfter, der tiefere macht dem Gehirn weniger Arbeit, weil er nicht so oft pro Zeit-Einheit oszilliert. Das Abstraktum, das Übertragen wird, ist das "Oben und Unten" "Schwer und leicht". (Der "Vortrieb", den eine vorwärtsdrängende Melodie auslöst, er ist wohl eher der Zeit

426

zu assoziieren.) Die Gemeinsamkeit, an die das "Oben und Unten", "Schwer und leicht" andocken kann, sind die unterschiedlichen Energie-Potentiale, die sich im Newton´schen Raum als unterschiedliche Höhen-Energie, in der Welt der Klänge als unterschiedliche Oszillations-Perzeptions-Energie zeigt. Und der Übertragungs-Vorgang schließlich ist vermutlich (denn wer kennt das menschliche Gehirn endgültig?) eines jener a priori-Wunder, das den Menschen selbst unter erbärmlichsten Bedingungen zum Metaphoriker, zum Poeten werden lässt. Nach dem bisher Gesagten wissen wir nun, dass klang-periodische Zeit-Erlebnisse der Seele anbieten, den Flug der Vögel oder die Akrobatik der Fische zu imaginieren; wir können innerlich fliegen, oder auch tauchen, wenn wir Melodie erleben. Aber welche Rolle spielt nun die Proportionalität der Töne einer Melodie? Denn man könnte Melodie ja auch als eine „ekmelische" Tonfolge aus zufälligen Frequenzen in unharmonischen Proportionen denken. Periodische Schwingung mit ihrem ebenso periodischen Obertonspektrum ermöglicht der Seele, mit Spannung zu erwarten, in welcher Proportion die Frequenz eines Folgetons zu der aktuell Gehörten steht, oder auch die Überraschung zu verarbeiten, wenn es anders kommt als erwartet, aber dennoch proportions-gemäß. Hier haben wir sie, die psychische Antwort auf die periodische Zeit-Erfüllung: Die gespannte Erwartung, die verarbeitete Überraschung, der höhere Perzeptions-Energie-Bedarf bei höheren

Frequenzen, das reichere und daher höhen-affinere Obertonspektrum der tiefen Frequenz....Der scheinbare Gegensatz zwischen der mathematischen Erfassung der Klang-Familien und dem freien Melos-Energie-Erlebnis ist durch die Erkenntnis unserer existenziellen Zeit-Gebundenheit und der daraus folgenden Zukunfts-Blindheit aufgelöst. Die Proportions-Verläufe der Musik spielen mit unserer Unwissenheit, mit unserem Hoffen und Bangen, das sie auf höchst anmutige Weise bald befriedigt, bald elegant enttäuscht, um dann lächelnd das Erwartete nachzureichen usw. Könnte ein höher-dimensionales Wesen, das über der Zeit steht, Musik genießen? Wenn doch alles schon gewiss ist, wenn nichts mehr überrascht? Ich denke, ja! Musik-Genuss wäre diesem Kind der Ewigkeit ein Spiel, dessen Regeln immer eine freiwillige Selbst-Beschränkung sind, ein vorübergehender Abschied von der Allwissenheit, wie wenn ein Erden-Kind sich die Augen zuhält, um nicht zu sehen, wo sich seine Freunde verstecken. Kurths Denkfehler (wenn er die proportionale Struktur der Tonkunst geringschätzt): Er hat die Rolle der **Zeit** in der Proportions-Perzeption nicht bedacht. Aus der kostenlosen, unfreiwilligen Dynamik der Zeit, die uns führt oder mitreißt, kommt auch das Momentum eines jeden Proportions-Folgen-Energie-Erlebnisses. Der mathematisch - proportionale Erlebnisgehalt der Musik ist also **kein Antagonismus** zum dynamischen Melos-Erlebnis, sondern in der und durch die Zeit dessen **Grund.**

Hohe Töne, tiefe Töne
Die geistige Deutung eines physikalischen Phänomens

Von „hohen" und „tiefen" Tönen zu sprechen ist dem musikalischen Menschen so selbstverständlich, dass eine genauere Untersuchung dieses Metaphern-Paares unnötig erscheinen könnte. Aber ich deutete an, dass die Beziehungen „Masse-Tonhöhe", „Spannung-Tonhöhe" und „Frequenz-Tonhöhe" noch von größter Wichtigkeit für unser Verständnis der Kräfte hinter der Musik werden würden. Die Frage ist: Ist ein geheimer Sinn in der trivialen Gleichsetzung kleiner Frequenz-Werte mit einer „tiefen" Position in einem imaginären Raum und großer Frequenz-Werte mit einer „hohen" Position in einem imaginären Raum? Und wieso stellt sich das Frequenz-hörende Gehirn einen Raum vor? Grundsätzlich gilt: Unser Gehirn ist ein Meister des Quantität-Qualität-Wandels. Was haben Frequenzen von etwa 400-480 Tera-Hertz mit dem Erlebnis der Farbe „Rot", und was haben Frequenzen von etwa 610-680 Tera-Hertz mit dem Erlebnis der Farbe „Blau" zu tun? Ein Rest Geheimnis wird auch nach unserer Untersuchung bleiben, aber die Musik macht es uns leichter als das Farbspektrum des sichtbaren Lichts. Beginnen wir ganz unten: Eine periodische Folge akustischer Impulse wird vom hörenden Gehirn ab einer Frequenz von ungefähr 20 Hz als „Ton" wahrgenommen. Es existiert also eine untere Grenze, und über dieser Grenze gibt es Töne, unter der Grenze aber nicht. Dies ist eine sehr passende Metapher zu unserer alltäglichen Umgebung, die meistens aus einem festen Boden unter unseren Füßen besteht, über welchem sich dann unsere Welt ausdehnt. Unser Alltag lehrt uns: wir stehen auf dem „Unten" und träumen vom „Oben". Doch könnte diese überaus triviale Metapher auch nur Zufall sein, eine stringente Begründung für die Topologie des musikalischen Hörens ist sie nicht notwendigerweise. Denn der Alltag unserer Bodenhaftung müsste ja ansonsten eine Musik hervorbringen, die sich nur selten von einem Orgelpunkt im Sub-Kontra-Register lösen wollte. Doch immerhin können wir mit dieser Frequenz-Hör-Schwellen-Metapher begründen, wieso es überhaupt oben und unten in der Musik gibt. Schauen wir nun genauer auf die Unterschiede zwischen tiefen und hohen Tönen: Töne sind periodische Schall-Ereignisse, je mehr Perioden das hörende Hirn wahrnimmt, desto deutlicher ist die Ton-Wahrnehmung, aber auch: desto eher kann man dieses Ton-Erlebnisses überdrüssig werden. **Hohe** Dauertöne gehen daher eher auf die Nerven als tiefe. Wenn aber das Gehirn Töne mit kleinen Frequenz-Werten länger hören will und kann als Töne mit großen Frequenzwerten, dann ist damit bereits eine Tonsatz-Prämisse erkannt: Töne mit kleinen Frequenz-Werten sollten länger dauern als Töne mit großen Frequenzwerten, oder anders gesagt: der Bass bewegt sich langsamer als der Sopran. Zum zweiten Mal finden wir eine Metapher, die uns zu einem imaginären Raum der Musik-Wahrnehmung leitet: Was sich langsam bewegt, das ist groß, dick, schwer, also: **unten!** Was sich schnell bewegt, das ist klein, schlank, leicht, also: **oben!** Aber auch diese triviale Symbolik kann noch nicht endgültig sein, wir müssen tiefer denken. Haben wir nicht erkannt, dass Schwingungsperioden Zeit einteilen und dadurch ein Zeit-Erlebnis erzeugen? Und wenn wir dann noch höhere und tiefere Töne miteinander oder nacheinander hören, dann können wir mehrere Zeit-Strecken erleben, wir können diese Zeitstrecken in Beziehung setzen und vergleichen, unser Erlebnis ist in jedem Fall ausgedehnt geworden, wir erleben eine „res extensa" und mit dieser, ob wir wollen oder nicht, eine Art von Raum. Nach Einstein wissen wir ja, dass Zeit und Raum nur unterschiedliche Erscheinungsformen der „Raumzeit" sind, die wir aber in dieser Welt nur als Wesen erleben können, die von der Zeit voran gezerrt werden. Das Erleben von musikalischem Raum ist also dem Erleben musikalischer Zeit-Strecken-Relationen nachgeordnet und folgt diesem andererseits in jedem Fall nach. Vergessen wir nicht, dass diese Zeit-Strecken-Relationen erst dann erlebt werden können, wenn Frequenz-Relationen unser hörendes Gehirn erreichen, dies zeigt, wie wichtig die Kategorie „Relation" ist, man könnte das Bonmot prägen: „Relation ist absolut"! Doch weiter: wir sind noch nicht ganz am Ziel... Weil wir in derselben Zeit, die wir mit der Perzeption einer bestimmten Anzahl „n" Perioden eines tieferen Tones verbringen, $n \cdot x/y$ Perioden eines höheren Tones wahrnehmen, entsteht daraus das Erlebnis eines umhüllenden, oder auch tragenden Tones (kleiner Frequenzwert) und eines umhüllten, oder auch getragenen Tones (großer Frequenzwert). Der hohe Ton erscheint uns als Teil des tiefen, aber niemals der tiefe als Teil des hohen. Wenn aber das Ton-Relations-Erlebnis auf diese Weise zwischen Beinhaltendem und Inhalt oder dem Tragenden und dem Getragenen unterscheidet, dann ist damit auch ein Symbol für die Schwerkraft begründet, die in dieser Welt unser existenzielles Schicksal ist und Teil der unserer angeborenen Raum-Erlebnis-Kategorien. Damit sind wir schon ganz nahe dem Urgrund unseres Seins gekommen, aber wir gehen noch weiter: Wenn wir die geistige Arbeit, die uns die Perzeption eines Tones mit kleinem Frequenzwert bereitet, vergleichen mit der geistigen Arbeit, die uns die Perzeption eines Tones mit großem Frequenzwert bereitet, so bemerken wir leicht, dass der „hohe" Ton mehr geistige Arbeit bedeutet und damit ein gesteigertes Bewusstsein, dass wir **auch** geistige Wesen sind. Es ist kein Zufall, dass die Unterhaltungsmusik unserer Zeit viel Wert auf „fette Bässe" legt und auch die Gesangsstimme in einem eher tiefen Register liegt (zumindest gilt das für Frauenstimmen). Solche Musik hat, (ohne ein Wert-Urteil auszusprechen,) ganz sicherlich nicht zum Ziel, ihre Hörer zu dem Lesen von Lyrik oder philosophischen Standardwerken zu animieren, eher schon will sie den Menschen als materielles Wesen darstellen. Der Raum, den wir in der Musik erleben, er ist auch ein geistiges „Unten und Oben". Die Relation der „tiefen" und der „hohen" Töne ist auch ein Symbol für die Relation von Geist und Materie, oder in biblischer Sprache: „Wie im Himmel, so auf der Erde". Aber all diese musikalischen Räume, sie sind nicht kontinuierlich konfiguriert, sie sind quantisiert. Wenn ein tiefer Ton die Frequenz „x" hat, dann passen dazu nur Frequenzen, die mit x eine derjenigen Proportionen bilden, die Thema dieses Buches sind. Proportionen wie zum Beispiel 1:17 liegen außerhalb unseres Tonsystems, das wir aus der Natur-Ton-Reihe begründet haben, 1:18 dagegen liegt im System, denn das wäre 1: (2·3·3) und damit aus den Basis-Proportionen darstellbar. Nach unseren bisherigen Erkenntnissen ist die proportionale, quantisierte Struktur des Hör-Raumes essentiell, denn ohne sie wäre es fast unmöglich, außer in zufälliger Seltenheit, „hohe" Töne als Bestandteile von „tiefen" Tönen zu erleben, die Topologie, die sich aus jener Einbettung ergibt, ist unverzichtbar für das Raum-Erlebnis.

Wie unmusikalisch es doch ist, diese Proportionen zu verleugnen und dennoch einen imaginären Raum des Hör-Erlebnisses erzwingen zu wollen. „Atonale" Hör-Räume sind meta-illusionär, sie entstehen, weil einst tonale, harmonikale Musik gehört worden war und man nun das Raum-Erlebnis per weitläufiger Assoziation auf das antiproportionale Chaos übertragen kann, weil das hörende Gehirn verzweifelt versucht, im vorsätzlichen Unsinn noch Sinn-Reste zu entdecken. Wer mir diese These von der geborgten Musik-Raum- Wahrnehmung in der anti-tonalen Musik nicht glaubt, der möge sich fragen, wieso ausgerechnet die Komponisten der „Neuen Wiener Schule" so demonstrativ ihre Traditions-Verbundenheit proklamierten. Ihre Hör-Raum- Biographie war von der traditionellen tonalen Kunst geformt, es kann ja auch gar nicht anders sein. Mit dem proportional begründeten Hör-Zeit-Raum gewann die tonale Musik-Kultur auch eine Dynamisierung der Melodie, die sich ganz besonders in der zentralen Rolle des „Themas" und des „Motivs" zeigt. Das Thema einer Fuge, einer Sonate, einer Fantasie, einer sinfonischen Dichtung ist nicht einfach eine Melodie, wie ein Volkslied eine Melodie ist. Der Unterschied (sehr kurz formuliert): Eine Melodie endet nach etlichen Takten, ein „Thema" ist nach vorne offen und erzwingt aus seiner Energie eine um ein Vielfaches längere Komposition. Diese sich in einem imaginären Hör-Zeit-Raum ereignende

Energie des Themas sowie die daraus resultierende Vision eines gewaltigen Form-Raumes, der nach dem Thema mit Musik gefüllt werden will, all dies ist ohne die Zeit-Raum-Erfahrung der proportionalen Musik unmöglich. Ohne die Tonalität auf der Grundlage des Tonsystems, das sich aus der Natur-Ton-Reihe ergibt, kann es kein Thema, keine große Form, kein „Werk" geben. Auch diese These kann gerne überprüft werden, indem man sich den historischen Zusammenhang zwischen anti-tonaler Musik-Kultur und Negation des Werk-Charakters der Kunst-Musik klar werden lässt. Es bleibt die Einsicht, dass die Beziehung zwischen der proportionalen Tonalität und den musikalischen Genies zu einer großartigen Hör-Topologie geführt hat, in der dann die hohe Begabung leben, finden und hervorbringen konnte. Die Tonalität nutzte den Hochbegabten, und die Hochbegabten brachten ihrerseits die Tonalität voran, indem sie ihre Möglichkeiten erforschten. Herrliche Früchte erbrachte die Pflege des Baumes der Harmonie...

Was wird durch Musik kommuniziert?

Musik ist unumkehrbare Anordnung von Wiederholung und Beziehung. Daraus ergibt sich eine Wesens-Verwandtschaft mit allen Prozessen, Erfahrungen, Erlebnissen, Ereignissen, Gedanken, Handlungen usw., die zwar kausal unumkehrbar, aber auch zyklisch sind und zugleich nicht als isolierte Einzel-Phänomene auftreten, sondern als Teil größerer Strukturen, die nicht ohne Zerstörung in ihre Teile zerlegt werden können. Die prozessuale Ähnlichkeit, das Entwicklungs-Schema, die geformte Hüll-Kurve ist die Eigenschaft der Musik, durch welche ein und dieselbe Komposition im Herzen des einen Menschen einen Sonnen-Untergang imaginiert, im Herzen des anderen aber den Verlust einer jungen Liebe: Denn die Musik **transportiert** keine Inhalte, sondern **evoziert** sie. Diese elementare Erkenntnis fehlte in der Geschichte der Musik-Theorie überall da, wo entweder die Musik zur „Klangrede" simplifiziert wurde oder wo man solchen rhetorischen Parallelen energisch widersprach, wie es zum Beispiel der selbstgefällig polternde Eduard Hanslick tat.

Noch einmal: Musik spricht nicht, sie erzeugt aber ein individuelles Reden der Hörer-Seele! Eine Menschen-Gruppe von Musik-Hörenden wird also ebenso viele Assoziationen erleben, wie sie Köpfe hat, diese individuellen **Inhalte** aber sind durch Musik uniform und synchron. Diktaturen machen sich dies immer wieder zu Nutze. Aber auch die Musik-

Berieselung in Kaufhäusern soll individuelle Bedürfnis-Befriedigung auf uniforme und synchrone Weise initiieren. An ihrem Missbrauch trägt die Musik keine Schuld, vielmehr ist sie Opfer. Doch zurück zur Kommunikation von Erlebnis-Schemata. Wir wollen ein wahrscheinlich all-bekanntes Beispiel auf seine prozessuale Information und einige seiner emotionalen Deutungs-Möglichkeiten untersuchen. Ich wähle den Beginn des wahrscheinlich populärsten Klavierstückes des klassischen Repertoires, nämlich L.v.Beethovens Bagatelle „Für Elise". Dieses als Spieluhr-Musik missverstandene kleine Rondo hatte Beethoven am 27.4. 1810 einer der Musik-Wissenschaft Rätsel aufgebenden „Elise" gewidmet, nachdem er immerhin 2 Jahre daran skizziert hatte; also kein Neben-Werk...

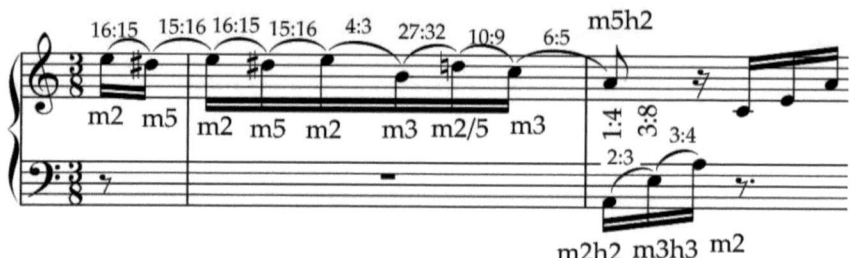

Welche Informationen besitzen diese einprägsamen Takte? (Informationen, die in der Seele des Hörenden Gefühle, Gedanken, Erlebnisse, Erkenntnisse ähnlicher **Form** auslösen werden?) Der Ton e´´, der zu Beginn dreimal erscheint, wird durch d´´# wie ein Grundton begrüßt, und dann kommt auch noch die Abwärts-Quarte h´ dazu, die ebenfalls dem e´´ eine Grundton-Funktion gibt. Es sind nur melodische Funktionen, e'' hat hier nur melodische Grundton-Funktion, d''♯ hat nur melodische Terzfunktion, und h' nur melodische Quintfunktion. Es gibt hier noch keine Zusammenklänge, und, wer sie voraussetzt mit der Erklärung, man wisse doch schließlich, dass E die Dominante und die 5.Stufe in A-Moll sei, der legt seiner Aussage seine persönliche Hör-Biografie zugrunde und begeht damit eine verhängnisvolle Kausalitäts-Umkehr. Erfahrungen sind unumkehrbar! Doch zurück! Wir wissen im Auftakt und im ersten Takt noch keinesfalls, was aus dem dreifach als Grundton bestätigten E einmal werden wird. Für uns, die wir der Zeit unterworfen sind, ist e'' zunächst ein starker Grundton. Eine umso größere Enttäuschung packt uns, wenn dann plötzlich d'' erscheint. Erstens ist damit die Ton-Stufe des hilfreichen Grundton-Machers d''♯ negiert, zweitens ist d'' selbst ein nur schwacher, ein halber Grundton, drittens bildet er mit dem einst so wichtigen Grundton-Macher h' die komplizierte Proportion 27:32, und außerdem hätte man ja nach h' ein noch stärkeres e'' erwartet. Und nun ein halber Grundton d'', der aber auch noch eine halbe Terzfunktion hat! Dass die Melodie nach dieser Enttäuschung kraftlos fallen muss, ist verständlich. Sie fällt zuerst einen etwas kleineren Schritt, nämlich 10:9, dann aber, wie es fallende Körper eben tun, in gleicher Zeit einen deutlich größeren Schritt, diesmal 6:5. Doch dann ein kleines Wunder: Das erste Intervall erscheint, der erste Zusammenklang. Und auch noch eine Doppel-Oktave, die den beiden A eine harmonische

Grundton-Funktion gibt. Auch die beiden folgenden Töne der linken Hand, e und a, bestätigen A als Grundton. Die Mollterz erscheint erst später im Takt, in der rechten Hand auf dem 4. Sechzehntel. Sie schwächt den Grundton A wieder, darum erscheint sie auch erst, nachdem die hörende Seele A als neuen Grundton verstanden hat. Wie außerordentlich feinsinnig Beethoven in diesen wenigen Tönen mit der Grundton-Funktions-Täuschung durch e˝ und dem darauffolgenden Grundton-Funktions-Postulat durch A komponiert hat. Es sind diese Details, die das Genie vom Talent unterscheiden, es sind nicht die großen, nur einem brachialen Reduktionismus auffallenden Züge! An groben Reduktions-und Simplifikations-Theorien besteht kein Mangel, darum wende ich mich in die andere Richtung und widme mich den nicht weiter teilbaren „Quanten" der Musik. Diese sind die harmonischen und melodischen Funktionen des Einzeltones, ihre Mischung, ihre Interdependenz, ihre Fernwirkung. Bis jetzt habe ich es absichtsvoll vermieden, darüber auch nur zu spekulieren, was Beethoven mit diesen Tönen sagen wollte. Ich habe es schon angedeutet: Musik sagt nichts, aber sie regt die Seele des Hörenden an, etwas zu empfinden, etwas Individuelles. Es ist also völlig unwichtig, was Beethoven sagen wollte, wichtig ist, welche emotionale Hüllkurve mit der Wahrnehmung dieser wenigen Töne unsere Seelen erreicht, und wie sie darauf reagieren könnten. Dies will ich nun, nach vorheriger Warnung, dass wir nun den objektiven Bereich verlassen und den hemmungslos

439

subjektiven Bereich der „wunderbaren Welt des B.Ph." betreten, hypothetisch versuchen.... *Wie das e´´, und das d´´# anfangs so lebhaft klingeln! Ein Signal, ein Weckruf, eine Mini-Fanfare. Alles könnte so schön beginnen, so freudig enden, zumal auch noch das h´ wie ein Trompeten-Ruf abermals meldet: „Kopf hoch, du müder Krieger!" Doch dann, wie vergiftet, bricht der elan, die Melodie taumelt, fällt, und mit ihr-Ich. Ein warmer Gongschlag fängt mich auf, eine starke Thermik drängt aufwärts, reißt auch die Melodie wieder etwas empor, nicht so weit, wie zu Beginn, und dann wieder das klingelnde Signal, doch diesmal weiß ich schon: es ist alles nicht wahr, e´´ ist ein falscher Grundton, alles Illusion, ich resigniere zunächst...Das* war absolut nicht absolut, das war, objektiv betrachtet, absolut subjektiv. Aber hervorgerufen wurde dieses Erlebnis von einer objektiven, wiederholbaren, nachprüfbaren Folge von Proportionen und den sich daraus ergebenden melodischen und harmonischen Funktionen der einzelnen Frequenzen. Jeder wird auf diese objektive Folge aber anders reagieren, auch und vor allem der Komponist selbst. Was Beethoven mit diesen Tönen sagen wollte, das ist eher biografisch und psycho-historisch interessant, man kann aber sicherlich keine Hör-Anleitung daraus gewinnen. Jetzt könnte die Frage aufkommen: „Und wozu ringt denn dann der Komponist um Ausdruck, wenn er sich über Musik gar nicht präzise ausdrücken kann? „Hier meine persönliche, selbst erfahrene Antwort: Ein **großer** Komponist ist dadurch groß, dass er große, allgemeine Dinge ausdrücken will, er will, so wie Beethoven in „Für Elise", allgemeine psychische Muster, Formen, Schemata ausdrücken, er richtet sich an die Menschheit, und nicht nur an seine Zeitgenossen. Der **kleine** Komponist aber will mit Tönen sein Tagebuch veröffentlichen. Und damit das besser aussieht, als es ist, wird künstlerisches Unvermögen und der Mangel an Inspiration hinter der Lehre von der „Klangrede" versteckt, ein Topos, der auf Johann Mattheson zurückgeht, dessen spöttisches Selbstbewusstsein weit größer war als sein kompositorisches Ingenium. An einem bekannten Dichter und Roman-Autoren kann ich aber am besten zeigen, wie man es machen sollte: Hermann Hesse hat sich selbst in so viele seiner Roman-Avatare transferiert, und dennoch hat er niemals Romane als Tagebuch oder Beicht-Dossier missbraucht. Er hat sein eigenes Erleben objektiviert, von seinem Subjekt auf die Menschheit induziert, darum, ob man es wahrhaben will oder nicht, ist er ein großer Schriftsteller. Und Bach, Beethoven, Bruckner, sie waren große Komponisten, weil sie Größeres kommunizierten als nur ihr persönliches Schicksal, trotz hohen persönlichen Wieder-Erkennungswertes. Doch es ist nicht etwa so, dass der große Komponist, weil er ein so edler Zeitgenosse ist, einfach nur sein Ego verleugnet und als tugendhafter Diener der Kunst oder der Menschheit durch's Leben schwebt, vielmehr waren die großen Komponisten durch **persönliche Hindernisse** davor bewahrt worden, in die Mittelmäßigkeit abzugleiten, sie waren zu unglücklich, um auch noch schlecht zu sein. Nicht Wahnsinn ist die psychologische Entsprechung zum Genie, sondern Fremdheit in dieser Welt, Einsamkeit, Leid, und dies auch trotz äußerer Erfolge. Die psycho-sozialen Grenz-Erfahrungen der genialen Komponisten ließen sie zu Symbolisten der wirklich wichtigen Menschheits-Fragen werden. Und zu deren Darstellung eignet sich Musik besser als jede andere Kunst. Es ist nun leicht verständlich, was Beethoven meinte, als er sagte: *„Musik ist höhere Offenbarung als alle Weisheit und Philosophie. Wem sich meine Musik auftut, der muss frei werden von all dem Elend, womit sich die anderen Menschen schleppen.“* Die hermeneutische Frage lautet also nicht:“ Was will der Komponist mit diesem Werk sagen? „Sondern: „Welche Menge von möglichen Erlebnissen passt in genau diejenige Erlebnis-Matrix, die der Komponist in diesem speziellen Werk anbietet?“ Das Werk als noch verschleierte Menge, deren mögliche Elemente mühsam gefunden werden müssen. Auf der einen Seite steht jene talentfreie Ignoranz, die spricht, dass Musik nichts ausdrücke und nur tönend bewegte Form sei, auf der anderen Seite steht der psychoanalytische Dünkel, der Musik nur aus der Seele des Komponisten erklären will, in der Mitte aber steht die Wahrheit, nochmals in den Worten des großen Beethoven: *„Musik ist höhere Offenbarung als alle Weisheit und Philosophie“*.

Dient die Musik der Sprache?

Ein heißes Thema! Fast ein Glaubens-Krieg, und darum will ich auch nicht in die **historische** Schlangen-Grube fassen. Nein, wir wollen fernab jeder Kultur ergründen, ob das Wort-Ton-Verhältnis in Vokal-Musik ein Nullsummen-Spiel oder ein win-win-Spiel ist...Im ersten Falle wäre jede Komposition eines Liedes, einer Arie, eines Chor-Werkes ein Nerven zerreißendes Abwägen, Austarieren, Feinjustieren, um einen möglichst wenig schlechten, möglichst wenig faulen Kompromiss zu konstruieren. Im zweiten Fall aber wäre die Komposition von Vokal-Musik ein banges Warten auf die endgültige Eingebung einer seltenen Gipfel-Koinzidenz musikalischer und textlicher Höhepunkte, und genau betrachtet, dürfte eine solche Komposition nur ein Dichter-Komponist wagen, der eine ausgewogene literarisch-musikalische Doppelbegabung zeigt, und wer ist das schon?? Wagner etwa? Wenn wir ehrlich sind: Wagners Texte haben kaum literarischen Eigenwert, seine (rein instrumentalen) Vor- und Zwischenspiele aber sind durchaus auch als isolierte, absolute Musik lebensfähig. Und wenn schon Wagner keine absolut gleichgewichtige musikalisch-literarische Doppelbegabung besaß, wen gibt es denn sonst noch? Nein, wir merken schon, weder die Nullsummen-Spiel-Vermutung noch die win-win-Vermutung kann unsere Frage nach dem optimalen Wort-Ton-Verhältnis beantworten. Auch den Dichter selbst sollten wir lieber nicht fragen:

443

Goethe zum Beispiel meinte zu Schuberts genialer Vertonung der Ballade „Erlkönig", die Goethe 1782 geschrieben hatte: *„Töne durch Töne zu malen: zu donnern, zu schmettern, zu plätschern und zu patschen, ist detestabel.(= **verabscheuungswürdig** !)* " Das klingt nach abgrundtiefem Missverständnis, nach ästhetischem Stellungs-Krieg, nach europäischer Kulturgeschichte...Wir müssen in der Welt der Details Unterschiede und Gemeinsamkeiten zwischen Musik und menschlicher Sprache entdecken und auswerten. Die größte Gemeinsamkeit: Musik und Sprache erreichen den Empfänger durch den Gehör-Sinn. Wenn man oberflächlich denkt, dann könnte man nun zufrieden ausrufen: „Aha, Musik und Sprache sind Klang-Geschwister!" Doch so einfach ist es bei näherer Betrachtung nicht! Erstens: Geschwister-Neid war schon seit Menschen-Gedenken Anlass größter Tragödien, denken wir nur an Kain und Abel. Zweitens aber: Gerade die gleichzeitige Nutzung desselben Sinnes-Kanals ist ja die Wurzel des Wort-Ton-Problems! Das ist zum Beispiel beim Ballett anders; eine kongeniale Choreografie synchronisiert und harmonisiert auf anmutigste Weise Auge und Ohr...Anders beim Gesang: Der Aufmerksamkeits-Verteilungs-Kampf beginnt mit der ersten gesungenen Silbe, die man vielleicht nicht verstanden hat, und nun sinnt man nach, was denn da gesungen wurde und verpasst eine besonders geniale harmonische Wendung, während alsbald ein unheimlicher Trommelwirbel vom Text-

Sinn ablenken könnte und so weiter...Wenn nun schon die auffälligste **Gemeinsamkeit** zwischen Musik und Sprache zugleich Grund der Aufmerksamkeits-Konkurrenz zwischen beiden ist, wie groß ist dann erst das Konflikt-Potential der **Unterschiede** zwischen Musik und Sprache! Und diese Unterschiede sind gewaltig, vor allem werden sie gewaltig unterschätzt. Beginnen wir mit einem Blick in den Mikrokosmos der Schwingungs-Formen: Als erstes hier ein gesprochenes Wort unter dem Mikroskop, das deutsche Wort „ist":

Auffällig ist das Zeitstrecken-Verhältnis zwischen dem Vokal und den beiden Konsonanten s und t: Nur etwa ein Viertel der Gesamtdauer entfällt auf den Vokal, die meiste Zeit verbrauche ich für die Konsonanten. Gewiss, es gibt vokalreichere Sprachen als die deutsche, doch dieses extreme Beispiel zeigt: Sprache funktioniert zu einem sehr großen Teil durch die Konsonanten.

Nun ein gesungenes „ist":

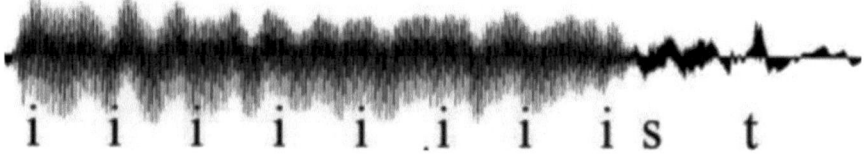

Sofort sieht man den Unterschied: der Vokal bekommt mehr Zeit gegenüber den Konsonanten. Nun könnte man einwenden: „Du hättest ja auch einen kürzeren Ton singen können, Du hast absichtlich ein langes iiiist gesungen, damit es in deine Argumentation passt!" Nein! Nicht absichtlich! Als ich das „ist" singen wollte, da wollte ich ja eine Tonhöhe treffen, und das geht nun einmal nur auf Vokalen oder in weit geringerer Leuchtkraft mit stimmhaften Konsonanten. Der Vorsatz "Singen!" führte mich unwillkürlich zu einer Fokussierung auf dem Vokal „i" und damit zu dessen Dehnung. Ich habe nicht einmal einen besonders langen Ton singen wollen, allein schon der Gedanke an „Singen" erwirkte eine Dehnung des einzigen singbaren Lautes, nämlich des „i". Warum ist das so? Um eine Antwort zu finden, müssen wir die Wellenform-Darstellung noch etwas mehr vergrößern: Hier die vergrößerte Darstellung des **gesprochenen**, kurzen i aus dem gesprochenen „ist":

Und hier ein vergrößerter Ausschnitt aus dem gesungenen „i" aus dem gesungenen „ist":

Wellen-Chaos des Geräuschs versus Periodizität des musikalischen Tones! Offenbar verleitet die Periodizität des gesungenen Tones dazu, diesem Ton eine gewisse Dauer zu geben, während das Geräusch eher explosiver Natur ist. Obwohl es auch „melodiöse" Sprachen und Sprechweisen gibt, obwohl es hohe und tiefe Sprechstimmen gibt: **Ein** Axiom können wir mit absoluter Gewissheit aus unserer Beobachtung ableiten: der gesungene Sprach-Laut (Vokal oder klingender Konsonant) ist in jedem Fall **periodischer** als der gesprochene Laut. Wenn also Sprache gesungen wird, dann muss sie sich gegenüber ihrer alltäglichen Funktion als Kommunikations-Mittel strukturell verändern: Ihre Vokale (und in weit geringerem Umfang ihre klingenden Konsonanten) müssen sich der Periode derjenigen Frequenz unterwerfen, die von der musikalischen Struktur vorgegeben ist. Kurz formuliert: Sprache **muss** nicht gesungen werden, wenn sie aber gesungen werden **will** oder **soll**, dann wird dies zwangsläufig nach musikalischen Gesetzen geschehen! Einen großen Schritt sind wir vorangekommen: Wir wissen jetzt, dass jeder Gesang dadurch zustande kommt, dass Sprache musikalische Gesetze annimmt, dass Sprache durch diese Annahme musikalischer Gesetze zur Musik wird und niemals, absolut niemals dadurch, dass Sprache ihre Sprach-Gesetze der Musik aufzwingt. Dies ist eine strukturelle Hierarchie und keine Genese. Die Kreations-Chronologie eines Gesang-Werkes ist hier nicht beschrieben! Alles ist möglich: Ein Gedicht wird vertont, eine Melodie wird textiert,

447

ein Gesang-Werk erhält einen neuen Text, ein „Dichter-Komponist" erfindet Melodie und Text gleichzeitig...Aber das Ergebnis hat immer eine überzeitliche Kausalität: Weil Worte gesungen werden sollen, müssen ihre singbaren Laute den Gesetzen musikalischer Periodizität unterworfen sein. Was heißt das in der Praxis? Und in wessen Praxis? In der Praxis des Komponisten oder des Interpreten? Fangen wir mit dem Komponisten an. Warum will ein Komponist Texte vertonen? Meine eigene kompositorische Erfahrung, mein angelesenes Künstler-Biographie-Wissen und auch meine Vermutung sagen mir: Texte können in musikalisch begabten Menschen musikalische Einfälle auslösen. Die Stimmung eines Gedichtes kann in einer kreativ-sensiblen Seele die Vision eines Kunst-Liedes auslösen. Ein wundervoller, fast ehrfurchtgebietender Prozess: Der Text als Katalysator der musikalischen Vision, des genialen Funkens! Wie dankbar bin ich dem begabten Ludwig Wittgenstein, dem Pianisten-Bruder und Musik-Freund, der gesagt hat:" *Wovon man nicht sprechen kann, davon muss man schweigen"*. Ich füge an: „..davon kann man aber singen!" Wenn man nun konsequent weiterdenkt, dann gilt: Wenn Texte von einem berufenen und begabten Komponisten vertont werden, dann ist der Text Katalysator des musikalischen Prozesses und ist im vokalen Musik-Werk den musikalischen Gesetzen unterworfen. Wem das nicht gefällt, der müsste dann eigentlich ernsthaft fordern, dass Texte grundsätzlich nicht vertont werden dürfen. Eine Rand-

Notiz: Auch der fanatischste „Nichts als nur-Musiker" wird wohl kaum, wenn er Melodien ersinnt, die zu Worten passen sollen, die natürlichen Betonungen jener Worte ignorieren oder absichtsvoll negieren, abgesehen von gelegentlichen Ausnahmen. Kurz gesagt: Ein begabter Komponist erlebt den Sinn eines Textes und erfindet Musik, die diesen Sinn symbolisiert. Nun könnte man einwenden: „Der Dichter hat doch bereits Rhythmus in seine Dichtkunst hineingearbeitet, der Rhythmus des Komponisten stört hier nur!" Stimmt das wirklich? Haben Gedichte einen Rhythmus, zu dem ein Melodie-Rhythmus in Konkurrenz treten könnte?

Noch einmal Goethe:

An den Mond

Füllest wieder Busch und Tal

— ◡ — ◡ — ◡ —

Still mit Nebelglanz,

— ◡ — ◡ —

Lösest endlich auch einmal

— ◡ — ◡ — ◡ —

Meine Seele ganz;

— ◡ — ◡ —

usw.

Die traditionelle „metrische Notation" zeigt zwar ungefähr an, welche Silben lang/betont (—) oder kurz/unbetont (◡) sind, zeigt aber nicht die **exakte** Längen-Proportion, wie es die musikalische Notation tut. Der Begriff „metrische Notation" ist also irreführend, denn μέτρον (altgriechisch) heißt "Maß", und ein Maß ist nichts Ungefähres. Wenn nun ein solch ungefähres Schein-Metrum in einen musikalischen und damit proportional exakten Rhythmus verwandelt werden soll, dann ergeben sich nur wenige Lösungen. Ich zeige hier 2 Rhythmen, die aus dem "Metrum" der ersten Strophe abgeleitet werden könnten:

Einige Varianten sind noch möglich, aber man sieht, dass eine konsequente Umsetzung der Vers-Metrik in einen musikalischen Rhythmus ziemlich langweilige Rhythmen ergibt. Außerdem müssten dann alle möglichen Gedichte, die demselben Vers-Maß folgen, aber einen vielleicht einen gänzlich anderen Gehalt haben, allzu ähnliche musikalische

450

Rhythmen erhalten, wenn man sie denn vertonen will. Diese Vorgehensweise kann nur zu primitiven, unkreativen und langweiligen Lösungen führen. Es ist in diesem Zusammenhang interessant, was Carl Friedrich Zelter, dessen Vertonungen Goethe schätzte, aus dem Gedicht gemacht hat:

Ohne zu bewerten, ob diese Vertonung dem Sinn, der Stimmung, dem Geheimnis dieses Gedichtes entspricht: Hier wird das Vers-Maß der gereimten Sprache zwar respektiert, aber zugleich überwuchert und verschleiert. Offenbar bemerkte auch Zelter, dass ein allzu Text-naher Rhythmus ein langweiliges Einerlei ergeben könnte und griff zu weit schwingenden Melismen. Und es ist keine ablehnende Kritik Goethes überliefert... Ich meine: Solange nicht den Schwerpunkten der Sprache gewaltsam zuwider komponiert wird, sollte alles erlaubt sein, alles außer Phantasielosigkeit! Nun aber das noch viel größere Problemfeld „Interpretation": Wie soll man singen? Soll die Melodie-Gestaltung Vorrang haben oder muss man unbedingt den Text verstehen? Und: Versteht man den Text zwangsläufig schlechter, wenn der Gesang der Melodie-Gestaltung den Vorrang gibt? Wir erinnern uns an unsere Erkenntnis vom gesungenen Sprach-Laut: Singen ist in jedem Fall die Erzeugung einer periodischen Schwingung. Ein gesungener Sprachlaut ist ein absichtlich periodisch schwingender Laut. Die Sprechstimme wird zu einem Musikinstrument. Damit gilt, was ich in dem folgenden Kapitel „Musik will Legato" genauer ausführe: Melodie-Erlebnis entsteht, wenn das hörende Gehirn aufeinander folgende periodische Schwingungen miteinander **vergleichen** kann. Wenn wir also Worte singen, dann erklären wir zugleich die Sprechstimme als Musik-Instrument und den periodisch schwingenden Sprach-Laut als musikalischen Ton, und dann dürfen wir nicht auf der halben Strecke stehen bleiben, indem wir abgehackte Töne hervorbringen, um die Sprechstimme nachzuahmen, sondern wir müssen „legato" singen, damit ein Melodie-Erlebnis entstehen kann. Sehen wir uns das unter dem Mikroskop an: Hier die Wellenform der **gesprochenen** 1. Zeile des deutschen Volksliedes „Im Frühtau zu Berge"

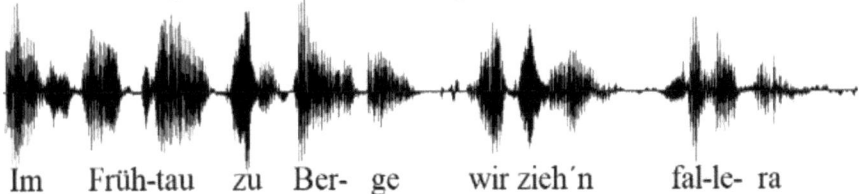

Im   Früh-tau   zu   Ber- ge   wir zieh'n   fal-le- ra

452

Deutlich sieht man zwischen den Einzel-Lauten Pausen! Sprache trennt ihre „Atome", weil sich ihr innewohnender Sinn durch **Ergänzung** einstellt. Die voneinander getrennt wahrgenommenen Einzel-Laute der Sprache werden nicht, wie in der Musik, miteinander messend **verglichen**, sondern assoziierend **ergänzt**. Solange ich nur „Im" gehört habe, weiß ich noch nicht, wer wann worin ist und warum. Sobald ich „Früh" gehört habe, weiß ich immerhin, dass es wahrscheinlich nicht um den Abend gehen wird. Mit jedem weiteren Laut wird mir die Aussage klarer, sodass ich am Ende auch ein völlig sinnfreies „fallera" verkrafte. Die entscheidende Frage ist nun: Funktioniert dieser Ergänzungs-Prozess nur dann, wenn ich beim Sprechen die Einzel-Laute deutlich voneinander trenne? Zunächst: die Trennungen zwischen den Einzel-Lauten kann ich auf zwei Weisen verkürzen oder fast vermeiden:

1. Ich kann die Laute dehnen und sie möglichst dicht nacheinander aussprechen; das wirkt seltsam und befremdlich. Ich kann aber auch

2. um die Sprech-Pausen zu minimieren, schnell sprechen, und dies scheint gerade sehr modern zu sein, wie es mir die jahrelange Beobachtung etlicher Talk-Shows gezeigt hat. Nein, wir können uns merken: Auch pausenloses Schnell-Sprechen wird verstanden!

Eine Beruhigung, denn das bedeutet ja: ein gesungenes Legato mit möglichst kleinen Pausen verhindert **nicht** zwangsläufig die Text-Verständlichkeit! Hier nun die Wellenform eines trennenden Gesanges, die periodisch schwingenden Laute werden durch Pausen getrennt, um die Laut-Trennungen der Alltags-Sprache nachzuahmen. Das Problem: die gesungene Melodie hat ja auch einen genau definierten Rhythmus, die Noten-Werte, aus denen ein Rhythmus zusammengesetzt ist, sind Zeitstrecken, die für jeden Ton reserviert sind. Wenn ich aber gesungene Laute voneinander trennen will, dann muss die Summe meines gesungenen Tones und meiner Pause genau gleich der reservierten, genau definierten Zeit-Strecke des aktuellen Notenwertes sein, und das heißt, dass der Hörer eine genau definierte Zeit damit zubringen muss, auf den nächsten Ton zu warten. In dieser leeren Zeit geschieht zuverlässig jener furchtbare Verlust melodischen Zusammenhanges, über den ich im Kapitel „Legato" nachdenken werde. Wenn ich den Text spreche, dann kann ich ja mit der Pausenlänge spielen, ich kann sie bewusst einsetzen, um Spannung zu erzeugen. Wenn ich aber „perforiert" **singe**, dann muss ich trotzdem den musikalischen Rhythmus einhalten, ich kann ihn nicht wie ein Sprechender modulieren, und jene genau definierte Zeitstrecke des Notenwertes erinnert mich und das hörende Gehirn fortwährend, dass hier eigentlich ein Ton erklingen sollte. Ich habe die Gesetze der Musik verletzt.

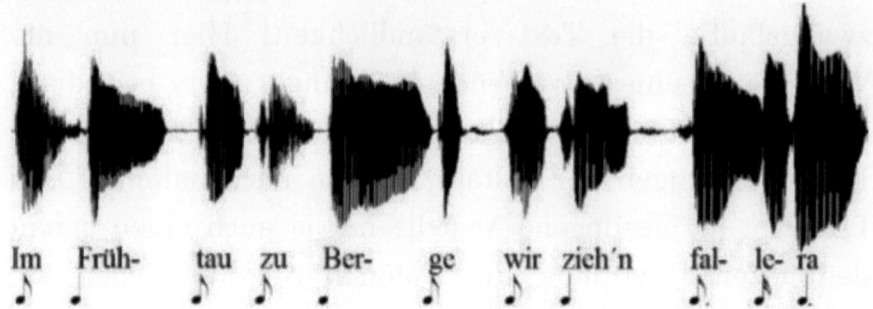

Im Früh- tau zu Ber- ge wir zieh'n fal- le- ra

Hier nun zum Vergleich ein Gesang, der die periodisch schwingenden Laute so weit wie möglich ausdehnt und Pausen möglichst vermeidet.

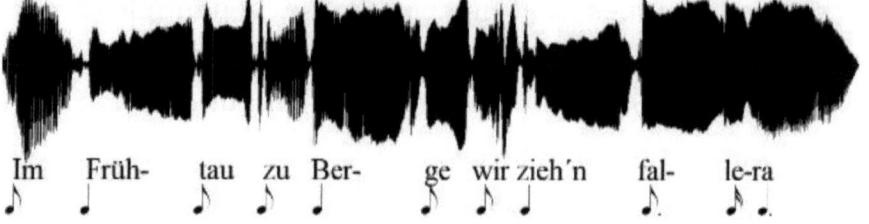

Im Früh- tau zu Ber- ge wir zieh'n fal- le-ra

Auffallend: Es sind immer noch Pausen da! Auch ein „Legato"-Gesang wird in jedem Fall kleine Trennungen zwischen den Sprachlauten aufweisen und damit verständlich bleiben. Man kann also ohne Sorgen um die Text-Verständlichkeit gesungene Töne so dicht wie möglich nacheinander gruppieren, kleine Zäsuren, in denen Konsonanten Platz finden wird es trotzdem immer geben. Und trotz der Mikro-Zäsuren wird das hörende Hirn aus diesen möglichst angenäherten Gesangs-Tönen leicht eine Melodie „errechnen" können. Zum Vergleich hier noch eine Klavier-Version, in schönstem Legato gespielt: Keine Pausen, ein lückenloser Verlauf, trotz des chronischen

455

„diminuendo" der einzelnen Klaviertöne eine zusammenhängende Melodie.

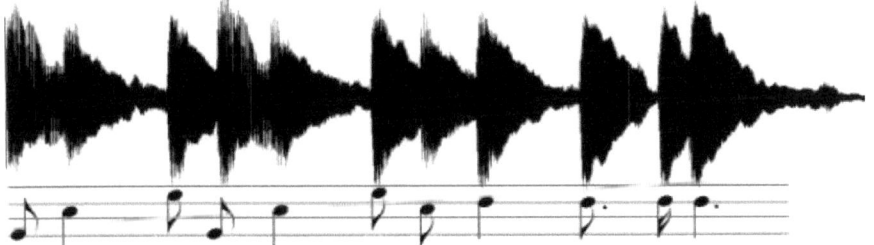

Legato ist Bedingung für Melodie-Erlebnis, Legato verhindert aber keine Text-Erfassung. Wenn wir also singen, dann lasst uns Musik machen, zu 100 Prozent.

Musik "will" Legato

Das Erlebnis „Musik" kann im hörenden Gehirn nur entstehen, wenn Frequenzen verschiedener Töne miteinander verglichen werden. Das reiche Spiel der Verwandtschafts-Proportionen, die diese Töne miteinander bilden, ist die reale, physikalische Basis für die geheimnisvolle Metamorphose zu der reichen Erlebnis-Welt, zu der das Gehirn fähig ist. Der Vergleich zweier oder mehrerer Töne lässt zunächst an gleichzeitig erklingende Töne denken, also an ein Intervall oder an einen Akkord. Doch darum soll es in diesem Kapitel nicht gehen, was sollten wir aus dem erwünschten Vergleich zweier Simultan-Intervall-Töne auch anderes ableiten als die Forderung, der Zusammenklang sollte nicht allzu unsauber intoniert werden. Nein, hier soll es um etwas viel Geheimnisvolleres gehen: Auch die Töne einer Melodie werden ja erinnert und rückwirkend miteinander verglichen. Geheimnisvoll ist dies hauptsächlich, weil wir hier ernsthaft die Existenz einer 4-dimensionalen Raumzeit in Betracht ziehen müssen, denn die vergangenen Töne sind ja nicht verschwunden, ihnen kommt ebenfalls Existenz zu, genauso wie dem aktuell erklingenden Ton. Unser Gedächtnis kann zwar nur mehr oder weniger schemenhaft ersetzen, was uns unsere dreidimensionale Beschränktheit verwehrt, aber dennoch wird niemand bestreiten, dass auch die vergangenen Töne auf das Erlebnis des aktuellen Tones einwirken, und was einwirkt, das existiert. Welche Folgen hat nun die Erkenntnis von der Vergleichbarkeit nachzeitiger Töne für die Darbietung von Musik, für die Interpretation?

Sehen wir ins Detail:

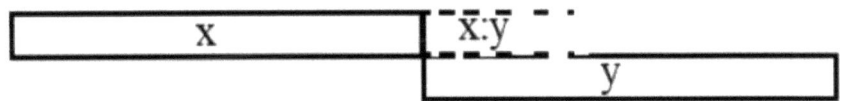

Zwei unterschiedliche Töne folgen aufeinander. Genau dann, wenn Ton x endet, beginnt Ton y, es gibt keine Stille zwischen den Tönen. Das hörende Gehirn erinnert sich noch eine kleine Zeit an den „vergangenen" Ton x, während Ton y bereits erklingt, und genau in dieser kostbaren Zeitspanne findet der Vergleich zwischen Frequenz x und Frequenz y statt. Daraus macht das Gehirn auf erstaunliche Weise das Erlebnis einer herabsinkenden Melodie, etwa eines Seufzers. Beachten wir hierbei, dass das Gehirn den plötzlichen Abbruch des Real-Tones x und den plötzlichen Beginn des Tones y als Anlass nimmt, für eine kurze Zeit beide Töne zu erleben, es vergleicht den Erinnerungs-Ton x mit dem Real-Ton y, um ein melodisches Erlebnis zu synthetisieren. Weil nun der Erinnerungs-Ton x allmählich verblasst und damit der Real-Ton y stärker wird, ist auch gleichzeitig eine lineare, zeitlich voranschreitende Dynamik gewährleistet, die wir als unumkehrbar erleben. Noch einfacher für das Gehirn ist der Frequenz-Vergleich, wenn sich die beiden Melodie-Töne eine sehr kurze Zeit überlappen, denn nun erklingen tatsächlich beide Töne als Simultan-Intervall. Das könnte als Dissonanz empfunden werden, wenn es länger andauerte, aber die sehr kurze Überlappungs-Zeitstrecke soll ja dem Wach-Bewusstsein nicht auffallen, dennoch kann das Gehirn in dieser sehr kurzen Zeit die Proportion x:y wahrnehmen und auch dann virtuell erleben, wenn nur noch y real erklingt. Eine derartige Überlappung kann auf einem Melodie-Instrument nicht erzeugt werden, aber auf einem Tasten-Instrument wie dem Klavier oder dem Cembalo sehr gut. Auch die Harfe oder die Gitarre/Laute kann ein solch wundervolles „Legatissimo" hervorbringen, als Ausgleich für das rasche Verhallen des Saiten-Klanges.

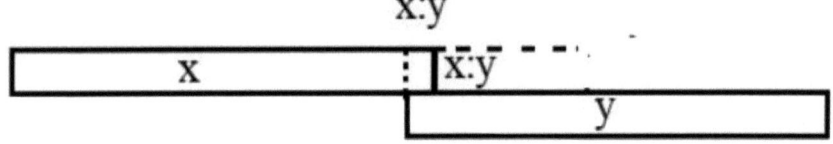

Was aber geschieht in dem wunderbaren Mikrokosmos der Töne und Proportionen, wenn eine Melodie „non legato" vorgetragen wird?
Sehen wir selbst:

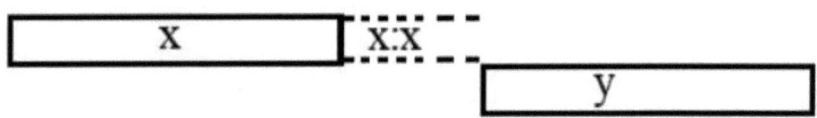

Sobald der Ton x abbricht, kann das Gehirn ihn nur mit sich selbst vergleichen, denn es ist ja noch kein nachfolgender Ton erklungen. Die erstaunliche Fähigkeit des Gehirns, Frequenzen miteinander zu vergleichen und aus diesem Vergleich ein emotionales, ja sogar spirituelles Erlebnis zu machen, diese Fähigkeit wird durch die Stille zwischen den Melodie-Tönen getäuscht, zweckentfremdet, verwirrt, als ob ein unfreiwillig einsamer Mensch Selbstgespräche führte, um sein Kommunikations-Bedürfnis wenigstens ersatzweise zufriedenzustellen. Genauso wird hier auch die Melodie-Erlebnis-Erzeugung des Gehirns in eine reflexive Schleife geschickt, der Vergleich eines Tones mit sich selbst ist nur eine Ersatz-Betätigung eines irregeführten Gehirns. Dennoch entsteht auch bisweilen durch das „non legato" ein ausdrucksvoller Effekt, den z.B. Anton Bruckner mit seinen „pizzicato" -Passagen zu nutzen wusste: Es entsteht ein Gefühl der Des-Orientierung, der Frage, der Verlorenheit im Raum, auch der Todesangst. Das deckt sich mit der Funktion der Pause als barock-rhetorisches Symbol des Todes....Aber das „non legato" hat noch eine andere, viel schlimmere Wirkung auf das hörende Hirn: Sehen wir selbst...

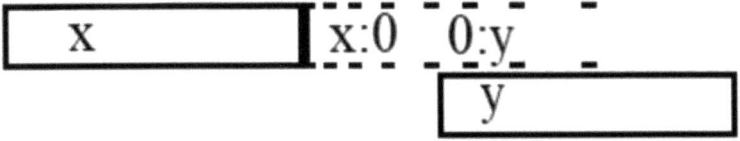

Sobald x verklungen ist, kann das Gehirn sich nicht nur in der Erinnerungs-Schleife x-x-x-x-x... verlieren, es kann auch x mit der aktuellen Stille vergleichen. Stille aber ist die Anti-These zu jedem möglichen Ton, es entsteht die Proportion x:0, das ist in der Welt der Mathematik die geheimnisvolle, verbotene Division durch Null. Warum verbietet die Mathematik diese Rechen-Operation? Warum erscheint im Display des Taschenrechners „Error"? Die einfachste Begründung wäre: Jede Zahl, die durch Null geteilt wird, müsste „Unendlich" ergeben, ganz gleich, welche Zahl der Dividend ist, der Divisor „Null" gibt immer dasselbe Ergebnis „Unendlich" aus. Damit aber wäre zum Beispiel der Term 5:0 gleich dem Term 4:0, denn beides ergäbe ja „Unendlich". Und weil 5 **nicht** gleich 4 ist, bricht an dieser Stelle alle arithmetische Logik zusammen. In unserer Sprache: Die Stille zwischen den Tönen einer „non-legato"-Melodie lässt auf unheimliche Weise alle Töne als gleich erscheinen, denn x:0 ist ja dasselbe wie y:0 usw. Damit bricht auch in unserer Musik-Welt alle melodische Logik zusammen. Wir wollen absichtlich alle historische Betrachtung des „legato" unterlassen, denn dies wäre Stoff für viele, viele Bücher.... Nein, ich wünsche mir, dass aus der Prämisse: „Musik ist Frequenz-Beziehung, Musik-Erlebnis ist Frequenz-Beziehungs-Erlebnis" vielfältige Interpretations-Modi entstehen, die allesamt musikalischen Frequenz-Beziehungs-Erlebnisse fördern. Ganz gleich, wie Musiker früherer Zeiten spielten, ganz gleich, was Musik-Lehrer und -Theoretiker früherer Zeiten lehrten: Das „legato" ist die Basis derjenigen Vortrags-Modi, die das Melodie-Erlebnis bestmöglich fördern.

Der Implikations-Reichtum der Tonalität

Wir mussten eingestehen, dass Tonalität als System bisher, das heißt: in der bisherigen Geschichte der Musik-Theorie, zu oberflächlich analysiert wurde. Dies ist der Haupt-Grund, warum man die Tonalität schließlich für oberflächlich, elementar, trivial erachtet hat. Aber die Tonalität ist über-reich an Eigenschaften und Zusammenhängen; über-reich bedeutet hier, dass bereits die voll-umfängliche Funktions-Analyse eines 4-taktigen Ausschnittes eines Violoncello-solo-Präludiums von J.S.Bach eine schwer zu bewältigende Flut von Beziehungen, Beziehungs-Beziehungen usw. nach sich zöge, so dass kaum je ein Ende in Sicht wäre. Denn man müsste ja jeden Ton mit jedem Ton vergleichen, jeden Vergleich mit jedem anderen Vergleich usw. **Relation ist absolut**, und aus diesem Paradoxon gibt es keinen Ausweg. Dies muss gesagt werden, denn die Kern-These, der sich geistreich gerierenden Dodekaphonie-Theorie lautet, dass die 12 Töne einer Reihe nur aufeinander **bezogen** seien. Also ist auch hier der Beziehungs-Gedanke basal. Und doch: wie arm ist hier die völlige Funktionslosigkeit des Einzeltones im chromatischen Reihen-Total gegenüber der Rollenvielfalt, die dem Einzelton in seiner tonalen Groß-Familie zukommt! Wenn hier eine soziologische Metapher erlaubt ist: Auf der einen Seite: Der eigenschaftslose Klon in einem dystopischen science-fiction-Staat, dort aber: Das Individuum, das zugleich Vater/Mutter, Sohn/Tochter, Bruder/Schwester, Onkel/Tante, Cousin/Cousine usw. sein kann. Der Reichtum der Tonalität ist daher ganz besonders der Tatsache zuzuschreiben, dass der einzelne Ton selten völlig eindeutige Funktionen hat, nicht einmal eine schlichte I-IV-V-I-Kadenz in Dur ergibt völlig eindeutige Funktionen für jeden Ton. Das sonderbare Faktum, dass ein Ton z.B. zu 1/3 Terz-Funktion hat und zu 2/3 Grundton-Funktion erinnert mich ein wenig an Erkenntnisse der Teilchen-Physik, auch hier besteht z.B. ein Proton aus einem Down-Quark und 2 Up-Quarks, und wer weiß, vielleicht sind die Zusammenhänge zwischen Musik und Physik enger, als dies heute scheinen mag. Aber ich bin kein Physiker, ich bin Komponist und Musik-Theoretiker, und meine Botschaft ist:

Musik ist es wert, studiert zu werden.

Die Musik-Theorie ist die eigentliche Musik-Wissenschaft

ἡ θεωρία bedeutet im Alt-Griechischen: das Schauspiel, das Anschauen, Betrachten. Diese ursprüngliche Bedeutung meine ich, wenn ich „Theorie" sage. Wer unter „Theorie" eine unbewiesene Behauptung versteht, meint eigentlich „Hypothese". Da Musik aber eine Ohren-Kunst ist, ergibt sich für das **Betrachten dieser Ohren-Kunst** nur die schmerzhafte Konsequenz, als Musik-Theoretiker den Hör-Sinn vorübergehend zu beurlauben. Der Komponist ist ganz Ohr, der Musik-Theoretiker ist ganz Auge. Und ebenso oft, wie der Komponist ein **imaginärer** Hörer ist, ist der Musik-Theoretiker ein **imaginär** Schauender. Die gigantischen Familienbande der Töne übersteigen die Möglichkeiten der realen grafischen Darstellung, es bedarf dringend der Imagination. Musik-Theorie ist also die leidenschaftslose, jedoch liebevolle Betrachtung all dessen, was man an musikalischen Phänomenen betrachten und damit messen, auswerten und vor allem: einem Lernenden erklären kann.

Wenn Musiktheorie aber unnötig kompliziert erscheint, etwa durch kryptisch mäandernde Fremdwort-Satz-Lindwürmer, die den Lesenden offensichtlich   sprachlich einschüchtern wollen, dann ist vermutlich ihr eigentlicher Gehalt von minderer Wichtigkeit. Wahre Betrachtungs-Ergebnisse können grundsätzlich in einfacher, eindeutiger Sprache

464

formuliert werden. Vielleicht bin ich mit dieser Ansicht zu naiv, vielleicht wird nur ernst genommen, was man aufgrund verstiegener Diktion nicht vollumfänglich zu begreifen vermag, vielleicht verachtet mancher Mensch die Klarheit einer Lehre als Logen-Verrat, als Anbiederung an die „plebs", als Frevel an dem hybrishaften Rütli-Schwur der sibyllinisch Raunenden...hoffentlich irre ich mich in diesem Punkt. Also, zurück zur ungetrübten Betrachtung all dessen, was Musik ist, was Musik ermöglicht oder auch umgibt...Doch wozu? Jede Wissenschaft will zur Technik werden, man forscht, um produzieren oder bauen oder heilen zu können, jedenfalls in den meisten Fällen...Musik-Theorie soll also faktisch-praktische Ergebnisse liefern und lehren, um Musik machen zu können, um sie zu komponieren, einzustudieren, aufzuführen, und auch, um sie besser hören zu können. Ich betonte bereits an anderer Stelle: Musik-Theorie sollte nicht verbieten, sondern ermöglichen. Möglichkeiten aber kann es nur geben, wenn es auch Grenzen gibt. Man stelle sich nur vor, ein Fußballspiel fände statt, nachdem man zuvor alle Regeln abgeschafft hat: es wäre nun erlaubt, den Ball mit den Händen anzufassen, ihn unterm Trikot zu verstecken, einen weiteren Ball mitzubringen oder den gegnerischen Spieler k.o. zu schlagen - abgesehen vom kurzfristigen Skandal wäre der Nervenkitzel alsbald veraltet, und das ganze Spiel wäre dauerhaft ruiniert! Das naturwissenschaftliche Fundament, das uns dieses Buch lehrt, ist: Musik ist Periodizität und Proportion, also Wiederholung und Beziehung. Das trifft zu für

- das Phänomen des musikalischen Klanges, (Frequenzen und Proportionen)

-für den Wahrnehmungs-Vorgang, (präzise Cochlea-Reizung, periodische Nerven-Impulse)

-das Erlebnis, (Beziehung Mensch-Musik durch wiederholte Hör-Erfahrung)

-die Einstudierungs-und Aufführungs-Praxis, (Üben = Wiederholen und Kennenlernen)

-ja, sogar für die technische Distribution. (Vervielfältigung und Bekanntheit)

Ist wirklich endgültig erforscht, wie Menschen aus aller Welt auf Klänge aller Arten reagieren? Hör-Experimente mit multiple-choice-Antworten, liegen sie wirklich in hinreichender Menge vor? Wie reagieren Menschen aus aller Welt auf Stile aller Arten, wenn sie das Werk zum ersten, aber auch, wenn sie es zum 5. Male gehört haben? Wissen wir, was dissonante Musik oder Schlagzeug-Dominanz mit der Seele macht? Musiktheorie war einmal eine Wissenschaft. Die Abspaltung der Musik-Wissenschaft von der Musik-Theorie war ein großer Fehler, denn nun liefen Musik-Wissenschaft und Musik-Produktion fruchtlos nebeneinander... Ich sage dies so deutlich, weil ich in meiner Musiker-Biografie als sehr junger Mensch entscheidende Befreiung meines Schaffens aus dem Werk eines Musiktheoretikers/-wissenschaftlers empfangen hatte, hier

466

habe ich zum ersten und letzten Male erlebt, dass Theorie ermöglichen kann, befreien kann - es war Ernst Kurths Schrift über den linearen Kontrapunkt! Doch wo sonst dient die selbsternannte Musik-Wissenschaft der Musik, den Komponisten den Interpreten, den Lehrern, den Hörern? Ohne das objektive, reliable, valide Fundament der periodischen Relation ist die autonome Musik-Wissenschaft zu einem rein deskriptiven Autismus verurteilt, die Musik-Theorie aber degeneriert zum privat-phantasmagorischen Schlachtfeld. Das ist vor allem deswegen so peinlich, weil damit jedem musik-aversen Zeitgenossen Wasser auf die Mühlen seines populär-musikalischen Abstumpfungs-Prozesses gegeben wird, ohne machtvolle objektive, ja geradezu metaphysisch relevanter Rückbindung (lat.:"religio") macht sich die Kunst-Musik in Theorie und Praxis vor den blinzelnden Augen und den verklebten Ohren einer anästhetisierten Milliarden-Öffentlichkeit lächerlich und entbehrlich. Mit heimlichem Groll nehme ich wieder und wieder zur Kenntnis, welche albernen clichès bedient werden, wenn in irgendeiner Film - oder Fernsehproduktion die Figur eines klassischen Musikers gezeichnet wird. Das „verrückte Genie" ist da noch die realistischste Rolle... Doch das nur am Rande. Was müsste eine Musik-Theorie, die alles, was sich an der Ohren-Kunst Musik geistig betrachten lässt, geistig betrachten will, leisten? Sie müsste Periodizität und Relation untersuchen auf folgenden Ebenen: Ton, Tonfolge, Intervall, Akkord, Akkord-Folge, Melodie-Schichtung, Melodie-

Schichtungs-Folge, Formteil, Form, Oeuvre, Stil, Perzeption, Epochal-Stil, National-Stil, Wahrnehmungs-Psychologie... Überall da, wo in der Zeit wiederholtes zueinander in proportionale Beziehung tritt, wo sich eine Fan-Gemeinde herausbildet, wo ein Stil entsteht, da hätte sich Musiktheorie längst schon auch in den Bereich der Forschung begeben müssen, um danach das Erforschte geistig sichten und ordnen zu können. Man wird entgegnen: „Ja, aber das macht doch die Musik-Wissenschaft!" Meine Antwort:" Gewiss, aber sie tut es nicht-intentional, sie beschreibt, aber erklärt nicht, sie errichtet ein Museum, aber keine Kreativ-Schmiede!" Vergessen wir nicht, dass der Musik-Theoretiker immer auch in aktiver Relation zum Komponisten steht und stand, entweder war er Lehrer eines Komponisten, wie zum Beispiel der berühmte Simon Sechter, der neben etlichen anderen auch den schon moribunden Franz Schubert ebenso wie den erwachenden Anton Bruckner unterrichtet hat und, was man wenig zur Kenntnis nimmt, auch eine reiche eigene Produktion aufzuweisen hat, oder er ist selbst ein erstrangiger Komponist, wie zum Beispiel die beiden Giganten Arnold Schönberg und Paul Hindemith.

Die Musik-Theorie ist die eigentliche Musik-Wissenschaft!

Akkord-Symbole

Es liegt in der Natur des begrenzten menschlichen Verstandes, das Grenzenlose zu begrenzen, um es zu begreifen. Dabei wird doppelter Schaden angerichtet: erstens wird die Erkenntnis beschnitten und damit zerstört, zweitens wächst der unrechte Stolz des Forschers, der gar nicht mehr sieht, dass er nur Zerstörtes erforscht hat. Akkordsymbole aller Art sind solche Begrenzungen, die der kleine menschliche Verstand vornimmt, um die Illusion der Visualisierung des Unsichtbaren aufrecht zu erhalten. Der Kosmos der Töne ist grafisch nicht darstellbar, eine grafische Darstellung würde mehr verwirren als klären. Wenn wir begriffen haben, dass alle Töne in mehr oder weniger engen Beziehungen zueinander und zu besonderen Zentraltönen stehen, dann haben wir genug begriffen. Wenn wir die Zusammenklänge eines polyphonen Satzes auf seine Proportionen, und die Einzel-Töne auf ihre harmonischen und melodischen Funktionen untersucht haben, dazu auch noch die Beziehungen metrisch äquivalenter Zusammenklänge und Töne analysiert haben, dann begreifen wir, dass, wie Schumann sagt, „des Lernens kein Ende ist", aber auch, dass die Tonalität wohl in Ewigkeit nicht ausgeschöpft werden kann. Akkord-Symbole sagen weniger über den Akkord als über den Wahrnehmungs-Filter des Betrachters aus. Beispiele:

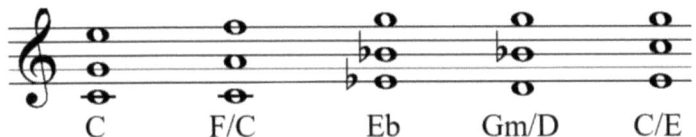

C   F/C   Eb   Gm/D   C/E

Eine schlichte Akkord-Folge, wie es scheint. Die
Schreibweise des Jazz und der Populär-Musik gibt nur
Auskunft über den Grundton, den Basston und die
Permutation (Dur oder Moll). Keine Beziehungen werden
dargestellt, keine Gesetze, kein System. Die Jazz-und Pop-
Schrift ist keine Musiktheorie, sondern eine Platz sparende
Abkürzung für den ausübenden Musiker. Der künstlerische
Leit-Gedanke dahinter ist: „Anything goes". Man kann aber
auch herauslesen: „Nothing Really Matters".. So
sympathisch diese Freiheit ist, so ratlos kann sie den
Lernenden zurücklassen. Nun dieselbe Akkord-Folge, anders
symbolisiert:

I   IV$_5$ $\flat$III   Vm$_5$ I$_3$

Hier erfahren wir zwar, auf welcher Stufe einer Tonleiter die
Grundtöne der Akkorde stehen, doch genau darin liegt auch
das Problem: Unser Beispiel besteht nicht nur aus einer
Tonleiter, darum haben wir auch Mühe, in einer C-Dur-Skala
den E$\flat$-Dur-Dreiklang zu symbolisieren. Die „Stufen-
Lehre" postuliert die Skala als primär und die Harmonik als
sekundär, dies ist aber falsch. Die zwar vorhandene

Systematik der Stufen-Lehre führt gleichwohl in die Irre. Nun dieselbe Akkord-Folge, anders symbolisiert:

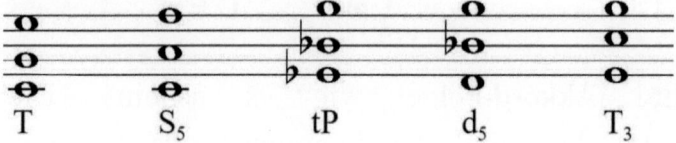

Jeder Akkord hat hier eine „Funktion" in der Akkord-Folge. Dieser Ansatz ist zwar richtig, aber nicht bis zur Quanten-Ebene gedacht. Ich habe in diesem Buch bis zur Quanten-Ebene gedacht, weil ich die **Funktionen des Einzeltones** im Ton-Gewebe untersuche. Hier aber muss der menschliche Geist bei der Funktions-Analyse von Ton-Stapeln (denn genau das sind Akkorde) haltmachen. Kein Wunder, dass wir ungenaue Ergebnisse und damit Alternativen, Ambiguitäten, Diskrepanzen und Differenzen erhalten. Das zeigt die folgende „funktionale" Deutung:

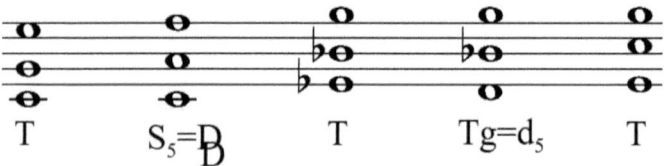

E♭ -Dur ist im einen „funktions-harmonisch" gedeuteten Beispiel „Moll-Tonika-Dur-Parallele," im zweiten Beispiel aber „Zwischen-Tonika". Die führt zwar auf eine richtige Spur, erklärt aber nicht den Grund dieser beiden Möglichkeiten. Auch dieses „System" ist trotz seiner relativ hohen Genauigkeit nicht endgültig und damit kontrovers.

Hier nun eine genaue Untersuchung der Proportionen, der harmonischen und melodischen Funktionen, der genauen Frequenzen (ausgehend von

a′= 440 Hz, c″=440Hz · (3 · $\sqrt[12]{2}$)= 524 Hz, c′= 262 Hz)

h5h5m5	h2h2m2/3	h5h5m5/2	h5h2m2/5	h3h3m3
h3h3m3	h5h5m5	h3h3m2	h2h3m2	h2h2m3
h2h2m2	h2h3m2/3	h2h2m2	h5h3m5/2	h5h5m3

3 — 15:16	3 _ 9:10	3 _ 2:2	3 — 80:81	3 —
2 — 9:10	2 ⁻ 15:16	2 — 2:2	2 — 8:9	2 —
1 — 2:2	1 ⁻ 27:32	1 ⁻ 16:15	1 — 8:9	1 —

1-2 2:3	1-2 3:5	1-2 2:3	1-2 5:8	1-2 5:8
1-3 2:5	1-3 2:5	1-3 2:5	1-3 3:8	1-3 5:12
2-3 3:5	2-3 5:8	2-3 3:5	2-3 3:5	2-3 2:3

655 Hz	698,66 Hz	776,296.. Hz	776,296.. Hz	786 Hz
393 Hz	436,66 Hz	465,7 Hz	465,7 Hz	524 Hz
262 Hz	262 Hz	310,518.. Hz	291,11.. Hz	327,5 Hz

F- Dur und E♭-Dur stammen in diesem Beispiel aus der Quinten-Reihe:

Gm
4:5 ╱   ╲ 5:6
.. E♭ - B♭ - F - C - G....
   2:3   2:3   2:3   2:3
         8:9

G-Moll, der zweitletzte Akkord, ist mit E♭-Dur terz-verwandt, der Ton G in E♭-Dur und G-Moll ist daher um ein syntonisches Komma (80:81) tiefer als der Ton G von C-Dur, dem Schluss-Akkord. E♭ -Dur und G-Moll stammen hier aus dem „subdominantischen" Bereich, dem linken Bereich der Quinten-Reihe vom Zentralton C. Interessanter Zusammenhang: G-Moll ist hier **nicht** dem Schluss-Akkord C-Dur quintverwandt (obwohl es in der

Notenschrift so aussieht), sondern es gibt jedem Ton des Schluss-Akkordes eine melodische Quint-Funktion.

Und auch diese Deutung ist möglich:

h5h5m5 h3h3m3 h2h2m2	h2h2m2 h5h5m5 h2h3m2/5	h5h5m3/2 h3h3m3/2 h2h2m3/2	h5h2m2/2 h2h3m2/3 h5h3m5/3	h3h3m2 h2h2m5 h5h5m5
3 — 15:16 2 — 9:10 1 — 2:2	3 — 8:9 2 — 25:27 1 — 5:6	3 — 2:2 2 — 2:2 1 — 16:15	3 — 2:2 2 — 9:10 1 — 9:10	3 2 1
1-2 2:3 1-3 2:5 2-3 3:5	1-2 3:5 1-3 3:8 2-3 5:8	1-2 2:3 1-3 2:5 2-3 3:5	1-2 5:8 1-3 3:8 2-3 3:5	1-2 5:8 1-3 5:12 2-3 2:3
655 Hz 393 Hz 262 Hz	698,66 Hz 436,66 Hz 262 Hz	786 Hz 471,6 Hz 314,4 Hz	786 Hz 471,6 Hz 294,75 Hz	786 Hz 524 Hz 327,5 Hz

Hier ist E♭-Dur mit dem Zentralton C terz-verwandt (5:6), darum ist auch G-Moll, das wiederum mit E♭-Dur terz-verwandt ist, (4:5), die „Moll-Dominante" von C-Dur, mit dem Ergebnis, dass kein Ton des Schluss-Akkordes C-Dur eine melodische Quint-Funktion hat, aber dafür zwei der Töne von G-Moll. Schematisch sieht das dann so aus:

$$\overset{9:10}{\underset{\underset{\textstyle F - C - G_{(m)}}{5:6 \qquad 4:5}}{E♭}}$$

F-Dur ist die „Sub-Dominante", aber E♭-Dur entstammt dem „dominantischen" Bereich rechts von C in der Quinten-Reihe. Wenn wir nun aber angesichts der reichen Beziehungs-Varianten hinter schlichten Noten unbedingt eine vereinfachende Kurz-Schreibweise für harmonische Zusammenhänge haben wollen, dann kann sie nur eine Auswahl des Wesentlichen, eine Beschränkung auf das Notwendige sein. Die Frage ist:

473

Was müssen wir unbedingt mitteilen, damit unser Mit-Mensch z.B. die beiden oben ausführlich analysierten harmonischen Möglichkeiten unterscheiden kann? Vielleicht dies:

Erste Möglichkeit:

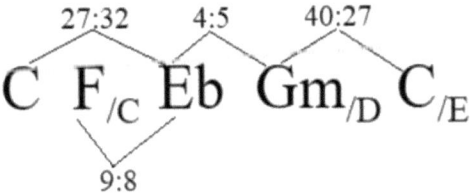

Zweite Möglichkeit:

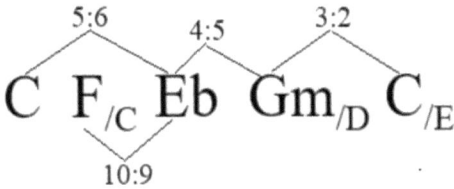

Vieles wurde weggelassen, aber alles, was jetzt noch dasteht, ist einfach und verständlich, klar und wahr. Ich habe lediglich die neutrale Jazz-Schreibweise durch Proportions-Angaben bereichert, Umkehrungen zeige ich durch den konkreten Bass-Ton auf. Diese Möglichkeit wählte ich, um nicht auch noch für die Umkehrungen Zahlen zu verwenden (z.B. C_3 anstatt $C_{/E}$), denn die Zahlen brauchte ich ja für die Proportionen. Ich will mit diesem Kapitel keine neue Akkord-Kurzschrift erfinden. Es müssten lediglich zu der Jazz-Schreibweise oder der Riemann`sche Funktions-Schrift auch noch die nötigen Proportionen angefügt werden, die

Sprache der Zahlen, die Sprache der Wahrheit. Oder wollen wir das historisch gewachsene Dickicht subjektiver Nomenklatur-Präferenzen weiter wuchern lassen?

Gen.-Bass:	Rameau:	Weber:	Öttingen:	Riemann:
C	c	ℭ	c⁺	c
E̊	c	ℭ	c⁺	c genauer ⁶₃
G̊	c	ℭ	c⁺	c • ⁶₃
G̊⁷	g⁷ (?)	ℭ⁷	—	g⁷
H̊	g⁷	ℭ⁷	—	g⁷ • g⁷₃
D̊	g⁷	ℭ⁷	—	g⁷ • g⁷
F̊	g⁷	ℭ⁷	—	• g₇
D̊	f aj.	b⁷	—	f⁶ oder aᵛᴵ
C̊	c⁷ (?)	ℭ⁷	—	c⁷◂ oder hⱽᴵᴵ▸
G̊⁴³	⁴³ g	—	—	⁴³ g
C̊	—	—	—	c♭◂ oder gisⱽ▸ auc e⁶▸ oder eᵛᴵ
A	a	α	°e	°e
H̊	ˣ h⁷ (d aj.?)	°♭⁷ (g⁷)	—	aᵛᴵᴵ (oder g⁹)
H̊	+♭♭ h⁷ (?)	°♭⁰⁷ (g⁷)	—	g▸ (oder gᴵˣ◂)
F̊	⁴ g (?)	ℭ⁺⁷	—	g◂
Des	♭ g (?)	(°ℭ⁷?)	—	g▸ (oder fᵛᴵᴵ V◂)

475

Conclusio

Dieses Buch ist unvollständig, es muss so sein, denn ich kann leider nur zeigen, was die europäische Musiktheorie hätte leisten können, und dies schon seit über 1000 Jahren. Es wäre so einfach gewesen, bereits vor der Komposition so vieler Meisterwerke das einzig mögliche Tonsystem zu berechnen und zu lehren, alles, was man dazu braucht, ist die Naturton-Reihe und die Erkenntnis, dass sie nicht Kultur, sondern Kreatur ist. Aber die europäische Musik-Theorie hat sich verirrt, sie hat sich entweder mit Ausschnitten des Gesamtsystems zufriedengegeben oder sich in modischen Details verloren. Der Haupt-Irrtum war die Vermischung von Spekulation und musik-praktischer Unterweisung, denn wie soll man das ideale, reine Tonsystem zu Ende denken, wenn man andauernd von Fragen der Stimmung von Tasten-Instrumenten aufgehalten wird? Nein! Theorie soll ideal, geistig, metaphysisch orientiert, kompromisslos, konsequent sein! Die Beschäftigung mit aufführungs-praktischen Fragen aber nötigt zu immanenten Kompromissen, zur Inkonsequenz, zum „Zurecht-Hören", zur absichtlichen Ungenauigkeit. Die Aufführungs-Praxis und die Stimmung von Instrumenten können nur eine ungenaue Annäherung an die idealen Gesetze der geistig-spekulativen Theorie sein, nur so kommen beide Disziplinen zu ihrem vollen Recht. Doch: wer so denken will, muss die Spannung zwischen der idealen Geistes-Welt und der unvollkommenen Erden-Welt aushalten. Im besten Falle lässt sich die reine Stimmung durch intensives Einstudieren fast vollkommen darstellen, zum Beispiel durch elaborierte Intonation bei Streich-Instrumenten. Doch bereits ein hinzutretendes Tasten-Instrument muss all diese Bemühungen wieder zunichtemachen. Die zu große temperierte Klavier-Groß-Terz hören, und dennoch zu wissen, wie die Proportion 4:5 eigentlich klingen müsste, das ist die schwer erträgliche Spannung, die der begabte und wissende Musiker aushalten muss. Musik ist nichts für Schwächlinge! Obwohl also die Musiktheorie 1000 Jahre lang nur der Praxis hinterhergelaufen ist, haben in Europa Einzelne, man muss angesichts der oft himmelschreienden Perzeptions-Ignoranz des Soziotops Europa sagen „Vereinzelte", dennoch genau das Tonsystem gefunden, das ich nun aus dem Natur-Gesetz der Naturton-Reihe abgeleitet habe. Es waren die sturen Praktiker, die autistischen Klang-Poeten, die kapriziösen Außenseiter, die vom mainstream allenfalls spöttisch Geduldeten, die diese traumwandlerische Leistung vollbrachten. Wie war das möglich? Wieso gerade im ignoranten, intoleranten Europa und sonst nirgends auf der Welt? Welches Alleinstellungs-Merkmal hatte das Abendland zwischen 900 und 1900 n. Chr.? War es nicht der heimliche Gedanke: *„Brüder – über'm Sternenzelt muss ein lieber Vater wohnen"* (Fr. Schiller)? Selbst, wenn die meisten Komponisten keine besonders frommen Christen waren, waren sie aber dennoch geprägt von einer grundsätzlich jenseitig ausgerichteten Kultur. Wer seine Begabung und damit auch seinen seelischen Hör-Sinn auf eine wie auch immer geartete höhere Instanz bezieht, der wird, ob er will oder nicht, ehrfurchtsvoll und dankbar genau **das** in sich selbst hören, was seine Seele unmittelbar hervorbringt. Und die Seele bringt genau diejenige Klang-Welt hervor, die zu den in ihr nachweislich angelegten akustischen Gesetzen passt. Nachweislich? Nun, der Nachweis, der Beweis dafür, dass die Tonalität in der menschlichen Seele angelegt ist, er ist durch ein unfreiwilliges Jahrhundert-Experiment bereits erbracht worden. Ein Experiment, so groß und global, dass es der Fachwelt gar nicht aufgefallen ist, weil die Versuchsanordnung nicht von Wissenschaftlern, sondern von Kaufleuten, von Kapitalisten erstellt worden ist. Ich meine damit die völlig zwanglose globale Verbreitung **tonaler** Unterhaltungs-und Film-Musik im 20. Jahrhundert auf massenmedialem Wege. Freiwillig und sogar kostenpflichtig nahm die Menschheit jene zwar bewusst einfachen, aber dadurch auch beweiskräftigen Erzeugnisse europäisch-tonaler Provenienz entgegen, selbst der Jazz hat ohne Schwierigkeiten die europäische Harmonik übernommen und sie lediglich mit stilbildenden Besonderheiten wie z.B. den Blue-Notes kombiniert. (Gerade das sogenannte Blues-Schema ist ja nichts anderes als eine Gruppierung der beiden quintverwandten Tonarten um eine Grund-Tonart, also ein Spiel mit „Tonika", Dominante" und „Subdominante". **Wenn** eine kulturelle Aneignung stattgefunden hat, dann so: Die Nachfahren der verschleppten und versklavten Schwarz-Afrikaner machten ihre Musik, in die sie auch Elemente europäischer Harmonik integrierten. (Und das durften sie!) Doch zurück zum Thema: Ein milliardenfacher, globaler „Produkt-Test" beweist eindrücklich: **Tonalität ist das Klang-Universum aller Menschen, sie ist nicht europäisch, sie ist global, ja universal. Tonale Musik ist ein Naturgesetz.**

Dies nun ist meine überraschende Erkenntnis, die ich angekündigt hatte: Europas Meister-Komponisten haben, trotz zum Teil widriger biographischer und soziologischer Umstände, intuitiv genau dasjenige Tonsystem gefunden und weiterentwickelt, das ich nachträglich und in großem zeitlichen Abstand aus den akustisch-physikalischen Gesetzen beweisen kann.

(Ich persönlich erkenne in dieser Koinzidenz von Geschichte und Naturgesetz einen Gottes-Hinweis, denn wenn die christlich geprägte europäische Kultur intuitiv etwas hervorgebracht hat, das dann hinterher naturgesetzlich begründet werden kann, dann müssen der Kultur prägende Geist und der Natur - Gesetz-Geber identisch sein.) Diese Gesetze gehören aber **allen** Menschen, die hier explizierte Musik-Theorie gehört **allen** Menschen. Die Summe der allgemeinen Musik-Theorie ist:

Tonalität ist kompliziert, reich, tief, geheimnisvoll,
hier wurde sie gebührend untersucht,
hier wurde sie verstanden.
Tonalität ist die Klang-Sprache echter und wahrer
Gefühle, Träume, Offenbarungen,
ihre Aufrichtigkeit und Schönheit sind für die
profanen, alltäglichen Zeit-Läufe
das denkbar größte Vorbild.
Wer tonal komponiert, darf wissen,
dass er damit auf sicherem Grund steht,
das tonale System ist wissenschaftlich begründet,
die Ausdrucksmöglichkeiten
sind wahrscheinlich unerschöpflich.
Musik ist ein Naturgesetz.